C·H·Beck

PAPERBACK

Die Geschichte der Welt wird bis heute von Europa aus erzählt. Höchste Zeit fur einen frischen Blick: Australien wurde von Homo sapiens früher besiedelt als Europa. Menschen fuhren tausende Kilometer über den offenen Pazifik, als die Römer noch ängstlich an der Küste entlangsegelten. Die Pyramiden und Städte Amerikas können es mit Babylon und Ägypten aufnehmen. Und während Westeuropa in der Neuzeit Glaubenskriege führte, erstreckte sich ein multikultureller Handelsraum von Ungarn bis Südindien. Aber natürlich geht es auch um die Barbaren im Abendland: Ewald Frie erzählt von ihren Entdeckungen und Eroberungen, ihren Revolutionen und Kriegen, die die Welt verändert haben.

Seitdem wird unser Planet zu einer globalen Megacity, in der sich die Reichen von den Armen abschotten und trotzdem alle miteinander vernetzt sind. Und die Megacitys dieser Welt liegen heute da, wo es schon vor Jahrtausenden die größten Städte gab: außerhalb Europas.

Die Geschichte der Welt

Neu erzählt von Ewald Frie

Mit Illustrationen
von Sophia Martineck

C.H.Beck

Dieses Buch erschien zuerst 2017 in gebundener Form
im Verlag C.H.Beck.
1. und 2. Auflage. 2017
3. und 4. Auflage. 2018
1. Auflage in C.H.Beck Paperback. 2020
2. Auflage in C.H.Beck Paperback. 2021

Mit 28 Karten von Peter Palm
© Peter Palm, Berlin

3. Auflage in C.H.Beck Paperback. 2024
© Verlag C.H.Beck oHG, München 2017
Alle urheberrechtlichen Nutzungsrechte bleiben vorbehalten.
Der Verlag behält sich auch das Recht vor, Vervielfältigungen dieses,
Werks zum Zwecke des Text und Data Mining vorzunehmen.
www.chbeck.de
Umschlaggestaltung: Rothfos & Gabler, Hamburg
Umschlagillustration: Sophia Martineck, Berlin
Satz: Fotosatz Amann, Memmingen
Druck und Bindung: Himmer Druckerei, Augsburg
Printed in Germany
ISBN 978 3 406 74891 2

myclimate
umweltbewusst produziert
www.chbeck.de/nachhaltig

Inhalt

Anhang

1.
Raum und Zeit

Vierhundert Seiten für die Zeit von den Neandertalern bis heute – so habe ich Freunden in den letzten Jahren erklärt, woran ich gerade arbeite. Vom Faustkeil zum Computer, vom Bisonfleisch zum Burger, von Grotten zu Hochhäusern, von Hockgräbern zur Urnenbestattung, vom Familienclan zum Staat und zu den Vereinten Nationen. Eine Geschichte des Fortschritts. Wie schön.

Die Schwierigkeiten beginnen beim Nachdenken, wie immer. Es haben gar nicht alle Neandertaler Bisonfleisch gegessen, weil Bisons nicht überall dort lebten, wo Neandertaler sich aufhielten. Manche haben

Datteln und Grassamen, Schnecken und Muscheln verzehrt. Manche Neandertaler haben nicht in Grotten gelebt, sondern Unterstände aus Mammutknochen und Fellen gebaut. Und zeitgleich mit den Neandertalern lebten andere Menschenarten in anderen Teilen der Erde. Sie sahen anders aus, hatten andere Fähigkeiten, eine andere Kultur. Archäologen zeigen das anhand der ganz unterschiedlichen Gräber. Unterschiedliche Menschengruppen hatten auch unterschiedliche Sprachen. Trotzdem haben in Europa Neandertaler und anatomisch moderne Menschen gemeinsam gelebt und gemeinsam Kinder gezeugt. Der Ausgangspunkt der Weltgeschichte ist also gar kein Punkt. Er ist ein großer Raum voller Nebel. Sehr unterschiedliche Dinge passierten dort gleichzeitig, über die wir nicht viel wissen.

Um die Gegenwart steht es nicht besser. Burger schmecken nicht allen, auch Bisonfleisch findet noch Anhänger. Viele Menschen leben nicht in Hochhäusern und wollen das auch gar nicht. In Mitteleuropa lassen sich zwar immer mehr Menschen in Urnen bestatten, aber Menschen in anderen Regionen wollen unbedingt anders beerdigt werden. Die allermeisten Staaten dieser Erde funktionieren nicht so, wie die Vereinten Nationen sich das vorstellen. Auch in der Gegenwart leben also sehr unterschiedliche Menschengruppen mit sehr unterschiedlichen Fähigkeiten, Kulturen und Sprachen. Im großen Raum der Gegenwart ist es aber weniger neblig, weil wir viel mehr voneinander wissen und noch viel mehr voneinander wissen könnten, wenn wir nur die Zeit aufbrächten, all die Informationen zur Kenntnis zu nehmen, die verfügbar sind. Auch die Gegenwart ist komplex, nur in anderer Weise.

Zwischen dem ungewissen Anfang und dem ungewissen Ende der Weltgeschichte ist nicht nur Fortschritt. Geschichte ist kein Staffellauf, bei dem durchtrainierte Menschen nach einem vorher festgelegten Plan in rasender Geschwindigkeit und großartiger Feinabstimmung einen Stab weitergeben und schließlich ins Ziel tragen. Zwischen Anfang und Ende sind viele Menschen, die sich austauschen oder gar nichts voneinander wissen, die lernen und vergessen, die herrschen und beherrscht werden, die glücklich sein wollen und dabei oft scheitern. Weltgeschichte ist kein Parcours für Helden. Sie ähnelt eher einem von allen Menschen ohne Anleitung und daher chaotisch gewebten Teppich mit Löchern und Rissen, mit dicken und dünnen Stellen, mit kurzen und langen Fäden, mit tausenden nicht zueinander passenden Farben. Milliarden von Menschen haben ihr Handeln, Reden und Denken in diesen Teppich hineingewebt, ohne größeren Plan zumeist, aber doch im Wissen darum, was gerade zu tun, zu reden oder zu denken war. Manche Fäden wurden von anderen Menschen weitergesponnen und -gewebt, andere nicht. Würden wir den Teppich anheben, könnten wir an dieser einen Stelle die unterschiedlichen Wirkungen, die Verbindungen, losen Enden, Löcher und Risse genauer betrachten. Vielleicht würden wir sogar Muster erkennen.

Ein chaotisch gewebter Teppich mit Rissen und Löchern mag weniger beeindruckend erscheinen als ein Staffellauf athletischer Helden. Aber so ist die Geschichte. Dies zu zeigen, tritt nun der erste Mensch auf, der die Welt im Ganzen gesehen hat: Captain James Cook besuchte auf drei großen Reisen Ende des 18. Jahrhunderts alle Kontinente und fand außerdem heraus, dass es keinen weiteren Kontinent gibt. In den Teppich der Geschichte hat er lange Fäden hineingewebt, die in alle Weltregionen und bis zu uns reichen. Wenn wir Leben und Sterben von James Cook genauer anschauen, werden wir verstehen, warum es sich lohnt, die Geschichte der kleinen wie der großen Leute anzuschauen, der Helden wie der Scheiternden, des Fortschritts wie des Abbruchs und Vergessens.

James Cook entdeckt die Welt

James Cook war der Sohn eines armen Landarbeiters von der englischen Ostküste, geprägt von den Härten des vorindustriellen Landlebens. Mit seinem Vater zog er immer wieder um, auf der Suche nach

Arbeit und Auskommen. Spätere Weggefährten berichten von seiner
Fähigkeit, nahezu jede Nahrung essen und verdauen zu können. Von
seinen sieben Geschwistern erreichten nur zwei Schwestern das Er-
wachsenenalter, die anderen starben früh. Cook ging bei einem Kaufmann in die Lehre und fuhr dann zur See. Er musste nicht als einfacher
Matrose anfangen, sondern hatte Handelsaufträge zwischen seiner
Heimatregion und London. Cook kam weit herum, fuhr nach Norwe-
gen und Russland. Meistens aber ging es nach London, dem geschäftlichen Schwerpunkt seines Patrons.

Nicht nur James Cook machte in der Seefahrt seinen Weg nach
oben. Das gesamte Transportwesen verbesserte sich durch den Bau
von Kanälen und Straßen, Häfen wurden ausgebaut, neue Schiffstypen
entwickelt. England stand am Anfang der Industrialisierung. Der Londoner Hafen boomte. Cook knüpfte dort nützliche Kontakte und lernte
auch seine spätere Frau Elizabeth kennen. Mitte der 1750er Jahre wechselte er zur Marine, wo er – wissbegierig, zuverlässig, ehrgeizig –
schnell auf sich aufmerksam machte. Dabei kam ihm der Siebenjährige
Krieg von 1756 bis 1763 zu Hilfe – in Europa als Krieg des preußischen
Königs Friedrich II. gegen alle Großmächte des Kontinents bekannt.
Unterstützung erhielt Friedrich nur von den Briten. Aus ihrer Sicht
ging es um ein weltweites Ringen mit den Franzosen. Gekämpft wurde
in Nordamerika, wo verschiedene Indianergruppen ihre Ziele mithilfe der Briten und Franzosen erreichen wollten (weshalb der Krieg
dort «French and Indian War» heißt). Gekämpft wurde in Indien, wo
sich Briten und Franzosen ebenfalls mit Einheimischen verbanden. In
Europa finanzierten die Briten den Krieg der Preußen. Aus amerikani-
scher, indischer und wohl auch aus Cooks Perspektive war der europäische Krieg Teil eines Weltkrieges.

Cook erhielt erste Kommandoposten auf dem europäischen Kriegsschauplatz. 1757 wurde er Kapitän. 1758 segelte er nach Kanada, um dort
die Franzosen zu bekämpfen. Captain Cook beschäftigte sich nicht nur
mit Gefechten, sondern auch mit Landvermessung. Er stellte zuverläs-
sige Karten im Bereich des Sankt-Lorenz-Stroms her, die den Briten

bei der Kriegsplanung zugutekamen. 1762 gehörte er zu der Flotte, die die Franzosen aus Neufundland vertreiben sollte. Er erhielt den Auftrag, zunächst Teile, dann die ganze Insel vor dem Sankt-Lorenz-Golf zu kartographieren, eine Aufgabe, die ihn bis weit nach Kriegsende beschäftigte. Nebenbei interessierte er sich für Astronomie, eine für die Orientierung auf hoher See lebenswichtige Wissenschaft. 1762 fand er Zeit, um in London zu heiraten. Doch Elizabeth bekam ihren Mann auch in den folgenden Jahren nur gelegentlich zu sehen. Meist war er auf See. Und das Unglück von Cooks Vater in Familiendingen wiederholte sich bei dem erfolgreichen Sohn und seiner Frau: Ihre sechs Kinder starben früh, Elizabeth überlebte sie alle.

Warum Cook wenige Jahre nach Kriegsende den Auftrag für eine Mission in den Südpazifik erhielt, ist nicht bekannt. Wir können nur spekulieren: Cook galt mittlerweile als erfahrener und umsichtiger Schiffsführer. Er verfügte über gute Kontakte in der Londoner Politik- und Marineszene. Er kannte das Schiff, mit dem er segeln sollte. Die «Endeavour» hatte zuvor unter dem Namen «Earl of Pembroke» Kohle in den Küstengewässern Englands transportiert. Mit Schiffen wie diesen hatte Cooks Karriere einmal angefangen. Der offizielle Auftrag passte außerdem gut zu seinen astronomischen Interessen: Der Venusdurchgang durch die Sonne sollte unter den besonders guten Bedingungen der Südsee beobachtet werden. Damit würde es möglich sein, die Entfernung der Erde zur Sonne genau zu berechnen und so die Position von Schiffen auf dem offenen Meer genauer zu bestimmen. Für den geheimen Nebenzweck der Reise waren Cooks kartographische Kenntnisse von großem Nutzen: Wenn der astronomische Auftrag erfüllt war, sollte der große Südkontinent gesucht werden.

Die «Endeavour» segelte allein. An der zweiten und dritten Reise Cooks waren mehrere Schiffe beteiligt. Das bedeutete bei Seenot eine Lebensversicherung, die Cook den Beteiligten seiner ersten Weltreise nicht bieten konnte. Auf See konnte zu diesem Zeitpunkt nur der Breitengrad, nicht aber der Längengrad zuverlässig bestimmt werden. Seekarten waren unzuverlässig. Wenn heftige Stürme ein Schiff über

Die drei Weltreisen des Captain Cook, 1768–1779

- Erste Reise *Endeavour* (1768–1771)
- Zweite Reise *Resolution* (1772–1775)
- Dritte Reise *Resolution* (1776–1779)
- Fortsetzung der dritten Reise nach Cooks Tod unter dem Kommando von Charles Clerke und John Gore (1779–1780)

Atlantischer Ozean

Pazifischer Ozean

Wendekreis des Krebses

VIZE-KGR. NEU-SPANIEN

Äquator

Marquesas-Inseln
a-hiva · Hiva-oa

OLYNESIEN
eln

Paumotu- oder
Niedrige Inseln

Pitcairn

Wendekreis des Steinbocks

VIZE-KGR. PERU

l- oder
i-Inseln

Osterinsel

üdsee

Treibeisgrenze

Magellan-
straße

Feuerland

Kap Hoorn

60°
45°
30°
20°
10°
10°
30°
40°
45°

140° 130° 120° 110° 100° 90° 80° 70° 60° 50° 40°

die See getrieben hatten, war es nicht einfach, anschließend herauszufinden, wo man sich eigentlich befand. Die Mannschaft war den Lau-
nen der Witterung und den Fähigkeiten des Kapitäns ausgeliefert. Umgekehrt war der Kapitän ohne seine Mannschaft verloren. Für ihn war
die größte Gefahr nicht die Meuterei, die selten vorkam und als verab-
scheuungswürdige Aufkündigung der Schicksalsgemeinschaft Segel-
schiff schwer bestraft wurde. Die größte Gefahr waren Krankheiten,
besonders der Skorbut. Diese damals kaum verstandene Vitamin-C-
Mangelkrankheit war eine Folge der eintönigen Schiffskost. Ganze
Schiffsbesatzungen litten dann an Zahnausfall, Hautblutungen, Mus-
kelschwund, Fieber, Durchfall und allgemeiner Körperschwäche. Weil
Segelschiffe – Dampfschiffe kamen erst hundert Jahre später auf hoher
See zum Einsatz – nur mit harter körperlicher Arbeit vieler Männer auf
Kurs gehalten werden konnten, war der Skorbut mit seinem hohen und
dann nicht mehr zu stoppenden Krankenstand eine tödliche Gefahr.

James Cook muss neuere Forschungsergebnisse gekannt haben, als er
sich entschied, Sauerkraut an Bord zu nehmen und während der Reise
immer wieder frisches Obst, Gemüse und Kräuter zu bunkern. Die
Matrosen mochten das Sauerkraut nicht und fanden die Mühe übertrieben, die bei Landgängen auf das Sammeln von Kräutern verwendet
wurde. Aber sie begannen die Auswirkungen der für sie merkwürdigen
Maßnahmen ihres Kapitäns bald zu schätzen. Die Todesrate auf der
«Endeavour» und den späteren weltumsegelnden Schiffen Cooks war
vergleichsweise gering. Seine Schiffsführung galt als streng, aber be-
sonnen.

Für Menschen des 21. Jahrhunderts ist das Leben auf der «Endeavour» schwer vorstellbar. Das Schiff war knapp 40 Meter lang und
knapp 9 Meter breit: wie ein Fußballstrafraum, der schon deutlich vor
dem Elfmeterpunkt endet. Auch wenn es natürlich mehrere Stockwerke hatte, war das nicht viel Raum für vierundneunzig Personen, die
technisches Gerät und Proviant für Jahre mit sich führten und oft
monatelang kein Land sahen. Unter den Passagieren befand sich der
Gentleman-Wissenschaftler Joseph Banks, der mit zwei schwedischen

Naturforschern, zwei Zeichnern, vier Dienern und zwei Hunden reiste. Der Rest der Mannschaft – Matrosen und Soldaten mit mehreren Hierarchiestufen, daneben Zimmerleute, Waffenschmiede, Segelschneider, Köche und Bäcker – muss ein viel geringeres Bedürfnis nach Privatheit und überhaupt Platz gehabt haben als Banks und natürlich auch als wir heute. Für Matrosen gab es keine Schlafplätze. Sie befestigten ihre Hängematten über den Tischen der Messe, dem Essraum. Über Kleidung zum Wechseln denken wir besser gar nicht nach. Cook setzte immerhin durch, dass sich alle Schiffsbewohner einmal wöchentlich wuschen, mit Meerwasser natürlich. Georg Forster, ein junger deutscher Botaniker, Zeichner und späterer Professor und Revolutionär, der auf der zweiten Reise zum Ersatz für die Banks-Gruppe gehörte, beschwerte sich in seinen Aufzeichnungen über den Gestank einiger neuseeländischer Maori. Der Morgengeruch in der Messe seines eigenen Schiffes hätte uns sicher auch beeindruckt.

Banks war nicht zu seinem Vergnügen an Bord. Neben der Beobachtung des Venusdurchgangs und der Suche nach dem Südkontinent hatte die «Endeavour» auch ein wissenschaftliches Programm: Fremde Menschen, Tiere, Pflanzen, Steine und Erden sollten dokumentiert werden. Die 1760er und 1770er Jahre waren eine Hochzeit aufgeklärter Wissenschaft. Die Europäer verglichen ihre Zivilisation mit anderen. Sie sammelten und kategorisierten Wissen, um sich selbst zu verstehen und den Fortschritt des Menschengeschlechts zu befördern. Deshalb die Zeichner und Wissenschaftler.

Die Briten überquerten den Atlantik und legten in Rio de Janeiro einen Zwischenstopp ein. Sie umfuhren dann Feuerland und das Kap Hoorn im Süden des heutigen Chile und steuerten Matavai Bay auf Tahiti im südlichen Pazifik an. Dessen Lage war aus früheren Expeditionsreisen gut bekannt. Die Bewohner galten als gastfreundlich und machten ihrem Ruf während des dreimonatigen Aufenthalts der Schiffsbesatzung alle Ehre. Der für die Venusbeobachtung zuständige Astronom baute ein Observatorium auf, das ebenfalls auf der «Endeavour» Platz gefunden hatte. Nachdem seine Arbeit getan war, begann die eigentliche Entdeckungsreise. Auf Tahiti ließen die Briten europäische Güter zurück, die es dem Chef des lokalen Pomare-Clans ermöglichten, sich zum wichtigsten Oberhaupt von ganz Tahiti aufzuschwingen. Zu ihrem Erbe gehörten auch Geschlechtskrankheiten, die bis dahin in der Südsee unbekannt gewesen waren und für die es keine Heilung gab.

Captain Cook nahm in Tahiti Tupaia an Bord, einen Priester, der sich in der Region auskannte. Mit seiner Hilfe wurde zunächst die reiche Inselwelt westlich von Tahiti erkundet, dann ging es bis über den 40. Breitengrad nach Süden, wo allerdings kein Land mehr gefunden wurde. Cook wandte sich dann nach Westen, wo nach früheren holländischen Angaben ein «Neuseeland» liegen musste. Er traf im Oktober 1769 bei dem heutigen Städtchen Gisborne auf die Nordinsel. Die folgenden sechs Monate verbrachte er mit der sorgfältigen kartographischen Aufnahme Neuseelands. Nun waren nicht mehr die geographischen, wohl aber die Sprachkenntnisse Tupaias von großem Nutzen. Überraschenderweise wurde die Sprache Tahitis auch mehr als 4000 Kilometer südwestlich noch verstanden. Cook und seine Leute hatten vor den ebenso wissbegierigen wie kriegerischen neuseeländischen Maori großen Respekt. Zu Recht: Etliche Weiße wurden bis Mitte des 19. Jahrhunderts in Neuseeland umgebracht und auch verspeist, weil sie – teils unbewusst, teils fahrlässig – die Regeln der Maori missachtet hatten. In Neuseeland ist James Cook bis heute eine sehr bekannte und geschätzte Person, weil er das Land auf die Weltkarte gebracht hat und den Maori respektvoll begegnet ist. Cooks wichtigster Biograph, der auch seine Logbücher herausgegeben hat, war Neuseeländer: John Beaglehole.

Von Neuseeland aus steuerte Cook Richtung Westen, wo «Neuholland» liegen sollte, das spätere Australien. Dessen Westküste – wo heute Perth liegt – war von dem Niederländer Abel Tasman schon mehr als einhundert Jahre zuvor in groben Zügen aufgezeichnet worden. Von der östlichen Ausdehnung war jedoch nichts bekannt. Cook segelte die gesamte Ostküste entlang, von Tasmanien ganz im Süden bis Cape York in den Tropen. Erneut erstellte er Karten. Kontakte mit den Australiern blieben selten und flüchtig. Im Gegensatz zu den Maori waren sie am Handel mit den Weißen nicht interessiert. Tupaias Sprachkenntnisse versagten. Die Australier, von den Europäern später «Aborigines» genannt, gehörten ganz offensichtlich einer anderen Menschengruppe an als die Tahitianer und Maori. Cook nahm an, sie seien glücklichere Menschen als die Europäer, weil sie all die Bedürfnisse nach Gütern und Bequemlichkeiten nicht hätten, denen die Weißen zeit ihres Lebens nachjagten. Er empfahl Botany Bay in der Nähe des heutigen Sydney als möglichen Standort für einen britischen Stützpunkt. Keine zwanzig Jahre später wurde hier eine Strafkolonie gegründet, die am Anfang der europäischen Besiedlung Australiens und der weitgehenden Vernichtung der Aborigines, ihrer Sprachen und Kulturen stand.

Rund 2500 Kilometer nördlich von Botany Bay, in der Nähe des heutigen Cooktown, wäre die «Endeavour» beinahe im Irrgarten des Great Barrier Reef irreparabel beschädigt worden. Es gilt als eine der seefahrerischen Meisterleistungen Cooks, sie nach den notwendigsten Reparaturen durch das Reef hindurch auf die offene See zurückgesteuert zu haben. Nun ging es Richtung Heimat: zunächst durch die Torres Strait nach Batavia, einem holländischen Stützpunkt, der heute Jakarta heißt und die Hauptstadt Indonesiens ist. Hier erkrankte ein Großteil von Cooks Crew. Ob es Malaria oder die Ruhr, eine Durchfallkrankheit, war, ist umstritten. Sicher ist, dass zu den wenigen Todesopfern Tupaia gehörte, der Priester aus Tahiti, der Cook so wichtige Dienste geleistet hatte. Von Batavia ging es über den Indischen Ozean mit einem Zwischenstopp in Kapstadt an der Südspitze Afrikas zurück nach London, wo die «Endeavour» am 17. Juli 1771 eintraf.

Commander Cooks zweite Reise hatte keine astronomischen Ziele mehr, sondern diente vorwiegend dem Zweck, den mysteriösen großen Südkontinent, die «terra australis incognita», zu finden oder eben sein Nichtexistieren zu beweisen. Drei Sommer lang – 1772/73, 1773/74 und 1774/75, der Sommer dauert auf der Südhalbkugel der Erde von Dezember bis März – segelte Cooks «Resolution» so weit wie eben

möglich durch die südlichen Breiten des Globus, zunächst begleitet
von einem zweiten Schiff, der «Adventure». Für die langen Fahrtzei-
ten jenseits bewohnbarer Küsten war vorgesorgt worden: 45 Tonnen
Schiffszwieback hatten die beiden Schiffe an Bord, knapp 14 Tonnen
Mehl, 42,5 Tonnen gepökeltes Schweine- und Rinderfleisch, 20 Tonnen Erbsen, 10 Tonnen Weizen, 14 Tonnen Sauerkraut, 4 Tonnen ge-
salzenen Kohl, gut 88 000 Liter Trinkwasser, mehr als 29 000 Liter Bier
und 7700 Liter Rum und Brandy, dazu gut 4700 Liter Wein (nur für
Kapitäne, Offiziere und Wissenschaftler), Butter, Käse, Zucker, Öl,
Essig, Rosinen, Salz und noch einiges mehr. Frisches Obst und Gemüse sollten wieder auf Landgängen besorgt werden. Auf den langen
arktischen Reisepassagen musste es ohne Grün gehen.

Georg Forster, eben schon als wissenschaftlicher Begleiter der zweiten Reise vorgestellt, beschrieb rückblickend die Strapazen der Reise,
vor allem die des Navigierens an der Eisgrenze des Südpolarmeers.

*Fast immer in dicke Nebel eingehüllt; Regen, Hagel und Schnee, die um die
Wette mit einander abwechselten; der Mitte des Sommers ohngeachtet
eine bis zum Gefrier-Punct des Thermometers kalte Luft; rund um uns her
unzählbare Eis-Inseln, gegen welche wir stets Gefahr liefen zu scheitern;
unsre tägliche Kost nichts als Eingesalzenes, wodurch nebst Frost und
Nasse unser ganzes Blut in Unordnung gerieth … Dies zusammengenom-
men, waren Unannehmlichkeiten, die uns allen den sehnlichsten Wunsch
abnöthigten, daß wir endlich in eine bessere Lage und mildere Himmels-
gegend kommen mögten.*

Der Landmensch und Kopfarbeiter Forster war beeindruckt von den
Leistungen der Matrosen:

*Um sich warm zu erhalten, laufen sie beständig auf und ab, bis irgend ein
Vorfall sie zur Arbeit ruft. Ändert der Wind seine Richtung, so werden die
Segel nur anders gestellt; steigt aber seine Heftigkeit, so müssen sie theils
eingereft, theils völlig eingezogen werden. Der Anblick dieser gefährlichen*

Verrichtung ist schauderhaft, wenigstens für jeden, der es nicht gewohnt ist, Menschen ihr Leben auf das Spiel setzen zu sehen. Sobald die untersten Zipfel des Segels vom Verdeck aus gelöset und aufgezogen werden, brausen die Winde darin, und schlagen es an Stange und Mast, daß das ganze Schiff davon erbebt. Mit bewundernswürdiger Behendigkeit und nicht geringem Muthe klettern die Matrosen sogleich bis zur zweyten oder dritten Verlängerung der Masten hinan. Dort hängen in starken Tauen die Segelstangen oder Raaen quer über das Schiff; an ihren beyden Enden und in der Mitte befestigt, hängt ein schlotterndes Tau, welches den Füßen des verwegenen Seemannes zum Ruhepunkt dient. Auf diesem Seil gehen sechs bis acht Matrosen hurtig und mit sichrem Tritt zu beyden Seiten bis an die äußersten Enden der Raa hinaus, trotz dem Winde, der das flatternde Segel gewaltsam hin und her schleudert, und das Seil unter ihren Füßen erschüttert; trotz der schwankenden Bewegung des Schiffs, welche in jener Höhe ohne Vergleich stärker gefühlt wird, als auf dem Verdecke. … Ich habe zu gleicher Zeit das Ende der großen Raa sich in eine thürmende Welle tauchen sehen. Der Matrose am Ende einer Segelstange, die gegen funfzig Fuß [= 17 m] hoch am Maste hängt, wird … mit jeder Welle alsdann durch einen Bogen von funfzig bis sechzig Fuß [= 17–20 m] geschaukelt. Jetzt scheint er ins Meer hinabgeschleudert zu werden; jetzt wieder die Sterne zu berühren. … Ihm muß es übrigens gleichgelten, ob die Sonne ihm dazu leuchtet, oder ob er sich, in der tiefsten Finsterniß der Nacht, blos auf das Tasten seiner harten Hände verlassen darf.

Im Nebel des eisigen Südpazifiks ging im ersten Jahr der Entdeckungsfahrt das Begleitschiff «Adventure» verloren. Die «Resolution»-Crew sah sich, wie Forster berichtete,

in die traurige Nothwendigkeit versetzt, in dem unangenehmen Lauf nach Süden allein fortzufahren und uns in die Gefahren dieses eiskalten Himmelsstrichs von neuem, aber ohne die bisherige einzige Hofnung zu wagen, von unsern Gefährten Hülfe und Rettung zu erlangen, falls unser eignes Schiff unglücklicherweise verlohren gehen sollte.

Drei Monate später kam es zum Wiedersehen an einem für den südlichen Winter vereinbarten Treffpunkt in Neuseeland. Im folgenden Jahr riss der Kontakt zwischen den beiden Schiffen ganz ab; die «Adventure» kehrte daher bereits ein Jahr früher als Cooks «Resolution» nach England zurück.

Die südlichen Winter nutzte Cook, um in Neuseeland oder Tahiti notwendige Reparaturen durchzuführen, der Mannschaft Pausen zu gönnen und weitere Inseln auf den europäischen Karten des Pazifiks zu vermerken. Die Distanzen, die er dabei zurücklegte, sind beeindruckend. Im März 1774 war Cook auf der Osterinsel, die heute zu Chile gehört. Dann wandte er sich gen Westen und kam über die Marquesas, das unvermeidliche Tahiti, Tonga und den äußersten Südwestrand der Fidschi-Inselgruppe, die er als solche nicht erkannte, zur Vanuatu-Inselgruppe. Von dort ging es südlich nach Neukaledonien, das 1500 Kilometer nordöstlich des australischen Brisbane und mehr als 8000 Kilometer westlich der Osterinsel liegt. 8000 Kilometer! So weit ist es auch von Chicago bis Moskau. Die Bewohner von Vanuatu und Neukaledonien, hielt Cook fest, unterschieden sich in Sprache und Kultur deutlich von den weiter östlich gelegenen Pazifikbewohnern. In diesen Beobachtungen spiegelt sich die Grenze zwischen Melanesien und Polynesien.

Über viele der Inseln, auf die Cook traf, gab es bereits Nachrichten aus spanischen oder niederländischen Quellen. Doch die waren wegen der ungenauen Längengradangaben wenig verlässlich. Cooks zweite Reise ist in die Geschichte der Geographie auch durch den Nachweis eingegangen, dass der britische Uhrmacher John Harrison das Längengradproblem wirklich hatte lösen können. Harrison hatte eine Uhr gebaut, die auch bei Temperaturschwankungen, Nässe und Stürmen zuverlässig und genau ging. Durch den Unterschied zwischen lokaler Zeit (die ließ sich durch die Beobachtung von Sonne oder Sternen ermitteln) und englischer Zeit (die konnte man auf Harrisons Uhr ablesen) ließ sich nun der aktuelle Längengrad bestimmen.

1775 kehrte Cook nach England zurück. Er wurde bei Hofe vorgestellt und in der Londoner Gesellschaft gefeiert. Doch schon ein Jahr später brach er zu einer dritten Weltreise auf. Nachdem Cook die Nichtexistenz des über Jahrhunderte angenommenen großen Kontinents im unwirtlichen Süden des Globus nachgewiesen hatte, schien er der richtige Mann zu sein, sich um die seit Jahrhunderten offene Frage der nördlichen Amerika-Umfahrung zu kümmern, und zwar nicht vom Atlantik, sondern vom Pazifik aus. Diese Nordwestpassage war bereits seit dem 16. Jahrhundert erfolglos gesucht worden. Immer noch ging es um die Frage, wie China und Indien am schnellsten und kostengünstigsten erreicht werden konnten. Der Panamakanal war noch nicht gebaut, und der Weg um Südamerika, an Feuerland und Kap Hoorn vorbei, war weit und gefährlich. Auch den Suezkanal gab es noch nicht. Die Reise um Afrika herum über den Indischen Ozean und – nach China – über den Indischen Ozean und das Südchinesische Meer dauerte lang und war wegen der Windverhältnisse nur in manchen Jahreszeiten möglich.

Cook brach erneut mit zwei Schiffen auf, die diesmal während der ganzen Expedition zusammenblieben. Erneut war das erste Ziel der südliche Pazifik, erneut Tahiti, erneut kleinere Entdeckungen. Doch manches war anders auf dieser Reise. Die Wissenschaftler fehlten. Es war auch nur ein einziger Maler an Bord. Deutlicher als bei den ersten beiden Reisen stand ein Reisezweck im Vordergrund, der weniger mit aufklärerischer Wissenschaft und dafür mehr mit britischer Weltgeltung zu tun hatte. James Cook selbst scheint mit den Jahren ungeduldiger und herrischer geworden zu sein. Seine Matrosen waren oft unzufrieden mit ihm. Auch die Menschen, die Cook auf den Inseln begegneten, nahmen ihn als wenig verständnisvoll wahr.

Von Tahiti aus wandte Cook sich nach Norden und traf im Januar 1778 völlig überraschend und als erster Europäer auf die Inselgruppe Hawaii. Nach kurzem Aufenthalt dort steuerte er östlich Richtung nordamerikanische Küste, die er im März 1778 erreichte. Von knapp unterhalb der heutigen Grenze zwischen Kanada und den USA tastete er sich nach Norden vor, immer auf der Suche nach einem land- und eisfreien östlichen Durchlass Richtung Atlantik. Er kam in die Beringstraße, stieß weiter nach Norden vor als je ein europäisches Schiff vor

ihm. Doch eine Nordwestpassage fand er nicht. Erst Anfang des
20. Jahrhunderts sollte es dem Norweger Roald Amundsen mit einem
kleinen Schiff gelingen, Amerika nördlich zu umfahren. Eine prakti-
kable Schiffsroute gibt es trotz Klimawandel bis heute nicht.

Am Ende des nördlichen Sommers wich Cook dem zunehmenden
Eis aus. Ende November erreichte er die Hawaii-Inselgruppe, wo er
zu überwintern gedachte, um im Sommer 1779 die Suche nach der
Nordwestpassage wieder aufzunehmen. Doch James Cook sollte den
nächsten Sommer nicht mehr erleben. Am 14. Februar 1779 starb er, er-
stochen bei einer gewaltsamen Auseinandersetzung, nachdem Hawaiianer eines seiner Beiboote weggenommen hatten. Insgesamt gab es
bei diesem Konflikt mehr als zwanzig Tote. Hier schloss sich ein Kreis,
denn schon der erste Kontakt mit den neuseeländischen Maori auf der
ersten Reise Cooks war außer Kontrolle geraten. Dabei hatte es einen
Toten aufseiten der Einheimischen gegeben. Obwohl damals der tahi-
tianische Priester Tupaia mit den Maori hatte sprechen können und so
eine Art kultureller Vermittlung möglich war, hatten sich gravierende
Missverständnisse nicht vermeiden lassen.

Durch alle drei Reisen hindurch zogen sich kulturelle Missverständnisse, obwohl Cook sehr vorsichtig vorging, sich bemühte, friedlich zu
erscheinen, und nach Ansicht von Teilen seiner Besatzung eher zu ver-
trauensvoll mit den Fremden umging. Europäische Selbstverständlichkeiten über Ehe und Familie, Eigentum, Ehre, Arbeitsteilung zwischen
Männern und Frauen, den Umgang mit dem eigenen und dem fremden Körper, über Religion und Staat, Vergangenheit und Zukunft passten nicht gut für die Gesellschaften des Pazifiks oder liefen völlig ins
Leere. Georg Forster erkannte auf Tahiti die Grenzen des gegenseitigen
Verstehens.

*In … die Religion und Landes-Verfassung betreffenden Umständen, sind
wir aber nicht imstande hinlängliche Auskunft zu geben; denn wegen der
Kürze unseres Aufenthalts und mangelhaften Kenntniß ihrer Sprache
wars nicht möglich von allem gehörigen Unterricht zu erlangen.*

Das führte zu Irritationen. Die Weißen beobachteten erschrocken, wie sich Polynesier in ihrer Trauer um Tote selbst verletzten. Umgekehrt sahen die Bewohner Tahitis voller Entsetzen, wie durch Fesselung wehrlos gemachte Weiße von ihren eigenen Leuten ausgepeitscht wurden. Das dahinterstehende Straf- und Disziplinarsystem verstanden sie nicht. Die Reiseberichte Cooks und seiner Crew sind voll von Klagen über Diebstahl, Betrug und Unehrlichkeit. Doch die Polynesier drückten über Geben und Nehmen soziale Beziehungen aus und taten daher aus ihrer Sicht weder Ungewöhnliches noch Unrechtes, wenn sie europäische Güter an sich nahmen. Mehrfach waren gewaltsame, ja tödliche Auseinandersetzungen die Folge, auch deshalb, weil die Europäer manche Messinstrumente oder Werkzeuge einfach nicht entbehren konnten, wenn sie heil und sicher nach Europa zurückkehren wollten. Umgekehrt machten pazifische Selbstverständlichkeiten für die europäischen Seefahrer keinen Sinn, etwa das Tabu, das heißt die Bezeichnung eines Ortes, einer Person oder einer Sache als unantastbar, manchmal sogar als unaussprechlich. Doch manche von ihnen bezahlten für die Übertretung solcher Grenzen mit dem Leben, auch deswegen, weil die Südseebewohner Grundlagen ihrer Ordnung und ihrer zukunftssichernden Beziehung zu den Göttern in Gefahr sahen. Gelegentlich stolperten die Europäer in Konflikte zwischen verschiedenen Gruppen hinein, die sie nicht oder kaum verstanden.

James Cooks Tod auf Hawaii am 14. Februar 1779 war wohl ebenfalls Folge eines solchen Missverständnisses. Wieder ging es um (aus europäischer Sicht) Eigentumsdelikte. Hinzu kam (aus hawaiianischer Sicht) Cooks unklare Stellung zwischen Götter- und Menschenwelt, die sein Handeln unverständlich erscheinen ließ. Nach dem tödlichen Stich zerlegten die Hawaiianer den Körper Cooks und verteilten ihn unter die Großen der Region. Der Chief Kerriebo erhielt den Kopf und einige andere Teile, Cooks Haare gingen an Maya Maya, einen anderen Chief. Die geschockten Weißen verlangten ihren toten Kapitän zurück, erhielten aber nur größere Teile seines Fleisches, mit dem sie eine (aus weißer Sicht) ordnungsgemäße Seebestattung durchführten. Die Knochen blieben bei den Hawaiianern. Cook war (aus hawaiianischer Sicht) mindestens ein gottähnliches Wesen, das nicht einfach nach der Methode der Weißen versenkt werden konnte. Das war viel zu gefährlich. Die Kraft, die in den haltbaren Teilen des Körpers wohnte, konnte weiter wirksam sein. Die Kunst bestand darin, sie zum Wohle der Lebenden zu nutzen und nicht zu ihrem Verderben werden zu lassen. Mehr als zwanzig Jahre nach Cooks Tod wurden seine Knochen auf Hawaii noch in hohen Ehren gehalten.

Ohne ihren Expeditionsleiter kehrten die beiden Schiffe im Oktober 1780 nach London zurück. Weil sie im Sommer 1779 noch einmal vergeblich nach der Nordwestpassage gesucht hatten, war die Nachricht von Cooks Tod schneller in London als sie. Cook wurde betrauert, seine Verehrung begann. Wie nach den ersten beiden Reisen wurden wissenschaftliche Berichte und Erzählungen der Beteiligten veröffentlicht. James Cooks Reisen hatten europaweit großes Aufsehen erregt. Dabei ging es nicht nur um das endgültige Aus für den Südkontinent, die Harrison-Uhr und das Sauerkraut. Vielmehr gaben die Nachrichten über die Bewohner der Pazifikinseln schwierige Rätsel auf: Wie waren sie dorthin gekommen? Wie ließen sich ihre von bisherigen Erfahrungen und Kenntnissen völlig abweichenden Rituale und Zeremonien erklären? Diese Fragen interessierten die Europäer, wie überhaupt das Fremde hier in der zweiten Hälfte des 18. Jahrhunderts ein wichtiges Thema war. Chinesisches Porzellan und chinesische Seide wurden gehandelt und nachgeahmt. Chinesische und japanische Architekturelemente zierten europäische Gärten.

Verwobene Welten

Europäische Historiker haben für die Zeit, in der Cook die Welt als Erster im Ganzen sah, verschiedene Bezeichnungen gefunden: Absolutismus zum Beispiel (da denken wir an den französischen Sonnenkönig Ludwig XIV. und das Schloss von Versailles) oder Barock (da denken wir an bayerische Kirchen und Klöster, pausbäckige Engel und die Feuerwerksmusik von Georg Friedrich Händel). Doch zu Cooks Leben wollen diese Etiketten nicht passen. Während seiner dritten Reise tobte ein Krieg zwischen den Briten und den Bewohnern ihrer nordamerikanischen Kolonien. Die USA entstanden, eine Welt jenseits von Barock und Absolutismus zeichnete sich ab. Aber auch das frühere Leben von James Cook war anders gewesen. Der hungrige Junge, der an der englischen Ostküste nach Arbeit gesucht hatte, legte einen beeindruckenden sozialen Aufstieg hin, der aber so ungewöhnlich auch wieder nicht war. Auch im 18. Jahrhundert konnten kleine Leute große Karrieren machen. Umgekehrt haben in seiner Zeit große Adelsfamilien und auch Königshäuser schnell an Bedeutung verloren oder sind ausgestorben. Absolutistische Herren waren weniger unantastbar und barocke Klöster weniger einzigartig und herausgehoben, als es uns heute scheint.

Als Aufklärung wird die Zeit Cooks auch bezeichnet. Das passt besser zu ihm, denn Neugier, Verwissenschaftlichung und Systematisierung sind im Handeln Cooks ganz deutlich. Minutiös gezeichnete Karten, die Harrison-Uhr und das Sauerkraut stehen dafür. Doch Aufklärung ist vielschichtig, und nicht jede Schicht gefällt uns. Aufklärung bedeutet auch, sich selbst in der Welt neu zu positionieren. Das taten die Aufklärer, und sie sahen sich vorn. Asiatische und pazifische Welten waren den Europäern zu Zeiten Cooks fern und nah zugleich. Alle Kulturen der Welt basierten am Ende des 18. Jahrhunderts noch auf einer Reihe gemeinsamer Grundlagen: Schiffe wurden mit Muskel- und Windkraft bewegt. Nachrichten waren nicht schneller, als ein

Schiff fahren oder ein Tier laufen konnte. Alle Menschen lebten im Angesicht des Todes, von der Säuglingssterblichkeit über die Infektionskrankheiten bis hin zum irreparablen körperlichen Verschleiß. Doch neben solchen Ähnlichkeiten gab es große Unterschiede. Fremde Welten lagen an den Rändern der eigenen Welt. Das wussten Europäer, Maori und Hawaiianer nun dank Cook. Der Weg dorthin war beschwerlich und gefährlich, das hatten Cooks und Tupaias Schicksale gezeigt. Die Intellektuellen Europas arbeiteten daran, die vielen Nachrichten über fremde Kulturen zusammenzudenken und in ein System zu bringen. Noch nahmen sie diese Kulturen als prinzipiell gleichwertig wahr. Aber schon bald begannen sie, sich selbst an der Spitze einer Entwicklung zu sehen.

«Die Entdeckungen, welche unsre europäischen Seefahrer in fernen Meeren und auf entlegenen Küsten gemacht haben, geben uns ein ebenso lehrreiches als unterhaltendes Schauspiel», sagte Friedrich Schiller 1789 in seiner Jenaer Antrittsvorlesung, die er «Was heißt und zu welchem Ende studiert man Universalgeschichte?» nannte.

Sie zeigen uns Völkerschaften, die auf den mannichfaltigsten Stuffen der Bildung um uns herum gelagert sind, wie Kinder verschiednen Alters um einen Erwachsenen herum stehen, und durch ihr Beyspiel ihm in Erinnerung bringen, was er selbst vormals gewesen, und wovon er ausgegangen ist. Eine weise Hand scheint uns diese rohen Völkerstämme bis auf den Zeitpunkt aufgespart zu haben, wo wir in unsrer eignen Kultur weit genug würden fortgeschritten seyn, um von dieser Entdeckung eine nützliche Anwendung auf uns selbst zu machen, und den verlohrnen Anfang unsers Geschlechts aus diesem Spiegel wieder herzustellen.

Schiller beobachtete aufmerksam, was Cook, Forster und die anderen Weltreisenden dieser Jahre herausfanden. Und er begann, Unterschiede zu machen. Die Menschen waren für Schiller zwar grundsätzlich gleich, standen aber auf unterschiedlichen Entwicklungsstufen, von denen die europäische die höchste, die der Erwachsenen war.

Wenige Jahre zuvor hatte der deutsche Aufklärer Immanuel Kant
gefordert, eine Weltgeschichte müsse den Plan der Natur selbst nach-
vollziehen, «der auf die vollkommene bürgerliche Vereinigung in der
Menschengattung abziele». Sie müsse bei den alten Griechen beginnen, das Römische Reich anschließen und dann die Geschichte bis zur
Jetztzeit verfolgen. Die außereuropäische Geschichte sei weniger wichtig. Wenn man

*die Staatengeschichte anderer Völker, so wie deren Kenntnis durch eben
diese aufgeklärten Nationen allmählich zu uns gelanget ist, episodisch
hinzutut: so wird man einen regelmäßigen Gang der Verbesserung der
Staatsverfassung in unserem Weltteile (der wahrscheinlicher Weise allen
anderen dereinst Gesetze geben wird) entdecken.*

Für Kant ist die Weltgeschichte eigentlich nur europäische Geschichte.
Der Rest der Welt wird zur Episode, um «den regelmäßigen Gang der
Verbesserung der Staatsverfassung» nicht zu stören. Der europäische
Staat sei der Plan der Natur selbst. Das wertete die Nichteuropäer
schon deutlicher ab.

Ein paar Jahrzehnte später sollte Georg Wilhelm Friedrich Hegel in
seinen «Vorlesungen über die Philosophie der Geschichte» mit sehr
viel kräftigeren Strichen Amerika und Afrika als gar nicht zur Geschichte gehörig und Asien als Frühstadium der Geschichte bezeichnen. «Die Weltgeschichte geht von Osten nach Westen, denn Europa
ist schlechthin das Ende der Weltgeschichte, Asien der Anfang.»

Cooks Reisen und die Asien-Begeisterung der zweiten Hälfte des
18. Jahrhunderts stehen auf der Grenze zwischen Neugierde und Achtung gegenüber dem Fremden einerseits sowie dessen Abwertung im
Sinne europäischer Überlegenheit, ja Weltbeherrschung andererseits.
Noch kamen Europäer in der Fremde nicht ohne Vermittler wie den
Priester Tupaia aus, noch war ihre Überlegenheit unsicher, konnte
auch der Tod herausgehobener Figuren wie Cook nicht verhindert
werden. Aber schon führten Europäer Kriege wie den Siebenjährigen

Krieg beziehungsweise den «French and Indian War» auf asiatischem und amerikanischem Boden. «Im 18. Jahrhundert», schreibt der deutsche Historiker Jürgen Osterhammel, «verglich sich Europa mit Asien; im 19. hielt es sich für unvergleichlich – und war mit sich selbst allein.»

Wer zwischen 1800 und 1945 Weltgeschichte schrieb, wollte zeigen, wie Europa das Zentrum und das Ziel der Weltgeschichte geworden ist. Nachdem Europa sich in zwei Weltkriegen selbst aus dem Zentrum der Weltgeschichte herausgeschossen hatte, dominierten die USA und die Sowjetunion die Welt. Nun entstanden Weltgeschichten, die entweder vom Aufstieg der westlichen Zivilisation oder von der Entwicklung der Menschheit bis zum unaufhaltsamen Sieg des Kommunismus berichteten. Diese Geschichten hatten etwas von einem Staffellauf des Fortschritts.

Zu Beginn des 21. Jahrhunderts ist Europa längst nicht mehr das Zentrum der Erde. Die Welten des Kommunismus sind zusammengebrochen, der «Westen» ist sich seiner selbst nicht mehr sicher. Da scheint es ratsam, es noch einmal mit Cooks Achtung gegenüber dem Fremden zu versuchen. Seit Cook kennen wir alle Enden der Erde. Mit seinen Informationen begannen Europäer wie Schiller, Kant oder Hegel, die Welt hierarchisch zu ordnen, mit sich selbst an der Spitze. James Cook selbst war vorsichtiger. Als Seefahrer erfuhr er die Unwägbarkeiten menschlichen Lebens. Mit seinen sorgfältigen Kartierungen, seiner Suche nach dem Unbekannten, seiner Hoffnung auf technische Fortschritte, die die Navigation leichter und das Leben der Matrosen sicherer machen könnten, dachte er im Geiste der Aufklärung. Aber er war noch offen für Vorstellungen, die sich europäischen Mustern entzogen und doch nicht schlechter als diese sein mussten. Cooks Gefährte der zweiten Reise, Georg Forster, resümierte noch,

daß die Natur des Menschen zwar überall klimatisch verschieden, aber im Ganzen, sowohl der Organisation nach, als in Beziehung auf die Triebe und den Gang ihrer Entwickelung, specifisch dieselbe ist ... Eine völlige und absolute Gleichheit unter den Menschen, so wie sie physisch nirgends eksistirt, [sei] auch sittlich unmöglich.

So wie Cook sollten wir Weltgeschichte nicht als Staffellauf des Fortschritts betrachten, sondern als neugierige und vorsichtige Forschungsreise. Wir schreiten, um im Bild des Anfangs zu bleiben, nicht einen Parcours von Helden ab, sondern untersuchen einen sehr eigentümlichen, weil chaotisch zusammengewebten, kunterbunten Teppich. Wir heben ihn in den folgenden Kapiteln an immer neuen Stellen an, und zwar weltweit. Gespannt beobachten wir Fäden unterschiedlicher Dicke, Länge und Farbe. Wir sehen Verbindungen zwischen den Stellen, an denen wir den Teppich anheben. Wir sehen Fortschritte: technische, künstlerische, politische und kulinarische. Aber es gibt auch Abbrüche und Verluste. Anders als beim Staffellauf des Fortschritts sehen wir eine überbordende Vielfalt der Geschichte. Wie aber werden wir der Vielfalt Herr?

Dionysius Exiguus ordnet die Zeit

Um die Vielfalt zu ordnen, nutzen wir die Zeit. Wir datieren Ereignisse, vergleichen und kombinieren. Doch die Datierung ist von Menschen gemacht und damit selbst Teil des chaotischen Webens am Teppich der Geschichte. Montag, der 27. Februar 2017, an dem ich diese Worte in meinen Computer tippe, könnte auch ganz anders heißen. 30 Jumada I 1438 heißt er im muslimischen Kalender, 1 Adar 5777 im jüdischen, und das sind nur wenige von vielen Namen, die dieser Tag hat oder hätte haben können, wenn sich andere Datierungssysteme durchgesetzt hätten. Für die Benennung der Tage, der Monate und der Jahre haben Menschen ganz unterschiedliche Lösungen gefunden. Dass wir heute weltweit vom 27. Februar 2017 sprechen, hat mit Macht und Ohnmacht zu tun, mit Religion, Politik und Symbolen, mit dem

Interesse von Menschen an praktischen Lösungen – und mit dem gelehrten Mönch Dionysius Exiguus.

Dionysius stammte von der Küste des Schwarzen Meeres im heutigen Rumänien. Wir wissen weder, wann er geboren wurde, noch, wann er starb. Jedenfalls kam er als Mönch um 500 n. Chr. nach Rom. Wahrscheinlich war er zuvor in Konstantinopel gewesen. Jedenfalls beherrschte er das Lateinische wie das Griechische exzellent. Das war zu Beginn des 6. Jahrhunderts selten. Er wurde daher ein berühmter Gelehrter, ein Übersetzer, Sortierer, Zusammensteller von Rechtstexten, den sogenannten Canones. Kanonisten hießen solche Menschen damals. Zeittypisch bescheiden hat Dionysius seine Briefe mit «Dionysius Exiguus» unterschrieben, also «der kleine Dionysius» oder «der geringe Dionysius». Als diese höfliche Kultur längst vergessen und nur noch ein Teil seiner Werke übrig geblieben war, haben Menschen das für seinen zweiten Namen gehalten. Deshalb steht er bis heute in den Lexika als Dionysius Exiguus.

In den 520er Jahren wurde der damals berühmte Kanonist Dionysius mit der Lösung eines politisch wie religiös seit Jahrzehnten erbittert geführten Streits beauftragt: Wann war Ostern? Wir mögen das heute nicht mehr als weltbewegende Frage empfinden. Für die Zeitgenossen des Dionysius war sie lebenswichtig. Der Ort des zentralen christlichen Festes im Jahresablauf stand zur Debatte und damit die Zukunft jedes Einzelnen. Von Gottes Hilfe hing nach allgemeiner Ansicht das Schicksal von Menschen und ihren Gemeinwesen ab. Wer wollte da riskieren, Tod, Auferstehung und Himmelfahrt Jesu Christi an der falschen Stelle im Jahreslauf, an einem unwirksamen Tag, rituell nachzuvollziehen?

In der Bibel wird für Tod und Auferstehung Christi – Karfreitag und Ostern, wie wir heute sagen – ein konkreter Zeitpunkt im Jahresablauf angegeben. Die Ereignisse wurden im Zusammenhang mit dem jüdischen Passahfest geschildert, das, dem jüdischen Kalender folgend, rund um den ersten Frühjahrsvollmond begangen wurde. Die ersten Christen, die noch als jüdische Sekte gelten konnten, feierten daher ihr

Hauptfest am Tag des Frühjahrsvollmondes. Doch als die christlichen Gemeinden größer wurden und sich über das Römische Reich ausbreiteten, wuchs das Bedürfnis, sich vom Judentum abzugrenzen. Ostern sollte zwar biblisch korrekt, aber unabhängig vom Passahfest gefeiert werden. Wenn aber nicht mehr der jüdische Kalender die Richtung angab, wurde unklar, wann das Frühjahr begann, dessen erster Vollmond die Richtgröße sein sollte. Im Römischen Reich kursierten neben dem jüdischen verschiedene andere Kalender, die diese Frage unterschiedlich beantworteten.

Grund hierfür war das allen Kalendersystemen dieser Erde gemeinsame Grundproblem: Die drei wichtigsten wiederkehrenden Zeiterfahrungen des Menschen passen mathematisch nicht zusammen. Die Drehung der Erde um die eigene Achse macht den Tag, der Umlauf des Mondes um die Erde macht den Monat, der Umlauf der Erde um die Sonne macht das Jahr. Alle drei Ereignisse sind voneinander unabhängig. Weder der Monat noch das Jahr lassen sich in Tagen restlos angeben. Ein Mondjahr dauert 354 Tage, 12 Stunden und etwas mehr als 44 Minuten, ein Sonnenjahr 365 Tage, 5 Stunden und knapp 49 Minuten. Wird das Jahr nach dem Mondkalender definiert, wie es zum Beispiel die muslimische Zeitrechnung praktiziert, dann ist das Jahr knapp 10 Tage kürzer als die Summe der Jahreszeiten. Folglich wandern die Monate allmählich durch das Jahr. Deswegen hat der neunte und Fastenmonat der Muslime, der Ramadan, in jedem Jahr einen etwas anderen Platz im Jahreslauf. Wird das Jahr nach dem Sonnenkalender definiert, tritt der gleiche Effekt verzögert ein. Nach knapp vier Jahren ist ein Tag verloren. Das mag wenig erscheinen, führt aber in Gesellschaften, die Aussaat und Ernte und daran hängende Termine für Steuern und Abgaben, Schulden und Zinsen, Feste und Feiern kalendarisch festlegen wollen, nach kurzer Zeit zu Problemen.

Das Problem war seit Jahrtausenden bekannt. Gesellschaften, für die kalendarische Genauigkeit von Bedeutung war, lösten es in der Regel durch Ergänzungen des Mondjahres. In vielen Kulturen wurden einzelnen Mondjahren ganze Monate hinzugefügt. Das konnte willkürlich und unregelmäßig erfolgen, konnte aber auch, wie in China oder Japan, sehr genaue astronomische Beobachtungen und Berechnungen zur Grundlage haben. Auch die jüdische Zeitrechnung kannte Schaltmonate, die zu sehr unterschiedlichen Jahreslängen zwischen 353 und 385 Tagen führten. Weil sie am Ende des Jahres eingefügt wurden, waren sie für die Datierung des Osterfestes nicht wichtig. Aber die sehr unterschiedlichen Jahreslängen erschwerten die Umrechnung in Kalendersysteme, die vom Sonnenumlauf ausgingen. Der Sonnenjahrkalender hatte 365 Tage und gelegentlich einen 366. Tag, um den Kalender mit dem jahreszeitlichen Verlauf in Einklang zu bringen. Damit ging die Deckung von Monat und Mondumlauf verloren. Es konnte nicht mehr jeder Monat mit dem Neumond beginnen. Heute stellen wir die Kongruenz zwischen Tag, Monat und Jahr her, indem wir die Tage zu Wochen zusammenfassen und diese völlig unabhängig von Monat und Jahr durch die Zeit laufen lassen. Die Monate sind vom Mondumlauf gelöst. In genau definierten Abständen fügen wir dem Jahr einen Schalttag hinzu.

Diese Lösung hat zwei Wurzeln: Die Wochenidee stammt aus dem jüdischen Kalender, der sie seinerseits aus älteren Kulturen der Region übernommen hat. Sie wird mit der biblischen Geschichte von der Erschaffung der Welt in sechs Tagen und einem Ruhetag begründet. Aus dem arbeitsfreien Samstag oder Sabbat haben die Christen allerdings den arbeitsfreien Sonntag gemacht, weil Jesu Auferstehung am Tag nach dem Sabbat stattgefunden haben soll. In vielen Sprachen heißt dieser Tag daher der Tag des Herrn (im Deutschen nicht).

Die Organisation der Monate, Jahre und Schalttage stammt aus der Zeit Julius Caesars, der den römischen Kalender nach ägyptischem Vorbild reformierte (deswegen: Julianischer Kalender). Sichtbar ist das heute noch daran, dass der Schalttag am Ende des Monats Februar liegt, der in Rom der letzte Monat des Jahres war. Mit dem März begann das neue Jahr, weswegen der neunte Monat unseres Jahres September, also «der Siebte», heißt. Ihm folgen Oktober («der Achte»), November («der Neunte») und Dezember («der Zehnte»). Caesars Lösung brauchte eine Zeitlang, um sich im Reich durchzusetzen. Sie war auch nicht besonders präzise. 1582 wurde sie unter Papst Gregor XIII. korrigiert (seine Verbesserung heißt daher Gregorianischer Kalender), weil inzwischen eine Verschiebung von zehn Tagen gegenüber dem Umlauf der Erde um die Sonne eingetreten war. Es hat Jahrhunderte gedauert, diese Kalenderreform in Europa durchzusetzen. Zu groß waren die Vorbehalte bei Protestanten und Orthodoxen gegen eine Reform, die der Papst in Gang gesetzt hatte. Die Russische Revolution von 1917 ist nach dem Julianischen Kalender, der in Russland Anfang des 20. Jahrhunderts noch galt, eine Oktoberrevolution. Weil aber die russische Revolutionsregierung 1918 den Gregorianischen Kalender eingeführt hat, wird seitdem im November an sie erinnert.

Die verwirrend vielen, nicht zueinander passenden und in sich nicht immer stimmigen Kalendersysteme waren ein Grund für die Unsicherheit der Christen, wann wirklich Ostern war. Der Streit darum war erbittert, schließlich ging es um die angemessene Vergegenwärtigung des göttlichen Heilswerkes. Um ihn zu beenden, musste zunächst festgelegt werden, nach welchem Kalender und nach welchem meteorologischen Ereignis das Frühjahr beginnen sollte. Dann war zu berechnen, wie viele Mondumläufe und wie viele scheinbare Sonnenumläufe um die Erde es seit der Kreuzigung Christi gegeben hatte. Aus diesen Angaben ließen sich Osterfestlisten von der Kreuzigung bis zur damaligen Gegenwart erarbeiten. Endlich gelang es Dionysius Exiguus, unserem hochgelehrten Kanonisten, einen Lösungsvorschlag zu machen, der sich durchsetzen konnte. Basierend auf älteren Berechnungen, stellte er zudem fest, dass sich das Datum des Osterfestes in einem 532-jährigen Zyklus regelhaft wiederholte. Für die ihm vorausliegenden fünfundneunzig Jahre schrieb er die sich ergebenden Daten auf.

Die Osterfestberechnung des Dionysius war eine große Leistung. Noch wichtiger als sie selbst freilich wurde ein Nebenprodukt der Rechnerei. Aus den Osterfestlisten ergab sich ein Blick in eine prinzipiell unendliche Zukunft (jedes Jahr aufs Neue würde Ostern sein, und alle 532 Jahre würde sich der Zyklus wiederholen) und in die bere-

chenbare Vergangenheit bis hin zum Sterbedatum Jesu. Das aber machte
es möglich, noch eine alte Frage zu beantworten: Wann war Jesus
eigentlich geboren worden?

Hätten die Christen das nicht einfach bei einem der vier Evangelisten nachschlagen können? Schließlich hatten die Autoren Markus,
Matthäus, Lukas und Johannes Berichte über Jesu Leben gesammelt
und kunstvoll in «Evangelien» zusammengefasst, wenn auch erst Jahrzehnte nach Jesu Tod. Aber zwei der vier Evangelisten erwähnen Jesu
Geburt nicht einmal, und Matthäus und Lukas datieren sie nicht im
Jahr Null oder Eins. Auch von irgendeiner anderen fortlaufenden
Jahreszählung oder gar von einem Monat oder Tag ist bei ihnen nicht
die Rede. Das Ereignis fand statt während der «Zeit des Königs Herodes» (Matthäus und Lukas) oder der Regierungszeit des Augustus, als
«Quirinius Statthalter von Syrien» war (Lukas). Das war nicht wirklich
präzise. Herodes I. regierte von 37 bis 4 vor Christi Geburt. Die Allein-
herrschaft des Augustus dauerte von 27 vor bis 14 nach Christus. Wie
lange der römische Senator Publius Sulpicius Quirinius in Syrien war
und welches Amt er dort zu welcher Zeit innehatte, ist bis heute unklar.
Sicher belegt sind seine Statthalterschaft und seine Volkszählung um
6 nach Christus. Das passt aber nicht zu den Herodes-Daten.

Die konkreteste Datierung in den Evangelien überhaupt bezieht sich
nur indirekt auf Jesu Geburt: «Es war im 15. Jahr der Regierung des
Kaisers Tiberius; Pontius Pilatus war Statthalter von Judäa, Herodes
Tetrarch von Galiläa, sein Bruder Philippus Tetrarch von Ituräa und
Trachonitis, Lysianias Tetrarch von Abilene. Hohepriester waren Han-
nas und Kajaphas.» Zu dieser Zeit sei Johannes aufgetreten, sagt Lukas,
und habe Jesus getauft. Der sei damals «etwa dreißig Jahre alt» gewesen. Nun müssen wir nur noch wissen, wann die verschiedenen Personen genau diese Ämter innehatten, dann eine Schnittmenge bilden
und von der Schnittmenge aus «etwa dreißig Jahre» zurückrechnen.
Schon haben wir ein Geburtsjahr, das freilich wegen des «etwa» unsicher bleibt.

Nun ist es nicht so, dass die Evangelisten nicht rechnen konnten. Sie wollten nicht. Für sie waren der Lebensinhalt und die Botschaft Jesu entscheidend, nicht deren zeitlicher Ort. Deswegen sind die Zeitangaben eher beiläufig. Die Zeitangaben selbst sind freilich nicht untypisch. Eine abstrakte Chronologie mit durchlaufenden Zahlen stand den Evangelisten nicht zur Verfügung. Zu ihrer Zeit wurde in den meisten Reichen der Erde nach Herrscher- oder Amtsjahren datiert und benannt. Die Römer etwa benannten die Jahre bevorzugt nach den amtierenden Konsuln. Das war genau, denn die Konsuln wechselten jährlich. Es war aber auch unpraktisch, denn der Überblick ging schnell verloren, und größere Zeiträume ließen sich schwer darstellen. Wer Gewissheit über eine Datumsangabe haben wollte, musste zum Forum Romanum laufen, wo die Liste der römischen Konsuln eingemeißelt war. Mit dem Ende eines Amtsträgers, eines Herrschers oder auch einer ganzen Dynastie endete in solchen Datierungssystemen die jeweilige Zeit. Dann begann eine neue Zeit mit einem neuen Namen.

Zeitangaben und Kalender hatten also in vielen Regionen der Erde zur Zeit Jesu etwas mit Herrschaft zu tun. Sie wurden auch gezielt genutzt, um Herrschaft darzustellen oder zu begründen. Besonders gut ist das in China zu sehen. Sechzig Kalendersysteme weist die chinesische Geschichte aus, und die meisten von ihnen wurden aus machtpolitischen Gründen eingeführt. Wir fangen neu an, signalisierte ein neuer Kalender, oder auch: Wir gehen zum Ursprung der Zeit zurück.

Neben solchen Herrschafts- und Dynastierechnungen existierten in einigen Weltregionen wiederkehrende Zyklen. Vor der Eroberung durch die Spanier haben mittelamerikanische Kalender so funktioniert, etwa bei den Maya. Verschiedene Zyklen wie das Jahr oder die Zeit der Schwangerschaft beim Menschen wurden zu Großzyklen verknüpft, die sich dann wiederholten. Der größte Zyklus umfasste zweiundfünfzig Jahre, danach begann die Zählung von vorn. Die Griechen bezeichneten in der Antike die Vierjahresfrist zwischen den Wettkämpfen im griechischen Olympia als Olympiaden, und diese Olympiaden wurden durchnummeriert. Einzelne Jahre konnten so genau identifiziert werden, weil ein Ereignis beispielsweise im 3. Jahr der

27. Olympiade stattgefunden hatte. Andernorts wiederum wurden
Jahre nach besonderen Ereignissen benannt. Es gab das «Jahr der Hungersnot» oder das «Jahr des Feldzugs X». Der Prophet Mohammed
wurde, so berichtet sein ältester Biograph Ibn Ishaq, «im Jahr des
Elefanten» geboren, dem Jahr, in dem ein ägyptischer Statthalter einen
Angriff auf Mekka mithilfe von Elefanten ausführte. Weil Elefanten auf
der Arabischen Halbinsel wenig bekannt waren, diente das Ereignis
eine Zeitlang zur Datierung. Fiel nämlich in einem Jahr nichts Nen-
nenswertes an, war es eben das Jahr nach dem Elefanten oder andernorts vielleicht das Jahr 2 nach der Hungersnot. Außerdem gab es beispielsweise in den meisten Regionen Australiens auch Gesellschaften,
die gar keinen Begriff für Zeit hatten.

In Rechnungen nach Königen, Amtsträgern, Dynastien, besonderen
Ereignissen war ein Ende mitbedacht. Irgendwann würde ein neues
großes Ereignis kommen, irgendwann die Dynastie enden und eine
neue Dynastie oder ein neues Ereignis eine neue Zeit mit sich bringen.
Eine zukunftsoffene Zeitbeschreibung von einem festgelegten Punkt
aus gab es selten. Die mittelamerikanischen Maya verwendeten neben
der zyklischen Kalenderrechnung eine «lange Zählung» von Tagen seit
einem in ferner Vergangenheit liegenden Nullpunkt. Maya konnten
also einen Tag zum Beispiel als 1.411.200 seit dem Nullpunkt angeben,
taten dies aber nicht in dem uns vertrauten Dezimalsystem, sondern in
Kombinationen von anderen Zeitperioden. Der Tag 9.16.0.0.0 entsprach 9 x 144 000 Tage + 16 x 7200 Tage + 0 x 360 Tage + 0 x 20 Tage +
0 x 1 Tag, womit wir wieder beim Tag 1.411.200 wären. Klingt kompliziert, war es auch. In Japan wurde im 8. Jahrhundert unserer heutigen
Zeitrechnung eine offene Zählung eingeführt, die sich auf ein mehr
als tausend Jahre zurückliegendes Ereignis gründete: die Befriedung
der japanischen Inseln durch den ersten Tenno, eine Art japanischem
Kaiser.

Vor und nach Christus: Eine Zeitrechnung setzt sich durch

Von Ägypten aus wurde in der römischen Spätantike eine neue Chronologie populär: Diokletiansjahre. Kaiser Diokletian hatte das Reich um 300 grundlegend reformiert, wie wir im Kapitel «Byzanz» noch sehen werden. Vom Jahr seiner Thronbesteigung an wurde gezählt. Dionysius Exiguus legte seine Osterberechnung demnach im 248. Diokletiansjahr vor, das zu seiner Zeit aber das 248. Jahr der Märtyrer hieß. Denn Diokletian war für eine der härtesten Christenverfolgungen verantwortlich gewesen, und die Christen fanden, dass es besser sei, an die Opfer des Kaisers zu erinnern als an den Kaiser selbst.

Dionysius wollte aber überhaupt nicht mehr an einen Christenverfolger oder eine Christenverfolgung erinnern. Viel besser sei es, Jesus Christus selbst ins Zentrum der Zeit zu stellen. Deshalb gab er die zukünftigen Osterfeste nicht in Diokletiansjahren oder Märtyrerjahren an, sondern in Jahren nach Christi Geburt. Bis zur Kreuzigung hatte er ohnehin zurückrechnen müssen. Von dort aus gelangte er über die – wie wir eben gesehen haben – uneinheitlichen und ungenauen Datierungen der Evangelisten bis zum Geburtsjahr. Nach heutigem Wissen lag Dionysius falsch. Wahrscheinlich ist Jesus ein paar Jahre vor «Christi Geburt» zur Welt gekommen, ohne dass wir letzte Sicherheit über das Jahr haben können.

Die neue Datierung des Dionysius wurde immer wieder abgeschrieben. Sie verbreitete sich als Teil der Osterfestliste, die den Zeitgenossen weitaus wichtiger war, weil sie das Seelenheil sichern half und Streit in der Christenheit vermied. Die Schreiber trugen in die Liste eher beiläufig wichtige Ereignisse des jeweiligen Jahres ein. So entstanden erste Angaben «nach Christi Geburt».

Wirklich bedeutend wurde die neue Zählung erst Jahrhunderte später über den Umweg England. Dort konkurrierten Ende des 7. Jahrhunderts mehrere Königreiche und damit mehrere Datierungssysteme miteinander. Kirchliche Beschlüsse für ganz England mussten nach den Regierungsjahren mehrerer gleichzeitig amtierender Herrscher benannt werden. Das war lästig. Die lange im Hintergrund mitlaufende Datierung «nach Christi Geburt» bot sich als alltagstaugliche Variante an. Als englische und irische Mönche in Nordwesteuropa missionierten, brachten sie das neue Datierungssystem zurück auf den europäischen Kontinent. Im 10. Jahrhundert hatten sich die Westeuropäer daran gewöhnt. Die päpstliche Kurie ging erst im 11. Jahrhundert dazu über. Zuvor hatte sie – nicht überraschend – nach Päpsten datiert. Die neue Datierung wurde nicht wichtig, weil sie besonders christlich, sondern weil sie besonders praktisch war.

Ziemlich mühsam war es allerdings, das Datierungssystem nicht nur für die Gegenwart und für die Zukunft, sondern auch zur Orientierung in der Vergangenheit zu nutzen. Unendlich viele Datierungsangaben nach Päpsten, Königen, Fürsten, Statthaltern, dazu konkurrierende Angaben in Steuerzyklen und Olympiaden, nach Naturkatastrophen und Elefanten wurden bis heute angepasst und umgerechnet. Am Anfang des 8. Jahrhunderts schrieb der englische Mönch Beda Venerabilis eine Kirchengeschichte des englischen Volkes seit Caesar, die das neue System zur Anwendung brachte. Er war einer der Ersten in einer ganzen Reihe von Gelehrten, die sich an diese Aufgabe machten. Noch schwieriger war es, all die Dinge zu datieren, die «vor Christi Geburt» stattgefunden hatten. Sie mussten rechnerisch auf einen Punkt bezogen werden, den die Akteure gar nicht gekannt haben konnten. Im europäischen Spätmittelalter entstanden erste Geschichtswerke, die konsequent von Christi Geburt an vorwärts und rückwärts zählten.

Andere Räume, andere Zeiten

Mit Jahreszahlen wie 1453 (Eroberung von Byzanz durch die Osmanen) oder 1530 (Tod Baburs, der das Mogulreich in Indien gegründet hatte) folgen wir also einer in der römischen Spätantike entwickelten christlichen Idee, deren Attraktivität in ihrer Zukunftsoffenheit, ihrer Verallgemeinerbarkeit und ihrer symbolischen Kraft lag. Christus war der Herr über die Zeit, darauf konnten sich immer mehr christliche Herrscher Europas einigen. Europa war allerdings nur ein Teil der Welt und – von China, Japan oder Indien aus betrachtet – kein besonders bedeutender. Friedliche Kontakte und militärische Siege der Europäer zunächst über Südamerikaner seit 1492, dann über Nordamerikaner, Asiaten, Australier und Afrikaner seit dem späten 18. Jahrhundert waren nötig, um das Datierungssystem weltweit zu verbreiten.

Wir sollten uns diesen Prozess allerdings nicht nur gewaltsam und einseitig vorstellen. Es trafen nicht linear und zukunftsoffen denkende christliche Europäer auf zyklisch oder in Zeitschichten denkende Nichteuropäer, die Hindus, Muslime oder Buddhisten waren. Es hat, wie wir gesehen haben, lineare und zukunftsoffene Kalender in verschiedenen Erdteilen gegeben. Kalender und Jahresberechnungen waren in Europa nicht grundsätzlich anders oder gar besser als in den übrigen Regionen dieser Erde, obwohl die Europäer das so sahen. Es existierten mehrere Datierungssysteme gleichzeitig, und verschiedene Menschen verbanden verschiedene Ziele mit ihnen. Für europäische Bauern war es wichtig zu wissen, wann sie säen und ernten sollten, wann sie arbeiten, ruhen und Gottesdienst halten konnten, wann Steuern, Abgaben und Schuldzinsen fällig waren. Dafür brauchten sie einen funktionierenden Kalender. Dass er ihnen auch sagte, in welchem Jahr sie lebten, dürfte viele von ihnen weniger bewegt haben. Das ging Menschen in anderen Erdteilen nicht anders. Manche mögen das europäische Datierungssystem genutzt haben, als sie es auf die eine oder andere Weise kennenlernten, weil sie sich damit leichter in der Zeit orientieren konnten. Anderen, die von Europäern kolonisiert wurden, wurde es aufgezwungen.

Einige Staaten übernahmen im 19. und im frühen 20. Jahrhundert den nun als «westlich» geltenden Kalender, um damit programmatisch ihre Herrschaft neu zu begründen. Japan führte 1872 den westlichen Kalender mit der Begründung ein, er diene der Industrialisierung und allgemein der Modernisierung des Landes. Das Osmanische Reich hatte 1873 den muslimischen Mondkalender so reformiert, dass er zunächst zum Julianischen, später zum Gregorianischen Kalender passte. 1926 ging die Türkische Republik, die dem Osmanischen Reich in Anatolien und Istanbul nachgefolgt war, zum Gregorianischen System über. Auch sie verstand den Schritt als weiteres Symbol für die Verwestlichung und Modernisierung des Landes. Doch die Bewohner Japans oder der Türkei wurden damit weder automatisch Anhänger der Idee des Fortschritts, der auf einer Zeitachse vorangeht, noch des christlichen Glaubens. Viele von ihnen nutzten den christlichen Kalender neben anderen Zeit-, Welt- und Gottesvorstellungen.

Wer zur Zeit der Evangelisten, zur Zeit des Dionysius Exiguus und danach noch bis in die Neuzeit hinein eine längere Reise unternahm, durchquerte nicht nur den Raum, sondern auch die Zeit. Immer wieder wurde sie anders beschrieben. Tage und Monate hatten unterschiedliche Namen, Längen und Unterteilungen. Wo in Europa der Tag in Stunden unterteilt wurde, änderte sich deren Länge im Jahreslauf, weil sie als gleich lange Teile des hellen Tages beziehungsweise der dunklen Nacht begriffen wurden. Im Sommer waren daher die Stunden des Tages länger, im Winter die der Nacht. Es mussten erst die mechanische Uhr und die Sanduhr erfunden werden, um die Stunden unabhängig vom hellen Tag immer gleich zu bestimmen. Seit dem Spätmittelalter schlug in Europa die städtische Turmuhr den Takt des Tages, und jede Stadt hatte ihren eigenen Takt. Erst die Eisenbahn des 19. Jahrhunderts machte es notwendig, die Zeiten der Städte aufeinander abzustimmen, und brachte schließlich sogar eine europäische, ja eine Weltzeit herbei.

Die weltweite Durchsetzung des christlichen Kalenders in den vielen Jahrhunderten nach Dionysius schaffte Synchronie, einen einheitlichen Zeittakt. Historienwerke haben diesen Zeittakt in die Geschichte zurückverlängert. Sie führten eine Einheitlichkeit herbei, die in Wirklichkeit nie bestanden hat. Chinesen, Australier und Südamerikaner sind keinem einheitlichen Takt gefolgt. Wie die Europäer hatten sie nicht einmal in ihren eigenen Regionen eine einheitliche Zeitrechnung. Wenn wir Weltgeschichte schreiben oder lesen, müssen wir die Eigenzeiten sehr vieler Gruppen und Gesellschaften an sehr vielen Orten im Blick behalten.

Diese Eigenzeiten haben auch Folgen für die Art und Weise, in der Menschen die Vergangenheit gliedern. Europäer haben sich angewöhnt, von Alter Geschichte oder Antike, von Mittelalter und Neuzeit zu sprechen. Diese Einteilung haben italienische Humanisten im 14. Jahrhundert erfunden. Sie begriffen sich als modern und fanden sich vom geistig vorbildlichen Erbe der Griechen und Römer durch eine dunkle Zwischenzeit, eben das «Mittel-Alter», getrennt. Das Bild einer Wiedergeburt nach dem Verfall, für die Zeit nach 500 nicht eben schmeichelhaft, prägt bis heute den Blick europäischer Historiker auf die Geschichte. Das Schema ist inzwischen verfeinert, die Antike in unterschiedliche Kulturräume aufgeteilt, die Neuzeit durch die Französische Revolution 1789 in zwei Hälften zerlegt worden. Insgesamt aber hat dieses Modell mittlerweile knapp siebenhundert Jahre überstanden.

Nun aber versagt es, wenn die europäische Geschichte in einem weltweiten Zusammenhang gesehen wird. Es gibt ein sehr verbindliches Erbe in China, das der europäischen Antike ähnelt, aber durch kein Mittelalter wirklich gefährdet wurde. In Indien gab es kein Mittelalter im europäischen Sinn. Für Mittel- und Südamerika ist die spanische Eroberung in den Jahrzehnten nach 1492 eine tiefe Zäsur. Man könnte sie mit etwas Mühe der europäischen Unterscheidung zwischen Mittelalter und Neuzeit angleichen, aber das frohgemute Neuzeitverständnis der italienischen Humanisten erscheint angesichts des Untergangs der blühenden Reiche der Inka und Azteken irgendwie unangemessen. Oder hätten die Indios, die binnen eines Jahrhunderts 90 Prozent der Bevölkerung durch Gewalt und eingeschleppte Seuchen verloren haben, von einer guten neuen Zeit reden sollen? Für die Australier war die Ankunft der Europäer 1788 eine ähnliche Katastrophe wie 1492 für die Süd- und Mittelamerikaner. Zeitlich liegt die australische Zäsur parallel zur Französischen Revolution. Aber es gibt keinen inhaltlichen Zusammenhang. Für China, Japan und Indien können weder 1492 noch 1788 oder 1789 sinnvoll als Epochengrenzen gelten. Möglicherweise war der Erste Weltkrieg von 1914 bis 1918 das erste weltweit spürbare Ereignis. Möglicherweise hatten erst die Weltwirtschaftskrise 1929 bis 1933 oder der Zweite Weltkrieg, dessen Kernzeit von 1941 bis 1945 war, der aber in unterschiedlichen Teilen der Welt zu unterschiedlichen Zeiten begann und endete, diese einschneidende Kraft. Trotz der heute einheitlichen Datierung ist die Weltgeschichte eine Geschichte vieler Zeiten. Wann sie beginnt, ist Definitionssache.

2.
Afrika

Die ersten Menschen

Wer war der erste Mensch? Das ist Ansichtssache. Vor 65 Millionen Jahren gab es die ersten Primaten, affenartige Tiere, anfangs nicht viel größer als Mäuse. Aus den Primaten entwickelten sich verschiedene Arten von Affen, zu denen auch menschenartige Affen gehörten. Einige von ihnen begannen vor ca. 7 Millionen Jahren, auf zwei Beinen zu laufen. Sie gewannen einen anderen Blick auf die Welt und konnten die Hände benutzen, um laufend Gegenstände zu erkunden, Krach zu schlagen oder in der Nase zu bohren. An dieser Stelle trennten sich die Wege von menschenähnlichen Wesen und den Vorfahren der Schimpansen, die heute unsere nächsten Verwandten im Tierreich sind.

Vor ungefähr 2,5 Millionen Jahren begannen vermutlich im Osten Afrikas einige der menschenähnlichen Wesen, Werkzeuge herzustellen. Sie schlugen Steine ab, um besser schaben, schneiden und schlagen zu können. Ob sie anderen von ihrem Wissen berichtet haben? Schwer zu sagen. Archäologische Befunde deuten eher darauf hin, dass erworbenes Wissen auch wieder verloren ging und an anderer Stelle neu entdeckt werden musste. Sprechen in unserem Sinne konnten die ersten Werkzeughersteller wohl noch nicht: Erst seit ca. 100 000 bis 300 000 Jahren lässt der Aufbau von Mund, Nase und Rachen das zu. Ob die Menschen, die rein anatomisch sprechen konnten, wirklich gesprochen haben – und wenn ja, in welcher Sprache –, wissen wir nicht. Woher auch? Es fehlen alle Belege. Schrift gibt es erst seit 5000 bis 6000 Jahren, Tonbänder seit 1900 und Tonfilme seit den 1920er Jahren. Immerhin haben Archäologen vor kurzem eine Flöte gefunden, die 40 000 Jahre alt ist, und etwa gleich alte künstlerische Darstellungen von Menschen und Tieren. Auch der erste Schmuck, den wir kennen, stammt aus dieser Zeit, ebenso Farbe, mit der Menschen sich bemalten. Nur wenig jünger sind die ältesten menschlichen Malereien in Höhlen. Menschen, die Musik machen, malen, sich und andere verzieren konnten, werden auch gesprochen haben.

Welche Menschen? Vor 40 000 Jahren hat es mindestens vier unterschiedliche Menschenarten gegeben. Sie liefen alle auf zwei Beinen, nutzten Werkzeuge, konnten sprechen und ernährten sich, indem sie Tiere jagten und Früchte aßen. Aber sie waren so unterschiedlich, dass sie wohl nur selten und sporadisch Kontakt zueinander hatten. Eine der vier Arten ist der anatomisch moderne Mensch, *Homo sapiens*, unser Vorfahr – jedenfalls zu wesentlichen Teilen. Seine Heimat war Afrika. Eine zweite Art ist der Neandertaler, der nach einer Höhle im Neandertal bei Düsseldorf benannt ist, in der man Mitte des 19. Jahrhunderts erstmals seine Knochen gefunden hat. Seine Heimat war

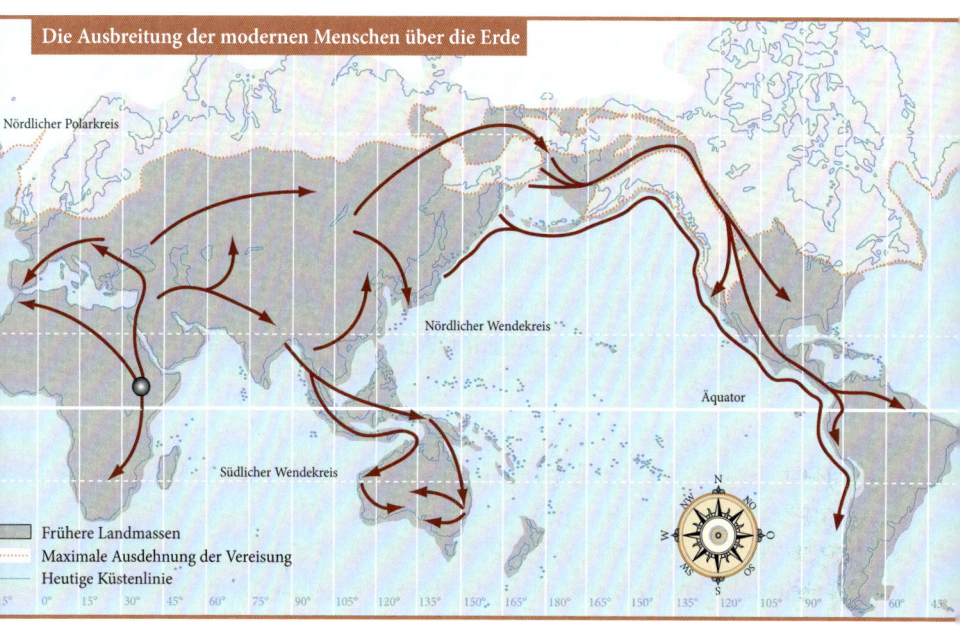

Die Ausbreitung der modernen Menschen über die Erde

Nördlicher Polarkreis

Nördlicher Wendekreis

Äquator

Südlicher Wendekreis

Frühere Landmassen
Maximale Ausdehnung der Vereisung
Heutige Küstenlinie

Europa, von Spanien bis in den Nahen Osten und den Süden Russlands, wo er wohl seit 300 000 Jahren gelebt hat. Er sah aus wie ein
Kugelstoßer, auf den etwas ziemlich Schweres draufgefallen war: klein,
gedrungen, flacher Schädel, aber muskulös und schwer. Eine dritte
Menschenart war der Denisova-Mensch. Von ihm kennen wir bislang
nur einen Backenzahn, einen kleinen Finger und eine Zehe, alles in
einer Höhle in Sibirien gefunden. Eine vierte Art war der *Homo flore-
siensis*, ein besonders kleinwüchsiger Vertreter, dessen Skelette man
2003 in Indonesien gefunden hat. Wahrscheinlich gab es noch mehr
Menschengruppen, wir wissen nur nichts von ihnen. Viele Gegenden
der Erde sind archäologisch schlecht untersucht, und die meisten
menschlichen Skelette verrotten irgendwann rückstandslos. Von den
vier bisher bekannten Arten hat nur der moderne Mensch überlebt.
Der Neandertaler ist vor 30 000 Jahren ausgestorben, der *Homo flore-
siensis* vor 13 000 Jahren. Wie lange es Denisova-Menschen gegeben
hat und wie viele es gewesen sind, wissen wir noch nicht.

Warum hat nur der moderne Mensch überlebt? Vor 60 000 bis
80 000 Jahren scheint eine Gruppe von Menschen in Afrika neue Formen des Jagens und bessere Jagdwaffen entwickelt zu haben.
Sie ent-
deckten auch neue Nahrungsmittel und förderten gezielt das Wachstum von bereits bekannten essbaren Pflanzen. Sie handelten wohl auch
mit Muscheln und wertvollen Steinen. Jedenfalls finden wir diese Dinge
bei Ausgrabungen an Orten, aus denen sie sicher nicht stammen.
Wahrscheinlich machte Not diese Menschen erfinderisch. Rasche
Klimawechsel sind in Afrika für diese Zeit belegt, und Menschen
mussten sich etwas einfallen lassen, wollten sie überleben. Die derzei-
tige Erwärmung der Erde ist die erste in der Geschichte, die wir selbst
produziert haben, nicht aber die erste überhaupt. Es hat Warm- und
Kaltzeiten gegeben, die manchmal recht schnell aufeinanderfolgten.
Zwischen dem höchsten und dem tiefsten Meeresspiegel, den die Menschen in ihrer Geschichte erlebt haben, liegen mehr als 120 Meter. Mit
ihren neuen Erfindungen waren die afrikanischen modernen Menschen nicht nur in der Lage, derartige Klimawechsel zu überstehen.
Wenn das Klima günstig war, konnten auch mehr Menschen in einem
bestimmten Raum überleben als zuvor. Und sie konnten andere Gegenden der Erde erkunden und sich auch dort zurechtfinden.

Die Eroberung der Erde

Vor ungefähr 60 000 Jahren haben diese modernen afrikanischen
Menschen Afrika verlassen und sich zunächst Richtung Südasien aus-
gebreitet. 50 000 Jahre zuvor hatten das bereits andere Afrikaner versucht. Doch sie hatten sich gegen die kräftigen Neandertaler nicht
durchsetzen können. Ihren besser bewaffneten, vielseitiger ernährten,
auch sprachlich und künstlerisch besser ausgestatteten Nachkommen
ist das nun gelungen. 10 000 Jahre später erreichten die ersten modernen Menschen Australien. Nach Europa kamen die modernen Men-

schen vor ungefähr 40 000 Jahren. Sie trafen hier auf die Neandertaler. Die scheinen sich für die Kultur der Eindringlinge interessiert zu haben. Es gibt Ausgrabungen, die belegen, dass sie Waffen, Farben und Schmuck der Eindringlinge übernahmen. Neandertaler und moderne Menschen zeugten gemeinsame Kinder, so dass wir heute auch Neandertalergene in uns haben. Trotzdem scheinen die Alteuropäer auf Dauer keine Chance gegen die modernen Afrikaner gehabt zu haben. Zunächst zogen sie sich in Gegenden zurück, die ihre Konkurrenten weniger attraktiv fanden. Doch es war nur eine Frage der Zeit, bis sie auch hier in Bedrängnis gerieten. Es gibt keine Belege dafür, dass vor weniger als 30 000 Jahren noch Neandertaler gelebt haben. Wir würden gern wissen, wie gewaltsam oder friedlich der Verdrängungsprozess abgelaufen ist, wie viel Elend auf der einen, wie viel Glück auf der anderen Seite ihn begleitet haben. Doch darüber sagen die Gräber und Siedlungen, die die Archäologen gefunden haben, sehr wenig.

Wir sind also alle Afrikaner, egal ob wir in Europa, Asien, Australien oder Amerika leben. Aber die Geschichte des modernen Menschen ist in den verschiedenen Teilen der Erde unterschiedlich lang. Am längsten ist sie logischerweise in Afrika, danach kommt der Süden Asiens, dann Australien. Dann kommt Europa. Noch später wurde Amerika von den modernen Menschen entdeckt. Hier hatte es keine Besiedlungsphase durch frühere Menschenarten gegeben. Wenn man nicht eine Meeresreise über mehrere tausend Kilometer annehmen will (für die es keinerlei Anhaltspunkte gibt), führte der einzige Weg nach Amerika über eine Landbrücke zwischen dem Norden Russlands und Alaska, die nur bei niedrigem Meeresspiegel passierbar war. Wahrscheinlich begann die Besiedlung Amerikas vor ungefähr 20 000 Jahren. Von Alaska aus wurde der ganze amerikanische Kontinent bevölkert. Wahrscheinlich geschah das zu Wasser wie zu Land, denn südlich von Santiago de Chile in Südamerika hat man eine menschliche Siedlung gefunden, die ungefähr 14 000 Jahre alt ist. Wäre die Besiedlung ausschließlich über Land gelaufen, hätte es wohl länger gedauert, den Süden Südamerikas zu erreichen. Natürlich haben sich die ersten Amerikaner nicht zielgerichtet nach Süden aufgemacht, weil sie wissen wollten, wie schön Panama ist oder wie Feuerland leuchtet. Eher haben Gruppen von Jägern und Sammlern sich geteilt und neue Lebensmittelpunkte abseits der bisherigen Wanderrouten gesucht. Auch die «schnelle» Besiedlung Amerikas vom Norden aus bis ins heutige Chile bedeutet eine «Wanderung» von 40 Kilometern pro Generation.

Noch später als in Südamerika trafen die Menschen auf den Karibikinseln ein. Hier muss es sich um bewusste Expeditionen gehandelt haben, denn nur seetaugliche Boote konnten vom Festland aus den Weg nach Trinidad (um 5000 v. Chr.), Kuba und Hispaniola (um 3000 v. Chr.) bewältigen. Etwas später eroberten die Menschen von Asien aus die Inselwelt des Pazifiks. Wahrscheinlich waren um 2000 v. Chr. Menschen auf den Philippinen und um 1500 in Neuguinea. Von dort aus scheinen sie in immer neuen Expeditionen die Salomonen, Samoa und Tahiti erreicht zu haben. Große seemännische Leistungen waren nötig, um die sehr weiten Strecken über offene See zu bewältigen. Die Osterinsel, deren genaues Besiedlungsdatum umstritten ist, liegt mehr als 2000 Kilometer von der nächsten bewohnten Insel entfernt. Um 400 n. Chr. wurde Hawaii erreicht. Mehr als 5000 Kilometer mussten die Entdecker wahrscheinlich von den Marquesas-Inseln aus zurücklegen. Und wir müssen berücksichtigen, dass sie bis kurz vor Ende ihrer Reise nicht wissen konnten, dass am Ende der 5000 Kilometer Hawaii auf sie warten würde. Um 1200 n. Chr. kamen Menschen nach Neuseeland. Sechshundert Jahre würden diese Maori für die Besiedlung der beiden Hauptinseln haben – dann kam Captain Cook.

Von Afrika aus haben also Menschen die Welt erobert. In kurzer Zeit haben sie sich den unterschiedlichsten klimatischen Bedingungen angepasst, sind mit verschiedenen Pflanzen- und Tierarten zurechtgekommen. Die Menschen in Afrika, Asien und Europa blieben dauerhaft verbunden. Zwar bildeten Trockengebiete wie die Sahara oder die Wüste Gobi und Gebirge wie Hindukusch oder Himalaya Hindernisse. Aber Menschen wussten, dass jenseits der Wüsten und Gebirge andere

Menschen lebten, und sie hatten ungefähre Vorstellungen von deren Lebensweisen und Weltbildern. Die Kontinente Amerika und Australien sowie viele der pazifischen Inseln hingegen sind nach der erstmaligen Besiedlung für lange Zeit nicht mehr mit anderen Menschen in Austausch getreten. Hier haben sich ganz eigenständige Kulturen entwickelt. Europäische Sprachen und europäische Weltbilder konnten nach 1492 (Entdeckung Amerikas) und nach 1788 (Eroberung Australiens) nicht erfassen, wie die dortigen Menschen sich selbst verstanden und in welchen sozialen Beziehungen und Regeln sie lebten. Umgekehrt galt das Gleiche. Erste Begegnungen waren von Vorsicht geprägt, dann auch von Gewalt. Vor allem aber gab es Missverständnisse und Nichtverstehen. Sie brachten Captain Cook den Tod.

Die Weltbevölkerung: Wachstum und Katastrophen

Wie viele Menschen haben eigentlich auf der Erde gelebt, als die Neandertaler verschwanden, als Amerika besiedelt wurde oder auf Neuseeland Menschen an Land gingen? Die Frage ist nicht leicht zu beantworten, weil weder die Maori noch die Amerikaner, noch die Neandertaler Volkszählungen durchgeführt und deren Ergebnisse dokumentiert haben. Im Zweistromland gab es um 3800 v. Chr. Bevölkerungszählungen, in Ägypten um 2500 v. Chr. Von einer Volkszählung im Römischen Reich zur Zeit des Kaisers Augustus berichtet das Lukasevangelium in der Kindheitsgeschichte Jesu. Doch deren Ergebnisse liegen uns nicht mehr vor. Wahrscheinlich fand sie auch nur in der Provinz Syrien statt. Für das Chinesische Reich gibt es Zensusergebnisse aus dem Jahr 2 n. Chr. Die sind nicht so exakt, wie heutige Statistiker sie machen würden, aber immerhin sind sie erhalten. Zwischen 59 und 71 Millionen Menschen, so kann man dem Zensus entnehmen, haben im Jahre 2 in China gelebt. Das ist schön, aber wir wissen nicht genau, was vorher und nachher geschah. Außerdem ist auch das große China

nur ein kleiner Teil der Welt. Wirklich verlässliche Aussagen können
wir selbst für Europa erst seit 1800 machen. Da wurde zur Norm, was
Captain Cooks Vermessung des Pazifiks angezeigt hatte: Zahlen und
Daten, Karten und Kataster, Messungen und Regelungen. England, das
europäische Land, das bevölkerungsgeschichtlich am besten erforscht
ist, liefert zwar schon seit der Mitte des 17. Jahrhunderts ordentliche
Daten. Doch eigentlich beruht alles, was über die Zeit vor 1800 zum
Thema Weltbevölkerung angegeben wird, auf Schätzungen. Wir blicken zurück ins Dunkle, wenn wir über Bevölkerungszahlen der Weltgeschichte Aussagen machen, und unsere Statistiken verbreiten mehr
Licht, als den Zeitgenossen zur Verfügung stand. Wir rechnen Angaben
aus einzelnen Städten oder Herrschaftsgebieten hoch, aus mittelalterlichen europäischen Hof- und Steuerlisten, aus chinesischen Zensus-
listen. Wir münzen Einschätzungen und Beobachtungen von Zeitgenossen in moderne Zahlenangaben um. Wir interpretieren archäologische
Befunde großherzig. Je weiter wir in die Geschichte zurückgehen, umso
größer werden die Unsicherheiten.

Um 8000 v. Chr. mag es fünf Millionen Menschen auf der Erde
gegeben haben, ein knappes Drittel der Menschen, die heute in der
Metropolregion Kairo leben. Die Bevölkerungsdichte war dementsprechend gering, aber regional sehr unterschiedlich. In manchen Teilen
der Erde lebten gar keine Menschen, in anderen bewegten sich Gruppen von Jägern und Sammlern auf gewohnten Pfaden. In einigen Weltregionen nahm die Bevölkerungsdichte deutlich zu, weil Menschen
begonnen hatten, Ackerbau und Viehzucht zu treiben. Dieser Übergang wurde als «Neolithische Revolution» bezeichnet. Wir müssen uns
ihn aber eher als einen Prozess vorstellen, der sich über Jahrhunderte
hingezogen hat. Menschen nahmen zunächst Jungtiere mit auf ihre
Wanderungen. Sie lernten, Gräser und Wurzeln zu ernten, die in mehreren Arbeitsgängen essbar gemacht werden mussten. Sie suchten
immer wieder dieselben Orte auf, weil dort bestimmte Wurzeln und
Gräser wuchsen. Sie dürften dann begonnen haben, das Wachstum
einiger Pflanzen gezielt zu beeinflussen. Sie behielten Tiere auch über

das Schlachtgewicht hinaus bei sich, um Nachwuchs zu erhalten und nicht in jedem Jahr neue Jungtiere einfangen zu müssen. So wurde ihr Leben über Generationen hinweg stetiger. Das machte Behausungen möglich, erst kleinere, dann größere Siedlungen.

Dieser Prozess hat sich in verschiedenen Regionen der Erde etwa gleichzeitig vollzogen, außer in Europa – da begann er später – und in Australien – da setzte er erst nach der Ankunft der Europäer ein. Er hat sehr unterschiedlich ausgesehen, weil Zuchttiere und Kulturpflanzen verschieden waren. In den südamerikanischen Anden wurden Bohnen und Kartoffeln angepflanzt und Meerschweinchen gezüchtet. Im Hochland von Mexiko ging es um Mais, Kürbis und Truthühner. Im östlichen Afrika wurden Hirse, Yams und Rinder kultiviert, im Vorderen Orient Weizen, Gerste, Schafe und Ziegen. Im heutigen Pakistan konzentrierten sich Menschen auf Gerste, Baumwolle und Rinder, in China auf Hirse, Reis und Schweine. Mit Ackerbau und Viehzucht verbanden sich neue Lebensformen. Frauen waren nicht mehr gezwungen, ihre kleinen Kinder jeden Tag mit sich zu tragen. Sie schränkten das Stillen zeitlich ein und bekamen, weil die empfängnisverhütende Wirkung des intensiven Stillens ausblieb, mehr Kinder. In den Siedlungen konnten Einzelne von der Feldarbeit freigestellt werden, um sich zu spezialisieren: auf Handwerke, aufs Handeltreiben oder auf die Pflege der Beziehungen zum Jenseitigen, Ewigen, Göttlichen.

Archäologen haben in Bosnien Siedlungen gefunden, die um 5000 v. Chr. bewohnt waren. Wo damals Häuser gestanden haben, finden sich heute unterschiedliche Gebrauchsgegenstände. Sie zeigen, dass nicht überall in gleicher Weise gewebt, gemahlen, gehäutet wurde. Es gab Spezialisten. In solchen Siedlungen finden sich auch Gegenstände, die eine mehr als 1000 Kilometer lange Reise hinter sich hatten. Wertvolle Beile oder Schmuck müssen über weite Strecken transportiert, gehandelt oder getauscht worden sein. Und noch etwas finden Archäologen nicht nur in Bosnien: Menschen wurden an ein und demselben Ort in sehr unterschiedlicher Weise begraben: mit mehr oder weniger Aufwand, mit mehr oder weniger und auch unterschiedlichen

Grabbeigaben, die das Leben im Jenseits leichter machen sollten. Offenbar gab es soziale Unterschiede, die auch im Tod sichtbar blieben. Als Menschen dauerhaft an einem Ort lebten, begannen Arbeitsteilung, Handwerk und Handel. Stärkere und dauerhaftere soziale Unterschiede bildeten sich aus: zwischen Besitzenden und Nicht-Besitzenden, zwischen Handarbeitenden und Nicht-Handarbeitenden, zwischen Männern und Frauen. Es konnte Herren einer Siedlung geben, später auch Herren einer Stadt, dann Herren über mehrere Städte, Fürsten, Könige, Priesterkönige. Ackerbau und Viehzucht, Arbeitsteilung und Hierarchie bedeuteten, dass mehr Menschen in einem Raum leben konnten. Die Bevölkerungszahl der Erde konnte daher etwas stärker wachsen. Über die Jahrtausende wirkte sich das sehr deutlich aus. Um Christi Geburt dürften 300 Millionen Menschen auf der Erde gelebt haben, um 1200 n. Chr. 450 Millionen, davon jeweils ungefähr zwei Drittel in Asien. Aber das Bevölkerungswachstum war teuer erkauft. Messungen an menschlichen Skeletten in den südamerikanischen Anden haben ergeben, dass die durchschnittliche Körpergröße deutlich sank, als Menschen sesshaft wurden und sich in ökonomische Arbeitsteilung hineinbegaben. Die durchschnittliche Körpergröße ist ein zuverlässiger Indikator für das Wohlergehen von Menschen, weil ausreichend ernährte Kinder in der Regel größere Erwachsene werden als mangelhaft oder schlecht ernährte.

Ökonomen würden sagen, dass hinter dem über die Jahre erworbenen kleinen Zugewinn ein deutlich höherer und jährlich stark schwankender Umsatz stand. Es gab mehr Kinder, aber auch mehr Kindersterblichkeit. Es gab mehr Menschen auf engerem Raum, ideale Voraussetzungen für Bakterien und Viren. Die Folge waren Epidemien, die Jäger und Sammler kaum kannten. Die Ballung von Macht in den Händen weniger ermöglichte auch größere Kriege. Es gab Viehseuchen und Missernten, die die Nahrungsgrundlage von Siedlungen infrage stellten. Hungersnöte waren die Folge, denen nur schwer zu entkommen war. Transportmittel und Transportwege reichten nicht aus, um überregionalen Ausgleich zu schaffen. Zurück in den Busch war keine Alternative, weil das Leben der Jäger und Sammler Fähigkeiten und Fertigkeiten erforderte, die mit dem Übergang zum ortsgebundenen Leben verloren gegangen waren. Jäger und Sammler waren flexibel, wichen aus, stellten sich um. Im Katastrophenfall starben sie einzeln oder in kleinen Gruppen. In Siedlungen, Dörfern und Städten waren Menschen sicherer, aber auch verletzlicher.

Die Grafiken der Demographen, die den langsamen, aber stetigen Anstieg der Bevölkerung abbilden, erzählen nichts vom Alltag der Menschen voller Unglücke und Katastrophen. Mehr als die Hälfte der Toten einer europäischen Stadt waren Kinder und Säuglinge. Manche Kulturen steuerten diesen Ausleseprozess durch gezielte Kindstötungen. Die durchschnittliche Lebenserwartung eines Menschen bei der Geburt war sicher niedriger als bei Jägern und Sammlern. Sie verbesserte sich deutlich, sobald die gefährlichen ersten Lebensjahre gemeistert waren. Wahrscheinlich aber musste jeder sesshafte Mensch in seinem Leben eine der großen Katastrophen durchleben, die die biblische Offenbarung des Johannes als apokalyptische Reiter in Szene gesetzt hat: Krieg, Hunger, Seuchen. Sie konnten schwer fassbare Ausmaße annehmen. 1233 n. Chr. fielen in Kaifeng, damals die Hauptstadt der chinesischen Jin-Dynastie, innerhalb von zwei Monaten fast eine Million Menschen der Pest zum Opfer. Von 1346 bis 1353 n. Chr. tötete die Große Pest 30 bis 50 Prozent der Bevölkerung West- und Mitteleuropas. Bei einer Infektion kam der Tod binnen Tagen. Es ist schwer, sich das Leben in einer Siedlung oder in einer Stadt vorzustellen, die in wenigen Wochen mehr als die Hälfte ihrer Bevölkerung verliert. Nachdem die Spanier die Karibik und Südamerika erreicht hatten, nahm die dortige Bevölkerung binnen eines Jahrhunderts um wahrscheinlich 90 Prozent ab. Verantwortlich waren vor allem europäische Infektionskrankheiten: Grippe, Masern, Pocken, später auch Typhus. Die Menschen in den Städten und dicht besiedelten ländlichen Regionen Südamerikas besaßen keinerlei natürlichen Schutz dagegen.

Nun sind die Große Pest des 14. Jahrhunderts und die katastrophalen Epidemien im Südamerika des 16. Jahrhunderts insofern Ausnah-

men, als sie wegen ihres ungeheuren Ausmaßes einen Effekt auf die
Weltbevölkerungsgrafik gehabt haben, den man mit bloßem Auge gut
sehen kann. Wichtiger als diese welthistorischen Katastrophen waren
die «normalen» tödlichen Krisen dort, wo Gesellschaften sich auf
Ackerbau und Viehzucht stützten: hohe Kindersterblichkeit und eine
ständige Gefährdung durch Infektionen, manchmal das Ende ganzer
Gesellschaften.

Vor einem solchen Hintergrund ist das rasche Wachstum der Weltbevölkerung in den letzten zwei Jahrhunderten völlig außergewöhnlich.
In Europa war bereits im 18. Jahrhundert die Zahl der unregelmäßig
beschäftigten und von Hunger und Armut bedrohten Unterschichten
stark angestiegen. Der englische Pfarrer Thomas Malthus warnte 1798
eindringlich davor, die Armen zu unterstützen. Die Bevölkerung ten-
diere dazu, sich in geometrischer Progression (1, 2, 4, 8, 16) zu entwickeln, die Nahrungsmittel könnten aber höchstens in arithmetischer
Progression (1, 2, 3, 4, 5) zunehmen. Hungersnöte und der Untergang
der Armen seien geradezu erforderlich, um späteren, noch größeren
Katastrophen vorzubeugen. Diese mitleidlos wirkende Ansicht gab
den Erfahrungsschatz der Europäer bis 1800 nicht einmal falsch wieder. Aber das, was folgte, lag völlig außerhalb ihrer Erfahrungswelt.
Die Bevölkerung stieg weiter, aber mit ihr die Lebenschancen! Zu welchen Teilen das an der Industrialisierung lag, an der Verbesserung der
Landwirtschaft, der Medizin oder an der Ausbeutung der außereuropäischen Welt werden wir später klären. Wichtig ist, dass die europäische Bevölkerung sich von 1800 (154 Mio.) bis 1900 (295 Mio.) fast verdoppelt hat, während der Hunger zurückging – die große Hungersnot
in Irland von 1845 bis 1852 war eine Ausnahme – und der Lebensstandard der Unterschichten jedenfalls in der zweiten Jahrhunderthälfte
stieg. Um 1900 betrug der europäische Anteil an der Weltbevölkerung
18 Prozent. Das war nicht viel, gemessen an den gut 55 Prozent Asiaten,
aber wesentlich mehr als ein Jahrhundert zuvor. Und wir müssen berücksichtigen, dass im 19. Jahrhundert so viele Menschen Europa verlassen haben wie nie zuvor und nie danach: Nordamerika, Teile Süd-

amerikas und Afrikas, Australien und Neuseeland sind bis heute von der europäischen Auswanderung des 19. Jahrhunderts geprägt. Im 20. Jahrhundert war das europäische Bevölkerungswachstum geringer (510 Mio. im Jahr 2000) als im 19., zu Beginn des 21. Jahrhunderts hörte es ganz auf. Frankreich war der Vorreiter dieser Entwicklung gewesen, mit stagnierenden Bevölkerungszahlen schon am Ende des 19. Jahrhunderts. Das hätte in das Weltbild des englischen Pfarrers Malthus noch weniger gepasst als die Ausweitung des Nahrungsspektrums: Auskömmlich lebende Menschen scheinen freiwillig auf Nachwuchs zu verzichten. Dafür entwickelte die außereuropäische Welt eine dem Europa des 19. Jahrhunderts vergleichbare Dynamik. Das hat zu einem nie dagewesenen Wachstum der Weltbevölkerung geführt: 1 Milliarde Menschen um 1800, 2 Milliarden in den 1920ern, 4 Milliarden 1974, 7 Milliarden 2011. Die Weltbevölkerung steigt seit den 1970er Jahren weniger stark als zuvor. Aber noch steigt sie. Die Vereinten Nationen schätzen und hoffen wohl auch, dass sich die Wachstumskurve weiter abflacht und unsere Ururenkel zu Beginn des 22. Jahrhunderts mit gut 10 Milliarden Menschen zusammenleben werden.

Neben der schieren Zahl ist der Altersaufbau der Bevölkerung am Beginn des 21. Jahrhunderts außergewöhnlich. In keinem Staat der Welt ist die Säuglingssterblichkeit heute noch so hoch wie in Deutschland um 1900, das damals weltweit als eher vorbildlich galt. Dementsprechend ist die Lebenserwartung stark angestiegen. Sie lag in Deutschland 1900 bei knapp 47 Jahren. Laut UN-Weltbevölkerungsbericht 2012 entspricht das der heutigen Zahl für Sierra Leone; niedriger ist die Lebenserwartung nirgendwo in der Welt. In Deutschland liegt sie heute bei 80 Jahren. Unsere Friedhöfe sind voller alter Menschen, ein historisch ganz ungewöhnlicher Fall.

3.
Babylon

Menschen werden sesshaft

Zurück zur Neolithischen Revolution, als Menschen zunächst in sechs Regionen der Welt sesshaft wurden. Wir schauen uns diesen Prozess im Fruchtbaren Halbmond Vorderasiens an, in einer Region, die vom nördlichen Ägypten und dem heutigen Israel über Syrien, den Irak und die westlichen Teile des Iran bis an den Persischen Golf reicht. Über sie sind wir besonders gut informiert, weil es sehr gute archäologische Ergebnisse, sehr viele Schriftzeugnisse und sehr viel Forschung

Der Fruchtbare Halbmond

Schwarzes Meer

Kaukasus

Hattuscha

Subartu / Anatolien

Halys

Kanisch/Kültepe

Kayseri

Bingöl

Vansee

URARTU

Cafer Höyük

Çayönü

Hallan Çemi

Musular

Aşıklı Höyük

Nevalı Çori

Tur-Abdin-Gebirge

Urmiasee

Suberde

Köşk Höyük

Çatal Höyük

Adana

Urfa

Göbekli Tepe

Nemrik

Shanidar

Uluburun

Jerf el Ahmar

Sabi Abyad

Qermez Dere

Zawi Chemi

Qaramel

Karahan

Magzalia

Ninive

Aleppo

Mureybet

Hit

Nimrud

Karim Shahir

Ugarit

Ebla

Abu Hureyra

Euphrat

Assur

Jarmo

Zypern

Arwad/

Tartus

Umm

Tell as-Sawwan

Arados

Amurru/

Bouqras

Dabagiah

Syrien

Palmyra

Dura-

ASSYRIEN

Mittelmeer

Byblos

Libanon

Europos

Mesopotamien

Sidon

Damaskus

Bagdad

Ktesiphon

Tyros

Vologesias

ELAM

Hayonim

Mallaha

Sippar

El Wad

Wadi Hammeh

Tigris

Ali Kosh

Kebara

Babylon

SUMER/

Susa

Wadi an-Natuf

Ain Ghazal

BABYLONIEN

Gaza

Jericho

Nahal

Totes Meer

Uruk

Lagasch

Hemar

Euphrat

Petra

Beidha

Ur

Gizeh

Ba'ja

Basta

Memphis

Persisc

Golf

ARABISCHE HALBINSEL

Amarna

ÄGYPTEN

Nil

Rotes

Meer

0 50 100 150 200 250 km

gibt. Die Gegend heißt Fruchtbarer Halbmond, weil der amerikanische Archäologe James Henry Breasted 1916 bei einem Blick auf die Karte und mit ein wenig Phantasie fand, dass die Gegenden, in denen damals immer mehr Zeugnisse für frühe Dörfer und Städte entdeckt wurden, insgesamt wie ein kleiner Halbmond aussahen.

Das archäologische Interesse an Vorderasien hatte begonnen, weil Orte wie Babel/Babylon oder Assur/Assyrien im Alten Testament der Bibel vorkommen. Mit den Ausgrabungen, vor allem aber, nachdem es gelungen war, die Keilschrift zu entziffern, wurde einerseits deutlich, dass im Alten Testament beschriebene Orte und Ereignisse tatsächlich existiert hatten. Das war erfreulich für christliche Theologen, deren Buch der Bücher durch die sich spezialisierende Wissenschaft des Alten Orients bestätigt wurde. Andererseits wurde auch klar, dass zentrale Texte des Alten Testaments wie die Geschichte vom Elend des Hiob oder die Geschichte der Arche Noah und der großen Flut Vorbilder in der babylonischen Literatur hatten. Waren große Teile des Alten Testaments für das Christentum gar nicht so maßgeblich? Waren sie nur Kopien eines babylonischen Originals? Mit diesen Fragen wurde ein fundamentaler Bibel-Babel-Streit ausgelöst. Für viele Europäer stand um 1900 die jüdisch-christliche Grundlage der abendländischen Kultur auf dem Spiel. Mehr Interesse, mehr Ausgrabungen waren die Folge. Ein großer, von verschiedenen Kulturen geprägter Raum wurde wiederentdeckt.

Der Raum hatte mehr als 10 000 Jahre zuvor für viele Menschen günstige natürliche Bedingungen geboten: Pflanzen- und Tierarten, die gezüchtet werden konnten, ein Boden, der gute Erträge bot, dazu ausreichend Regen oder Flüsse, an die Bewässerungssysteme anschließen konnten. Wir mögen das beim Blick auf karge und staubige Landschaften im Libanon, in Syrien oder im Irak kaum glauben. Aber vor 3500 Jahren konnte man in Syrien Löwen, Elefanten, Gazellen und Strauße jagen. Im Norden Syriens und des Irak wechselten sich kleine Wälder mit weitem Grasland ab. Das Klima war damals ähnlich wie heute. Aber die menschliche Einwirkung auf die Natur war wesentlich geringer. Was wir heute sehen, ist das Ergebnis von mehrtausendjähriger menschlicher Besiedlung.

Wo genau im Fruchtbaren Halbmond der Übergang zur produzierenden Agrarwirtschaft zuerst gelang, wissen wir nicht, und weil auch die allereifrigsten Archäologen nicht an die Möglichkeit glauben, das gesamte Gebiet nach allen Regeln der archäologischen Kunst umzugraben, werden wir es auch nie ganz sicher wissen. Vielleicht ist das auch nicht so wichtig. Denn es gibt eine lange Übergangsphase von 12 000 bis 10 000 v. Chr., die nach einem Fundort im Wadi an-Natuf im Westjordanland «Natufien» genannt wird. Menschen bauten an Orten, die für die Nahrungssuche besonders günstig waren, Lehmhütten, deren Boden einen Meter unter dem Niveau der Umgebung lag. Sie begruben dort ihre Toten. Sie wohnten dort aber auch; es sind viele Werkzeuge und Vorratsbehältnisse aus Stein in den Hütten gefunden worden. Weiterhin wurde der Großteil der Nahrung erjagt und gesammelt. Doch möglicherweise haben diese Dorfbewohner, wenn wir sie schon so nennen wollen, bereits wildes Getreide gezielt ausgesät, und vielleicht haben sie bereits Hunde zu Gefährten gemacht. «Natufische» oder ähnliche Siedlungen wurden im mittleren und westlichen Teil des Fruchtbaren Halbmondes gefunden, nicht allerdings im östlichen und südöstlichen Teil.

Zwischen 10 000 und 6000 v. Chr. gingen dann Menschen dazu über, ihre Nahrung überwiegend selbst planvoll zu produzieren, anstatt sie zu suchen und zu jagen. Menschen veränderten Landschaften, indem sie ackerten. Sie veränderten bestimmte Gräser wie Weizen und Gerste durch Auswahl und Neuaussaat. Sie behielten zunächst Ziegen und Schafe, dann auch Schweine und noch später Rinder bei sich und züchteten sie. Die Häuser wurden rechteckig, ebenerdig und größer, die Fläche der Siedlungen nahm zu, einige Häuser sahen nicht mehr wie Wohnhäuser aus, sondern scheinen als Versammlungsplätze oder religiöse Orte genutzt worden zu sein. Rund um die Hütten wurden Wälle, dann Mauern errichtet. Jericho in Palästina (ab 8000 v. Chr.) ist ein ganz frühes Beispiel dafür, Çatal Höyük im südlichen Anatolien ist etwas jünger. Weil in der Türkei derzeit viele archäologische Untersuchungen stattfinden, lernen wir gerade, wie vielfältig wir uns diese frühe Phase vorstellen müssen. Es gab nicht den einen Ort, von dem das eine neue Wissen ausging und alle überzeugte. Menschen entdeckten an verschiedenen Orten Techniken oder lernten von anderen. Sie nutzten neue Techniken oder ließen es bleiben. Menschen vergaßen auch Dinge. Siedlungen wurden gegründet und wieder verlassen oder zerstört. Das in den Siedlungsgemeinschaften aufbewahrte Wissen ging dann verloren.

Etwas später begannen Menschen, Gefäße aus Lehm herzustellen und sie durch Brennen dauerhaft und dicht zu machen. In der keramischen Zeit wurde es einfacher, Lebensmittel aufzubewahren und zuzubereiten. Menschen dürften auch Handel betrieben haben, mit Keramik und mit Obsidian zum Beispiel, einem vulkanischen Naturglas, das zu Schneidewerkzeugen verarbeitet werden konnte und das weit entfernt von möglichen Herkunftsorten in Siedlungen gefunden wurde. Die Bewohner der vulkanischen Liparischen Inseln nördlich von Sizilien haben im 5. Jahrtausend v. Chr. eine wirklich gute Zeit gehabt, weil sie Obsidian im Überfluss besaßen und damit einträgliche Geschäfte machen konnten. Ob auch tierische und pflanzliche Produkte wie Körbe, Felle oder Textilien gehandelt wurden, wissen wir nicht, weil sie sich über die letzten 10 000 Jahre nicht erhalten haben. Archäologen können sie daher nicht finden. Keramik hingegen vergeht nicht. Archäologen unterscheiden deshalb verschiedene Kulturen nach der Art ihrer Keramikverarbeitung (Formen, Farben, Motive, Herstellungstechniken) und benennen sie nach Fundorten. Die Hassuna-Kultur verzierte ihre Gefäße mit geometrischen Mustern, die Samarra-Kultur war bunt und bemalte ihre eher großformatige Tonware auch mit stilisierten Tier- und Pflanzenmotiven. Die Halaf-Kultur verfügte über eine sehr fortgeschrittene Brenntechnik. Ob bestimmte Keramikformen auch bedeuteten, dass Herrschaft und Gesellschaft, Dorf- und Stadtorganisation, Techniken der Jagd und des Ackerbaus sich unterschieden, ob also das gefundene Teil typisch für ein Ganzes ist, bleibt eine schwierige Frage.

Um 5500 v. Chr. begann die Besiedlung des Mittel- und Unterlaufs von Euphrat und Tigris. Diese Gegend sollte für einige Jahrtausende das kulturelle und politische Zentrum des Fruchtbaren Halbmondes werden. Hier entstand Babylon, die Region erhielt den Namen Babylonien. Das Zweistromland oder Mesopotamien (nach dem griechischen *méso pótamos* = zwischen den Flüssen) ist ganz von den beiden Strömen Euphrat und Tigris geprägt. Sie haben das fruchtbare Land aus den Bergen angeschwemmt. Weil das Land flach ist, vor allem der Euphrat langsam fließt und der mitgeführte Sand sich ablagert, kam es immer wieder zu Überschwemmungen. Der Fluss änderte seinen Lauf, fruchtbarer Boden blieb zurück. Auf diese Weise konnte allerdings auch ein Fischerdorf oder ein Hafen plötzlich kilometerweit vom Wasser entfernt sein und seine Existenzgrundlage verlieren.

Ackerbau ist an Euphrat und Tigris nur mithilfe von Bewässerung möglich, weil es zu selten und zu wenig regnet. Für die Bewässerung sind die Bedingungen allerdings sehr günstig, weil das Land ganz flach und aller Boden zur Bewässerung geeignet ist. Besiedlung bedeutete komplexe soziale Organisation, weil Menschen Bewässerungssysteme bauen und aufrechterhalten, weil sie die bald eintretenden Versalzungsprobleme lösen mussten. Wenn das gelang, konnte eine große Bevölkerung dauerhaft ernährt werden. Außerdem konnten Überschüsse erzielt und damit Handel getrieben werden. Im Zweistromland gab es weder Steine noch Metall und kaum Holz. Zum Bauen waren nur Lehm, ungebrannte oder gebrannte Ziegel sowie Asphalt vorhanden. Alles Übrige musste erhandelt oder geraubt werden. Die arbeitsintensive Bewässerungslandwirtschaft konzentrierte sich auf Gerste, Sesam und Datteln. Gemeinsam mit den Milch- und Fleischprodukten aus Schaf- und Ziegenhaltung sowie Fisch aus Flüssen und Sümpfen war das eine ausreichende Nahrungsgrundlage. Wirklich gut wurde sie freilich erst durch Handel mit den Menschen in den umliegenden Steppen- und Gebirgsregionen. Die richteten sich entsprechend ein. Parallel zu Ackerbau und Viehzucht entwickelte sich der Nomadismus. Beide waren von Beginn an aufeinander angewiesen.

An Euphrat und Tigris bildeten sich daher soziale Organisationen mit Arbeitsteilung und Hierarchien heraus. Viele Außenkontakte waren für das Überleben der Gemeinwesen förderlich. Zwischen 4000 und 3000 v. Chr. erhöhte sich die Bevölkerung in den bewässerungsbewirtschafteten südlichen Regionen des Zweistromlandes, in Sumer, deutlich, während sie im Norden zurückging. Hatten die Sumerer anfangs in vielen kleinen Siedlungen gelebt, so bevorzugten sie bald größere Siedlungen, dann Städte. Um die Städte gruppierten sich Dörfer. Im 3. Jahrtausend v. Chr. war das südliche Zweistromland geprägt von Stadtstaaten, wie wir heute sagen, die miteinander friedliche oder gewalttätige Kontakte pflegten und Handelsbeziehungen unterhielten, die weit über die Region hinauswiesen. Die Städte, von denen Uruk am Unterlauf des Euphrat am besten untersucht ist und wohl auch am größten war, waren durch Tempelbezirke geprägt, und wir können annehmen, dass jede Stadt eine Gottheit als für ihren Schutz und ihr Wohlergehen zuständig betrachtete. Diese Gottheit war aber zugleich Teil einer Göttergruppe, Götterfamilie oder Götterwelt. Die Tempelbezirke waren reich ausgestattet. Wir müssen davon ausgehen, dass neben dem Stadtherrscher der Tempel mit seinen Bediensteten und Ländereien ein besonders wichtiger Wirtschaftsfaktor in den Städten gewesen ist. An Tempeln und Herrschersitzen zeigt sich, dass Malerei und plastische Kunst in den Städten sehr weit entwickelt waren. Außerdem gab es ein wirklich neues und zukünftig prägendes Element aller menschlichen Kultur: die Schrift.

Die Erfindung der Schrift

Die Schrift ist wahrscheinlich älter als die Städte im Zweistromland. Ihre Geschichte begann mit *tokens* oder *calculi*. So haben Forscher Zählsteine genannt, die einer Lieferung von – sagen wir – Schafen oder Ziegen in einem verschlossenen und versiegelten Tongefäß beigegeben wurden. Damit konnte der Empfänger prüfen, ob tatsächlich so viele Schafe oder Ziegen angekommen waren, wie vom Absender gewollt, oder ob der Transporteur betrogen und einige Schafe oder Ziegen für sich selbst abgezweigt hatte. Um Missverständnisse auszuschließen, wurden die Zählsteine beschriftet: Striche für Zahlen, Symbole für gelieferte Gegenstände: ein Schaf war ein Kreis mit einem Kreuz darin. In der zweiten Hälfte des 4. Jahrtausends traten an die Stelle von Zählsteinen und versiegelten Tongefäßen zunehmend Täfelchen, in deren weichen Ton die Beschriftungen zunächst eingedrückt, bald auch mit Griffeln aus Schilfrohr eingeritzt wurden, um sie dann in der Sonne aushärten zu lassen. Das war zunächst nur eine einfacher herzustellende und leichter transportierbare Form des «Lieferscheins». Und doch war es ein Durchbruch: Die Täfelchen ließen sich für viele andere Aufschreibzwecke verwenden, der Griffel konnte im weichen Ton vielseitige Spuren hinterlassen, nicht nur Striche für Zahlen und durchkreuzte Kreise für Schafe.

Die Chancen des neuen «Mediums», wie wir allgemein sagen können, wurden schnell erkannt. Zunächst gab es Zeichen für andere konkrete Dinge: Haus, Baum, Kopf, Schale. Dann wurden Zeichenkombinationen entwickelt: Kopf + Schale = essen. Diese Schrift konnte man unabhängig von der Sprache «lesen». Aber die Anzahl der Zeichen näherte sich tendenziell der Zahl der Dinge und Tätigkeiten an; die Sache wurde unübersichtlich. Zwei Abstraktionsschritte lösten das Problem: Zunächst wurden die anfangs noch an den Gegenstand selbst erinnernden Zeichen (Wasser = zwei Wellenlinien) durch eine Kombination gerader Linien mit Keilen ersetzt, die sich mit Griffeln in Ton leichter und schneller schreiben ließen. Die Keilschrift entstand. Dann lösten sich einige Zeichen von den Dingen und begannen Laute, Silben also, zu bezeichnen: ba, bi, bu, la, li, lu. Nun konnte die Schrift nicht mehr nur konkrete Dinge und mit ihnen zusammenhängende Sachverhalte bezeichnen («sieben Schafe schlachten»), sondern Wörter grammatikalisch «richtig» schreiben und Sätze bilden. Mit dieser Schrift konnte man alle möglichen Informationen weitergeben und vor dem Vergessen bewahren, Lieferscheine, Tempel- und Palastinschriften, Briefe, Gesetze und Geschichten verfassen. Dies nun allerdings in einer auf die jeweilige Sprache bezogenen Schrift, die nicht mehr «international» war.

Am Ende des 4. Jahrtausends v. Chr. wurde diese Keilschrift in den Stadtstaaten des südlichen Zweistromlandes benutzt. Die erste geschriebene Sprache war Sumerisch. Doch die Vorteile des Notationssystems waren so augenfällig, dass auch Informationen in anderen Sprachen aufgeschrieben wurden. Das Sumerische hörte irgendwann auf, eine lebendige Sprache zu sein, wurde aber als Schriftsprache weiter gelehrt und verwendet, ähnlich wie das Lateinische heute. Wichtigste lebende Schriftsprache war seit dem 2. Jahrtausend das Akkadische mit seinen Dialekten, von denen einer der babylonische, einer der assyrische ist. Menschen sammelten das Wissen: Es entstanden Bibliotheken und Archive mit Zehntausenden von Tontafeln und -täfelchen. Weil Ton, anders als Papyrus, Papier oder Pergament, nicht verrottet und im Brandfall nur noch besser wird, haben sich mehr akkadische als lateinische Texte aus dem Altertum erhalten. Es geht vor allem um Privatangelegenheiten: Rechtsurkunden, Briefe, Abrechnungen, Notizen. Zahlenmäßig viel weniger bedeutsam sind die Inschriften an Gebäuden, die aber die Informationen enthalten, die für die politische Geschichte wichtiger sind. Und dann gibt es das, was die Schreiberschulen produziert haben: Wort- und Zeichenlisten, die aussehen wie Vokabelhefte heute (nur eben in Ton und nicht auf Papier), Geschichten, religiöse Beschwörungsformeln, Rezepte.

Das Zweistromland war unter den Regionen, in denen Menschen zur Sesshaftigkeit übergegangen sind, mit der Erfindung der Schrift nicht allein. In Ägypten gab es seit 3000 v. Chr. Hieroglyphen. Erste Zeugnisse für die mittelamerikanische Maya-Schrift werden auf die Zeit 100 v. Chr. datiert. Ob das Quipu-Knotensystem, für das es in Peru seit dem 3. Jahrtausend v. Chr. Belege gibt, als Schrift klassifiziert werden soll, ist umstritten. In China finden wir um 1200 v. Chr. Zeichen, die mit Pinseln auf Orakelknochen geschrieben wurden und bereits der heutigen Silbenschrift ähneln. Die ersten Schriftzeichen dienten hier offenbar nicht geschäftlichen Zwecken, sondern dem Ahnenkult und der Zukunftssicherung.

Anders als im chinesischen Fall führt von der sumerischen Keilschrift kein direkter Weg in die Gegenwart. Im 1. Jahrtausend v. Chr. wurde das Aramäische zur meistverbreiteten Sprache in ganz Vorderasien. Es wurde mithilfe einer Buchstabenschrift, die zunächst die Phönizier an der Mittelmeerküste entwickelt hatten, auf Papyrus oder Pergament notiert. Ein Jahrtausend lang existierten nebeneinander eine alltagstaugliche Buchstabenschrift, die auf Papyrus oder Pergament notiert wurde, und die Keilschrift, die in Ton geschrieben oder in Stein gemeißelt wurde und als herrschaftlich und wissenschaftlich galt. Dann geriet die Keilschrift außer Gebrauch und wurde vergessen. Die meisten europäischen Besucher hielten in den Jahrhunderten zwischen Kolumbus und Cook keilschriftliche Inschriften an mesopotamischen Palastruinen für abstrakte Verzierungen ohne eigene Bedeutung.

Die Wiederentzifferung der Keilschrift ist eine große Leistung vor allem des 19. Jahrhunderts. Es gibt viele Geschichten von Helden der Wissenschaft, Briten, Franzosen und Deutsche zumeist, die Schriften ausgruben oder an Gebäuden entdeckten und abschrieben, verglichen und deuteten. Und Helden sind das wirklich, denn die Aufgabe war kolossal: Mehrere Sprachen sind in Keilschrift notiert worden. Diese Sprachen haben sich im Zeitablauf verändert und die Schriftzeichen ebenfalls. Die neuzeitlichen Tüftler mussten einzelne Zeugnisse finden und sie bestimmten Zeiten und Sprachen zuordnen. Dann mussten sie die einzelnen Zeichen, die Worte, Silben oder Laute darstellen konnten, in Sprachen überführen, die sie nicht kannten, weil sie auch in der Region nach zweitausend bis fünftausend Jahren nicht mehr oder in ganz anderer Weise gesprochen wurden. Noch heute sind nicht alle keilschriftlichen Zeugnisse entschlüsselt. Wer diese Zeilen liest, kann sich morgen an die Arbeit machen.

Städte, Bauern und Nomaden im Zweistromland

Dank der Schrift können wir seit dem Ende des 3. Jahrtausends v. Chr. Kulturen und Städte mit zeitgenössischen Namen bezeichnen und sogar einzelne mächtige Personen identifizieren. Ganz einfach ist allerdings auch das nicht, weil die von der Stadt Uruk geprägte Kultur aus nicht geklärten Ursachen zusammenbrach und es für die folgende unruhige Zeit nicht leicht ist, den Überblick über Herrschaften und ihre Konkurrenzen zu behalten. Zwar gibt es eine berühmte sumerische Königsliste, die eine ununterbrochene Reihe von Königen präsentiert, mit Regierungszeiten für das gesamte Zweistromland seit Beginn der Erde, gegliedert in Dynastien, die von Hauptorten aus operiert haben sollen. Doch diese Liste hat ihre Tücken. Sie wurde erst viel später (um 1800 v. Chr.) von einem babylonischen Schreiber nach älteren Vorlagen zusammengestellt, und das nicht ohne Hintergedanken. Sie will zeigen, dass Mesopotamien schon immer vereint und von Gott gesegnet war, und reiht daher Dynastien nacheinander, die de facto gleichzeitig regiert haben. Einige Dynastien, die schriftlich wie archäologisch nachweisbar sind, fehlen völlig. Man kann also diese Liste beeindruckend finden, ein Zeichen für historische Wissenschaft und Gegenwartslegitimation knapp zwei Jahrtausende vor Christi Geburt. Man kann sie als Startpunkt nutzen. Wirklich anvertrauen kann man sich ihr nicht.

Ungefähr ab 2500 v. Chr. ergänzen sich archäologische und schriftliche Befunde zu einem klareren Bild. Sargon I. (2334–2279 v. Chr.) führte die Städte des südlichen Mesopotamien zusammen und schuf für seine neue Dynastie eine neue Stadt: Akkad. Wo die Stadt gelegen hat, ist unklar. Vermutet wird ein Platz irgendwo auf dem Gebiet der heutigen Millionenstadt Bagdad, wo Euphrat und Tigris bereits vor ihrer Mündung in den Persischen Golf einmal sehr nahe zusammenkommen und daher gemeinsam kontrollierbar sind. Der Ort war gut geeignet, um die Vereinigung des Südens, wo die traditionsreichsten

Städte lagen, mit dem jetzt mächtigeren Norden zu symbolisieren. Die Rivalität zwischen Süden und Norden, zwischen Sumer und Akkad, wie es nun hieß, oder zwischen Babylonien und Assyrien, wie es später heißen sollte, war für die weitere Geschichte Mesopotamiens sehr wichtig. Sargon gelang die Vereinigung durch Krieg und immer wieder durch Niederschlagung von Aufständen, aber auch durch Reformen wie einheitliche Maße und Gewichte, eine einheitliche Amtssprache (Akkadisch), die Verbesserung und Koordination der Bewässerungswirtschaft.

Nicht einmal hundert Jahre nach dem Tod Sargons zerbrach das akkadische Reich unter dem Ansturm der Gutäer, einer wahrscheinlich nomadischen Gruppe aus dem iranischen Bergland. Sie sollen vierzig Jahre in Akkad geherrscht haben. Danach verschwinden sie wieder aus den Quellen. Wir wissen wenig über die Gutäer, außer dass Schreiber aus Mesopotamien sie für barbarisch hielten, was nicht verwunderlich ist. Der friedliche und/oder gewaltsame Kontakt der Bauern und Städter mit nomadischen Gruppen gehört zu den ständig wiederkehrenden Elementen der Geschichte Mesopotamiens. Die meisten Kontakte fanden statt, ohne dass für uns verwertbare Quellen entstanden sind. Wir wissen daher nicht, wie viele Fremde leise einwanderten und sich anpassten, wie viele Bauern zum Nomadismus übergingen. Wahrscheinlich waren die zweite Hälfte des 3. Jahrtausends und die erste Hälfte des 2. Jahrtausends geprägt von dauernder Einwanderung amurritischer Nomaden in die Städte des Zweistromlandes. Die Namen städtischer Herrscher deuten darauf hin, dass Städte von Amurritern übernommen wurden. Die Kultur blieb aber sumerisch beziehungsweise akkadisch. Ähnliche Vorgänge des Einsickerns und der kulturellen Anpassung, bei mehr oder weniger starker Hinzufügung eigener religiöser, sozialer, politischer oder kultureller Vorstellungen, hat es auch in der zweiten Hälfte des 2. Jahrtausends und im 1. Jahrtausend gegeben. Die Kassiten etwa, Nomaden aus dem Osten, führten das Pferd in Babylonien ein und brachten den zweirädrigen, von Pferden gezogenen Streitwagen mit. Sie hinterließen einige Fachbegriffe der

Pferdezucht und Götternamen in der akkadischen Sprache. Sonst wissen wir wenig über sie, weil sie sich vollständig assimiliert haben. Die Anpassung war so erfolgreich, dass die Kassiten im 16. Jahrhundert v. Chr. die Herrschaft in Babylon übernehmen konnten.

Fälle wie die Gutäer, die Amurriter oder die Kassiten zeigen, wie schwierig der Zusammenhang zwischen Sprache, Sozialgruppe und «Volk» ist. Sprache zeigt nicht einfach eine Gemeinschaft an oder gar ein Volk, das sich von anderen grundsätzlich unterscheidet. Menschen ordnen sich Gruppen zu und verlassen sie auch wieder. Sprachgruppen und soziale Gruppen müssen nicht übereinstimmen. Es ist sinnvoller, Übergänge, Überlappungen und unscharfe Ränder zwischen Sprachgruppen und «Völkern» anzunehmen, als von klar abgegrenzten, kistenartigen Einheiten auszugehen. Menschen können Sprachen und Verhaltensweisen erlernen und vergessen. Sie jonglieren nötigenfalls mit Identitäten.

Gutäer, Amurriter und Kassiten zeigen noch eines: Weil Nomadengruppen meistens schriftlos waren, wissen wir über sie kaum etwas, bevor sesshafte Schreibende sie berichtenswert fanden oder über sie berichten mussten. Dann wurden sie aus der Sicht der Schreibenden dargestellt und gelegentlich auch mit einer Geschichte und Kultur versehen. Die musste nicht die ihre sein. Immerhin aber wissen wir durch die – wie tendenziös auch immer abgefassten – Schriften überhaupt, dass es Gutäer und andere Gruppen gegeben hat. Für Momente tauchen sie in unserer Geschichte auf und verschwinden dann wieder. Wer außerhalb des Gesichtskreises der Schreibkundigen blieb, entgeht auch den Historikern. Eigentlich existiert er für uns Nachgeborene gar nicht – es sei denn, ein paar tapfere Archäologen finden ihn. Sehr viele Sozialgruppen und «Völker» sind untergegangen. Manche sind ausgerottet worden, haben sich selbst zerstört oder sind Katastrophen zum Opfer gefallen. Viele haben sich assimiliert, wurden – möglicherweise bei Vernichtung der Eliten – in eine erfolgreichere Gruppe eingegliedert. Es wird noch viel mehr solche «Völker» gegeben haben, deren Geschichte wir nicht kennen, weil sie außerhalb des Horizonts der

Schreibenden geblieben sind. Es bleibt uns nichts anderes übrig, als uns auf diejenigen zu konzentrieren, die Spuren hinterlassen haben und bis in die Gegenwart bedeutsam sind. Doch es hat viel mehr Ausprägungen des Menschseins gegeben, als wir wissen.

Im Jahre 2112 v. Chr. ist das Zweistromland durch die stark zentralisierende und bürokratisierende dritte Dynastie von Ur wieder geeint worden. Erneut finden wir Reformen: Vereinheitlichung von Maßen und Gewichten, Rechtsprechung, Infrastruktur, Landwirtschaft. Die zahlreichen Schriftquellen dieser Zeit verdeutlichen, dass die Keilschrift mittlerweile auch über den Kreis der gelehrten Schreiber hinaus bekannt war, dort gelesen und wohl auch geschrieben wurde. Kurz vor dem Jahr 2000 brach das Reich unter dem militärischen Druck von nomadischen Amurritern und dem Elam-Reich mit der Hauptstadt Susa im Südwesten des heutigen Iran auseinander. Danach müssen wir uns die gesamte Region des Fruchtbaren Halbmondes als von lokalen und regionalen Machtzentren geprägt vorstellen, die mit- und gegeneinander versuchten, ihren jeweiligen Einflussbereich auszudehnen. Der Süden und der Norden Mesopotamiens sowie das weiter flussaufwärts liegende mittlere Euphratgebiet sind aber kulturell relativ einheitlich gewesen. Die umliegenden Regionen waren von der Kultur des Zweistromlandes beeinflusst. Manche Gruppen begannen ihre Sprache in Keilschrift zu notieren. Doch scheint den Menschen der kulturelle Unterschied zum eigentlichen Zweistromland bewusst gewesen zu sein.

Neben der politischen und der kulturellen gab es eine ökonomische Landkarte. Tontäfelchen dokumentieren, dass Kaufleute aus Assur, einer Stadt weiter nördlich am Tigris, im 19. Jahrhundert v. Chr. in kleinasiatischen Städten lebten. Sie organisierten Eselskarawanen, die Zinn aus Tadschikistan und Usbekistan, Lapislazuli aus Afghanistan, Eisen aus dem Iran und Wolle und Tuche aus Babylonien transportierten. Die Kaufleute sicherten sich gegenseitig finanziell ab. Sie wurden durch die Stadt Assur und die jeweiligen Gaststädte geschützt, die über Steuern und Zölle davon profitierten. Das funktionierte ein Jahrhundert ganz gut, dann scheinen die Netzwerke der assyrischen Kaufleute gerissen zu sein. Das Beispiel zeigt, dass die Wirtschaft der städtischen Zentren nicht nur von Herrschern dominiert oder von den Tempeln und ihren Bediensteten geprägt wurde. Es gab auch einen Sektor privaten Wirtschaftens, der dynamisch war und eigene Wege suchte. Viele der erhaltenen Tontafeln (Kaufmannsbriefe, Schuldverschreibungen) zeigen das an.

Das 18. Jahrhundert v. Chr. ist die Zeit des rasanten Aufstiegs von Babylon. Verantwortlich dafür war Hammurabi, sechster König einer amurritischstämmigen Dynastie. Er machte die bis dahin nicht weiter erwähnenswerte Regionalstadt am Unterlauf des Euphrat zur dominierenden Macht im Zweistromland. Das gelang durch geschickte Bündnispolitik, Schlachtenglück, die Fähigkeit, sich als Sieger zu mäßigen, und eine Politik nach innen, die dafür sorgte, dass militärische Erfolge zu dauerhaften Herrschaftsgewinnen wurden. Hammurabis Herrschaft war auch eine Blütezeit für die sumerische und akkadische Literatur. Bis heute bekannt geblieben ist Hammurabi aber durch den Codex, der seinen Namen trägt: Einer 2,25 Meter hohen Stele sind 280 Entscheidungen oder Rechtssätze in Keilschrift eingeschrieben, umrahmt von Prolog und Epilog. Es ist die bei weitem größte Sammlung von systematisch geordneten Rechtssätzen der babylonischen Zeit, beeindruckend auch durch die Härte der Strafen und das häufig vorkommende Prinzip, Gleiches mit Gleichem zu vergelten. Es ist allerdings nicht klar, welche Bedeutung die Sammlung hatte: Bot sie Orientierung? War sie bindend?

Hammurabis Herrschaft war so erfolgreich, dass seither angenommen wurde, Babylon sei das Zentrum Mesopotamiens und mindestens für die Herrschaft im Süden sei es erforderlich, diese Stadt zu beherrschen. Hammurabis Nachfolger hatten nach seinem Tod 1750 v. Chr. dennoch größte Mühe, das Reich zusammenzuhalten. Die südlichen Gebiete nahe am Persischen Golf gingen schon unter seinem Sohn verloren. Dort bildete sich eine neue Meerland-Dynastie. Auch der Nordwesten war bald gefährdet. Wahrscheinlich waren Naturkatastrophen und ökonomische Schwierigkeiten ebenso dafür verantwortlich wie die Einwanderung neuer Nomadengruppen. Das Ende des für seinen Ruhm und Anspruch zu klein gewordenen altbabylonischen Reiches kam 1595 v. Chr. mit einem Raubzug der Hethiter, die im 17. Jahrhundert in Anatolien ein Reich gegründet hatten und seither stetig expandierten. Der Hethiterkönig Mursili plünderte und zerstörte die Stadt und raubte das Standbild des Stadtgottes Marduk. Von dieser Schmach erholte sich Hammurabis Dynastie nicht mehr. Zunächst übernahm die südliche Meerland-Dynastie das Ruder. Dann gelangte eine kassitische Familie an die Macht, die bald auch die Marduk-Statue zurück nach Babylon holte.

Auf das altbabylonische Reich folgte die mittelbabylonische Periode. Sie war von zahlreichen, teils dramatischen Migrationsbewegungen und Machtverschiebungen gekennzeichnet. Das Zweistromland geriet politisch unter den Einfluss auswärtiger Mächte: Ägypten und Kleinasien. Technisch setzte sich Eisen als Werkstoff für Werkzeuge und Waffen durch. Unter den Zuchttieren tauchten nun Dromedare und etwas später Trampeltiere auf. Mit Kamelen als Reittieren verloren Wüsten ihren Schrecken; neue Wege des Handels und der Kriegführung öffneten sich.

Assyrien und Babylon im 1. Jahrtausend v. Chr.

Die erste Hälfte des 1. Jahrtausends ist im Zweistromland gekennzeichnet durch zwei Großreichbildungen, die noch einmal den Fruchtbaren Halbmond vom Zweistromland aus beherrschten, bevor sich dann ab Mitte des 6. Jahrhunderts die Macht und politische Initiative nach Osten (Persien) beziehungsweise nach Westen (griechische Staatenwelt, später Rom) verschob. Das assyrische Reich des 9. bis 7. Jahrhunderts betonte ein letztes Mal die Bedeutung des Nordens, das babylonische Großreich des 7. und 6. Jahrhunderts wurde vom Süden aus regiert.

Das assyrische Reich beruhte auf mehreren Grundlagen. Die Armee war besonders gut. Das Verhalten gegenüber unterlegenen Feinden war bewusst grausam, wohl um zukünftigen Gegnern das Aufgeben ohne Kampf nahezulegen. Ganze Gegnergruppen wurden in andere Reichsteile deportiert. Das Tributsystem ließ den Besiegten ihre politische Unabhängigkeit nach innen, sofern sie regelmäßig zahlten und dadurch weitere Kriegszüge und Prachtentfaltung im assyrischen Herrschaftszentrum ermöglichten. Das Reich war im Ganzen effizient organisiert. Über die Herrscher sind wir besonders gut informiert, weil beinahe jeder eine neue Hauptstadt oder mindestens einen neuen großen Königspalast errichten ließ, in dem seine ruhmreichen Taten durch Bilder und Inschriften dargestellt wurden. Assurnasipal II. (884–859) zog von der bisherigen Hauptstadt Assur nach Kalchu um, sein Sohn Salmanassar III. (859–824) blieb in Kalchu, baute aber dort einen neuen Palast. Sargon II. (722–705), der am Ende eines für Assyrien schwierigen 8. Jahrhunderts das Reich wieder ausweitete und organisatorisch stabilisierte, errichtete eine neue Hauptstadt, die er nach sich selbst «Dur Sharruken» (Sargonsburg) benannte. Sein Sohn Sanherib (705–681) beließ dort nur einen Gouverneur und machte Ninive zu seiner Hauptstadt. Die Herrscher des 7. Jahrhunderts blieben in Ninive. Es wurde zum Symbol der größten Ausdehnung und prachtvollsten Entfaltung des assyrischen Reiches, das zeitweise Ägypten und die östliche Mittelmeerküste beherrschte.

Alle assyrischen Herrscher haben mit Aufständen zu tun gehabt, eine Folge der Gewaltsamkeit ihrer Herrschaft und der unerbittlich hohen Tributforderungen. Weil das Zentrum selbst arm an Ressourcen war, scheint die assyrische Herrschaft auf Expansion und Ausbeutung ausgelegt gewesen zu sein. Sie brach daher zusammen, als die Grenzen der Expansionsmöglichkeiten erreicht waren. Assurbanipal (669–631) war der letzte Herrscher, der kriegerische Erfolge und innere Reformen vorweisen konnte. Wahrscheinlich schon vor seinem Ende mehrten sich die Krisen, zwanzig Jahre nach seinem Tod existierte das Reich der Assyrer nicht mehr. 614 wurde die alte Hauptstadt Assur von einer verbündeten Streitmacht aus Babyloniern und iranischen Medern erobert. 612 wurde Ninive zerstört. Es ist nicht wieder besiedelt worden. Der Ruinenhügel ist heute Teil der nordirakischen Stadt Mossul. Die siegreichen Babylonier waren noch kurz zuvor von den Assyrern völlig abhängig gewesen. 689 v. Chr. hatte Sanherib die Stadt zerstören lassen. Zum Zeichen des totalen Sieges leitete er einen Seitenarm des Euphrat so um, dass er die Reste der Innenstadt überflutete. Sein Sohn baute Babylon wieder auf, wohl auch, weil die völlige Vernichtung des Zentrums der Zweistromlandkultur als Frevel empfunden worden war. Ein halbes Jahrhundert später verabredeten die Sieger von Assur und Ninive mit den verbündeten Medern eine Teilung des assyrischen Reiches. Dementsprechend beherrschte Babylon unter Nebukadnezar II. (605–562) Syrien und die Mittelmeerküste. Weil er auch das aufständische Jerusalem zweimal erobert hat und beim zweiten Mal Teile der jüdischen Bevölkerung deportieren ließ, kommt Nebukadnezar II. im Alten Testament vor, und das nicht sehr vorteilhaft. Dabei ist es den Babyloniern unter seiner langen Herrschaft vergleichsweise gut ergangen. Die Stadt wurde ausgebaut, eine riesige Palastanlage entstand. Die Häuser der Oberschicht scheinen gut ausgestattet gewesen zu sein. Auch das Marduk-Heiligtum wurde erneuert und mit einem vielfach gestuften Turm versehen. Solche «Zikkurat»-Türme sind für Tempelanlagen des Zweistromlandes insgesamt typisch. Doch der babylonische Turm war besonders groß und prächtig, was ihn zum Vorbild für die biblische Erzählung vom Turmbau zu Babel werden ließ.

Der biblische Turmbau zu Babel ging bekanntlich schief, und auch das neubabylonische Reich hat den Tod Nebukadnezars nicht lange überlebt. Ob strukturelle Ursachen oder mangelnde Fähigkeiten seiner Nachfolger die Ursache waren, muss offenbleiben. Jedenfalls übergaben die Bewohner Babylons in Abwesenheit ihres Königs 539 die Stadt an den Perserkönig Kyros II. (558–530) – ein sehr unspektakuläres Ende, wenn wir bedenken, dass das Zweistromland nie wieder zum Zentrum einer welthistorisch bedeutsamen Reichsbildung geworden ist. Geschadet hat das kampflose Ende den Babyloniern nicht. Ihre

Stadt blieb im Perserreich ein Verwaltungssitz. Der Kult des Stadtgottes Marduk wurde fortgeführt, die Keilschrifttradition weiter gefördert. Der Ruhm der Metropole Babylon wirkte noch zu Zeiten Alexanders des Großen, der davon träumte, nach Ende seiner Kriegszüge
Babylon zur Hauptstadt seines Großreiches zu machen. Dazu ist es
wegen seines frühen Todes 323 v. Chr. nicht gekommen. Unter den
Seleukiden, die Alexander in Vorderasien nachfolgten, verlor Babylon
rasch an Bedeutung. Die Keilschrift blieb allerdings noch eine Weile in
Gebrauch. Die jüngste Tontafel, die wir kennen, stammt aus dem Jahr
75 n. Chr. Als Aufschreibsystem war sie zu dieser Zeit freilich längst
nicht mehr bedeutsam. Im Mittelmeerraum setzten die Griechen und
danach die Römer auf die phönizische und dann aramäische Idee der
Buchstabenschrift. Ihr folgt auch dieser Text.

   Am Ende des Überblicks über eine der Regionen, in denen Menschen begonnen haben, sich dauerhaft an Orten niederzulassen und ihre
Nahrungsquellen selbst herzustellen, können wir sagen: Ja, es macht
einen Unterschied, ob Menschen in Städten siedeln oder nicht, ob
Schrift existiert oder nicht, ob es mehr oder weniger Arbeitsteilung
gibt, mehr oder weniger soziale Unterschiede. Wenn man mag, kann
man städtebauende, schriftbesitzende, stärker arbeitsteilig organisierte
Menschengruppen als Hochkulturen bezeichnen. Doch dann beginn-
nen die Schwierigkeiten. Ganz offensichtlich haben sich Menschen in
solche Kulturen hinein- und wieder aus ihnen herausbewegt. Es hat
Übergänge und Grenzräume gegeben. Menschen haben Sprachen,
Bauweisen, Techniken gelernt und verlernt. Wertungen wie «Hoch»-
Kultur stammen in der Regel von denjenigen, die schreiben, in Städten
wohnen und soziale Differenzierung kennen. Ihre Wertungen kennen
wir, eben weil sie aufgeschrieben wurden und so die Zeit bis zu uns
überstanden haben. Menschen, die sich zwischen Feldern bewegten
oder das Beste aus verschiedenen Feldern zusammenführen wollten,
müssen diese Wertungen nicht geteilt haben.

   Es hat mindestens sechs voneinander unabhängige Regionen gegeben, in denen die Neolithische Revolution begann. Wenn wir die Ge-

schichte vom Zweistromland als einer dieser Regionen erzählen, ist damit noch nicht über den weiteren Verlauf der Geschichte entschieden. Sumerer, Akkader, Amurriter, Assyrer und Babylonier kannten eine Welt, in der Ägypten und Anatolien ebenso vorkamen wie Armenien, Persien und Arabien. Vier Meere, schrieben sie gelegentlich, begrenzten ihren Horizont: das Mittelmeer, das Schwarze Meer, das Kaspische Meer und der Persische Golf. Italien lag ihnen ebenso fern wie Indien, zu dem immerhin gelegentliche Handelsbeziehungen bestanden. Die Weiterführung der babylonischen Geschichte Richtung Ägypten, Griechenland, Rom und westeuropäisches Mittelalter, die wir aus dem Schulunterricht kennen, ist eine ziemlich konstruierte Erzählung, die dem Zukunftshorizont der Zeitgenossen nicht gerecht wird. Wenn wir den Zeitgenossen Babylons folgen, können wir mit gleichem Recht nach Süden und Osten schauen wie nach Westen.

4.
Barygaza

Das Handelsnetz des Indischen Ozeans
im 1. Jahrhundert n. Chr.

Bis zur Erfindung der Eisenbahn sind die großen Verkehrsadern der Welt Wasserstraßen gewesen. Auf Flüssen, Seen und Meeren konnten Massenwaren transportiert werden – und mit ihnen Nachrichten und Kenntnisse. Natürlich gab es auch Landwege. Aber die erlaubten noch keine Transporte von Massengütern. Kein Lasttier und kein Karren kann tragen, was ein Floß oder ein Schiff tragen kann. Natürlich sind

nicht alle Wasser gleich. Viele afrikanische Flüsse können vom Ozean
aus nicht weit landeinwärts befahren werden, weil Wasserfälle oder
Stromschnellen das verhindern. Für die afrikanische Geschichte ist
das ein wichtiger Grundtatbestand. Unter den Ozeanen bot allein der
Indische Ozean schon früh die Möglichkeit, großräumige Wasserver-
bindungen zwischen Flussmündungen und anderen Handelsmetropolen herzustellen.

Anders als der Atlantik und der Pazifik reicht der Indische Ozean nicht
vom Nord- bis zum Südpol, sondern endet an der afrikanisch-eurasi-
schen Landmasse. Und anders als im Atlantik oder Pazifik wehen im
Indischen Ozean verlässliche Monsunwinde, jeweils ein halbes Jahr
zum Himalaya hin und ein halbes Jahr vom Himalaya weg. Das war die
Grundlage der Landwirtschaft in weiten Teilen Indiens sowie in anderen Gegenden rund um den Indischen Ozean. Das war aber auch eine
Chance für die Seefahrt. Weder der Atlantik noch der Pazifik lassen
sich leicht und regelmäßig überqueren. Das machte und macht die
transpazifischen Reisen der Polynesier bis nach Hawaii, zur Osterinsel
oder nach Neuseeland und die transatlantischen Reisen des Christoph
Kolumbus so sensationell. Am Rande des Indischen Ozeans aber nahmen schon vor zweitausend Jahren viele Menschen das Risiko auf sich,
ohne Sichtkontakt zur Küste zu segeln. Der Weg über das offene Meer
war gefährlich, aber berechenbar. Das zeigen die folgenden Aufzeichnungen über den Schiffsverkehr nahe der westindischen Stadt Barygaza, die heute Bharuch heißt:

Die Mündung ... bei Barygaza ist schmal und für die von der hohen See
Kommenden schwer zugänglich; denn sie geraten entweder nach der rech-
ten oder nach der linken Seite ... Auf der rechten Seite aber erstreckt sich
gerade am Eingange ... eine schroffe und felsige Erdzunge, ... auf der lin-
ken aber, gegenüber von derselben, das von Astakampra gelegene Vorge-
birge, ... das zum Landen schwierig ist wegen der Strömung bei demselben
und weil die Anker abgerissen werden, da der Meeresboden rau und felsig

ist. Und wenn nun jemand in den Busen selbst eingedrungen ist, so ist doch die Mündung des Flusses selbst bei Barygaza schwierig aufzufinden, weil das Uferland niedrig ist und selbst von dem näher Kommenden nicht mit Gewissheit gesehen wird; und wenn sie auch gefunden wird, so ist sie schwierig zu durchfahren wegen der da befindlichen seichten Stellen im Flusse. Deshalb fahren an der Einfahrtsstelle selbst einheimische königliche Seeleute mit bemannten langen Schiffen … bis nach Syrastrene entgegen und von ihnen werden die Schiffe bis nach Barygaza geleitet.

Es ist ein Kenner, der hier vor Strömungen und Untiefen an der Mündung des Narmada in den Golf von Khambhat warnt und empfiehlt, sich den Lotsen anzuvertrauen, die der einheimische Herrscher zur Verfügung stellt. Und Barygaza ist nur einer von vielen Häfen, die er beschreibt. Der Text hat insgesamt sechsundsechzig Kapitel und führt den Leser durch die wichtigsten Seehandelsplätze Ostafrikas, des Roten Meeres, der Arabischen Halbinsel, des Persischen Golfs sowie der Küsten Irans, Pakistans und Indiens. In nüchterner Sprache, kurz und sachlich erfahren Seeleute und Händler alles Wissenswerte über Land und Leute, Märkte und Devisen, Wind und Wetter. Ein nützlicher Gebrauchstext ist das. Leider kennen wir seinen Autor nicht. Wahrscheinlich war er Ägypter, wahrscheinlich war er Kaufmann oder Kapitän oder beides. Sein Werk trägt den Namen *Periplus Maris Erythraei* – Küstenbefahrung des Roten Meeres. Das Original wurde wohl Mitte des 1. Jahrhunderts n. Chr. verfasst, in der Zeit der ersten römischen Kaiser also. Die Sprache ist die griechische Koiné, eine Art Baustellengriechisch, aus verschiedenen Dialekten entstanden und die wichtigste der vielen Sprachen, die im östlichen Mittelmeerraum um Christi Geburt gängig waren.

Vor zweitausend Jahren, so zeigt der Text, machten ägyptische Kaufleute in einem Gebiet Geschäfte, das vom Mittelmeer bis zum heutigen Sri Lanka reichte und vom heutigen irakischen Basra bis nach Kenia. Die Geschäfte machten sie selbst, indem sie reisten, und zwar über Tausende von Kilometern. Das ging, denn die Schiffsbauer verstanden ihr Geschäft, die Kapitäne auch, und das nötige Wissen konnten Reisende aus Ratgebern wie dem hier zitierten erwerben. Viele Menschen waren unterwegs, auf der Suche nach Gütern, Geschäften, Geld und womöglich auch Abenteuern. In den wichtigsten Häfen trafen sie auf Landsleute: Kaufleute aus vielen Völkern hatten sich teils kurzzeitig, teils für immer in den Handelsmetropolen niedergelassen. Sie bildeten kleine Kolonien und Netzwerke, waren Ansprechpartner für die Neuankömmlinge, stellten Kontakte zu den Einheimischen her. Die Handelsnetze und Handelsgüter aber reichten noch weiter als die Reisen unseres ägyptischen Gewährsmannes. Das zeigt seine Liste der Waren, die in der westindischen Stadt Barygaza gehandelt wurden:

Eingeführt wird in den Handelsplatz Wein, vorherrschend italienischer, laodikenischer und arabischer, dann Kupfer, Zinn, Blei, Korallen, Chrysolithe, einfache und mannigfache unechte Gewänder, bunte ellenlange Gürtel, Storax, Meliloton, rohes Glas, Sandarake, Spießglanz, goldene und silberne Denare, die einen gewinnreichen Umsatz gegen die handelsüblichen Münzen haben, nicht sehr wertvolle, noch auch viel wohlriechende Salbe. Dem Könige aber in jenen Gegenden führt man teure silberne Gefäße zu, der Musik kundige junge Knaben, schöngestaltige Jungfrauen für den Harem, ausgezeichneten Wein, einfache wertvolle Gewänder und ausgezeichnete Salben. Es wird aber aus dieser Gegend ausgeführt Narde, Kostos, Bdella, Elfenbein, Onyxe, murrhinische Gefäße, Lykion, mannigfache Baumwollstoffe, serische und molochinische, auch Gewebe, langer Pfeffer und das aus den anderen Handelsplätzen Eingeführte.

Der Autor war Praktiker. Seine Liste sollte dem Kaufmann helfen, erfolgreich zu sein, indem er die richtigen Dinge anbot. Seine Liste war bunt, zeigt aber doch einige Charakteristika: Barygaza war offenbar nicht der beste Ort für Luxusgüter – nur der König kaufte erlesene Tischdekoration, Weine, Kleidung, Salben und Sklaven. In anderen arabischen oder indischen Häfen verkaufte sich Luxus besser. Dafür liefen Massengüter: einfache Metalle, rohes Glas und eine ganze Reihe

kleinerer Rohmaterialien, die offenbar von lokalen Handwerkern wei-
terverarbeitet wurden. Das war keine grundsätzlich schlechte Nachricht. Denn nur mit filigranen Spitzenprodukten kann kein Schiff fahren. Es braucht auch Ballast, wenn es seetüchtig sein soll.

Die Ausfuhren aus dem indischen Hafen waren wertvoller. Das zeigt
zum einen die Empfehlung, goldene und silberne Denare mitzubrin-
gen, die Standardwährung des Mittelmeeres. Gehandelt wurde teils im
Tauschverfahren Ware gegen Ware, teils aber auch Ware gegen Geld.
Nun besaßen auch die indischen Herrschaften Währungen. Die kamen
aber wohl deswegen nicht zum Einsatz, weil die Europäer, jedenfalls
wenn wir auf den Güterwert schauen, mehr einführten als ausführten.
Über das Defizit in der Handelsbilanz und den damit verbundenen
Abfluss von römischen Münzen klagten verschiedene antike Autoren.
Mehr als 50 Millionen Sesterzen gingen Jahr für Jahr nach Indien,
schrieb Plinius der Jüngere einige Jahre nach unserem Autor, und die
dafür ins Römische Reich eingeführten Waren seien völlig überteuert.
Heutige Archäologen finden in Indien größere Mengen römischer
Münzen. Außerdem zeigt ein Blick auf unsere Liste, dass die Kaufleute
aus dem Römischen Reich exquisite Interessen hatten: Narde, Rohstoff
für wohlriechende Öle, kam aus dem Himalaya. Onyxe und Elfenbein
aus dem indischen Hinterland wurden zu Schmuck verarbeitet. Baumwollstoffe wurden wohl ebenfalls im Hinterland hergestellt.

Hinter den offenbar einigermaßen verlässlichen Warenströmen stand
meistens ein politischer Wille. Lokale und regionale Herrscher sorgten nicht nur für Lotsen, die den fremden Kapitänen halfen. Sie
organisierten auch den Handel innerhalb ihrer Territorien auf einige
wenige Hafenplätze hin. An Kaufleuten, Schiffen und Handel waren
sie nicht nur interessiert, weil Sklavinnen und Sklaven ins Land kamen
sowie Luxusgüter, die im Konkurrenzkampf der Mächtigen Eindruck
machen konnten. Sie erhoben auch Abgaben und profitierten daher
ganz regelmäßig vom Warenverkehr. Eine andere Möglichkeit des Profits wäre natürlich Piraterie gewesen. Piraten gab es in der Regel dort,
wo Herrschaftsverhältnisse unklar waren, weil verschiedene Herren

konkurrierten, weil Herrschaft großflächig zusammengebrochen war oder weil Akteure kurzfristige Gewinne höher schätzten als langfristige. Dauerhaft zerstören konnte die Piraterie das Handelsnetz nicht. Kaufleute wichen auf andere Routen aus. Außerdem waren viele Mächtige an der Aufrechterhaltung der Warenströme interessiert. Sie sorgten notfalls mit Gewalt dafür, dass die Handelswege offen und die Risiken beherrschbar blieben.

Die Produktliste enthält nicht nur Indisches, sondern auch Chinesisches. Seide spielte eine wichtige Rolle in vielen indischen Häfen, andere hochwertige Waren kamen hinzu. Ganz sicher können wir bei den Herkunftsgebieten nicht sein; wir sollten von unserem ägyptischen Berichterstatter nicht mehr verlangen, als wir mit Barcodes und Satelliten heute leisten können. Bei einigen Artikeln wissen wir heute nicht einmal mehr, um was es sich gehandelt hat. Wahrscheinlich erreichten chinesische Produkte das westindische Barygaza auf dem Landweg. Ostindische Häfen wurden auch über die See mit chinesischen Produkten versorgt. So zeigt die Warenliste, dass unser ägyptischer Gewährsmann nur einen Teil des antiken Handelsnetzes persönlich erfahren hat. Natürlich kannte er die Landwege nicht, über die die Güter seine Häfen erreichten. Aber auch seine seefahrerischen Kenntnisse, beeindruckend wie sie waren, hatten Grenzen. Er wusste noch, dass es jenseits der Südspitze Indiens wieder nach Norden ging, und er kannte auch den Fluss Ganges – jedenfalls dem Namen nach. Doch sein Bericht vermischt nun Reales mit Fiktivem. Ein wildes Menschengeschlecht mit Stumpfnasen nennt er, ein anderes mit Pferdegesichtern und noch ein anderes, das Menschen fresse. Noch dahinter gebe es eine sehr große Binnenstadt namens Thinai, aus der Seiden und Baumwollstoffe kämen. Man komme nicht leicht dorthin, und nur wenige Menschen aus Thinai verkehrten in den indischen Häfen. Thinai grenze wohl an die Europa abgewandten Teile des Kaspischen Meeres. Und dann endet sein Bericht:

Die darauf folgenden Gegenden sind entweder wegen der übermäßigen
Stürme und sehr großen Eiskälte schwer zugänglich oder auch durch eine
überirdische Einwirkung der Götter unerforschlich.

Thinai ist China. Unser Kaufmann und Kapitän wusste, dass Indien
nicht das Ende der Handelskette war. Aber er hatte keine rechte Vorstellung von dem, was jenseits von Sri Lanka lag, und reimte daher
verschiedene Informationen irgendwie zusammen. Umgekehrt gab es
auch im China dieser Zeit ein ungefähres Wissen um Kulturen jenseits
des Himalaya und der asiatischen Wüsten, in dem Götter mit menschlichen Gesichtern und Drachenleibern neben vielen anderen Vorstellungen von Fremdartigkeit eine Rolle spielten. Tatsächlich setzte sich
der Handel vom Ganges aus durch das Bengalische Meer fort, durchlief
die Straße von Malakka zwischen Sumatra und Malaya, folgte der
vietnamesischen Küste bis nach China und Japan und damit bis zu den
asiatischen Anrainern des Pazifiks. Möglicherweise deuten die übermäßigen Stürme und die Eiseskälte in der Quelle auf Erfahrungen hin,
die Seeleute nördlich von Japan machen mussten und die knapp
1800 Jahre später Captain Cook auf seiner dritten Reise behinderten.

Die Angaben unseres ägyptischen Gewährsmannes sind auch deswegen in diesem Punkt märchenhaft, weil in seiner Zeit die Strecke
zwischen Ostindien und Sumatra/Malaya die am wenigsten befahrene
von allen Teilstrecken der Handelskette zwischen Ostafrika/Ägypten
und China/Japan war. Nach Ostindien kamen ebenso wenige Ägypter
wie Chinesen. Aber nicht nur unser ägyptischer Kaufmann plante
seine Zukunft, sammelte sein Wissen, suchte seinen Vorteil, machte
sein Glück. Auch Händler in Indien und China taten das. Von allen
Gliedern der Kette aus versuchten Menschen, größere Zusammen-
hänge zu erfassen. Sie berechneten Risiken und Gewinne. Den Rest
stellten sie den Göttern anheim. Ihre Produkte aber wanderten weiter,
als sie denken konnten.

Kein Händler hatte eine realistische Vorstellung von dem gesamten
Netz, das sich durch die Bewegung von Rohstoffen und Produkten

aufbaute. Kein Schiff befuhr alle Routen. Es war ein Netz ohne Spinne, bestehend aus kürzeren und längeren Schiffspassagen, aus Luxusgütern und Massenwaren. Lokaler, regionaler und Fernhandel waren miteinander verwoben, und sie alle konnten land- und seegestützt sein. Jäger-und-Sammler-Kulturen waren mit dem Netz verbunden, aber auch indische Gesellschaften, die so starke staatliche Strukturen hatten, dass sie Sträflinge zum Perlentauchen verurteilen konnten, wie unser ägyptischer Gewährsmann nebenher auch berichtet. Es gab dichte Stellen im Netz, lockere Verbindungen und auch viele lose Enden und unverbundene Teile. Kleine Boote verbanden einzelne chinesische, indische, arabische oder afrikanische Häfen miteinander. Ozeangängige Schiffe überwanden Tausende von Kilometern. Produkte und Rohstoffe wechselten mehrfach den Besitzer, bis sie einen Ort erreichten, an dem sie blieben. Deswegen verweist unser Autor am Ende seiner Warenliste zu Barygaza auf «das aus den anderen Handelsplätzen Eingeführte». So kamen chinesische Seide und südostasiatische Gewürze nach Rom, finden sich römische Münzen in Indien und sogar in China. Die allermeisten Seiden- und Geldstücke reisten nur einen kleinen Teil der Strecke. Manches ging auch verloren, wurde geraubt oder versank im Meer.

Wer sich zuerst aufs offene Meer gewagt hat, ist naturgemäß schwer zu sagen. Schriftquellen sind nicht überall erhalten, und sie berichten nicht in erster Linie über seemännische Errungenschaften. Archäologen sind nicht an allen Küsten des Indischen Ozeans in gleicher Intensität aktiv, ihre Funde sind nicht immer leicht zu datieren, und viele schiffsbezogene Objekte sind auch einfach verschwunden, weil sie aus vergänglichem Material hergestellt wurden und rückstandslos verrottet sind. Fischerei und damit nautisches Basiswissen muss es an vielen Küsten gegeben haben, wenn auch nicht an allen, wie das Beispiel der schiffsunkundigen australischen Aborigines zeigt. Wahrscheinlich gab es in den vielen flachen Gewässern zwischen den Tausenden von Inseln, die von Vietnam, Sumatra, Java, Neuguinea und den Philippinen eingegrenzt werden, sehr früh überregionalen Handel. Angesichts

nicht immer verlässlicher Reiserernten ging es dabei auch um Grundnahrungsmittel, weshalb größere Schiffe eingesetzt wurden und auch
Risikobereitschaft vorhanden war. Auch auf der anderen Seite des
Indischen Ozeans verkehrten zwischen dem ostafrikanischen Festland
und den vorgelagerten Inseln sicher schon früh Schiffe.

Denken wir von der Nachfrage her, so boten Uruk und die anderen sumerischen Stadtkulturen an Euphrat und Tigris wie die frühen
Stadtkulturen des Industals Anreize für überregionalen Handel: Die
Eliten verlangten Luxusgüter und Kunstgegenstände. Tatsächlich hat
es zwischen den Hochkulturen Mesopotamiens und Indiens bereits
vor fünftausend Jahren Handelskontakte nicht nur über Land, sondern
auch entlang der Küsten und über die Flüsse gegeben. Als die Induskultur Mitte des 2. Jahrtausends v. Chr. zusammenbrach, hörten diese
Kontakte wieder auf. Die ägyptischen Pharaonen haben wohl ebenfalls
seit ca. 3000 v. Chr. den Handel auf dem Roten Meer und mit Ostafrika
gefördert, um an Elfenbein, Gold, Myrrhe und kostbare Harze zu
gelangen. Der Aufstieg des Jemen am Eingang des Roten Meeres ist
damit verbunden. Wir sollten nicht nach dem einen Ursprung der
Ozeanschifffahrt suchen, sondern uns viele kleine Netze mit vielen
Lücken und losen Enden vorstellen, die sich ausweiteten, aber auch
wieder schrumpfen konnten, die zu interagieren begannen und sich
auch wieder trennten, die insgesamt aber allmählich dichter und bedeutsamer wurden.

Um 50 n. Chr. war die Schifffahrt auf dem Indischen Ozean etabliert, und die Menschen stellten sich darauf ein. «Die, welche von
Ägypten aus nach diesem Handelsplatze fahren, kehren zur rechten
Zeit um den Monat Juli ... zurück», schreibt unser Autor am Ende seiner Ausführungen zu Barygaza. Menschen wussten, wann die Winde
für sie günstig waren. Sie konnten damit rechnen, von Somalia aus zu
bestimmten Zeiten Nordindien zu erreichen, ohne einen Zwischenstopp auf der Arabischen Halbinsel einzulegen. Andere Händler reisten von Malaya oder Sumatra nach Südindien oder Sri Lanka, ohne zuerst Myanmar oder Bengalen anzusteuern. Wer allerdings den rechten

Zeitpunkt verpasste, saß fest. Er musste in unserem Fall in Barygaza bleiben, bis der Monsun wieder günstig wehte und sein Schiff nach Ägypten zurückblies. Auch die Hafenorte waren vom Monsun geprägt. Arabische und ägyptische Schiffe konnten nur zu bestimmten Jahreszeiten in Indien sein. Ab September waren die Einheimischen in Barygaza wieder unter sich – mit Ausnahme derjenigen Ägypter und Araber, Afrikaner und Griechen, Juden und Phönizier natürlich, die sich dauerhaft dort niedergelassen hatten. Erst im nächsten Sommer würden die Fremden wieder kommen.

Der Bericht *Periplus Maris Erythraei* wirft ein Schlaglicht auf ein im Werden befindliches afrikanisch-europäisch-asiatisches Handelsnetzwerk. Was um die Mitte des ersten nachchristlichen Jahrhunderts noch verschiedene Zonen gewesen waren, in Ostindien nur sehr lose verbunden, wuchs im kommenden Jahrtausend zu einer Weltökonomie zusammen. Die an das Netzwerk grenzenden Landmächte – mit dem Römischen und dem Chinesischen Reich als mächtigen Außenspielern und vielen kleineren und kleinsten Mächten dazwischen – nahmen Einfluss, doch keine von ihnen beherrschte das Netz. Zum einen war es zu groß. Zum anderen müssen wir berücksichtigen, dass es für Herrscher nur eine Einnahmequelle neben Ackerbau und Viehzucht, Jagd und landgestütztem Handel darstellte. Weil das Netz keiner einheitlichen Planung unterlag, sondern aus dem interessegeleiteten Zusammenwirken unzähliger Akteure entstand, reagierte es sensibel auf Veränderungen in all den Herrschaften und Regionen, die es verband.

In den ersten nachchristlichen Jahrhunderten wuchs das Netzwerk zusammen. Das Bengalische Meer wurde stärker befahren. In den östlich von Indien gelegenen Handelsmetropolen bis hin zum chinesischen Yangzhou verkehrten spätestens im 7. Jahrhundert regelmäßig persische und arabische Händler. Chinesen ihrerseits entwickelten konkrete Vorstellungen über Südostasien und auch über Südasien. Eine Menge chinesisches Porzellan aus dieser Zeit wurde auf Sri Lanka, aber auch in den westlichen Teilen Indiens gefunden. Sri Lanka wurde aus der Region des heutigen Singapur und von Sumatra aus über das

offene Meer angesteuert, neben chinesischen scheinen indische und
südostasiatische Schiffe hier verkehrt zu haben. Daneben gab es natürlich weiter den weniger spektakulären, materiell aber ebenso wichtigen
Küstenhandel.

Westlich von Indien hinterließ im 3. Jahrhundert der Aufstieg des
Sassanidenreiches Spuren. Sein Kern lag im heutigen Iran, seine Macht
umschloss aber bald den gesamten Persischen Golf. Im 4. Jahrhundert
etablierte sich in Nordindien die Gupta-Dynastie. Beide Großreiche
sorgten für eine innerasiatische Zone relativer Sicherheit. Die Häfen
im Persischen Golf konnten ihr Warenangebot erweitern, von Basra
aus führten verlässliche Handelswege über Land Richtung Mittelmeer.
Vielleicht hat dadurch das relative Gewicht des Handels durch das
Rote Meer abgenommen. Wahrscheinlich ist es zu einer Zweiteilung
gekommen: Indische, persische und arabische Schiffe befuhren eine
nördliche Route, die den Persischen Golf mit Indien verband; äthio-
pische, griechische und südindische Schiffe segelten über das offene
Meer zwischen dem Horn von Afrika und der Südspitze Indiens beziehungsweise Sri Lankas und verbanden damit Ostafrika und das Rote
Meer mit Süd- und Ostasien. Im 6. Jahrhundert schwand die Bedeutung des europäischen Außenspielers. Das Römische Reich war zusammengebrochen, Byzanz als sein östlicher Nachfolger verlor an Einfluss. Die Nachfolger im westlichen Mittelmeer, mochten sie Goten,
Langobarden oder Franken heißen, waren in den Augen der Händler
und Seefahrer des Indischen Ozeans uninteressant: Barbaren, weit entfernt, unkultiviert und nicht zahlungsfähig.

Ideen und Religionen unterwegs

Im Netzwerk des Indischen Ozeans bildeten sich nicht nur die großen
politischen Verschiebungen ab. Es zirkulierten nicht nur Waren, sondern auch Informationen und Ideen. Die Händler gehörten verschie-

denen Glaubensgruppen an. Einige Glaubensgemeinschaften stiegen in
der Zeit auf, die wir bisher im Blick hatten. Das Römische Reich wurde
nach 311 allmählich christlich. Schon zu dieser Zeit aber gab es unterschiedliche Ausrichtungen im Christentum, die sich bitter bekämpften,
und zwar einerseits auf hohem theologischem Niveau, andererseits
gewalttätig und mit allen Mitteln. Eine wichtigere Rolle als die Angehörigen der bald römischen Staatsreligion spielten im asiatischen Raum
die Nestorianer. Sie glaubten, dass in Jesus eine göttliche und eine
menschliche Natur getrennt geblieben seien. Maria dürfe nicht als Got-
tesmutter verehrt werden, weil sie nur die menschliche Natur Jesu zur
Welt gebracht habe. Diese Variante der christlichen Religion wurde im
Römischen Reich verurteilt, florierte aber östlich davon. Sie breitete
sich über das Sassanidenreich zu Wasser und zu Lande Richtung Osten
aus. Weil sie im 14. Jahrhundert durch Pest, Islamisierung und Verfol-
gungsdruck in China und im Mongolenreich dramatisch dezimiert
worden sind, haben wir vergessen, dass die Nestorianer zwischen 600
und 1400 die wichtigsten Vertreter des Christentums in Asien waren.

Noch bedeutsamer als die Nestorianer waren aber im Reich der
Sassaniden die Anhänger des Zoroastrismus. Diese bereits 1500 Jahre
alte dualistische Religion, die die Welt als einen beständigen Kampf
zwischen den personifizierten Prinzipien des Guten und des Bösen
erklärte, erlebte durch herrschaftliche Förderung einen neuen Aufschwung. Im westlichen Teil des Indischen Ozeans waren außerdem
viele Juden unterwegs. Weiter östlich verschoben sich die Gewichte
zwischen Buddhisten und Hindus. Daneben und dazwischen gab es
viele andere Religionen, von denen einige kirchenähnlich organisiert
waren, andere eher Lebensweisen darstellten. Wie die verschiedenen
Menschen ihre Glaubensvorstellungen auslebten, wie sie miteinander
umgingen, wissen wir kaum. In vielen indischen Häfen gab es nach
Religionen getrennte Stadtviertel. Herrscher vergaben Rechte und Privilegien nach religiöser, nicht nach nationaler Zugehörigkeit. Wahrscheinlich hätte damals niemand zu sagen gewusst, was «nationale Zugehörigkeit» bedeuten sollte.

Die größte religiös-politische Veränderung innerhalb des Handelsnetzwerks war der rasante Aufstieg des Islams seit dem 7. Jahrhundert. Die Entstehung dieser nach dem Judentum und Christentum dritten Religion, die sich auf den Stammvater Abraham berief, werden wir im Kapitel «Byzanz» genauer anschauen. Hier reicht die Feststellung, dass kaum zwanzig Jahre nach dem Tod des Propheten Mohammed in Medina im Westen der Arabischen Halbinsel muslimische Heere 651 das Sassanidenreich unter ihre Kontrolle gebracht haben. Im folgenden Jahrhundert wurde der gesamte südliche und südwestliche Mittelmeerraum muslimisch. Während die Kontrolle des nördlichen Mittelmeeres wegen des Widerstands der Byzantiner in Kleinasien und der Franken im späteren Frankreich unvollständig blieb, dehnte sich das islamische Reich schnell nach Südosten bis ins heutige Afghanistan und zum Indus hin aus. Die Umayyaden herrschten als Kalifen von Damaskus aus, ihre Nachfolgedynastie der Abbasiden verlegte die Hauptstadt ins Herz des ehemaligen Sassanidenreichs nach Bagdad. Sie rückten damit noch stärker Richtung Zentrum des Handelsnetzwerks vor.

Waren die ersten muslimischen Herrscher stark von arabischer Tradition und Kultur geprägt, so erwiesen sich vor allem die Abbasiden als flexibel und neugierig. Sie bezogen lokale Wissensbestände in ihre Weltvorstellungen ein und formten beide um. Anders wäre es wohl nicht möglich gewesen, die in Wirtschaft, Kultur und Lebensweisen so außerordentlich verschiedenen Regionen zwischen Spanien, Nordafrika, Arabien, Persien und Afghanistan zu beherrschen. Stärker als die frühmittelalterlichen christlichen Herrscher nordwestlich des Mittelmeeres setzten sich die Muslime mit der griechischen und römischen Philosophie, Mathematik, Architektur und Naturwissenschaft auseinander. Auch die Traditionen des Sassanidenreichs übernahmen sie. Die intellektuelle Aufnahmefähigkeit und Strahlkraft des Islams nach seiner Etablierung im europäisch-westasiatischen Raum war beeindruckend.

Der weiträumige Handel über den Indischen Ozean hat sich durch

Der Indische Ozean im 5. und 6. Jahrhundert

Kan
Liang

NÖRDLICHE ZHOU

NÖRDLICHE QI

Gelbes Meer

Huang He

Kaifeng

Luoyang

Chang'an

Hsiang

Nagasaki

Yangzhou

T I B E T

Ch'eng-tu

Yangzi

Hangzhou/ Quinsai

Schanghai/Zikawei
Ningbo

Brahmaputra

O s t - c h i n e s i s c h e s M e e r

Kathmandu

Ch'ang-sha

Ch'eng-chiang

Heng

CHEN

Quanzhou

Xi Jiang

Hsin

Guangzhou/Kanton

B e n g a l e n

Kalkutta

CANDREA

Pagan

Chiao

P a z i f i s c h e r O z e a n

Hainan

Prome

Luzón

Golf von Bengalen

Rangun

CHENLA

Mekong

Indrapura

TL.
GA

Chao Phraya

Bangkok

Angkor

CHAMPA

S ü d - c h i n e s i s c h e s M e e r

Philippinen

IN-
TEN

Andamanen

FUNAN

Golf v. Siam

Chaiya

Patani

M a l a t e n

LAMBAKANNA

Ceylon

Nikobaren

Kedah *Isthmus von Kra*

Malaiische Halbinsel

Straße von Malakka

Malakka

Borneo

Äquator

Sumatra

Muaro Jambi

SRIVIJAYA

Sulawesi (Celebes)

Palembang

Palas Pasemah

Banten Girang

Tugu

Java

Prambanan

e a n

Reich von Aksum in seiner größten Ausdehnung
Hephthaliten-Reich um 500
Größte Ausdehnung des Srivijaya-Reiches
Gupta-Reich in seiner größten Ausdehnung (ca. 410)
Oströmisches Reich beim Tod Kaiser Justinians 565
Handelsrouten

den Aufstieg des Islams deutlich verändert. Der Persische Golf und
weite Teile des Roten Meeres standen nun unter einheitlicher politischer Herrschaft. Byzanz rückte aus dem Blickfeld, das nordwestliche
Europa verlor den Anschluss. Das christliche Reich Aksum im Südwesten des Roten Meeres wurde ins Hochland zurückgedrängt. Eine
im Römischen Reich im 4. Jahrhundert verurteilte Variante des Christentums verlor so den Kontakt zum christlichen Europa und überlebte
als Äthiopisch-Orthodoxe Kirche eigenständig bis in die Kolonialzeit
des 19. Jahrhunderts. Die Schifffahrt im Roten Meer kam in muslimische Hände. Weiter östlich bewirkte die nun großflächige einheitliche
Herrschaft, dass die Landwege Westasiens sicherer wurden, nachdem
sie jahrhundertelang immer wieder unter kriegerischen Auseinandersetzungen zwischen Sassaniden und Byzantinern gelitten hatten. Dank
der muslimischen Toleranz weiteten auch christliche und jüdische
Händler aus dem Mittelmeer- und dem persischen Raum ihre Beziehungen aus. Dass in chinesischen Quellen nun immer häufiger arabische und persische Händler auftauchen, mag ein Indiz dafür sein, dass
die Islamisierung des Westens der Integration des Handelsnetzes im
Ganzen eher förderlich gewesen ist. Da andererseits die Kontakte zu
Nordwesteuropa abrissen, wurden die Welten des Indischen Ozeans
für diejenigen, die später einmal Portugiesen, Spanier, Franzosen,
Deutsche oder Briten werden sollten, fremde Welten.

Die einheitliche Herrschaft über die entstehende muslimische Welt
war nicht von Dauer. Auch wenn der Kalif in Bagdad als oberste
Instanz nominell anerkannt blieb, handelten muslimische Herrschaften in Ägypten, Persien oder Spanien zunehmend eigenständig. 1258
wurde Bagdad von den Mongolen erobert; die Abbasidenherrschaft
endete auch formell. Die militärischen Auseinandersetzungen beschä-
digten den Handel im Persischen Golf dauerhaft. In den nächsten Jahrhunderten sollte das Rote Meer wieder an Bedeutung gewinnen und
die Handelsverbindungen zwischen Mittelmeer und Indischem Ozean
stärken. Zu den muslimischen Staatsgebilden, die nun unabhängig und
in Konkurrenz zueinander agierten, gehörte seit dem 13. Jahrhundert

auch das Sultanat von Delhi in Nordindien. Es war von Afghanistan aus gegründet worden und übte bald vom Golf von Bengalen bis zum Industal großen Einfluss aus. Mit den arabischen und persischen Händlern trug es dazu bei, dass sich der Islam entlang der Handelswege allmählich ausbreitete: nach Ostafrika einerseits, über Indien hinaus nach Südostasien andererseits. So begann die muslimische Geschichte des heute einwohnerstärksten muslimischen Staates der Welt: Indonesien.

Handelswege zwischen China und Indien

Die Geschichte des Indischen Ozeans verlief allerdings nicht nur von West nach Ost, war nicht nur geprägt von römischen, sassanidischen und muslimischen Wellen. Das stärkste Einflusszentrum war China. Wie am westlichen Ende der Handelskette veränderte sich die Art seines Einflusses ständig, bedingt durch Herrschafts- und Politikwechsel, aber auch durch stärkere und schwächere Herrschaftsphasen. Die Geschichte der «maritimen Seidenstraße» wurde daher auch bereits vom Osten her beschrieben. Möglicherweise schätzen wir den Einfluss der großen Reiche an den Enden der Handelskette aber auch deswegen so hoch ein, weil wir über sie durch Schriftquellen und gegenständliche Überlieferung am besten informiert sind. Doch es gab auch andere Kräfte, die beträchtlichen Einfluss auf das Netz ausübten und von ihm profitierten: nordindische Dynastien und Großreiche, aber auch der Süden Indiens mit seinen vielen rivalisierenden Herrschaften. Und zwischen Indien und China gewann die südostasiatische Region zunehmend an Bedeutung.

Auf der Malaiischen Halbinsel und in Sumatra waren mit der Verdichtung des Netzes im 5. und 6. Jahrhundert n. Chr. zahlreiche kleinere und größere Stadtstaaten entstanden, die hauptsächlich vom Handel lebten. Ende des 7. Jahrhunderts gerieten sie unter den Einfluss von

Srivijaya, einer Herrschaft mit Schwerpunkt im heutigen Palembang im Südosten Sumatras. Ihr gelang es, die Piraterie rund um die für den Handel zentrale Straße von Malakka zu unterbinden. Zwischenzeitlich war ein Teil der Waren über den Isthmus von Kra transportiert worden, die schmalste Stelle der Malaiischen Halbinsel, heute zu Thailand gehörend. Nun wurde der zwar weitere, aber weniger umständliche Seeweg wieder frei, und neben den Händlern und Seefahrern profitierte auch Srivijaya davon.

In Palembang war die ganze Warenwelt Südostasiens versammelt, an der sowohl China als auch Indien und der christliche beziehungsweise nun muslimische Westen ein Interesse hatten. Arabische, persische, aber auch chinesische Quellen messen diesem Ort daher große Bedeutung bei. Wie weit sein politischer oder gar militärischer Einfluss genau reichte, ist schwer zu bestimmen. Immerhin soll die ehrgeizige Chola-Dynastie, mehr als 3000 Kilometer entfernt an der Südostküste Indiens gelegen, im 11. Jahrhundert Kriege gegen Srivijaya geführt haben, wohl um dessen Einfluss zu begrenzen und selbst stärker vom Handel zu profitieren. Wie zerstörerisch diese Angriffe gewesen sind, ist umstritten. Einige Forscher bezweifeln, ob es sie überhaupt gegeben hat. Spätestens im 13. Jahrhundert begann der Niedergang Srivijayas, während gleichzeitig China erstarkte und der Handel im gesamten südostasiatischen Raum breiter und dichter wurde. Neben der wirtschaftlichen und der politischen hatte Srivijaya auch eine kulturelle Verbindung zu Indien. Hier zeigt sich eine der vielen religiösen Welten neben der christlichen und der muslimischen Welt. Srivijaya war von Indien her buddhistisch geprägt worden. Im Jahr 860 ließ der Herrscher von Srivijaya ein Kloster für die Mönche seines Landes in Nalanda einrichten, einem buddhistischen Lehr- und Weisheitszentrum nahe dem heutigen Patna in Nordostindien. Nalanda wurde Ende des 12. Jahrhunderts im Zuge der Durchsetzung des Islams zerstört und ist heute eine Ruinenstadt. Srivijaya selbst wurde erst sehr viel später islamisiert.

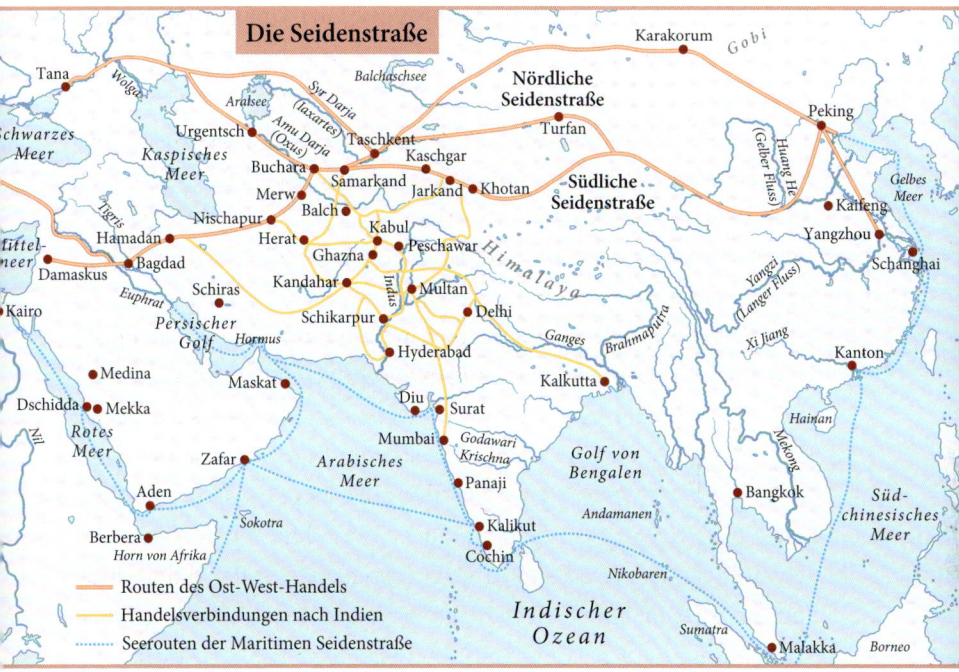

Karawanen auf der Seidenstraße

Der Handel zwischen Europa, Zentralasien, Indien und China lief nicht nur über das Meer. Handelskarawanen zogen auch über Land. Sie verbanden nicht nur Häfen, sondern auch Anbieter und Käufer im Binnenland. «Seidenstraße» ist der Sammelbegriff für zahlreiche Handelsrouten, die wir uns nicht als Autobahnen, sondern als mehr oder weniger gepflegte Wege mit Raststationen und Handelsplätzen vorstellen sollten. Der Handel über Land ist wahrscheinlich im 2. Jahrhundert n. Chr. intensiver geworden, weil chinesische Herrscher versuchten, verschiedene Nomadengruppen durch Gaben und Nachfrage nach Pferden gegeneinander auszuspielen. Wie auf dem Wasser gab es auch auf dem Land nicht den einen Handelsweg, sondern mehrere Ost-West-Verbindungen von China bis nach Byzanz, von denen Nord-Süd-

Wege nach Russland oder Indien abzweigten. Händler wählten ihre Routen sorgfältig und achteten dabei auf Sicherheit, unterwegs zu zahlende Abgaben und persönliche Netzwerke. Manche Herrscher versuchten, die Handelswege in ihrem Gebiet besonders sicher und attraktiv zu machen, um so Händler anzulocken und Steuern und Abgaben erheben zu können.

Auch der Landweg wurde von einem Händler nicht im Ganzen befahren, sondern bestand aus Teilstrecken zwischen Marktorten, in denen die Ware gehandelt oder umgeladen wurde. Nicht nur große Kamelkarawanen waren unterwegs, sondern auch kleinere Konvois mit Pferden, Maultieren oder Eseln. Gehandelt wurden neben Seide auch Pferde, Glaswaren, Jade, Lapislazuli und andere Edelsteine. Vom 4. bis zum 8. Jahrhundert spielten sogdische Kaufleute eine wichtige Rolle im Netz. Ihre Stadtstaaten blühten auf, Buchara und Samarkand wurden zentrale Orte. Die Religion des Zoroastrismus erlebte mit ihnen eine neue Blütezeit. Sogdische Händler waren in China bekannt. Als die chinesische Tang-Dynastie unterging, die wir im Kapitel «Chang'an» kennenlernen werden, nahm der transkontinentale Handel über die Seidenstraße deutlich ab. Die sogdische Kultur ging unter, auch weil der Islam den Zoroastrismus verdrängte. Wirtschaftlich wurden Nord-Süd-Verbindungen wichtiger. Vor allem Pelze, aber auch Holz, Wachs, Honig und Bernstein wurden aus Russland und Osteuropa Richtung Persien, Zentralasien und China transportiert. Richtung Norden gingen Metallgegenstände, Textilien und Waffen.

Während der Mongolenherrschaft in Zentralasien gewann der Ost-West-Handel erneut an Bedeutung, wie wir im Kapitel «Shidebaj» noch sehen werden. Die Handelswege wurden wieder sicherer. Der venezianische Händler Marco Polo und der flämische Franziskanermönch Wilhelm von Rubruk reisten bis nach Indien, in die Mongolei und nach China. Ihre Berichte fanden in Europa große Aufmerksamkeit. Nach dem Ende der mongolischen Herrschaft im 14. Jahrhundert beschränkte sich der Handel wieder auf den Austausch innerhalb der Regionen. China und Indien brauchten weiterhin Pferde aus Zentralasien,

Indien exportierte weiter Textilien, China neben Seide vor allem Tee. Die Zeit der Seidenstraße endete insofern, als der durchgehende Ost-West-Handel von China bis nach Byzanz immer unwichtiger wurde. Die Handelsverbindungen auf mittlerer Ebene konnten hingegen sogar intensiver werden, wenn – wie etwa im Indien der Mogulzeit – ein aufblühendes Reich Luxuswaren nachfragte.

5.
Ganges

Südlich von Hindukusch und Himalaya

Südasien und die ihm südöstlich vorgelagerte Insel Sri Lanka bilden einen riesengroßen Keil, der vom eurasischen Kontinent aus den nördlichen Indischen Ozean in das Arabische Meer und den Golf von Bengalen teilt. Das zeigt ein Blick auf die Landkarte. Geologen werden einwenden, dass es sich gerade umgekehrt verhält und der indische Subkontinent einmal eine Insel war, die mit der Geschwindigkeit von gut 20 Zentimetern pro Jahr in Eurasien hineingebrettert ist. Als Folge des Auffahrunfalls haben sich der Himalaya, der Karakorum und der Hindukusch aufgefaltet, allesamt riesige Gebirgsmassive. Durch den Unfall abgebremst, schiebt sich die indische Platte heute nur noch mit 5 Zentimetern pro Jahr unter die eurasische Platte und verursacht gelegentlich katastrophale Erdbeben. Keil und Auffahrunfall gemeinsam bilden Grundvoraussetzungen für die Geschichte des indischen Subkontinents.

An dem Auffahrunfall ist nicht wichtig, dass Barygaza heute 100 Meter weiter nördlich liegt als zu der Zeit, die der Autor des *Periplus Maris Erythraei* beschreibt. Wichtiger ist, dass zu Füßen der sich auffaltenden Gebirgsmassive Flusssysteme entstanden sind, die den Norden Südasiens bis heute prägen. Indus, Ganges und Brahmaputra grenzen an Himalaya, Karakorum und Hindukusch und beziehen aus ihnen ihr Wasser. Entlang der großen Flüsse ist der Boden sehr fruchtbar. Hier wurden zuerst Ackerbau und Viehzucht betrieben. Hier bildeten sich reiche und konkurrierende Städte. Sie wurden zum bevorzugten Ziel fremder Invasoren, die meist aus Zentralasien über die Pässe des Hindukusch kamen. Die drei Flüsse münden an den Ecken des indischen Keils ins Arabische Meer oder den Golf von Bengalen. Sie fließen nicht in das Innere der ehemaligen Insel hinein und erschließen damit den Süden Indiens nicht. In Südindien gibt es zwischen den flachen Küstengebieten des Westens und des Ostens mit ihren Städten und (im Osten) Flussdeltas zwei große Gebirgszüge: die höheren Westghats und die weniger hohen Ostghats. Dazwischen erstreckt sich das Dekkan-Hochland. Der Süden hat eigene Flusssysteme, die von West nach Ost verlaufen und in den Golf von Bengalen münden. Norden und Süden waren bis in die letzten Jahrhunderte hinein getrennt durch dichte Wälder sowie das Vindhya- und das Satpuragebirge.

Der Auffahrunfall hat also zu einer grundlegenden Teilung des Subkontinents geführt. Der Norden war von konkurrierenden Städten an großen Flüssen geprägt. Es gab einen regen Austausch vor allem über den Hindukusch mit Zentralasien sowie mit den angrenzenden Kulturräumen China, Persien und Mittelmeerraum. Hier im Norden lagen die frühen Hochkulturen. Bald wurde die Beherrschung größerer Regionen, ja des gesamten Subkontinents zum Ziel. Der Süden war kleinteiliger als der Norden. Weil der Seehandel auf dem Indischen Ozean um den Keil Südasien nicht herumkam, gab es die vielen Häfen mit ihrem Hinterland. Der Süden war geprägt von Seehandelskontakten zu vielen Kulturen: dem Mittelmeerraum, der Arabischen Halbinsel, Persien, Südostasien und China. Fremdes Militär kam nicht über den Ozean, und die Invasionen aus dem Hindukusch spielten hier keine Rolle. Zum Süden gehörten auch soziale Verbände in waldreichen Bergregionen, die ihr Überleben durch extensive Landbewirtschaftung oder durch Jagen und Sammeln sicherten. Sie waren für eine Staatsbildung schwer zu gewinnen. Selbst wenn sie Herrschaften einverleibt wurden, war nicht klar, was das faktisch bedeutete. Niemand ging von den Tälern und Küsten gern in die Wälder, schon wegen der Malariagefahr.

Ganz Indien ist geprägt vom Monsun. Mit großer Regelmäßigkeit weht von Juni bis September/Oktober ein regenreicher Südwestmonsun vom Indischen Ozean her Richtung Himalaya. Von Dezember bis März weht ein ziemlich trockener Nordostmonsun vom Himalaya her Richtung Indischer Ozean. Auch wenn die Auswirkungen des Monsuns in den verschiedenen Regionen unterschiedlich stark sind, muss doch die indische Landwirtschaft insgesamt mit zwar regelmäßigen, aber jahreszeitlich sehr unterschiedlichen Winden und Regenmengen rechnen. Agrarwirtschaft war immer mit Wasserspeicherung, mit Planung und Organisation verbunden. Die Menschen waren aufeinander angewiesen und konnten als Bauern nur miteinander oder in hierarchischen Verbänden überleben.

Südasien war und ist bevölkerungsreicher als Europa. Seine Vielfalt spiegelt sich in den dreißig Sprachen, die heute noch von jeweils mehr als einer Million Menschen gesprochen werden, und vielen kleineren Sprachen und Dialekten. Die meisten von ihnen, aber bei weitem nicht alle, gehören der indoarischen (meist im Norden) oder der drawidischen (eher im Süden) Sprachfamilie an. Trotz dieser Vielfalt hat es in

Südasien häufiger als in Europa Versuche gegeben, den Subkontinent unter eine einheitliche Herrschaft zu bringen. Nur wenige dieser Versuche waren für mehr als eine Generation erfolgreich, wohl auch deswegen, weil es Einheit nur bei Akzeptanz großer Unterschiede geben konnte und diese Unterschiede schnell wieder zum Auseinanderfallen von Reichen führten. Zwei nachhaltigere Reichsbildungen sollen uns in diesem Kapitel vor allem interessieren: das Maurya- und das Gupta-Reich. Beide Reiche hatten ihr Zentrum am Ganges, dem zweitlängsten Fluss Südasiens. Um ihre Geschichte zu verstehen, müssen wir aber chronologisch bis zur ersten «Hochkultur» des Subkontinents zurück. Sie lag am längsten Fluss Südasiens, dem Indus.

Die Induskultur um 2000 v. Chr.

Dass es im Industal schon zweitausend Jahre vor unserer Zeitrechnung große Städte mit Schriftkultur gab, haben Archäologen erst im frühen 20. Jahrhundert herausgefunden, und das war eine Sensation. Die Induskultur mit ihren Hauptorten Mohenjo Daro und Harappa im heutigen Pakistan war nämlich wie große Teile der älteren indischen Geschichte einfach vergessen worden. Spätere Herrscher hatten wenig Interesse, die Erinnerung an frühere, andersgläubige oder anders lebende Dynastien zu bewahren. Erst seit dem späten 18. Jahrhundert haben Generationen von Wissenschaftlern und Indien-Fans daran gearbeitet, das Wissen um die indische Geschichte wiederzugewinnen.

Archäologen vermuten, dass Mohenjo Daro am Unterlauf des Indus zu seiner Blütezeit die größte städtische Siedlung der damaligen Welt gewesen ist. Seine Bewohner werden das auch geglaubt haben, sie gingen aber naturgemäß von einer etwas kleineren Welt aus. Die Stadt war gezielt geplant, besaß eine klare Struktur von Stadtvierteln. Einheitliche Maße und Gewichte wahrscheinlich auf der Grundlage des Dezimalsystems lagen der Planung zugrunde. Be- und Entwässerungssysteme erleichterten das Leben der Bewohner. Die Reichweite der Induskultur war, gemessen an anderen Hochkulturen dieser Zeit, enorm. Von der heutigen persisch-afghanischen Grenze bis nach Delhi reichen die archäologischen Belege für verwandte Siedlungen, das sind um die 1000 Kilometer. Mit den sumerischen Stadtkulturen an Euphrat und Tigris gab es Handelskontakte, wie wir im Kapitel «Babylon» gesehen haben. Wir würden noch mehr über die Induskultur wissen, wenn es gelänge, ihre Schrift zu entziffern, die auf Stempelsiegeln gefunden wurde. Aber das hat noch niemand geschafft, auch deswegen, weil Schrift und Sprache mit dem Ende der Induskultur einfach verschwunden sind. Es hat danach in Indien mehr als tausend Jahre lang keine einheimische Schrift gegeben. Sprachgeschichtlich wie schriftgeschichtlich fehlen daher alle Verbindungslinien.

Warum die Induskultur untergegangen ist, wissen wir nicht, weil ohne Schrift die für Historiker wichtigsten Quellen fehlen. Wahrscheinlich ist eine Kombination von Umweltproblemen verantwortlich zu machen. Dürrekatastrophen gehören dazu. Der Indus hat seinen Lauf geändert, was zu Überschwemmungen und Zerstörungen der Bewässerungsanlagen geführt haben dürfte. Möglicherweise wurde auch die ländliche Umgebung von den Städtern so stark beansprucht und ausgelaugt, dass sie irgendwann die Nahrungsmittel nicht mehr liefern konnte, die die Städte benötigten. Am Ende müssen, so können die Archäologen zeigen, Plünderungen, innere Unruhen und Massaker hinzugekommen sein. Dann wanderten die Menschen, die noch übrig waren, in östlich gelegene Gebiete aus. Die letzten Jahre in Mohenjo Daro und Harappa müssen sehr unangenehm gewesen sein. Nur noch Steine und Skelette erzählen davon.

Vor den genaueren Untersuchungen der Archäologen haben Forscher eine Zeitlang aus sprachgeschichtlichen Befunden geschlossen, dass der Untergang der Induskultur mit einer «Invasion» arischer Stämme aus dem persischen Raum zu tun gehabt habe. Diese Theorie haben deutsche Nationalisten und Nationalsozialisten gern geglaubt, weil solche Siegeszüge früher Arier gut in ihre Ideenwelt passten. Auch

manche britische Kolonisatoren des 19. Jahrhunderts haben sie unterstützt, um sich als Erben einer ersten europäischen Zivilisierung zu
sehen. Hatten die Arier vor Tausenden von Jahren den Indern das Pferd,
den Streitwagen und eine europäische Sprache, das Sanskrit, gebracht,
so würden die Briten nun ihre Zivilisierungsmission verfolgen. An all-
dem ist so viel richtig, dass nordindische Sprachen zur indoeuropä-
ischen Sprachfamilie gehören und es somit mindestens intensive Kontakte über den Hindukusch hinweg gegeben haben wird. Doch müssen
Sprachwandel, Migration und Kulturwandel nicht direkt zusammenhängen. Die nachweisbare Übernahme einer Sprache muss nicht die
Folge einer Invasion gewesen sein, ein allmähliches Einsickern arischer Gruppen ist eher denkbar. Außerdem haben archäologische
Funde gezeigt, dass die beeindruckenden Städte am Indus bereits lange
vor der vermuteten Einwanderung der Arier in eine tiefe, eben ökologische Krise geraten waren. Am Ende verschwand zwar die Schrift am
Indus, nicht aber die komplette städtische Kultur. Sie lebte auf dem
Land in veränderten, vereinfachten Formen weiter. Dennoch bleibt
frappierend, wie total das Ende urbanen Lebens am Indus war. Fast ein
Jahrtausend sollte es dauern, bis viel weiter östlich am Ganges neue
städtische Siedlungen aufkamen.

Die Veden und der Hinduismus

Mit den neuen städtischen Siedlungen, einer neuen Schrift und neuen
Sprachen gibt es ab 500 v. Chr. aussagekräftige Quellen jenseits der
Archäologie. Am weitesten zurück kann man mit den Veden blicken,
den Sammlungen von Versen und Hymnen, die über Jahrhunderte
auswendig gelernt und weitergegeben worden waren, bevor sie schriftlich aufgezeichnet wurden und daher für uns in späteren Abschriften
erhalten sind. Vier Textgruppen gibt es: Mantras = heilige Worte, Brah-
manas = Opfertexte, Upanishaden = philosophische Texte und Sutras

= wissenschaftliche Lehrtexte. Auf dieser Grundlage entwickelten sich später die Glaubensvorstellungen, die wir unter «Hinduismus» zusammenfassen. Aber auch die anderen Religionen Indiens sind tief von ihnen geprägt.

Wissenschaftler haben die Veden bestimmten Entstehungszeiten zugeordnet, so dass beim vergleichenden Lesen eine Entwicklungsgeschichte entsteht. Vorstellungen davon, wie Menschen leben sollten und wie sie tatsächlich lebten, waren einem Wandel unterworfen. Wir können in den Texten den Übergang von dörflichen zu städtischen Kulturen beobachten. Wir sehen die Entwicklung des Kastenwesens. Es ordnete Menschen bestimmten Aufgaben zu (anfangs: Brahmanen = Priester, Kshatriyas = Krieger und Herrscher, Vaishyas = Händler, Shudras = Handwerker und Bauern), versah diese Aufgaben mit Ehren, Rechten, Pflichten und Lebensweisen und machte die Aufgaben erblich. Jeder Mensch wusste also, wo er hingehörte und was er zu tun hatte. Konnte man dieser Bestimmung entfliehen? Das System scheint in der Praxis elastischer gewesen zu sein, als es theoretisch klingt (der ziemlich statische Begriff «Kaste» stammt aus dem Portugiesischen, und ob er eine glückliche Übertragung dessen ist, was die südasiatischen Sprachen ausdrücken wollen, ist umstritten). Im wirklichen Leben geschahen Dinge, die die Lehre nicht vorsah. Menschen aus Priesterfamilien (Brahmanen) trieben Handel, Händler wurden Könige, Bauern waren Krieger. Wie spätere europäische Ständemodelle scheint das Kastenwesen eine ideale Gesellschaft verkündet zu haben, die der Lebenswelt Orientierung gab, sie aber nicht fesseln musste. Das Kastenwesen gehört bis heute zur indischen Geschichte. Weil die Gesellschaft sich wandelte, hat es sich selbst ebenfalls immer wieder verändert.

Die Veden zeigen auch, dass wir uns die indischen Religionen von Beginn an und vielleicht bis heute nicht als einheitliche Glaubenssysteme vorstellen sollten. Es geht nicht um starre Lehren, den rechten Glauben oder um eine kirchliche Hierarchie. Wer die Veden weitertrug und sie hörte, sollte eine bestimmte Haltung zum Leben haben, die

Indien und das Reich Alexanders des Großen bis zum 4. Jahrhundert v. Chr.

Rha

Kaukasus

ARMENIEN

Kaspisches Meer

CHORASMIEN

Aralsee

S k y t h e

Jaxartes (Syr-Darja)

Oxos (Amu-Darja)

Alexandreia-Escha (Chodschent)

Marakanda (Samarkand)

Kyropo

SOGDIAN

GURGAN

Alexandreia (Merw)

BAKTRIEN

Baktra-Zariaspa (Balch)

Gaugamela

Tigris

Arbela

MEDIEN

Zadrakarta

Meshed

Hekatompylos

Artakoana

Kabura
Gardez

MESOPO-
TAMIEN

Ekbatana (Hamadan)

PARTHIEN

Alexandreia (Herat)

Euphrat

KOSSAIER

Opis

Babylon

Susa

UXIER

BABYLONIEN

Pasargadai

Alexandreia

Persepolis

PERSIS

ARABIEN

Straße v.
Hormus

Persischer
Golf

Nördlicher Wendekreis

Alexandreia
Prophthasia (Farah)

DRANGIANE

Alexandr
(Kandahar)

ARACHOSIEN

KARMANIEN

GEDROSIEN

OREITANIE

Pura

MAKRAN

Mohenjo-Daro

Pat

Amri

Gwadur

Karachi

S.

Arabisches
Meer

Rotes
Meer

- ⟨⟶⟩ Zug Alexanders des Großen
- ☐ Ungefähre Ausdehnung des Maurya-Einflusses unter Ashoka (ca. 260 v. Chr.)
- ▨ Stammesgebiete und andere größtenteils unabhängige Territorien
- ▬▬ Ausbreitung der Induskultur
- ☐ Orte der Induskultur
- ▨ Kerngebiet des Buddhismus

Balchaschsee

Khotan

Hindukusch

AMBOJA

Taxila

Bukephala

Himalaya

TIBET

Harappa

Ropar

Lhasa

Multan

KURU

Rakhigarhi

kalibangan

PANCALA

nweriwala

Mitathal

KOSALA

iste Thar

SURASENA

MALLA

VRIJI

Mathura

KASHI

Brahmaputra

VATSA

Ganges

Patna

holavira

Bharhut

MAGADHA

Rajagriha

othal

AVANTI

Bodh Gaya

VANGA

ntasi

Ujjain

Narmada

Ajanta

KALINGA

Ellora

Godawari

DAKSHINA-

Amaravati

PATHA

Andhras

Golf von
Bengalen

Krischna

Ceras

Colas

Pandyas

Ceylon

Welt verstehen können und sein Handeln entsprechend ausrichten.
Dabei halfen die Vorstellung von der Wiedergeburt, die Ehrerbietung
gegenüber Brahmanen und die Achtung des Kastenwesens, die Teil-
nahme an ortsüblichen Ritualen und Wallfahrten, die Verehrung der
Familien- und Lokalgottheiten. Die unterschiedlichen Kulte und Religionen in Indien wurden im 19. Jahrhundert von der britischen Kolonialmacht einheitlich als «Hinduismus» bezeichnet. Europäische Be-
obachter haben diesen Hinduismus so beschrieben, als wäre er eine
einheitliche Religion oder gar eine Kirche. Indische Nationalisten versuchen bis heute, den Hinduismus als eine Nationalkultur zu etablieren, gegen den Islam, der in Indien ebenfalls bis heute stark vertreten
ist. Beide haben damit Eindeutigkeiten geschaffen, die der hinduistischen Tradition gerade nicht entsprechen. Deren Kennzeichen ist der
Wille, Verhalten zu steuern, inhaltlich aber offen zu sein.

Das Maurya-Reich und der Buddhismus
im 3. Jahrhundert v. Chr.

Für die politische Geschichte seit 500 v. Chr. sind Weihe-, Ehren- oder
Grabinschriften auf Stein wichtiger als die Veden, weil sie Daten und
Taten von Herrschern enthalten. Wie in anderen Erdteilen wurden
viele dieser Inschriften später vernichtet, als Baumaterial benutzt oder
anderweitig verwendet. Eine der wichtigsten Inschriftensäulen wurde
bei einem indischen Bauunternehmer entdeckt, der sie als Straßen-
walze benutzte! Das seit dem 19. Jahrhundert Gesammelte reicht aber
für Erkenntnisse zur Geschichte, die andere Quellen nicht erlauben.
Britischen Orientalisten gelang es Anfang des 19. Jahrhunderts, die in
Brahmi-Schrift verfassten Edikte des Ashoka zu entziffern. Daher
kennen wir nun nicht nur den im Jahr 232 verstorbenen wichtigsten
Herrscher der Maurya-Dynastie, sondern auch die Leistungen seiner
Herrscherfamilie. Obwohl sie seit dem späten 4. Jahrhundert v. Chr.

erstmals ein indisches Großreich zusammenbrachte, war sie ebenso vergessen worden wie die Induskultur. Ashoka erweiterte das von seinem Vater und Großvater bereits eroberte Territorium zu einer Herrschaft, die von Afghanistan bis nach Bengalen, vom Gangestal bis ins Dekkan-Hochland reichte.

Wir wissen, dass das Reich eine Verwaltung besaß, die sich auf Schrift und auf Regeln stützte, Landwirtschaft und Handel besteuerte und gewaltige Heere aufstellte. Der römische Autor Plinius der Ältere behauptet, Ashokas Großvater Chandragupta habe 9000 Elefanten, 30 000 Reiter und 600 000 Fußsoldaten aufgeboten. Das mag man bezweifeln, zu schematisch wirken die Zahlen. Außerdem: Wie hätte man 9000 an einem Ort versammelte Elefanten Tag für Tag satt bekommen sollen? Auch die Opferzahlen der Schlachten sind wahrscheinlich übertrieben. Doch nur mithilfe einer funktionierenden Verwaltung, mit militärischer Schlagkraft und der Inkaufnahme hoher Verluste konnten die drei großen Maurya-Herrscher ihre Siege erringen und stabilisieren. Wir sollten uns allerdings ihr Reich nicht als einen modernen Staat vorstellen. Kernländer wurden durch Straßen miteinander verbunden und verwaltet, Beamte bis ins letzte Dorf entsandt. Bewässerungssysteme wurden ausgebaut, Wälder gerodet. Doch zwischen diesen Zonen intensiver Herrschaft und um sie herum lebten Menschen, die zwar die Oberherrschaft der Maurya anerkannten, möglicherweise Tribute zahlten, aber ansonsten in Ruhe gelassen wurden.

Ashoka ist der erste südasiatische Herrscher, von dem wir über seine Edikte so etwas wie einen persönlichen Eindruck gewinnen können. Er muss nach frühen militärischen Erfolgen die vielen Opfer seiner Schlachten bedauert und den Buddhismus schätzen gelernt haben. Durch Fels- und Säuleninschriften überall im Reich, die von Lokalbeamten immer wieder verlesen werden sollten, machte er seine Abkehr von Krieg und Gewalt und seine buddhistischen Ideen beim Volk bekannt. Drei oder zwei Jahrhunderte waren seit dem Tode Buddhas vergangen – die Lebensdaten von Siddartha Gautama, der später Buddha, «der Erleuchtete», genannt wurde, sind umstritten. Seine «Religion ohne Gott» und ohne Priester stellte menschliches Handeln und menschliche Vorbilder in den Mittelpunkt, um die Begierden steuern und den ewigen Zyklus der Wiedergeburt beeinflussen zu können. Armut, Keuschheit, Buße und Friedfertigkeit waren zentrale Werte, die auch im Vegetarismus ausgedrückt wurden. Wohl, weil die Handlungsmacht des Einzelnen im Zentrum stand und Hierarchien keine Rolle spielen sollten, wurde der Buddhismus bald zur Religion der Städte, der Händler und der Wissensdurstigen. Kaufleute und Händler waren es, die den Buddhismus nach China brachten. Dass er dort bald erfolgreicher war als im Mutterland selbst, werden wir im folgenden Kapitel «Chang'an» feststellen.

Die uns heute so vertrauten Abbildungen und Statuen gab es erst lange nach dem Tod Buddhas, als die vom Religionsstifter selbst abgelehnte Vergöttlichung begann. Seine sterblichen Überreste wurden zu Objekten der Verehrung. Heilige Orte entstanden an seinen Lebensstationen und denen herausgehobener Anhänger. Verschiedene Schulen entwickelten sich. Manche näherten sich dem Hinduismus an. In manchen hinduistischen Götterpanoramen hat Buddha einen prominenten Platz. Ashoka nahm buddhistische Strömungen auf und prägte sie. Sogar ein buddhistisches Konzil berief er ein, um Streitigkeiten klären zu lassen. Mit seinen Inschriften und seiner alltäglichen Politik trug Ashoka dazu bei, den Buddhismus zur Weltreligion zu machen. Dabei mussten Förderung der Religion und ehrgeizige Außenpolitik kein Gegensatz sein. Der Erfolg des Buddhismus auf Sri Lanka beispielsweise ist eine Folge der Zusammenarbeit Ashokas mit Devanampia Tissa, dem Herrscher der Insel, die später von den Europäern Ceylon genannt werden sollte. Der Maurya-Herrscher konnte zeigen, wie weit sein Einfluss reichte. Ashoka schickte Botschaften zur Verbreitung des Buddhismus nicht nur nach Sri Lanka oder nach Nepal und Burma, sondern auch an die griechischen Herrscher des Mittelmeerraums und Westasiens.

Die Botschaft an die Griechen war eine der vielen Spätfolgen des

kometenhaften Aufstiegs Alexanders des Großen viele Jahrzehnte zuvor. Der jugendliche König der Makedonier (seit 336 v. Chr.) ist eine
der Personen, deren Fäden weit in das Flechtwerk der Geschichte aus-
strahlen, bis nach Rom, Ägypten, Mesopotamien und eben Indien.
Alexander war 334 v. Chr. von Griechenland aus über Ägypten, Mesopotamien, den Südrand des Kaspischen Meeres, das heutige Afghanistan und Pakistan bis ins Gangestal vorgerückt. Er verband damit für
kurze Zeit und in geradezu märchenhaft erfolgreicher Weise die politisch meist getrennten Welten des Mittelmeeres, Westasiens und Indiens. Doch am Ganges verweigerten ihm seine Soldaten die Gefolg-
schaft. Sie wollten in ihre griechische Welt zurück. Nach seinem Rückzug über das Industal und die gedrosische Wüste Belutschistans blieben
Kontakte zwischen indischer und griechischer Welt erhalten. Zuerst
waren sie gewaltsam. Alexanders Reich war nach dessen Tod 323 in
Babylon ebenso schnell zerfallen, wie es erobert worden war. Von den
Nachfolgern oder Diadochen in den verschiedenen nun selbständigen
Reichsteilen hatte Seleukos Nikator die asiatischen Teile des Alexan-
derreiches erhalten.

Als er sich nach Indien ausbreiten wollte, trat Ashokas Großvater
Chandragupta ihm entgegen. Der Aufbau des Maurya-Reichs begann
also mit der erfolgreichen militärischen Verteidigung seiner Besitzungen gegen einen Griechen. Seleukos Nikator musste den Rückzug über
den Hindukusch antreten und alle Träume auf eine Ausweitung Richtung Indien aufgeben. In Zukunft würde er auf friedliche Kontakte
setzen. Immerhin siedelten seit Alexander dem Großen in Baktrien,
dem heutigen Nordafghanistan, sowie im Süden des heutigen Turkmenistan und Usbekistan Griechen, über die sich Verbindungen herstellen ließen. Es lag auch an ihnen, dass Ashoka, vom Ganges aus Richtung Nordwesten schauend, Griechen als Gesprächspartner begreifen
konnte.

Nach Ashokas Tod zerfiel das Maurya-Reich schnell. Vielleicht hat
nur der Zufall, dass drei besonders fähige Herrscher aufeinanderfolgten, es möglich gemacht, während des 3. Jahrhunderts v. Chr. die Flieh-

kräfte des Subkontinents eine Zeitlang zu bändigen. Der letzte Maurya-Herrscher wurde um 185 v. Chr. ermordet. Er hat wohl nur noch ein kleines Gebiet regiert. In der Zeit zwischen 200 vor und 300 nach Christus gab es zahlreiche regionale Herrscher. Der Nordwesten litt unter Invasionen, die erneut über den Hindukusch kamen. In der asiatischen Steppe hatten sich große Reiterverbände gebildet, die uns im Kapitel «Shidebaj» beschäftigen werden. Zunächst flüchteten die Baktriergriechen, die wir gerade im Zusammenhang mit Alexander dem Großen kennengelernt haben, vor ihnen Richtung Indien, dann die Parther, die Shakas und die Kushanas. Letzteren gelang Anfang des 2. Jahrhunderts n. Chr. unter Kanishka die Bildung eines Reiches, das Nordindien mit Zentralasien bis fast zum Kaspischen Meer verband.

Der mittlerweile seit Jahrhunderten von Kriegen geplagte Nordwesten Südasiens genoss eine Zeit des Friedens, des Handels und der kulturellen Erholung, die vor allem dem Buddhismus zugutekam. Wie die Kushanas sich selbst gesehen haben, zeigt die Benennung ihrer Herrscher: Sie nannten sich seit Anfang des 2. Jahrhunderts Maharaja (indischer Königstitel), Rajatiraja (analog zum iranischen Königstitel), Devaputra (Sohn Gottes, dem chinesischen Kaisertitel nachgebildet) und Kaisara (nach dem römischen Caesar). Das war nicht Größenwahn, sondern das Wissen darum, im Einflussfeld mehrerer großer Kulturen zu stehen.

Der Süden Indiens war von der Reichsbildung der Maurya eher am Rande erreicht worden. Innerasiatische Bedrohungen spielten keine Rolle, wichtiger waren die Außenkontakte über den Ozean. Herrschaft blieb nach dem Ende Ashokas kleinräumig. Kulturell wurde der Einfluss Nordindiens aber spürbarer. Buddhistische Mönche gründeten Klöster. Später wurden hinduistische Brahmanen wieder wichtiger, die an vielen Fürstenhöfen als Hofpriester oder Berater tätig waren.

Das hinduistische Gupta-Reich

Die Gupta führten im vierten und fünften nachchristlichen Jahrhundert die vielen kleinen regionalen Gebilde Indiens erneut zusammen. Ihr Reich stand zeitweise in seiner Größe dem der Maurya unter Ashoka nicht nach, war aber doch ganz anders. Einen ersten Hinweis auf die Andersartigkeit gibt eine Goldmünze, die der zweite der großen Gupta-Herrscher, Samudragupta, prägen ließ. «Der Oberkönig der Könige, nachdem er die Erde erobert hatte, erobert er mit unwiderstehlicher Heldenkraft den Himmel», konnte man dort lesen. Auf der einen Seite der Münze ist ein Pferd vor einem Opferpfahl zu sehen, auf der anderen die Hauptgattin des Königs.

Nicht nur in Indien waren Münzen Zahlungsmittel und Propagandainstrumente zugleich. Wer Münzen prägte, musste zumindest behaupten, den Wert der Münze garantieren zu können. Nur wenn diese Behauptung Glauben fand, entschlossen sich Menschen, Ware nicht gegen Ware, sondern gegen ein Stück geprägten Edelmetalls einzutauschen, im Vertrauen darauf, dass jemand anders ebendieses Metallstück wiederum als Gegenwert für Ware akzeptieren würde. Wer funktionierende Münzen prägte, musste Macht haben. Und weil Münzen immer wieder den Eigentümer wechselten, prägten Machthaber ihnen nicht einfach nur Wertangaben oder Verzierungen auf, sondern Botschaften. Wer an den Wert des Geldes glaubte, würde auch diese Botschaften beherzigen.

In Indien spielten Münzen als Zahlungsmittel seit der Kushana-Zeit eine immer wichtigere Rolle. Weil dieses Reich über den Hindukusch hinausging, brachte es den indischen Subkontinent auf dem Landweg in immer engere Geschäftskontakte mit West- und Ostasien. Viele regionale Herrscher prägten Münzen, viele Münzen waren gleichzeitig in Umlauf. Auch römische Währung wurde im Fernhandel akzeptiert. Die Gupta scheinen die ersten indischen Herrscher gewesen zu sein, die einen ganz eigenen Münzstil prägten und sich von außerindischen

Vorbildern bewusst absetzten. Wie in der Kunst wird im Münzwesen von einem «klassischen» Gupta-Stil gesprochen.

Unsere Münze enthielt mit dem Pferd vor dem Opferpfahl eine für die Zeitgenossen Samudraguptas klare Botschaft. Pferde hatte es in den Bildprogrammen der Induskultur nicht gegeben. Sie kamen aber prominent in den vedischen Versen und Hymnen vor, die die Grundlage der hinduistischen Tradition bilden. Es ist daher sehr wahrscheinlich, dass Pferde erst im Zusammenhang mit den arischen Kulturkontakten und/oder Einwanderungen über den Hindukusch nach Südasien gekommen sind. Das Pferd war mit der hinduistischen Tradition von Anfang an verbunden. Pferdeopfer gehörten zu den wichtigen Herrschaftsriten hinduistischer Könige. Für Buddhisten hingegen machte es keinen Sinn, Pferde umzubringen, um einen Gott günstig zu stimmen. In den Reichen Ashokas oder Kanishkas hatte das Pferdeopfer daher keine Rolle gespielt. Samudragupta führte es wieder ein, teilte das über seine Münzen öffentlich mit und stellte sich damit ganz bewusst in die hinduistische Tradition.

Was sich in den regionalen Königreichen des Südens und später auch des Nordens abgezeichnet hatte, machten die Gupta deutlich: Die hinduistische Tradition unterlag dem Buddhismus nicht, wurde auch nicht von ihm aufgesogen. Sie erneuerte sich, und die Gupta gaben ihr den Raum und die Zeit dafür. Mit dieser Tradition erneuerte sich auch das Sanskrit der Brahmanen. Am Gupta-Hof sollen in der ersten Hälfte des 5. Jahrhunderts die wichtigsten Sanskrit-Dichter versammelt gewesen sein. Kunst und Architektur entwickelten sich weiter und wirkten vorbildhaft. Der klassische Gupta-Stil findet sich auch jenseits des Kernlandes der Dynastie, und zwar sowohl im hinduistischen als auch im buddhistischen Bereich. Die Förderung der hinduistischen Traditionen durch die Gupta grenzte andere Lebens- und Glaubensvorstellungen nicht aus.

Die Münze enthält neben dem Bildprogramm auch eine Beschriftung, die Samudragupta als Weltherrscher preist, der nun den Himmel erobert. Gleichzeitig entstandene Inschriften nennen ihn den «Eroberer der vier Enden der Erde» und einen «auf Erden wohnenden Gott». Darin spiegelt sich die dem Hinduismus geläufige Vorstellung der Vergöttlichung des erfolgreichen Herrschers. Und es wird zum Ausdruck gebracht, dass Samudragupta militärisch in der Tat in besonderer Weise aktiv und auch erfolgreich war.

Zwei Generationen zuvor müssen die Gupta noch eine von vielen Familien gewesen sein, die am Ganges um Macht und Einfluss gerungen haben. Samudraguptas Vater Chandragupta scheint dabei erfolgreich gewesen zu sein. Jedenfalls legte er sich den Titel «Maharajahiraja» (Herr der Großkönige) zu und begründete eine neue Zeitrechnung, die praktischerweise mit seiner Königsweihe 320 n. Chr. begann. Außerdem heiratete er geschickt: Seine Frau gehörte zur Licchavi-Familie, die weiter unten am Ganges wichtig war, wahrscheinlich wesentlich wichtiger als die Gupta in ihrer Herkunftsregion rund um Prayaga, das heutige Allahabad. Samudragupta baute den Gewinn seines Vaters in vielen Kriegszügen entschlossen aus. Die in zahlreichen Inschriften verzeichneten Listen seiner Erfolge machen allerdings zwischen den Zeilen auch deutlich, dass es ihm wohl nur im Kerngebiet seiner Herrschaft, dem mittleren Gangestal, gelungen war, vorherige Herrscher zu beseitigen und dann das Land von eigenen Beamten verwalten und die Einkünfte in seine Kassen fließen zu lassen. In Zentralindien und im Süden regierten die Könige und Fürsten auch nach der Konfrontation mit der Heeresmacht Samudraguptas weiter. Wahrscheinlich erkannten sie seine Oberhoheit an und zahlten Tribute. Hätten die Könige nicht überlebt, so der britische Journalist und Autor John Keay leicht ironisch, wäre der Titel «Maharajahiraja» ja auch sinnlos gewesen. Allerdings ist auch eine andere Deutung möglich: In der hinduistischen Tradition musste Herrschaft nicht als eine Art Absolutismus verstanden werden, sondern konnte auch Anerkennung der Oberhoheit unter Gleichen sein. Jedenfalls müssen wir uns das Gupta-Reich dezentraler vorstellen als Ashokas Reich fünfhundert Jahre zuvor. Von einem «Verbund verschiedener politischer Systeme» ist in der Forschung die Rede.

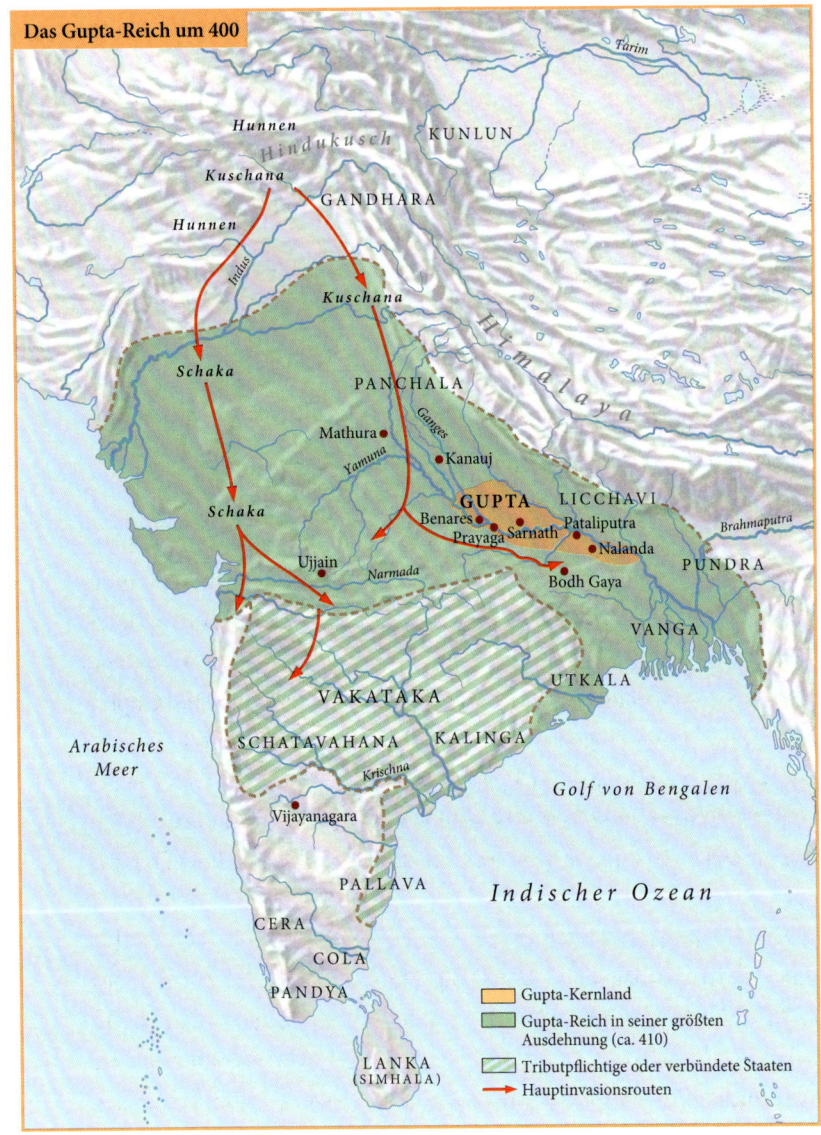

Das Gupta-Reich um 400

Hunnen
Hindukusch   KUNLUN
Kuschana   Tarim
GANDHARA
Hunnen
Indus
Kuschana
Himalaya
Schaka
PANCHALA
Mathura   Ganges
Kanauj
GUPTA   LICCHAVI
Schaka   Benares   Pataliputra   Brahmaputra
Prayaga   Sarnath   Nalanda
Yamuna   Ujjain   Narmada   Bodh Gaya   PUNDRA
VANGA
VAKATAKA   UTKALA
Arabisches
Meer   SCHATAVAHANA   KALINGA
Krischna
Golf von Bengalen
Vijayanagara
PALLAVA   Indischer Ozean
CERA
COLA
PANDYA
Gupta-Kernland
Gupta-Reich in seiner größten
Ausdehnung (ca. 410)
LANKA
(SIMHALA)   Tributpflichtige oder verbündete Staaten
Hauptinvasionsrouten

Auf Samudragupta folgte Chandragupta II., der das Reich weiter
nach Westen ausdehnte. Über Heiratsbündnisse festigte er seine Stellung in Zentralindien. Unter Kumaragupta (um 415–455) war die kulturelle Strahlkraft des Reiches besonders ausgeprägt. Die Abbildungen
auf Münzen deuten darauf hin, dass Kumaragupta ein großer Reiter
(Pferde und Elefanten) war und die Jagd liebte. Aus seiner Zeit sind
besonders viele Münzen bekannt. Daraus schließen Münzkundler,
dass das Reich nun vergleichsweise wohlhabend gewesen sein muss.
Ausgrabungen in nordindischen Städten zeigen aber auch, dass Siedlungen kleiner wurden und Stadtplanung eine geringere Rolle spielte.
Der überregionale Handel ging zurück. Möglicherweise hatte die goldene Gupta-Zeit eine immer grauer werdende Rückseite?

Nach Kumaraguptas Tod kam es zu Kämpfen um die Nachfolge.
Stärker als diese Auseinandersetzungen gefährdeten das Reich allerdings die Reiterallianzen der Hunnen, die nun über den Hindukusch
eindrangen. Die schwächer werdenden Gupta-Herrscher hatten immer
größere Schwierigkeiten, sich zu behaupten. Für kurze Zeit errichteten
die Hunnen ein eigenes Reich im Nordwesten Indiens. Das Gupta-
Reich zerfiel. Die Folgen werden regional sehr unterschiedlich gewesen sein. Im Süden und im Zentrum, wo einzelne Könige dem Reich
über die Zahlung von Tributen angeschlossen waren, musste sich zunächst nicht viel ändern. Andere Gebiete, die nicht vom Reich befriedet wurden, dürften stärker gelitten haben.

Nach dem Ende des Gupta-Reiches wurde der indische Norden
noch einmal durch den Großkönig Harsha (606–647) zusammen-
geführt. Im Innern seines Reiches entfalteten sich erneut die Religionen friedlich nebeneinander, und die Kultur erlebte eine Blütezeit. Der
außerordentlich ehrgeizige und begabte Großkönig konnte aber den
Süden nicht einmal mehr nominell beherrschen. Und auch im Norden
erlitt er militärische Niederlagen. Sein Erfolg hatte also Grenzen, die
auf die Entwicklung der nächsten Jahrhunderte hinwiesen: Die Regionen würden stärker werden, eine eigene Identität gewinnen. Und die
Regionalreiche des Südens würden sich nicht mehr einfach nur des-

wegen behaupten, weil sie weit entfernt vom Norden waren, sondern weil sie eigenständig handeln konnten. Nach dem Gupta-Reich entstand ein Gleichgewicht der Regionen: neben dem Norden und dem Süden nun auch das Zentrum und Bengalen im Osten. Die Landwirtschaft gewann gegenüber dem städtischen Handel und Handwerk wieder an Gewicht, und innerhalb des Agrarsektors wurden die Unterschiede zwischen den Herren des Landes und den Bearbeitern des Bodens deutlicher. Das Kastenwesen wurde starrer. Indien blieb vielfältig, aber die Regeln der Vielfalt veränderten sich. Der Glanz der buddhistischen Maurya und auch der hinduistischen Gupta war vorüber.

6.
Chang'an

Chang'an war im 7. und 8. Jahrhundert n. Chr. die größte Stadt der Welt. Die Stadt lag im Tal des Flusses Wei, nahe der Einmündung des Feng-Flusses. Der Wei wiederum mündet weitere 150 Kilometer westlich in den Gelben Fluss, und zwar genau dort, wo dieser markant und endgültig nicht mehr nach Süden, sondern nach Osten fließt und sich so auf das Gelbe Meer ausrichtet. Heute befindet sich wenige Kilometer nördlich des alten Zentrums von Chang'an die Hauptstadt der chinesischen Provinz Shaanxi. Sie heißt Xi'an und ist eine von vielen chinesischen Millionenstädten. Ihre Vorgängerin Chang'an war zu ihrer

Zeit die einzige Millionenstadt, und zwar weltweit. Die chinesische
Metropole war um 600 bereits alt und ehrwürdig und doch auch ganz
neu. Sie hatte eine mehr als tausendjährige Geschichte hinter sich und
war Hauptstadt für mehrere chinesische Dynastien gewesen. Doch die
Kaiser der Sui- und dann der Tang-Dynastie machten seit Ende des
6. Jahrhunderts aus ihr etwas, das es weltweit noch nie gegeben hatte,
dann aber beispielgebend etwa für koreanische oder japanische Haupt-
stadtplanungen wurde. Die Stadtmauer umschloss 84 Quadratkilometer, eine Fläche knapp siebenmal so groß wie der heutige Londoner
Flughafen Heathrow. Eine Million Einwohner sollen in der Stadt gewohnt haben, manche Zeitgenossen und spätere Wissenschaftler behaupteten, es seien zwei Millionen gewesen. Zum Vergleich: Rom hatte
zu dieser Zeit wahrscheinlich 20 000 Einwohner. Byzanz, die weitaus
größte europäische Stadt des Mittelalters, erreichte um 1200 ihre maximale Bevölkerungsanzahl: eine halbe Million Menschen.

Leben in einer Millionenstadt im 7. Jahrhundert n. Chr.

Als «Radnabe des kaiserlichen Wagens», als «Wurzel des Reiches»
oder als «Herz und Bauch» ist Chang'an beschrieben worden. Hier
wohnte der Kaiser mit seiner Familie und den Hofbediensteten. Wenn
wir bedenken, dass der Tang-Dynastiegründer Gaozu zweiundzwanzig
Söhne und neunzehn Töchter hatte, gewinnen wir eine Vorstellung
von der Größe, die Hof und Hofstaat annehmen konnten. Daneben
wohnten in Chang'an die hohen Beamten mit ihren Familien und Bediensteten, und sie wohnten gern hier. Bis in das letzte Drittel der
Tang-Zeit galt ein Posten in der Hauptstadt als die Krönung einer Karriere. Kein noch so einträgliches oder verantwortungsvolles Amt in der
Provinz konnte da mithalten. Eine dritte Einwohnergruppe bildeten
die Militärs aller Ränge, ebenfalls mit Familien und Bediensteten. Eine
vierte Gruppe waren die vielen Menschen, die im Zentrum des Reiches

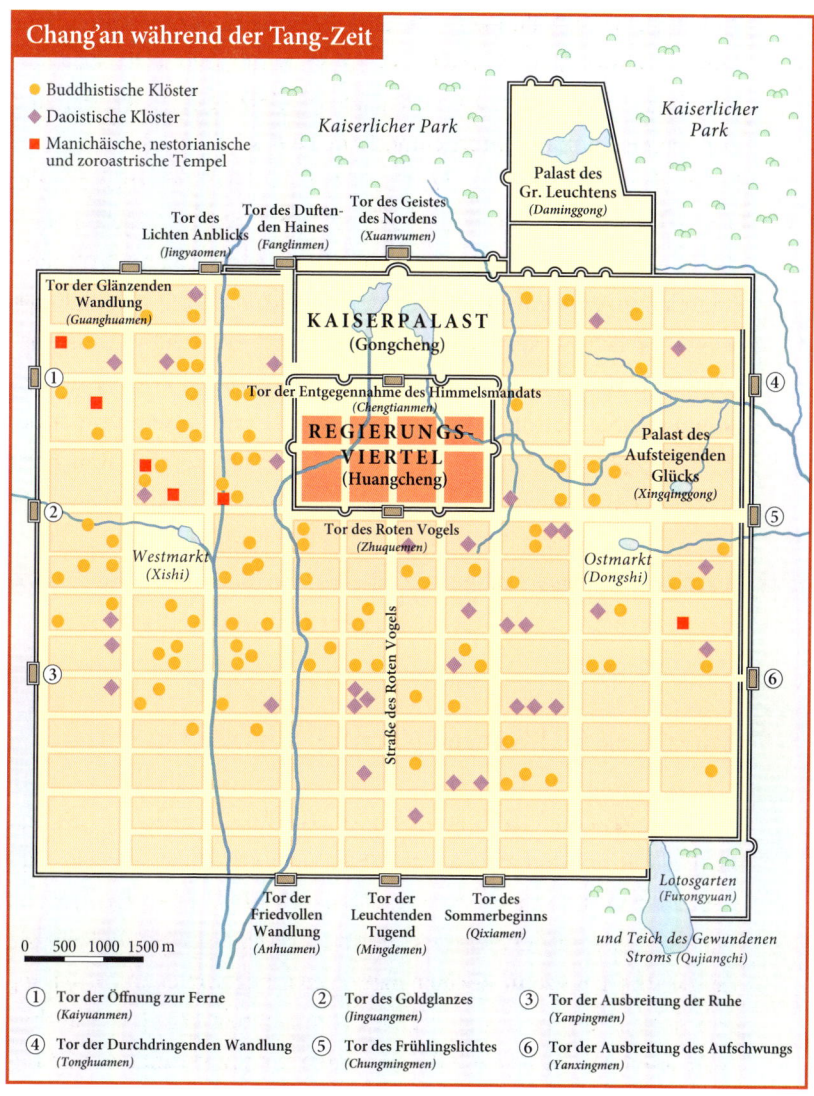

Chang'an während der Tang-Zeit

● Buddhistische Klöster
◆ Daoistische Klöster
■ Manichäische, nestorianische und zoroastrische Tempel

Kaiserlicher Park

Kaiserlicher Park

Palast des Gr. Leuchtens
(Daminggong)

Tor des Lichten Anblicks
(Jingyaomen)

Tor des Duftenden Haines
(Fanglinmen)

Tor des Geistes des Nordens
(Xuanwumen)

Tor der Glänzenden Wandlung
(Guanghuamen)

KAISERPALAST
(Gongcheng)

Tor der Entgegennahme des Himmelsmandats
(Chengtianmen)

REGIERUNGS-VIERTEL
(Huangcheng)

Palast des Aufsteigenden Glücks
(Xingqinggong)

Tor des Roten Vogels
(Zhuquemen)

Westmarkt
(Xishi)

Ostmarkt
(Dongshi)

Straße des Roten Vogels

Lotosgarten
(Furongyuan)

Tor der Friedvollen Wandlung
(Anhuamen)

Tor der Leuchtenden Tugend
(Mingdemen)

Tor des Sommerbeginns
(Qixiamen)

und Teich des Gewundenen Stroms (Qujiangchi)

0   500   1000 1500 m

① Tor der Öffnung zur Ferne
(Kaiyuanmen)

② Tor des Goldglanzes
(Jinguangmen)

③ Tor der Ausbreitung der Ruhe
(Yanpingmen)

④ Tor der Durchdringenden Wandlung
(Tonghuamen)

⑤ Tor des Frühlingslichtes
(Chungmingmen)

⑥ Tor der Ausbreitung des Aufschwungs
(Yanxingmen)

Geschäfte zu erledigen hatten: Gesandte anderer Staaten, Beamte aus den Regionen, die Prüfungen absolvierten, Karriereschritte planten, Angelegenheiten für ihre Regionen regelten oder alle drei Dinge zugleich taten. Hinzu kamen die jungen Kandidaten, chinesische und ausländische, die sich auf staatliche Prüfungen vorbereiteten. Eine fünfte Gruppe waren diejenigen, die dafür sorgten, dass die Stadt tagtäglich lebte und mit allem versorgt wurde: Händler, Kaufleute, Handwerker, Prostituierte. Und dann gab es die vielen, die in den Quellen nur dann auftauchen, wenn es Ärger gibt: Bettler, Gauner, Tagelöhner und Tagediebe, Menschen also, die von der Hand in den Mund leben und schauen müssen, wie sie sich durchschlagen.

Chang'an war eine Planstadt. Alle wirklich großen chinesischen Städte vor dem 19. Jahrhundert waren Herrschafts- und Verwaltungszentren. Im Mittelpunkt stand kein Forum und keine Kirche, sondern ein Palast. Ein Reisender, der nach Chang'an kam, betrat die Stadt in der Regel durch einen der fünf knapp 20 Meter langen Durchgänge des Haupttors, fast 60 Meter breit und «Tor der Leuchtenden Tugend» genannt. Dann stand er auf der Straße des Roten Vogels oder auch Himmelsstraße, die mit 150 Meter Breite – eineinhalb Fußballfelder! – die Hauptstraße der Stadt war. Im Schatten von Bäumen und entlang der Gräben konnte der Besucher zum Verwaltungszentrum und dann zur Kaiserlichen Stadt im Norden gelangen – wenn er dort Eintritt erhielt, was höchst unwahrscheinlich war. Die Straße des Roten Vogels war eine von elf Straßen, die in Nord-Süd-Richtung die Stadt durchzogen und von vierzehn Straßen in West-Ost-Richtung gekreuzt wurden. Die übrigen Straßen waren zwar schmaler als die Hauptstraße, doch selbst die kleinsten Nebenstraßen im Schatten der 5 Meter hohen Stadtmauer hatten noch eine Breite von 25 Metern. Das exakt rechteckige Straßennetz teilte die Stadt in 108 Quartiere, die so angenehme Namen trugen wie «Beständige Harmonie», «Pflege der Glückverheißung» oder «Ausbreitung des Wohlbefindens». Jedes Quartier wurde durch eine West-Ost- und eine Nord-Süd-Straße in Viertel geteilt, die ihrerseits durch Gassen erschlossen wurden. Bei den Gassen fand die staatliche Planung ihr Ende. Weil Häuser und Grundstücke die Besitzer wechselten und Menschen sich einrichteten, gab es bald krumme und kurze Gassen, die der rechteckigen Schematisierung zuwiderliefen. Und auch andere Planungen scheiterten an der Realität. Im Süden der sehr großzügig angelegten Stadt wurden Quartiere erst spät oder gar nicht bebaut. Dort wurden noch lange Ackerbau und Viehzucht betrieben. Andererseits suchten mächtige Beamte und Militärs vor allem im 9. Jahrhundert Raum für neue Repräsentationsbauwerke und fanden ihn, indem sie die Prachtstraßen selbst bebauten.

Die Hauptstadt unterschied sich vom Land nicht durch ein höheres Maß an Freiheit, sondern durch ein höheres Maß an Sicherheit, Ordnung und Kontrolle. Stadtbewohner waren keine Bürger, die sich selbst verwalteten, sondern Untertanen, die in Schach gehalten wurden. Jedes städtische Quartier war eigenständig ummauert und mit vier Toren versehen, an denen die beiden quartiererschließenden Straßen endeten. Jeden Abend kündigte ein Trommelwirbel die baldige Schließung der Tore an, jeden Morgen gab ein Trommelwirbel das Signal für die Öffnung. Als Strafe für das Überklettern der 3 Meter hohen Mauern waren neunzig Schläge mit einer dicken Rute vorgesehen. Wer sich nach der Ausgangssperre auf einer der großen Straßen erwischen ließ, musste mit zwanzig Stockhieben rechnen. Wie so oft wissen wir auch hier nicht, wie häufig diese Strafen angeordnet und wie häufig sie tatsächlich vollstreckt wurden. Doch wahrscheinlich waren die Hauptstraßen im ersten Jahrhundert von Chang'an tatsächlich nachts menschenleer. Anfang des 9. Jahrhunderts klagte hingegen die Polizei, niemand halte sich mehr an die Ausgangssperre. Trotz aller Überwachung fand in den Quartieren und über sie hinaus wohl doch ein Leben statt. Menschen ähnlicher Herkunft oder Finanzkraft fanden sich zusammen. Es gab die Gegenden der Reichen und Wichtigen, vor allem im Nordosten nahe der Kaiserstadt, es gab die Viertel der kleinen Leute im Westen und Süden, es gab Elendsviertel und Rotlichtviertel.

Fast in allen Quartieren der Stadt befanden sich religiöse Gebäude. Die allermeisten waren buddhistische Tempel und standen damit für eine eigentlich indische Religion, die in den gewaltsamen und wirtschaftlich schwierigen Jahrhunderten vor dem Wiederaufstieg von Chang'an viele Anhänger gewonnen hatte. Kaufleute, die nach Indien reisten, hatten buddhistische Lehren mitgebracht. Ideen wie das Mönch-

tum oder die Verbrennung der Toten liefen chinesischen Grundüber-
zeugungen eigentlich zuwider. Doch erstens konnte sich die ja nicht
kirchlich organisierte buddhistische Glaubens- und Götterwelt der
chinesischen Kultur anpassen, und zweitens waren viele Chinesen angesichts politischer Wirren und alltäglicher Gewalterfahrung bereit, neue
Wege zur Bewältigung des Alltags und Sicherung der Seele zu suchen. In
der Tang-Zeit war der Buddhismus ebenso mächtig wie volkstümlich
und vielfältig. Gelegentliche, auch rabiat durchgesetzte Verbote inklusive Klosterauflösungen konnten ihn kaum zurückdrängen.

Neben den buddhistischen gab es viele Tempel des Daoismus, der
sich aus einer chinesischen Weisheitslehre unter Aufnahme volksreli-
giöser Elemente und magischer Praktiken zur Religion entwickelt hatte.
Es ist nicht immer leicht, seine vielen Ausformungen von Spielarten
des Buddhismus zu unterscheiden. Möglicherweise war das auch nicht
besonders wichtig. Den eigentlichen konfuzianischen und Staatskult
konnte jeder chinesische Hausvater an seinem Hausaltar durch rituel-
len Bezug auf die Ahnen vollziehen. Eine Priesterschaft gab es nicht.
Der Kaiser selbst und in seiner Vertretung ausgewählte Staatsbeamte
stellten durch Ritual und Opfer die Verbindung zwischen der weltlichen Ordnung und der Ordnung des Universums her. Göttliche und
weltliche Ordnung kamen in Amt und Person des Kaisers zusammen.
Das hob ihn einerseits aus der Masse der Sterblichen heraus in fast un-
erreichbare Ferne, die der Kaiserpalast am Ende der Straße des Roten
Vogels in Chang'an symbolisierte. Andererseits konnte bei einem Misserfolg die gefährliche Frage gestellt werden, ob dieser Kaiser der eigentliche Kaiser sei. Dann konnte er schnell und tief fallen.

Weil der Staatskult ganz formalisiert, ritualisiert und unantastbar
war, konnte er auch tolerant sein. Anlässlich kaiserlicher Geburtstage
wurden im Kaiserpalast Debatten zwischen Vertretern von Konfuzia-
nismus, Daoismus und Buddhismus ausgetragen, und der Kaiser entschied am Schluss, welche Religion diesmal gesiegt habe. Neben den
großen hatten auch kleinere und eigentlich «Ausländerreligionen» ihre
heiligen Orte in der Stadt: vor allem das nestorianische Christentum

und der ursprünglich persische Zoroastrismus (von beidem haben wir im Kapitel «Barygaza» gehört). Im religiösen Bereich zeigt sich ein Charakteristikum der Tang-Zeit insgesamt: Von gelegentlichen Verboten abgesehen, gab es eine große Bereitschaft, sich mit fremden Erfindungen, Ideen, Überzeugungen auseinanderzusetzen und die eigene Tradition als eine von mehreren möglichen Lösungen zu betrachten.

Einkaufen sollten die Bewohner Chang'ans, so hatten die Stadtplaner gedacht, in zwei ummauerten und daher leicht zu kontrollierenden Quartieren, dem westlichen und dem östlichen Markt. Dort sollten sich die Händler nach Branchen postieren: Es gab eine Zaumzeug-Reihe, eine Reihe der leichten Seidenstoffe, eine Reihe der großen Gewänder, eine Eisen-Reihe, eine Fleisch-Reihe und noch mehr. Ob die Ordnung tatsächlich eingehalten wurde, ist schwer zu sagen. Viele Dinge ließen sich nicht auf die beiden Märkte konzentrieren: Gasthäuser, Weinschenken, Bäckerläden fanden sich in vielen Quartieren der Stadt, auch Buchläden, und zwar mehr als ein halbes Jahrtausend, bevor in Europa der Buchdruck überhaupt erfunden wurde. Auch das in China bereits seit dem 2. Jahrhundert vor Christus heimische Papier sollte Europa über Persien, Arabien und dann Spanien und Italien erst im 12. Jahrhundert erreichen. Manche Quartiere wurden zu bevorzugten Standorten bestimmter Handwerke: Juweliere und Goldschmiede etwa oder Musikinstrumentenbauer. Außerdem gab es fahrende Händler, die mit ihrem Angebot an Backwaren, Öl oder Brennholz durch die Quartiere zogen. Ein kaiserliches Dekret, das 851 die beiden offiziellen Märkte wieder zu ausschließlichen Handelsorten machen wollte, scheiterte und wurde zwei Jahre später aufgehoben.

Das Angebot der Händler war bunt. Viele chinesische Bauern hatten sich spezialisiert und produzierten gezielt für die Märkte der großen Städte. Neben Weizen, Hirse und Reis wurden auch Gemüse und Orangen kommerziell angebaut. Öl wurde auf vielerlei Weisen gewonnen. Wein war ein wichtiges Handelsgut. Tee begann eine größere Rolle zu spielen. Das Angebot für Reis und für Seide war außerordentlich vielfältig. In chinesischen Städten der Tang-Zeit sind Marktreihen

nachgewiesen worden für weißen Reis, für großen Reis und für nicht-
klebrigen Reis, außerdem Reihen für kleine leichte Seidenstoffe, für
Seidenfäden und -stoffe, für große leichte Seidenstoffe, für neue leichte
Seidenstoffe, für kleine bunte Stoffe, für Hanfstoffe und für Kopftücher.
Die Reichen versuchten, ihre Freunde und Konkurrenten mit Fern-
handelswaren zu beeindrucken: Schmuck, Musikinstrumente, Textilien.
Chinesische Handwerker erlernten ausländische Arbeitstechniken,
produzierten eingeführte Gold-, Silber- und Glaswaren, Keramiken
und Möbel selbst oder entwickelten sie weiter.

Handwerker konnten nur verarbeiten, Händler nur verkaufen, was
in Chang'an ankam. Nahrungsmittel, Kleidung, Rohstoffe und Fertigwaren mussten die Hauptstadt erst einmal erreichen. Es ist noch heute
kein leichtes Unterfangen, eine Millionenstadt zu versorgen, und die
Chinesen des 7. bis 9. Jahrhunderts hatten weder Eisenbahn noch Last-
wagen oder Telefon. Dafür verfügten sie über sehr lange Erfahrung
im Wasserbau. Mit Dämmen, Kanälen und Leitungen hatten die Menschen schon lange das Wasser der großen Flusssysteme für sich genutzt.
Reisfelder etwa müssen regelmäßig be- und entwässert werden, und
das ist keine leichte Aufgabe angesichts von Trockenheit, Überschwemmungen und wechselnden Wasserständen der Flüsse. Bäuerliche und
dörfliche Gemeinschaften müssen zusammenarbeiten, damit das ge-
lingt. Kanäle wurden auch zum überörtlichen Transport genutzt und
hierfür strategisch geplant und gebaut. Gemeinsam mit den Flüssen
bildeten sie das eigentliche Verkehrssystem Chinas. Die schiffbaren
Flüsse müssen sehr belebt gewesen sein. Eine Brandkatastrophe vernichtete im Jahre 764 in einer Nacht dreitausend Boote, die in einer
Stadt am Jangtse in Zentralchina vor Anker lagen. Dreitausend Boote
in einer einzigen Stadt!

Um Chang'an zu versorgen, war ein Kanalsystem notwendig, das
alles bisher Bekannte übertraf. Yang Jian (541–604), der sich als Kaiser
«Wen» nannte, begann mit Planung und Bau der Kanäle. Sein Nachfolger Sui Yangdi (560–618), der als gewalttätig und machtbesessen
beschriebene letzte Kaiser der Sui-Dynastie, ließ den Kaiserkanal voll-

enden. Mehr als fünf Millionen Arbeiter wurden nach einem zeitgenössischen Bericht zur Arbeit am Kanal gezwungen. Ob wirklich die Hälfte von ihnen umgekommen ist, bleibt umstritten. Jedenfalls wurden auch Frauen rekrutiert, als die Männer knapp wurden. Um diesen Preis war nun Chang'an einerseits mit dem Unterlauf des Jangtse, andererseits mit dem hohen Norden bis in die Gegend des heutigen Peking verbunden. Weil der Große Kanal mit weiteren Kanälen, Flüssen und Straßen verknüpft wurde, konnten sehr viele Bauern mit ihren Produkten die Hauptstadt erreichen. Der Große Kanal wurde zur Lebenslinie nicht nur Chang'ans, sondern des vereinigten China überhaupt. Gemeinsam mit der Großen Mauer im Norden steht er bis heute für die beeindruckenden Ingenieurleistungen Chinas vor mehr als tausend Jahren, für Wirklichkeit gewordene Herrschaftsutopien und, weniger ersichtlich, für das Leiden der Vielen.

Neben den Kanälen waren Straßen für den Transport wichtig. Natürlich kann man auf Schubkarren (die in China tausend Jahre früher auftauchten als in Europa), Lastkarren und Schlitten nicht so große oder schwere Lasten bewegen wie auf Schiffen, Kähnen und Flößen. Aber immerhin konnten sie bewegt werden, in China auf von Bäumen gesäumten Straßen aus gestampftem Lehm. Diese waren in der Mitte erhöht, damit der Regen abfließen konnte. Kleinere Flüsse wurden mit Brücken überwunden, an größeren Flüssen gab es Fähren. Die meisten Straßen gingen von Chang'an und Luoyang aus Richtung Norden, ein Hinweis darauf, dass der Hauptzweck des Straßenwesens für Kaiser und Bürokratie eher in der schnellen Verschiebung von Militärtruppen und Kriegsgerät in den unruhigen Norden des Reiches bestand als im Transport von Gütern aus dem Süden. Doch auch der wirtschaftlich immer wichtiger werdende Süden wurde durch Straßen stärker erschlossen. Die Straßen dienten auch der Beförderung von Nachrichten. Die Tang richteten ein Schnellpostsystem mit regelmäßigen Stationen an den Hauptstraßen ein. Mithilfe von Pferden oder Läufern sollte eine Nachricht aus Chang'an auch die entferntesten Städte des Reiches in allerhöchstens vierzehn Tagen erreichen.

Von Chang'an aus, so scheint es, kann die ganze Geschichte Chinas erzählt werden: Geographie und Bevölkerung, Herrschaft, Bürokratie und Gesellschaft, Stadt und Land, Religion und Weisheitslehren, Ökonomie, Infrastruktur und Post. Doch der Blick vom kaiserlichen Palast oder vom Tor der Leuchtenden Tugend aus kann auch täuschen: Er verführt dazu, den Anspruch der Herrscher für die Wirklichkeit zu halten. Manche Post kam nie an, nicht alle Straßen waren sicher. In manchen Regionen waren Staatsbedienstete nicht gern gesehen und daher gut beraten, wenn sie sich mit den Mächtigen vor Ort arrangierten. Im Jahre 657 soll es 13 465 Staatsbeamte gegeben haben, bei einer Bevölkerung von ca. 50 Millionen. Auf etwas mehr als 3700 Einwohner kam ein Beamter. Das ist natürlich viel, verglichen mit den Verhältnissen in Europa, Afrika oder Nordamerika im 7. Jahrhundert. Aber es bedeutete dennoch, dass die meisten Dinge vor Ort in Eigenregie erledigt werden mussten und der Staat auf die Kooperation der Einwohner angewiesen war. Die waren keine einheitliche Masse. Sie gingen erstens, wie gesehen, sehr unterschiedlichen Beschäftigungen nach, sie kamen zweitens aus Regionen, die sehr unterschiedliche Kulturen und Gewohnheiten hatten (Reisbauern sind in anderer Weise auf Gemeinschaft angewiesen als Weizenbauern oder Nomaden, Buddhisten definieren die Gemeinschaft von Lebenden und Toten anders als Konfuzianer, Han-Chinesen verachteten die Völker des Südens), und sie gehörten drittens durch Geburt unterschiedlichen Einheiten an. Zwar gab es keinen wirklichen Adel im Tang-China, aber doch seit Jahrhunderten einflussreiche Familien, auf die Rücksicht zu nehmen auch dem Kaiser und seinen Beamten sinnvoll erschien. Auf dem Höhepunkt ihrer Macht gelang es den Tang-Herrschern, den Vorrang der Bürokratie und der Leistungen für Staat und Herrschaft gegenüber aristokratischer Geburt durchzusetzen. In der späteren Zeit etablierten sich neue Hierarchien, die darauf beruhten, einträgliche Ämter zu besetzen oder über Truppen zu verfügen.

Für die chinesische Geschichte sind Zentrum und Regionen, Einheit und Vielheit wichtig, aber auch das Reich und die umliegenden Machtzentren Asiens. Es war nicht selbstverständlich, dass das Reich geeint war. Was China und die chinesische Kultur ausmachte und auf welche der vielen regionalen Kulturen es sich besonders stützte, musste immer wieder neu definiert werden. Das wird deutlicher, wenn wir die Geschichte von Chang'an und der Sui und der Tang in den größeren Zusammenhang der chinesischen Geschichte einbetten.

Langer Fluss und Gelber Fluss

Das chinesische Reich war geprägt durch zwei große Flüsse und durch die landwirtschaftlichen und Transportsysteme, die sich aus den beiden Flüssen ergaben: im Norden der Gelbe Fluss (Huang He), in den der Wei mündet, und im Süden der Lange Fluss, der Jangtsekiang (kurz auch Jangtse oder Yangzi). Der Jangtse entspringt im tibetischen Hochland, kämpft sich durch Gebirge und Hügelland, nimmt dabei viele Nebenflüsse auf und ist daher sehr wasserreich. Der Gelbe Fluss durchfließt vom westlichen Hügelland aus gemächlich wüstenartige und Ackerbaugebiete. Seinen Namen hat er von den vielen Sedimenten, die er mit sich führt und immer wieder ablagert, was zu katastrophalen Überschwemmungen führt und den Lauf des Flusses verändert. Die Mündung ins Gelbe Meer hat sich im Laufe der chinesischen Geschichte mehrfach um Hunderte von Kilometern verschoben, und es ist schwer, sich vorzustellen, was das für betroffene Bauern, Dörfler und Städter bedeutet hat. Dass Chang'an nicht am unberechenbaren Gelben Fluss angelegt wurde, sondern an seinem Zufluss Wei, war eine weise Entscheidung.

Der Norden Chinas war trockener, kälter und flacher, der Süden hügeliger, wärmer und feuchter bis hin zu subtropischen Regionen. Dort, im Einzugsgebiet des Langen Flusses, wurde Reis angebaut – schon im 7. und 8. Jahrhundert mit zwei oder sogar drei Ernten jährlich. Im Norden gab es Hirse und Weizen, wobei die Bauern nördlich des Gelben Flusses mit immer weniger Niederschlag zu kämpfen hatten, zum Teil wurde Ackerbau unmöglich. An der Ackerbaugrenze handelten Sesshafte mit Nomaden, kauften chinesische Herrscher und Kriegsherren ihre Pferde und Kamele ein. Manchmal gelang der friedliche Austausch nicht, dann kam es zu Nomadeneinfällen, gegen die die Chinesische Mauer helfen sollte, was sie nicht immer tat. Mehrere chinesische Dynastien wurden von Nomadenherrschern gegründet. Auch den Tang sagte man nach, nomadische Vorfahren zu haben. Der Norden war daher das politische und militärische Machtzentrum. Die Millionen- und Hauptstadt Chang'an war hier richtig positioniert. Der Süden, erst später von Han-Chinesen besiedelt und im 8. Jahrhundert immer noch geprägt von nichtchinesischen Bevölkerungsgruppen, wurde von den politischen Eliten als nachrangig, als kulturell unterlegen betrachtet, obwohl er wirtschaftlich von großer Bedeutung war.

Anders als früher angenommen, hat allerdings der Übergang zu Ackerbau und Viehzucht vor ungefähr 10 000 Jahren im Norden und im Süden stattgefunden, am Gelben Fluss und am Mittel- und Unterlauf des Jangtsekiang. Daneben spielte das Sichuan-Becken im Südwesten in der Neolithischen Revolution wie auch später noch häufiger eine eigenständige Rolle. In den drei Großregionen etablierten sich verschiedene Kulturen. Die chinesische Geschichte war von Anfang an vielfältig, und das Pendeln zwischen Einheit und Vielheit sollte sie prägen. Schriftlichkeit ist seit 1200 v. Chr. nachgewiesen, Listen von Dynastien existieren aus dieser Zeit, doch sind die Reichweite ihrer Macht und ihre Fähigkeit, eine einheitliche chinesische Gesellschaft zu prägen, unklar. Vielleicht waren es die politisch zerklüfteten Jahrhunderte zwischen dem Ende der Zhou-Dynastie und dem Einheitsreich der Qin (221–206 v. Chr.) und der Han (202 v. Chr. bis 9 n. Chr.) mit ihren vielen parallelen Dynastien, in denen zumindest die Eliten ein Bewusstsein der kulturellen Verbundenheit über machtpolitische Differenzen hinweg ausprägten. Die Qin und Han fügten bürokratischen Zentralismus hinzu.

Die Einheit Chinas, das wird ein Überblick über die Tang-Zeit zeigen, war zerbrechlich und doch unzerstörbar. Es gab eine Vorstellung von Zusammengehörigkeit, gefördert durch Schrift, Hochkultur, Kaiseridee, Staatskult, Beamtenapparat und Infrastruktur. Aber schiere Größe sowie geographische, klimatische, religiöse und kulturelle Vielfalt gaben auch Raum für regionalen Eigensinn. Hinzu kamen Einflüsse von außen, die die chinesische Kultur veränderten.

Neue chinesische Dynastien haben ihren Herrschaftsanspruch immer wieder symbolisch markiert: neue Zeitrechnungen, neue Herrschaftsdevisen, neue Hauptstädte. Wie der kaiserliche Kalender die Zeit neu vermaß, so bildete die Hauptstadt die neue und machtvolle Dynastie im Raum ab und verankerte sie dort. Umgekehrt wurde das Ende von Dynastien häufig in der Zerstörung der bisherigen Hauptstadt und der Wahl eines neuen zentralen Ortes sichtbar gemacht. China besitzt daher eine Reihe von Städten, die von sich behaupten können, Hauptstädte gewesen zu sein und das Land insgesamt geprägt zu haben. Chang'an und das gut 300 Kilometer weiter östlich gelegene Luoyang, das nach einem Wiederaufbau um das Jahr 500 auch eine halbe Million Einwohner zählte, waren die traditionellen Herrscherstädte des Nordens. Der Süden hatte wechselnde zentrale Orte, doch ein vereintes China wurde nur sehr selten aus dem Süden regiert. Die heutige chinesische Hauptstadt Peking liegt mehr als 800 Kilometer nordöstlich von Chang'an. Für die Sui oder Tang kam sie als Regierungssitz nicht infrage. Peking war zwar für das China des 7. und 8. Jahrhunderts ein wichtiger strategischer Ort zur militärischen Verteidigung der Nordgrenze. Doch von Chang'an aus gesehen lag es knapp vor dem Übergang zur Steppe, zum Nomadismus, zur Barbarei. Die große Zeit Pekings begann erst nach dem Ende der Tang, als der Einfluss nomadischer Herrscher aus dem Norden wieder stärker wurde.

Die Sui- und die Tang-Dynastie im Chinesischen Reich

Nach Jahrhunderten mehr oder weniger selbständiger Herrschafts-
einheiten, die sich in inneren Kriegen aufgerieben hatten, brachte die
Sui-Dynastie (581–617) China politisch wieder zusammen. Die Sui
wollten Altes mit Neuem verbinden, kamen daher auf die alte Stadt
Chang'an zurück, gaben ihr aber architektonisch ein neues Gesicht
und einen neuen Namen: Daxingcheng – «Stadt des großen Aufschwungs». Der Name war Programm. Die Sui würden wieder an die
glorreichen Zeiten der Han-Dynastie anknüpfen, sollte er sagen, und
die Jahrhunderte des Streits und der Uneinigkeit beenden. Diese Botschaft war attraktiv. Denn die knapp vierhundert Jahre zwischen dem
Ende der Han (202 v. Chr.–220 n. Chr.) und der Durchsetzung der Sui
waren geprägt von Instabilität und Gewalt. Die Sui versprachen nun
wieder Einheit und Frieden. Ihr unglaublicher Erfolg der Vereinigung
sollte symbolisch dargestellt werden durch die neue Hauptstadt
Daxingcheng. Sie würde alles Bisherige an Glanz und Größe übertreffen.

Der Gründer der Sui-Dynastie, Yang Jian (541–604), war zunächst
Herzog von Sui gewesen. Er stammte aus einer mächtigen Generals-
familie und war mit mehreren Herrscherfamilien der rivalisierenden
Regionalreiche verwandt. Er bemächtigte sich 581 des Kaiserthrons im
Norden, besiegte in den kommenden Jahren konkurrierende Dynas-
tien des Südens und behauptete daraufhin, vierhundert Jahre nach
Ende des Han-Reiches die Einheit Chinas wiederhergestellt zu haben.
Das hatten in den vorhergehenden Jahrhunderten bereits viele be-
hauptet, die in unzähligen Schlachten und Palastintrigen einer Vielzahl
konkurrierender Dynastien zeitweise die Oberhand gewonnen hatten.
Doch anders als ihnen gelang es Yang Jian, seine militärischen Erfolge
dauerhaft in politische Macht umzusetzen, im Norden wie im Süden
Chinas und auch nach außen.

Vor allem aber schaffte es Yang Jian, die großen Familien des Nordens, von denen viele eine nomadische Vergangenheit hatten, ebenso

in das Reich zu integrieren wie die aus ganz anderen Traditionen lebenden Eliten des Südens. Er strukturierte die Verwaltung neu, wobei er Traditionen aus verschiedenen Teilen des Reiches aufgriff und vorsichtig anglich. Die Vereinheitlichung der Beamtenprüfungen begann, ein Prozess, der ein gutes halbes Jahrhundert später unter dem Tang-Kaiser Taizong seinen vorläufigen Abschluss fand. In der neuen Hauptstadt Daxingcheng, die wenige Jahrzehnte später wieder Chang'an heißen sollte, begannen sich die adelsähnlichen Führungsgruppen der verschiedenen Reichsteile anzusiedeln. Yang Jian legte Wert darauf, nicht nur erhabener Kaiser zu sein, sondern verantwortlich Herrschender. Er stellte sich selbst an die Spitze der Verwaltung, griff ein, korrigierte seine Beamten, verprügelte sie notfalls oder brachte sie um. Nach älteren Vorbildern führte er ein System der gleichmäßigen Landverteilung ein. Jedem erwachsenen Mann wurde eine gleich große Ackerfläche zugeteilt, die er bewirtschaften und für die er Steuern zahlen musste. Das System funktionierte mehr als ein Jahrhundert lang leidlich und sicherte regelmäßige Einnahmen.

Auf Yang Jian folgte sein Sohn Sui Yangdi, der von 604 bis 618 regierte. Er setzte die Politik seines Vaters fort, wollte ihn aber noch übertreffen – und ruinierte dadurch die Sui-Dynastie, kaum dass sie begonnen hatte. Um die Verbindung zwischen Norden und Süden zu stärken und die Hauptstadt zu versorgen, ließ er erstens unter Hochdruck den Kaiserkanal vollenden – Kosten und Nutzen dieser gewaltigen Baumaßnahme wurden bereits geschildert. Zweitens entschied er sich, statt der gerade erst fertiggestellten Metropole Daxingcheng das 300 Kilometer westlich und näher am Kanal gelegene Luoyang zur Hauptstadt zu machen und entsprechend auszubauen. Eine dritte Hauptstadt, Yangzhou am Unterlauf des Langen Flusses, wurde geplant. Um das Reich zu sichern, ließ Yangdi Kriege an allen Grenzen des Reiches führen. Besonders hartnäckig und verlustreich waren die Kämpfe in Korea von 612 bis 614, bei denen eine Million chinesischer Soldaten umgekommen sein sollen. Nun brachen Aufstände aus. Vertreter der großen Familien rebellierten gegen eine Vereinigungs- und

China in der Zeit der Tang-Dynastie, 618–907

Kirgisen

Aralsee

Kasachen

Irtysch TURKISTAN

Westliche Turkstämme

KIRGIS

Syr Darja

Balchaschsee

DSUNGAREI

Kara Balgasu

SOGDIEN
seit 751 zum
Kalifenreich

Taschkent

KARLUK
715–766 unter
chin. Protektorat

Ili

Han-hai

×751
Talas

Balasagun

Beschbalik

UIGUREN-
REICH

Samarkand

Ürümqi

840 von Kirgis vernichte

Kucha

Kaschgar

Tarim

Balch

TRANSOXANIEN

WESTLANDE
640–670 und 692–790 chin.

Tun-huang

Su

Kabul

Hindukusch

Khotan

Kan
Liang

Islamabad

Indus

Sha

Himalaya

TIBET

Neu-Delhi

Lhasa

Ganges

NEPAL
Kathmandu

Brahmaputra

Cheng-chia

Kalkutta

Saluen

Mekong

INDIEN

Golf von
Bengalen

Pagan

PYU

Prome

Indischer Ozean

Baikalsee

Amur

Östliche Turkstämme

U I G U R
629/30 von den
Chinesen unterworfen

K I T A N

B O H A I

○ Wladiwostok

Japanisches
Meer

Liao-tung ●

755
zu Silla

668–676
unter Tang-
Besetzung

J A P A N

N I N G X I A   Wei ●
Yu
○ Peking
Ying ●

Po Hai

Teng ●

Han-chou ●
S I L L A

Kyoto ○ ● Nara

Taiyuan
Ch'i ●

Kaya ●

Huang He
(Gelber Fluss)

Wei ●

Gelbes
Meer

Ch'iang ●
Großer Kanal

Luoyang ● Pien ● Sung ●
Chang'an ■

Yang ●

Su ● ○ Schanghai

Hsiang ●

Hsüan ●

Hang ●

huan-Becken
'eng-tu ●

Chiang-ling ●

Ost-
chinesisches
Meer

Yangzi
(Langer Fluss)

Chiang ●   Ch'ü ●

Ch'ang-sha ●

Heng ●

ANCHAO

Ch'üan ●

Pazifischer
Ozean

Kuang ●
Hsin ●   Hongkong ○

● Chiao

Hainan

A N N A M
● Pi-ching

HMER CHAMPA
HEN-LA)   ● Indrapura

Südchinesisches
Meer

Philippinen

Tang-Reich
Zeitweise unter Kontrolle
des Tang-Reiches
Einflussbereich der
chinesischen Kultur
Kaiserliche Hauptstadt
Stadtpräfekturen
Moderne Städte

Grenzsicherungspolitik, die jedes Maß verloren zu haben schien.
Yangdi kam gegen die Revolten nicht mehr an, zumal sein Staat mittlerweile bankrott war und Angriffe von außen zeigten, dass auch die
militärischen Kräfte erschöpft waren. Das Reich schien erneut auseinanderzubrechen. 618 wurde Sui Yangdi von einem seiner Generäle im
Bad ermordet.

Spätestens seit 614 war die Ordnung in vielen Teilen des Sui-Reiches
zusammengebrochen. Yangdi war auf der Flucht, einige seiner Heerführer machten sich selbständig. Außerdem versuchten verschiedene
einflussreiche Familien, von ihren Herrschaftsmittelpunkten aus neue
Dynastien zu begründen. Es dauerte ein Jahrzehnt, bis sich mit Li Yuan
ein Truppenkommandant durchsetzte, der 616 erfolgreich gegen die
türkische Bedrohung im Westen des Reiches gekämpft hatte. Nach
dem Sieg wendete er seine Heeresmacht nach innen, besiegte andere
rebellische Gruppen und nahm Ende 617 Chang'an ein. Ein halbes Jahr
und verschiedene Agreements mit anderen Warlords später eroberte
Li Yuan auch die zweite Hauptstadt des Nordens, Luoyang, nahm den
Kaisertitel an und nannte sich fortan Gaozu. Damit war die Tang-
Dynastie begründet. In den folgenden Jahren verschaffte er sich als
Kaiser breite Anerkennung durch eine Mischung aus militärischen
Erfolgen, friedlichen Einigungen mit anderen Großen des Reiches und
gemäßigten ordnungsstiftenden Reformen im Verwaltungs-, Militär-
und Bildungsbereich.

Allzu viel Zeit blieb Gaozu nicht, um sich seines Erfolgs zu erfreuen.
Sein Sohn Li Shimin (599–649) zwang ihn 626 zur Abdankung, nachdem er den offiziellen Kronprinzen und einen weiteren Bruder hatte
ermorden lassen. Trotz dieses eher ruppigen Beginns gilt die Herrschaft Li Shimins, der sich als Kaiser Taizong nannte, als eine der beiden Blüteperioden der Tang-Zeit. Taizongs Truppen hielten den Krieg
von den städtischen Zentren fern und eroberten im fernen Westen die
zentralasiatischen Steppengebiete bis nach Samarkand im heutigen
Usbekistan. Taizong brachte Frieden nach innen, sicherte und erweiterte die Reformen seines Vaters. Gegenüber den mächtigen aristokra-

tischen Familien brachte er die ordnende Hand des Staates und seiner Bürokratie in Stellung. Das Beamtenprüfungswesen wurde mit der Veröffentlichung des Prüfungsstoffs in dem konfuzianischen Werk «Die richtige Auslegung der Fünf Klassiker» abschließend geordnet. Anders als die beiden Sui-Herrscher konnte Taizong seinen führenden Verwaltungsfachleuten auch zuhören und ihr Wissen nutzen. Die militärischen und außenpolitischen Erfolge und die relative innere Sicherheit machten China zum Zentrum der in Ostasien bekannten Welt und Chang'an zu dessen Welthauptstadt. Die von den Sui übernommene Stadt des Kaisers und seiner Beamten füllte nun ihre geplante Größe wirklich aus, wurde Treffpunkt aller dort denkbaren Gesandtschaften, Güter und Götter, Ort des Wettstreits der besten Musiker, Literaten und Kalligraphen.

Die zweite Hälfte des 7. Jahrhunderts ist schwierig zu beurteilen. Im Westen wuchs die Macht Tibets. Im Nordwesten ließen sich die zentralasiatischen Eroberungen Taizongs nicht halten. Der gesamte Westen und Norden Chinas war für Jahrzehnte militärisch schwer beherrschbar, die Folgen für Staatshaushalt und innere Stabilität des Reiches waren gravierend. Viel schwieriger für uns: Zeitgenossen und Geschichtsschreibung steckten voller Vorurteile gegenüber Wu Zhao (624–705), der mächtigsten Schlüsselperson dieser Zeit. Wer war diese Frau? Wu hatte ihre Karriere als Geliebte des alternden Taizong begonnen, wurde dann die Geliebte und später, nachdem er seine erste Ehefrau verstoßen hatte, die Ehefrau von Kaiser Gaozong, dem Nachfolger Taizongs. Nachdem Gaozong 660 einen Schlaganfall erlitten hatte, übernahm sie bis zu seinem Tod 683 inoffiziell, dann offiziell die Herrschaft. Erneut wurde die Hauptstadt nach Luoyang verlegt. 690 nahm Wu Zhao den Kaisertitel an und rief eine eigene neue Dynastie der Zhou aus. Die Quellen beschreiben die Kaiserin als grausam, herrschsüchtig, bösartig und unberechenbar. Doch das scheint einerseits damit zusammenzuhängen, dass sie den Buddhismus stark förderte, was den Vertretern des konfuzianischen Staatskultes nicht gefiel. Andererseits galt ihre Art der Herrschaft wohl als für Frauen unangemessen. Bei männlichen

Herrschern jedenfalls wurden Grausamkeiten, die den von ihr verübten vergleichbar waren (Taizong hatte immerhin seine Brüder getötet), durchaus als Zeichen der Stärke und Unabhängigkeit gewertet. Dem Chinesischen Reich im Ganzen hat ihre Herrschaft jedenfalls nicht geschadet.

Wenige Jahre nach Wu Zhaos Tod begann mit der langen Regierungszeit des Kaisers Xuanzong (713–756) das zweite goldene Zeitalter der Tang-Zeit. Noch einmal wurden Straßen und Kanäle instand gesetzt und erweitert, die Bevölkerung registriert (was eine bessere Steuerveranlagung auf der Grundlage des Systems der gleichmäßigen Landverteilung ermöglichte), die Bürokratie und Gelehrsamkeit gefördert. Persönlich war Xuanzong wahrscheinlich durchaus bescheiden, aber er sorgte doch dafür, dass der chinesische Hof all das aufwies, was die Welt zu bieten hatte: exotische Pflanzen und Tiere, exquisite Speisen und Getränke, herausragende Vertreter von Dichtkunst, Musik, schöner Schrift, außergewöhnliche Vergnügungen. Xuanzong selbst spielte Polo.

Die Rebellion des An Lushan

Man könnte Xuanzong für einen der wenigen wirklich glücklichen Herrscher Chinas halten, hätte sein Leben nicht ein so geradezu filmreif katastrophales Ende gefunden: Der von ihm lange geförderte General An Lushan rebellierte 756 und eroberte mit seinen Truppen Luoyang und dann auch Chang'an. Xuanzong wurde auf der Flucht gezwungen, zunächst seine schöne Geliebte Yang Guifei zu erdrosseln und ihren Cousin, den er zum Kanzler gemacht hatte, hinrichten zu lassen. Danach zwang ihn sein eigener Sohn zur Abdankung. Xuanzong starb im Exil.

Chang'an und Luoyang wurden schon 757 zurückerobert. An Lushan wurde im Auftrag seines eigenen Sohnes ermordet. Bis 763 gewann die

Dynastie die Kontrolle über das Land zurück. Doch der neue Kaiser musste dafür die Hilfe der zentralasiatischen Uiguren in Anspruch nehmen, die beide Städte ausgiebig plünderten, bevor sie sie an die Tang weiterreichten. Chang'an erholte sich nur mühsam und musste die restlichen einhundertfünfzig Jahre seiner Existenz mit der ständigen Angst vor Invasionen aus dem Norden und Osten leben.

Wie konnte das passieren? Einige Historiker machen Yang Guifei verantwortlich. Die ehemalige Konkubine seines Sohnes habe den alternden Kaiser betört, verwirrt und von der Arbeit abgehalten, so dass er die Kontrolle über das Reich verloren habe. Das mag stimmen. Aber es gab auch strukturelle Ursachen. Die ganze Regierungszeit Xuanzongs war gekennzeichnet von zunehmenden Schwierigkeiten an der West- und an der Nordgrenze. Um Tibeter, Osttürken aus Zentralasien und Khitan, die aus der Mongolei und Mandschurei kamen, abzuhalten, hatte Xuanzong anstelle der früheren Bauernmilizen Berufsarmeen aufbauen müssen. Die waren erstens teuer, was den Steuerdruck erhöhte, und mussten zweitens regionalen Militärgouverneuren unterstellt werden, die dazu neigten, sich an die Spitze regionaler Unzufriedenheiten zu stellen und damit das Reich insgesamt zu gefährden. Das ist der Hintergrund der Rebellion An Lushans.

Was folgte, waren Versuche, auf die strukturellen Schwierigkeiten zu reagieren, die in der Existenzkrise deutlich geworden waren. Das Militär wurde regionalisiert, und viel hing in Zukunft davon ab, ob es der Zentrale gelang, mit den Militärführern vor allem im Norden zurechtzukommen. Das Steuersystem hatte keine Basis mehr, weil nach den Rebellionen viele Bauern tot oder auf der Flucht waren, das Land verwüstet oder durch neue Bearbeiter und Herren in Besitz genommen war. Der Staat war viel zu schwach, um eine erneute Landverteilung im großen Stil durchzusetzen. Er behalf sich mit einer Steuer auf Einkommen und bebautes Land, die in den Provinzen erhoben und weitergeleitet wurde. Das war ein Zugeständnis an die Regionen. Weitere Einkünfte bezog der Staat aus Monopolen, vor allem auf Salz. Das wirkte besonders im geschäftigen Süden, wo die Verwalter der Monopole reich und reicher wurden. Um von großen Familien und auch der Administration unabhängig zu bleiben, stützten sich die Herrscher auf Eunuchen, die bald begannen, eigene Machtbastionen auszubauen und an Verwandte und Getreue weiterzugeben. Mithilfe dieser Reformen und auch des Austarierens der verschiedenen Machtzentren gelang es den Tang, noch einmal mehr als ein Jahrhundert an der Macht zu bleiben und in den 840er und 850er Jahren sogar an den früheren Glanz zu erinnern. Ihr Reich brach Ende des 9. Jahrhunderts auseinander, bis hin zur Zerstörung Chang'ans durch den Heerführer Zhu Quanzhong (Kaiser der späteren Liang-Dynastie) und seine Leute im Jahre 904.

China, das hat der Überblick über die Tang-Zeit gezeigt, war im 7. und 8. Jahrhundert die wichtigste Macht der Erde. Die Handelsverbindungen über die Seidenstraße und das Meer verbanden China mit Zentralasien, dem indischen Subkontinent, der persischen, arabischen und der europäischen Welt. Technisch und kulturell konnten die Chinesen sich jahrhundertelang allen anderen überlegen fühlen. Erst als die Austauschbeziehungen nach dem Fall von Konstantinopel 1453 zusammenbrachen, als Europa sich von Asien emanzipierte und seit Ende des 15. Jahrhunderts die Reichtümer Amerikas auszubeuten begann, konnten die europäischen Mächte Schritt für Schritt ihre Vorherrschaft aufbauen, die das 19. und 20. Jahrhundert prägen sollte.

7.
Byzanz

Das China des Westens

Der Mittelmeerraum ist das China des Westens. Auch er liegt am äußersten Ende der eurasischen Landmasse, weiter außen liegen nur noch die Britischen Inseln, die die Rolle Japans übernehmen könnten – dafür liegen sie allerdings ziemlich weit nördlich. Auch der Mittelmeerraum hat Hochkulturen, weltverändernde Ideen und Weltreligionen hervorgebracht, die auf oft verschlungenen Pfaden über Jahrhunderte und Jahrtausende bis in die Gegenwart ihre Spuren hinterlassen haben. Anders als China ist der Mittelmeerraum allerdings um ein Binnenmeer zentriert. Vor den Zeiten von Eisenbahn, Auto und Flugzeug hat das die großräumige Zirkulation von Personen, Gütern und Nachrichten erheblich erleichtert. Wasser war keine Grenze, sondern die schnellste Verbindung. Der Mittelmeerraum ist daher durch Seefahrt und Handel geprägt. Wichtige Städte wie Karthago, Alexandria, Tyrus, Antiochia, Ephesus, Byzanz, Athen, Rom, Marseilles oder Tarraco waren Hafenstädte oder besaßen feste Verbindungen zu nahe gelegenen Hafenstädten. Konkurrenz und Kooperation von Handelszentren spielten daher eine wichtige Rolle in der Geschichte des Mittelmeerraums.

Anders als China ist der Mittelmeerraum geographisch unabgeschlossen. Zwar bildete im Westen der Atlantik bis um das Jahr 1500 eine unüberwindliche Barriere. Und im Süden spielten Wüsten und Nomaden, die mit sesshaften Mittelmeeranrainern in Kontakt standen, eine ähnliche Rolle wie die Wüsten und Nomaden nördlich des chinesischen Kerngebiets. Aber nördlich des Mittelmeeres blieben Pyrenäen, Alpen und Karpaten durchlässig für ständige – mal kriegerische, mal friedliche – Kontakte zu ebenfalls sesshaften, wenngleich weniger entwickelten Kulturen. Im Osten gab es kein Zivilisationsgefälle zum Zweistromland und zu Persien und weiter bis nach Indien. Das hatte Alexander der Große bei seinem Weltreichgründungszug im 4. Jahrhundert v. Chr. ebenso festgestellt wie die Händler, die später den Indischen Ozean befuhren. Für die Geschichte des Mittelmeerraumes zwischen 500 vor und 500 nach Christus waren die Kontakte und Konflikte zwischen den wechselnden Beherrschern des östlichen Mittelmeeres und den wechselnden Beherrschern des Zweistromlandes beziehungsweise Persiens von entscheidender Bedeutung. Die Geschichte des europäischen Westens und Nordwestens war eher ein Anhängsel.

Über die verschiedenen Regionen des Mittelmeerraumes zwischen Spanien und Mesopotamien, zwischen den Alpen und der Sahara sind wir unterschiedlich gut informiert. Das liegt an unseren Interessen und an der Überlieferung. Wir wissen viel über das kleine Palästina, das «Heilige Land», in dem die Geschichten der Bibel spielen. Es war eine nachrangige Region zwischen Ägypten und dem Zweistromland und spielte auch später im Römischen Reich keine wichtige Rolle. Weil das Judentum und das Christentum hier entstanden sind, wurde aber immer wieder nach der Geschichte dieses Raumes gefragt. Die Bibel, eine über Jahrhunderte hinweg entstandene Sammlung historisch-religiöser Schriften, die von Juden und Christen überliefert und stets gegenwärtig gehalten wurde, gab auf diese Fragen Antworten. Sie wurden immer wieder mit außerbiblischen Quellen verglichen. Welche Sprengkraft das haben konnte, zeigte sich beispielhaft im Bibel-Babel-Streit, der im Kapitel «Babylon» erwähnt wurde.

Wir wissen auch viel über Griechenland. Das hängt mit den griechischen Städten, den *poleis,* der frühen Antike zusammen, die Wege suchten, politische Macht auf Zeit zu vergeben, und daher Systeme jenseits von Tyrannei, Königtum und Adelsherrschaft entwickelten. Die politische oder militärische Verfassung von Stadtstaaten wie Athen oder Sparta wurde immer wieder diskutiert. Manche wurden zu Vorbildern der modernen Demokratien. Dass wir so viel über Griechenland wissen, liegt auch an unserem Interesse für griechische Dichter, Weisheitslehrer, Philosophen und Wissenschaftler. Deren Texte wurden über römische, arabische und westeuropäisch-mittelalterlich-klösterliche Abschriften bewahrt und haben dann große Aufmerksamkeit erhalten. Dass sie auch babylonische, persische und phönizische Anregungen weiterentwickelten, wurde oft übersehen. Unsere Faszination für diese Region sollte nicht darüber hinwegtäuschen, dass die griechische Welt um 500 v. Chr. eine eher unbedeutende Rolle am Rande des persischen Machtbereichs spielte. Erst mit Alexander dem Großen, und dann auch nur für eine kurze Zeit, wurde sie im östlichen Mittelmeer machtpolitisch wichtig.

Historiker und Archäologen wissen besonders viel über Rom, weil es das Zentrum eines Weltreiches gewesen ist. Sie sind auch gut informiert über Ägypten, dank der Pharaonen, ihrer Pyramiden und der Papyri. Aber ein kurzer Blick auf die Karte zeigt, dass jenseits von

Das Römische Reich in seiner größten Ausdehnung

Hadrianswall (gebaut 122–128 n.Chr)

Oceanus Germanicus

Mare Suebicum

Deva (Chester)
Eburacum (York)

Oceanus Britannicus

BRITANNIA

Isca Silurum (Caerleon)
Londinium (London)

GERMANIA INFERIOR
Vetera (Xanten)

Cherusci *Suebi*
Langobardi

Gutones

Colonia Claudia
Ara Agrippinensium

Vandali

O c e a n u s
A t l a n t i c u s

GALLIA BELGICA Bonna (Bonn)
Köln

Chatti

GERMANIA MAGNA

Sarma

GALLIA LUGDUNENSIS
Lutetia (Paris)
Augusta Treverorum (Trier)
Mogontiacum (Mainz)

Marcomanni

Liger

Argentorate (Straßburg)

Rhenus

Castra Regina (Regensburg)

Mare Cantabricum

GALLIA AQUITANIA

GERMANIA SUPERIOR

Augusta Vindelicum (Augsburg)
Vindobona (Wien)
Carnuntum

Roxolani

Lugdunum (Lyon)

ALPES GRAIAE ET POENINAE

RAETIA

NORICUM

Brigetio
Aquincum

DACIA POROLISSENSIS
Potaissa

Odessa

Legio (León)

Axima

ALPES COTTIAE

Padus

Mediolanum

Dravus

PANNONIA SUP.

DACIA SUP.
Apulum

DACIA INF.

Conimbriga (Condeixa Velha)

GALLIA NARBONENSIS

ALPES MARITIMAE

Iberus

Burdigala (Bordeaux)

Druentia

Narbo Martius
Arelate (Arles)

Cemenelum

Ravenna

Savus

PANNONIA INF.

Singidunum (Belgrad)

Viminacium

Durostorum

LUSITANIA

Bilbilis (Calatayud)
Caesaraugusta

Massilia (Marseille)

Ilva

Salonae

DALMATIA

MOESIA SUP.

Novae

Danuvius

Augusta Emerita (Mérida)

Tagus

HISPANIA TARRACONENSIS

Tarraco (Tarragona)

CORSICA

Alalia

Tiberis

Roma

Mare Adriaticum

MOESIA INF.

THRACIA

Byzanti (ab 337 Konsta

Corduba

BAETICA

Baleares

SARDINIA

Ostia
Pompeii
Paestum

MACEDONIA

Perinthus

PON BITI

Tingis (Tanger)

Mare Ibericum

Nova Carthago (Cartagena)

Carales

Mare Tyrrhenum

Tarentum (Tarent)

EPIRUS
Actium

Thessalonike

Troja

ASIA

Pergamum

MAURETANIA TINGITANA

Volubilis

Iol Caesarea (Cherchel)

MAURETANIA CAESARIENSIS

Segesta

SICILIA

Mare Ionium

Corinthus
Olympia

Athen
Sparta

ACHAIA

Ephesos
LY
PAM

Cirta

NUMIDIA

Karthago

Syracusae (Syrakus)

Mare Aegaeum

Rhodos

Lambaesis

Thysdrus

Melita

Knossos
CRETA

Mare Nostrum

Tripolis
Leptis Magna

AFRICA PROCONSULARIS

Cyrene

CYRENE

Nil

Alexa

AE

□ Das Römische Reich in seiner größten Ausdehnung (ca. 117 n.Chr.)

– – – Reichsgrenze

· · · · · · Provinzgrenze

□ Legionslager

● Städte

Scythae

Rha (Wolga)

Jaxartes

Otrar

Kaschgar

Jarkand

Oxus-See

Khojend

Samarkand

Buchara

Oxos

Balch

SPORANISCHES REICH

Iberia

Colchis

Albania

Mare Caspium

Merw

Kabul

Taxila

Sarnios

ontus xinus

Absarus

ARMENIA

Nischapur

Herat

Zadrakarta

Kandahar

Trapezunt

Satala

Thospitis L.

Matianus L.

Hekatompylos

CAPPADOCIA

Tigris

Melitene

Samosata

Edessa

Nisibis

Singara

Zeugma

Rhagai (Teheran)

Tabai

PARTHERREICH

aesarea

Tarsus

Euphrat

MESOPOTAMIA

Ekbatana

Gabai (Isfahan)

Karmana (Kerman)

Antiochia

Palmyra

Dura Europos

Ktesiphon

Susa

Kokala

Raphanaea

Babylon

Pasargadai

SYRIA

Persepolis

Pura

Baalbek

Euphrat

Tyrus

Legio

Harmozia (Hormus)

Bostra

SYRIA

Jerusalem (Aelia Capitolina)

AESTINA

Petra

Persischer Golf

ARABIA

is

Nabataei

Arabisches Meer

e

Sinus Arabicus

Edfu

0 100 200 300 400 500 km

Palästina, Griechenland, Rom und Ägypten viele Regionen rund um das Mittelmeer liegen, über die wir wenig wissen. Dort haben auch Menschen gelebt. Sogar viele. Angesichts der Seeorientierung sowie der ungleichen Verteilung von Macht und Überlieferung im Mittelmeerraum empfiehlt es sich, eine Hafenstadt im Osten als Beobachtungspunkt für eine kurze Geschichte des Mittelmeerraumes zwischen 500 vor und 500 nach Christus zu wählen. Wir schauen von Byzanz aus, dem heutigen Istanbul, gelegen an der Engstelle zwischen Mittelmeer und Schwarzem Meer. Heute fügen wir gern hinzu, es liege an der Grenze zwischen Europa und Asien, aber das hat für die hier zu erzählende Geschichte keine Bedeutung. Entscheidend war der Kommunikationsraum Mittelmeer.

Phönizier und Griechen

Auf der heute asiatischen Seite Istanbuls ist für 700 v. Chr. ein phönizischer Handelsstützpunkt nachweisbar, dem um 660 auf der heute europäischen Seite ein griechischer folgte. Händler aus Megara hatten ihn gegründet, einer 600 Kilometer weiter südwestlich gelegenen Hafenstadt, 30 Kilometer westlich von Athen. Nach seinem mythischen Gründer Byzas hieß der Stützpunkt der Megarer «Byzantion». Der Name ist thrakisch, vielleicht waren also vor den Griechen schon die Thraker, die westlichen Nachbarn, da gewesen – wir wissen es nicht. Die Siedlung besaß eine befestigte Akropolis und einige Tempel. Im Norden am Goldenen Horn lagen die Hafenanlagen. Byzanz war eine von vielen Siedlungen, die Griechen seit dem 8. Jahrhundert außerhalb ihrer Heimat gegründet hatten, und sicherlich nicht die wichtigste. Etwas früher hatten die Phönizier begonnen, befestigte Handelsplätze an den Küsten des Mittelmeeres bis hin nach Spanien und sogar Portugal anzulegen, weshalb auch ihr Stützpunkt im Raum des heutigen Istanbul kein Zufall ist. Griechische Städte waren intern anders organisiert als phönizische: in der Regel kein Königtum, keine machtvolle Priestergruppe, dafür ein stärkeres Selbstbewusstsein der Bürgergemeinde. Ob dieser generelle Unterschied auch für die beiden Siedlungen am Bosporus galt und wie stark er ihren Alltag und ihre Beziehungen zueinander prägte, wissen wir nicht.

Weder die Griechen noch die Phönizier wollten mit ihren Städte- und Siedlungsgründungen ein Großreich aufbauen und das Mittelmeer beherrschen. Es ging um Handel. Griechische Bauern, die in der Heimat keine eigene Existenz als Ackerbauern oder Viehzüchter aufbauen konnten, hofften auf neue Lebenschancen. Griechen und Phönizier verbreiteten kulturelle Muster wie eine neue Form der Schrift und nahmen selbst Anregungen auf. Das zeigt zum Beispiel ein genauerer Blick auf die Texte der griechischen Dichter Homer und Hesiod. Auch in der griechischen Vasenmalerei des 7. Jahrhunderts v. Chr. erkennen Archäologen einen «orientalisierenden Stil». Griechen wie Phönizier müssen in dieser Zeit eine Vorstellung von der Größe des Mittelmeerraumes gehabt haben, der ihre Welt war, von den unterschiedlichen Lebensweisen der Menschen dort und den Chancen des Austausches. Dass der gesamte Raum politisch beherrschbar sein könnte, haben sie wohl nicht für möglich gehalten.

Republik und Kaiserherrschaft:
Rom regiert die Mittelmeerwelt

Das kleine Byzanz stand zunächst unter persischem, dann in der Zeit Alexanders des Großen unter makedonischem Einfluss. Seit 146 v. Chr. gehörte Byzanz wie die ihm benachbarten Städte zum Römischen Reich. Dessen Aufstieg zur beherrschenden Macht des Mittelmeers vollzog sich über ein halbes Jahrtausend, und es war kein absichtsvoll strategisches Ausgreifen. Rom war jahrhundertelang ein Stadtstaat mit Weltreich, und es war nicht zuletzt diese Doppelstruktur, die seinen

Erfolg ermöglicht hat. Eine kleine Elite vergrößerte ihren Reichtum durch Gebietserweiterung und Verwaltung dieser Gebiete, war aber klug genug, die Eroberten wie die unteren Schichten der eigenen Stadt ein wenig an den Gewinnen zu beteiligen. Ein Aufstieg Einzelner oder ganzer Gruppen in die stadtrömische Elite war schwierig, aber prinzipiell möglich. So entstand ein Wettstreit um immer weitere auswärtige Gebiete und die damit verbundenen Einnahmequellen.

Diejenigen, die wie Byzanz dem Römischen Reich unterworfen wurden, mussten das nicht als Verlust der Selbständigkeit oder gar als Katastrophe empfinden. Sie konnten innerhalb des Reiches relativ unbehelligt leben und dabei Sicherheit und zivilisatorische Errungenschaften genießen. Lokale Verwaltungsstrukturen blieben bestehen oder wurden maßvoll überformt. Die römische Religion war großherzig und vertrug das Nebeneinander von Göttern und Lehren leicht. Wer sich freilich Rom widersetzte, bekam die volle Macht des Imperiums zu spüren. Eine von inneren Konkurrenzen getriebene Machtmaschine war das, die sich aus der Perspektive der Eroberten aber auch attraktiv ausnehmen konnte. So etwas wie einen antirömischen Nationalismus gab es möglicherweise bei einem Teil der Juden im kleinen Palästina. Aber das war eine Ausnahme.

Auf diese Weise gewann Rom in einem Jahrhunderte währenden Prozess, in dem es auch Rückschläge und Krisen gab, die gesamte Mittelmeerwelt. Sie war für die meisten der dort lebenden Menschen die Welt schlechthin. Seit dem Ende des 2. Jahrhunderts v. Chr. freilich wuchsen die Spannungen zwischen der inneren Verfassung des Stadtstaates und dem immer größer werdenden Weltreich. Die Folge waren interne Machtkämpfe und Bürgerkriege. Am Ende blutiger Auseinandersetzungen, die die längste Zeit des ersten vorchristlichen Jahrhunderts geprägt haben, stand der Prinzipat: die Herrschaft des Princeps Gaius Octavius, auch Oktavian genannt. Das war die Herrschaft eines Mannes im Zusammenwirken mit republikanischen Institutionen, die offiziell weiterbestanden. Princeps hieß eigentlich nur: Erster unter Gleichen, und Oktavian behauptete, er habe Frieden, Einheit und die

Republik nach generationenlangen Bürgerkriegen wiederhergestellt. Doch sein monarchischer Anspruch war unübersehbar. Die Macht wurde zwischen den Institutionen so verteilt, dass die Fäden beim Princeps zusammenliefen und gegen ihn nicht gehandelt werden konnte. Im Jahre 27 v. Chr. verlieh der Senat Oktavian den Titel «Augustus», der Erhabene. Dieser Titel begann den Träger selbst zu bezeichnen, aus Oktavian wurde Augustus. Nach dessen Tod 14 n. Chr. würde jeder seiner Nachfolger «Princeps» und «Augustus» sein. Später kam noch der Name «Imperator» hinzu.

Der Prinzipat zähmte die selbstzerstörerischen Kräfte der römischen Elite, die das Weltreich beinahe hätten zusammenbrechen lassen. Das gelang nur, weil die Elite nicht einfach entmachtet, sondern ihr Ehrgeiz umgelenkt wurde. Der Senat war weiterhin an der Verteilung von Macht und Reichtümern beteiligt. Senatoren und ihre Söhne bekleideten die wichtigsten Ämter, verwalteten Provinzen, vermehrten Geld und Ansehen. Der Princeps oder Kaiser war kein Diktator, und eine wirkliche Erbmonarchie bildete sich nicht. Natürlich versuchten die Kaiser, ihre Nachfolge zu regeln, einen Sohn oder einen Adoptivsohn für die Nachfolge zu bestimmen. Doch der neue Kaiser musste jeweils vom Senat, von der Armee und von der römischen Bevölkerung akzeptiert werden, wenn er beständig bleiben wollte. Dafür gab es kein formalisiertes Verfahren. In Fällen, in denen ein Kaiser überraschend starb, ohne seine Nachfolge geregelt zu haben, kam es zu militärischen Auseinandersetzungen. Gerade in diesen Fällen spielten der Senat und eine breitere Reichselite eine wichtige Rolle als Hüter des Reiches und der noch lange beschworenen republikanischen Institutionen.

Der Prinzipat hatte auch die Machtmaschine Rom gebremst. Nach dem Tod des Augustus wurde das Reich zwar noch gelegentlich erweitert, doch längst nicht mehr so dynamisch wie in den Jahrhunderten zuvor. Es gab auch Rückzüge: Der noch von Augustus ins Auge gefasste Plan, Germanien rechts des Rheins und nördlich der Donau zur Provinz zu machen, wurde unter seinem Nachfolger Tiberius aufgegeben.

Und nicht immer war klar, was tatsächlich eine Erweiterung war. An den Rändern des Reiches gab es «befreundete» Königreiche, die faktisch ohne Rom keine wichtige Entscheidung treffen konnten. Manchmal wurden solche Königreiche aus praktischen Gründen in Provinzen verwandelt. Manchmal wurden Provinzen wieder Königreiche. Ein Albtraum für Landkartenzeichner.

Nach Augustus gewöhnten sich die Menschen des Mittelmeerraumes daran, im Imperium Romanum zu leben. Besonders schwer war das nicht. Das Reich garantierte den Frieden. Städtische Zentren wurden vor allem im städtearmen Westen und Norden gefördert. Im späteren Deutschland entstanden Trier, Köln und Mainz. Von den Zentren aus verbreitete sich die römische Lebensart, die *romanitas*. Natürlich lebte man in Trier anders als in Byzanz, anders als in Alexandria oder Karthago. Das Wetter war anders, die Natur war anders, die Menschen brachten unterschiedliche Vorstellungen vom guten Leben in die *romanitas* hinein. Aber Soldaten, Amtsträger und Kaufleute waren überregional mobil und verbreiteten allgemein akzeptierte Waren, Informationen und Lebensweisen. Natürlich war auch das Römische Reich eine geschichtete Gesellschaft mit Superreichen, Bürgern, Bauern, Landarbeitern und Sklaven. Nicht jeder konnte sich guten Wein und teuren Schmuck leisten. Aber es gab eine gemeinsame Sprache, und es gab eine gemeinsame Verwaltung, gemeinsame Wasser- und Hausbautechniken, gemeinsame Kunststile und gemeinsame Handelsgüter. Mit den Barbaren jenseits der Grenzen wollten die meisten nicht tauschen. Weit gespannte Netzwerke ließen auch die kleinen Leute ein wenig am Erfolg der Großen teilhaben. Es gab den Glauben an die Möglichkeit des sozialen Aufstiegs. Die breite Akzeptanz bei den Bewohnern erklärt die Beständigkeit des Reiches. Sie erklärt auch, warum spätere Reiche zum Teil bis in das 19. Jahrhundert hinein an der Fiktion festhielten, rechtmäßige Nachfolger und Bewahrer der Traditionen des Römischen Reiches zu sein.

Das 3. Jahrhundert n. Chr. scheint das Römische Reich eher trotz als wegen seiner Herrscher überlebt zu haben. Jahrzehntelang gelang es keinem Kaiser mehr, von Senat, Heer und Bevölkerung Roms wirklich akzeptiert zu werden. Auch das kleine Byzanz erlebte in dieser Zeit einen wirtschaftlichen Niedergang, obwohl Zerstörungen, die sich während eines Thronstreits in den 190er Jahren ergeben hatten, allmählich repariert wurden. Hinter der «Reichskrise» standen allerdings grundlegende Probleme, die die unglücklichen Kaiser nicht zu verantworten hatten. Am schlimmsten (für das Römische Reich) war der Aufstieg der Sassaniden, die die Parther im Osten als Herrscher über Persien und Mesopotamien abgelöst hatten. Ab 237 fügten sie römischen Truppen schwere Verluste zu. Der römische Kaiser Valerian starb in sassanidischer Gefangenschaft, und seine gegerbte Haut wurde als Trophäe herumgezeigt. Das war ein drastischer Ausdruck der Umkehr der Kräfteverhältnisse, die sich auch in deutlichen Geländegewinnen der Sassaniden niederschlug. Weil auch an den nördlichen Grenzen von Rhein und Donau feindliche Einfälle zunahmen, verloren viele Menschen in den durch Krieg gequälten Regionen ihr Vertrauen in das Reich. Um Ruhe zu schaffen, wurden mehr Soldaten, mehr Geld und damit höhere Steuern gebraucht. Steuererhöhungen führten zu Unzufriedenheit, zu Steuervermeidung, was wiederum den Ertrag der Landwirtschaft verminderte und den Handel beeinträchtigte. Gleichzeitig nahmen die wichtiger gewordenen Heerführer immer stärkeren Einfluss auf die Kaiserauswahl, meldeten eigene Ansprüche an und verschärften damit die Krise. Das mittlere 3. Jahrhundert war im Norden und Osten des Reiches wohl wirklich finster, während Nordafrika die Krise wahrscheinlich wenig gespürt hat.

Dann wendete sich das Blatt. Mehrere Kaiser, die zwar nur wenige Jahre amtierten, aber militärisch erfolgreich waren, stabilisierten das Reich ab den 270er Jahren wieder. Sie schufen die Grundlage für ein erneuertes Reich im frühen 4. Jahrhundert. Dafür stehen vor allem zwei Kaiser: Diokletian und Konstantin.

Diokletian, Konstantin und die Christen im 4. Jahrhundert

Diokletian haben wir im Zusammenhang mit Dionysius Exiguus und seiner Zeitberechnung bereits kennengelernt, weil nach ihm in der römischen Spätantike die Jahre gezählt wurden. Das hat durchaus eine Berechtigung, denn Diokletian hat mit einer ganzen Reihe von Reformen das Militär neu geordnet, die Verwaltung umgebaut, Steuern und Münzen reformiert und damit das Reich auf eine neue Grundlage gestellt. Er konnte das tun, weil er außen- wie innenpolitisch Sicherheit und Verlässlichkeit herstellte. Hierzu diente die Tetrarchie, eine Herrschaft von vier in der Heerführung bewährten Männern, jeweils ein Augustus und ein ihm leicht nachstehender Caesar im Osten und im Westen des Reiches. Die von Diokletian nach und nach ausgesuchten Männer hatten entscheidende militärische Erfolge an der Nord- wie an der Ostgrenze erzielt. Sie wurden durch Adoptionen und Heiraten miteinander verbunden und allesamt in die göttliche Sphäre gerückt. Das sollte sie menschlicher Kritik entheben. Diokletian sah sich und seine Mitherrscher in guter römischer Tradition. Ihm schwebten Amtszeiten und Nachfolgeregeln für die Augusti und Caesaren vor. Er selbst ging mit gutem Beispiel voran, trat 305 nach zwanzigjähriger Herrschaft ab und zog sich in einen neu gebauten Palast zurück, den man heute noch im kroatischen Split bewundern kann. Der Caesar seines Reichsteils folgte ihm als Augustus. Er sollte einen neuen Caesar ernennen, der irgendwann seine Position übernehmen sollte, und so weiter.

Diokletian begann die letzte große und systematische Christenverfolgung im Römischen Reich, und auch diese Grausamkeit hing mit seiner Reichsreform zusammen. Menschen, die an die Auferstehung und baldige Wiederkehr des gekreuzigten Wanderpredigers Jesus aus Nazareth glaubten, waren zunächst nur eine von vielen jüdischen Sekten gewesen. Nachdem sie sich unter dem Einfluss des Missonars Paulus entschlossen hatten, auch Heiden gleichberechtigt in die Gemeinden aufzunehmen, gewannen sie im östlichen Reichsteil zahlreiche

Anhänger. Christliche Gemeinden wählten Oberhäupter (Bischöfe) als höchste Autoritäten. Sie vernetzten sich untereinander. Sie entwickelten in zahlreichen inneren Auseinandersetzungen eine gemeinsame Lehre und eine Sammlung verbindlicher Schriften, die sie «Neues Testament» nannten und mit den heiligen Schriften der Juden, dem nun «Alten Testament», verbanden. Mit der römischen Obrigkeit waren sie im 3. Jahrhundert mehrfach in Konflikt geraten, weil sie sich weigerten, das Kaiseropfer zu vollziehen. Für die allermeisten Religionen des Reiches war es kein Problem, durch das Opfer die Göttlichkeit des Kaisers zu bestätigen. Sie gingen ja von vielen Göttern oder der Toleranz ihres jeweiligen Gottes aus. Christen wie Juden behaupteten dagegen gleichermaßen, dass es nur einen Gott gebe, der Kaiser daher nicht göttlich sein könne und das Opfer ihnen somit unmöglich sei. Juden gab es im Reich nur wenige, und sie missionierten nicht, deshalb gab es für sie oft Ausnahmeregelungen. Die Christen aber wurden immer mehr, und sie gefährdeten in den Augen Diokletians die beiden geistigen Grundlagen seiner Reform: römische Tradition und Verankerung der Tetrarchie in der Sphäre des Göttlichen.

Christenverfolgung und Tetrarchie sind gescheitert. Die Christen hatten bereits in früheren Verfolgungen einen Märtyrerkult entwickelt, der ihnen half, auch diese Katastrophe zu überstehen. Zwar spalteten sich Gemeinden in Konsequente und Kompromissler, und es dauerte lange, sie wieder zusammenzubringen. Aber das Christentum brach nicht zusammen. 311 beendete Diokletians Nachfolger Galerius die Verfolgungen, mit der für traditionsbewusste und religiöse Römer so typischen Erwartung, die Christen sollten «zu ihrem Gott beten für unser Heil, das des Staates und ihr eigenes». Die Christen mochten ein exklusives Gottesverständnis haben, der Römer Galerius hatte es nicht.

Die Tetrarchie scheiterte am Ehrgeiz und am Familiensinn der vier Herrscher. Deren Söhne waren nicht bereit, ihre Ambitionen zugunsten einer ziemlich abstrakten Herrschafts- und Nachfolgeidee zurückzustellen. Schon bald nach dem Rückzug Diokletians brachen daher Nachfolgekämpfe aus, spätestens 324 n. Chr. ging Konstantin als Sieger

hervor. Von der Tetrarchie blieben immerhin der Gedanke mehrerer
Kaiser mit regionalen Zuständigkeiten, der nun immer wieder akti-
viert wurde, und die Trennung in einen westlichen und einen östlichen
Reichsteil, die im 4. Jahrhundert an Bedeutung gewann. Konstantin
führte viele der diokletianischen Reformen weiter, so dass nicht immer
leicht zu sagen ist, welche der Neuerungen auf ihn und welche auf
Diokletian zurückgehen. Sichere Steuern, stabile Preise und zuverlässigen Nachwuchs für das Heer sollte es geben, indem stärker in die lokalen Verhältnisse hineinregiert wurde. Ob das gelungen ist, ist umstritten. Das Reich gewann für ein Jahrhundert neue Stabilität (was nicht
wenig ist; die mit viel Aufwand an Menschen und Material aufgebaute
Sowjetunion hat nicht einmal achtzig Jahre gehalten). Aber das Reich
war auch groß. Die Anweisungen aus Rom passten nicht immer gut zu
den Verhältnissen in Nordafrika, dem Balkan oder London. Es fehlten
die Mittel, sie durchzusetzen. Menschen wichen dem Zugriff des Staates aus, interpretierten Erlasse in ihrem Sinne. Das Ergebnis war wohl
mehr Regionalität statt Uniformität.

In der Religionspolitik zog Konstantin die Konsequenzen aus dem
Scheitern der Christenverfolgung. Hier gab es die vielzitierte «Konstan-
tinische Wende»: Konstantin erlaubte offiziell das Christentum als
Religion, förderte es auch und versuchte, es zu einer Stütze des Reiches
zu machen. Er bemühte sich sogar, die immer wieder auftretenden
innerreligiösen Probleme zu lösen, bevor sie zu Spaltungen führten:
Wie konnten Konsequente und Kompromissler nach Ende der Verfolgung wieder zusammenfinden? Wenn Jesus der Sohn Gottes und der
Maria war, war er dann Gott? Mensch? Beides zugleich? Wenn ja, was
an ihm war menschlich und was göttlich? Als nicht getaufter Kaiser saß
Konstantin Zusammenkünften von Bischöfen (Konzilien) vor, die Streitfragen einvernehmlich klären sollten. Er wusste also um deren politische Brisanz. Er musste allerdings eine Erfahrung machen, die auch
späteren Herrschern nicht erspart blieb: Innerreligiöse Konflikte können zwar politisch aufgeladen und genutzt, aber nur selten politisch
beigelegt werden. Mit dem Christentum, das eine Generation nach

Konstantins Tod die deutlich bevorzugte Religion der Kaiser wurde, hatte das Römische Reich nun einen einzigen Gott anstatt der vielen Götter und Religionen, die der römische Staatskult umarmt oder ertragen hatte.

Doch das Christentum war abseits der intellektuellen Zentren des Reiches entstanden und in vielfältiger Weise in vielfältigen Gemeinden praktiziert worden. Als es nun mit allen Mitteln der Weisheit und Philosophie durchgearbeitet und zu Staatszwecken vereinheitlicht wurde, brach es auseinander. Synoden und Konzilien versuchten es mit Kompromissen und Verdammungsurteilen. Nicht immer waren sie erfolgreich. Meist drehte sich der Streit um die Frage, ob Jesus Christus nur ein besonderer Mensch war oder ebenfalls göttlich und in welchem Verhältnis er zu Gott dem Vater stand. Der Streit um einzelne Begriffe und Formeln mutet uns heute spitzfindig an. Aber er begann eine wichtige Rolle in der Weltgeschichte zu spielen, seit Christentum und politische Macht sich in der Konstantinischen Wende verbunden hatten. Die Nestorianer, von mehreren Konzilien im 5. und 6. Jahrhundert verdammt, waren östlich der Reichsgrenzen besonders erfolgreich. Deswegen sind sie uns in den Kapiteln «Barygaza» und «Chang'an» bereits begegnet, auch in «Shidebaj» werden wir wieder auf sie stoßen.

Konstantinopel und das Byzantinische Reich

Konstantin hat eine Stadt gebaut, die seinen Namen tragen sollte, ähnlich wie Kaiser Hadrian Hadrianopel (später Adrianopel, heute Edirne) gebaut hat oder Kaiser Trajan Traianopolis und Augusta Traiana (beide im Osten bzw. Südosten der Balkanhalbinsel). Vorbild waren natürlich die vielen Alexandrias, die auf Alexander den Großen zurückgingen. Auch Konstantins Stadt lag zwischen den beiden gefährlichsten Fronten des Reiches, der Rhein-Donau-Grenze auf der einen, dem Sassanidenreich auf der anderen Seite. Sie sollte nicht in Konkurrenz zu Rom

treten, sondern einen weiteren Regierungssitz neben Rom, Trier oder
Antiochia bilden. Das war den Herausforderungen des frühen 4. Jahrhunderts angemessen. Konstantins Wahl fiel auf den Bosporus. Aus
dem kleinen Byzanz wurde daher seit 324 die Kaiserstadt Konstantinopel. Beim Tod Konstantins 337 war vieles noch Baustelle. Immerhin,
die Pferderennbahn, das Hippodrom, stand schon, die ein Gegenstück
zum römischen Kolosseum werden würde. Aber die erste Hagia
Sophia (der uns heute bekannte Kuppelbau war die dritte Version der
Kirche, gebaut nach der Zerstörung des Vorgängerbaus im Jahr 532)
ließ erst sein Sohn Konstantios II. errichten, ebenso wie die Apostel-
kirche, mit der das Mausoleum Konstantins verbunden wurde. Eine
wirkliche Hauptstadt wurde Konstantinopel erst um 400: mit prächtigen Plätzen und einer Mauer, die einerseits großzügig Raum für weitere Entwicklung ließ, andererseits die Stadt praktisch uneinnehmbar
machte. Nun erst fiel die Entscheidung, neben Rom eine zweite Hauptstadt, damit zwei Reichsteile und bald zwei Reiche zu haben, die einander unterstützen, aber notfalls auch unabhängig voneinander agieren
konnten.

Um das zu verstehen, müssen wir noch einmal zu den Tetrarchen
zurück. Die Männer um Diokletian waren allesamt Illyrer vom nord-
westlichen Balkan gewesen. *Romanitas* hatte so durchgreifend gewirkt,
dass Menschen, die zu Zeiten Oktavians noch als «Barbaren» gegolten
hätten, sich als Bewahrer römischer Tradition und Lebensart, als be-
rufene Erneuerer des Reiches verstehen konnten. Auch nördlich der
Alpen gab es viele «Römer», und zwar diesseits und jenseits der offiziellen Grenzen. An der Nordgrenze war der Zivilisationsunterschied
mittlerweile gering. Bauern siedelten an beiden Seiten und lernten
voneinander. Barbaren dienten in den römischen Armeen. Menschen
und Verbände von Menschen wechselten die Seiten, wurden zur Siedlung innerhalb der Grenzen des Reiches eingeladen, um das Reich
gegen Barbaren zu schützen, die sie einst selbst gewesen waren. Die
Römer gaben diesen Gruppen Namen: Goten, Vandalen, Alanen. Es ist
aber unsicher, ob sich Menschen selbst als «Goten» verstanden haben

oder ob sie sich zeitweise einer (erfolgreichen) Gruppe zugerechnet und die Gruppenzugehörigkeit auch gewechselt haben. Auffällig ist jedenfalls, dass sogenannte Goten oder Vandalen größere und kleinere Verbände bildeten, die Führung wechselten und an verschiedenen Orten gleichzeitig auftraten. Bis weit nach Konstantin hatte das Reich sie entweder integrieren oder abwehren können. Meist geschah beides zugleich.

Ab dem letzten Viertel des 4. Jahrhunderts gerieten diese Gruppen unter Druck. Grund waren die Hunnen, eine der Reiterallianzen, die uns im Kapitel «Shidebaj» begegnen werden. Sie wendeten sich, wahrscheinlich von Zentralasien aus kommend, nach Osteuropa. Goten, Alanen, Vandalen und andere, nicht nur Krieger, sondern ganze Familien und Gemeinschaften, wichen ihnen aus. Im Kampf um Schutz und neue Siedlungsplätze überschritten sie die Rhein-Donau-Grenze, schlugen römische Armeen, plünderten Städte. Das war die «Völkerwanderung». Die Hunnen selbst erreichten Ende des 4. Jahrhunderts die Grenzen des Reiches. Sie siedelten in der Regel nicht, sondern forderten Tribute, um über die Verteilung von Reichtümern den Zusammenhalt ihrer Reiterallianzen zu sichern. Römische Kaiser kämpften angesichts dieser Herausforderungen verzweifelt um den Bestand ihres Reiches. Konfrontiert mit schwer berechenbaren, rasch wechselnden Gegnerkonstellationen, schmiedeten und verrieten sie Allianzen, nahmen Festungen ein und verloren sie wieder. Im gesamten Norden des Reiches brach eine Zeit der Warlords, der Kriegsunternehmer, an. Diejenigen unter ihnen, die sich als Römer verstanden oder auf römischer Seite kämpften, waren nicht immer vertrauenerweckender als ihre Gegner. Alle Akteure rechneten noch mit dem Reich, wollten es verteidigen oder schröpfen, jedenfalls in irgendeiner Weise daran teilhaben. Was dieses Reich aber war, wurde zunehmend unklar. Ein Raum der Sicherheit und der zivilisierten Lebensart war es im Norden jedenfalls nicht mehr.

Vor diesem Hintergrund war es vernünftig, die Last der Verteidigung auf mehrere Schultern zu legen und das Reich faktisch zu teilen.

Beide Hälften kamen sofort unter Druck. Doch der Ostteil hielt dem
Druck stand, und das war auch eine Folge der klugen Standortwahl
Konstantins. Byzanz, jetzt also Konstantinopel, war praktisch uneinnehmbar. Zu zwei Dritteln von Wasser umgeben, wurde das restliche
Drittel durch eine immer weiter perfektionierte Kombination aus
Mauern, Gräben und Türmen geschützt. Solange eine römische Flotte
existierte, konnte die Stadt auf dem Wasserweg versorgt werden. Während Rom mehrfach geplündert wurde, blieb Konstantinopel unver-
sehrt. Bis zum 7. Jahrhundert schrumpfte die Bevölkerung Roms auf
ein Zehntel, gemessen an seiner Blütezeit. Konstantinopel hingegen
wuchs. Knapp 100 000 Menschen lebten dort, als Konstantin starb;
knapp 400 000 waren es vor Beginn der ersten großen Pestepidemie
541, für das 12. Jahrhundert schätzt man bis zu 500 000. Verglichen mit
indischen oder chinesischen Städten dieser Zeit war das nicht besonders viel. Aber für den Mittelmeerraum war es außergewöhnlich.

476 n. Chr. schickte Odoaker, weströmischer Offizier und Sohn eines
der wichtigsten Vertrauten des verstorbenen Hunnenkönigs Attila,
eine Abordnung des römischen Senats nach Konstantinopel. Sie über-
brachte den kaiserlichen Ornat, inklusive Diadem und Kaiserumhang.
Odoaker ließ ausrichten, man brauche im Westen keinen Kaiser mehr.
Dem letzten weströmischen Kaiser, Romulus Augustulus, der noch ein
Kind war, schenkte er ein Landgut in Kampanien, wo er eine Pension
verzehrte und möglicherweise noch einige Jahrzehnte lebte. Einen
Onkel des kleinen Romulus hingegen ließ Odoaker hinrichten. Anders
als der Kindkaiser verfügte der nämlich über Truppen und konnte daher gefährlich werden. Das westliche Kaisertum hingegen war zur
Farce geworden. Odoaker ernannte sich selbst zum König Italiens –
das war vom römischen Westreich noch übrig geblieben. Nordafrika,
die Iberische Halbinsel, das linksrheinische Westeuropa und Britannien waren in der Hand von Herrschern, die aus der «Völkerwanderung» hervorgegangen waren. In den folgenden Jahrzehnten würden
sich die Machtverhältnisse im Norden und Westen Europas noch
mehrfach verschieben. Einigermaßen stabil sollten allein die christ-

lichen Organisationsstrukturen bleiben. Die Bevölkerung litt. Zwar wurden weiter Varianten des Lateinischen gesprochen, doch immer weniger Menschen beherrschten die Kunst des Lesens und Schreibens, und diejenigen, die noch schrieben, benutzten ein einfach strukturiertes Latein. Zwar lebten römische Lebensweisen fort und galt der Kaiser im fernen Konstantinopel noch als Autorität, doch die Städte verloren dramatisch an Einwohnern, die landwirtschaftlichen Erträge sanken. Das war keine Zeit fürs Filigrane.

Dem östlichen Reich erging es besser. Erhebliche Probleme an der Donaugrenze überstand es ebenso wie den Zusammenbruch des Westreichs. Als Romulus Augustulus abgesetzt und aufs Land verfrachtet wurde, stabilisierte Kaiser Anastasios (491–518) den Osten wieder. Auch einen Angriff der Perser, der die über Jahrzehnte stabil gebliebene Ostgrenze wieder infrage stellte, schlug er zurück. Ganz selbstverständlich nannten sich die Bewohner Konstantinopels Römer, und sie sahen sich in der Tradition von Prinzipat und Republik. Ihre Hauptstadt war nun das Zentrum der Welt, das neue Rom. Der Kaiser residierte hier, und zwar ständig. Das war ein Zeichen für Reichtum, denn einen Kaiserhof mit all seinen Ansprüchen an Repräsentation und Luxus muss man sich auch leisten können. Im westeuropäischen Frankenreich und seinen Nachfolgern zogen die Kaiser noch im 9. und 10. Jahrhundert mit einem aus oströmischer Perspektive armseligen Gefolge von Pfalz zu Pfalz, weil niemand sie dauerhaft ernähren konnte. Es war auch ein Zeichen für Stabilität. Anders als die weströmischen Soldatenkaiser mussten oströmische Herrscher den Krieg nicht selbst führen. Kein General konnte einen von Volk und Elite Konstantinopels getragenen Kaiser absetzen. Er wäre ja gar nicht erst in die Hauptstadt hineingekommen.

Unter den Kaisern des 6. Jahrhunderts ragt Justinian (527–565) heraus: die längste Regierungszeit, die spektakulärsten Siege, die meisten Toten. Justinian reformierte Verwaltung und Steuerwesen. Außerdem ließ er das römische Recht systematisieren und zusammenfassen. Sein *Codex Justinianus* ist bis in die europäische Neuzeit hinein als das

Fränkisches Herrschaftsgebiet

Byzantinisches Herrschaftsgebiet

Ausdehnung unter dem
Propheten Mohammed, 622–632

Gebietsgewinne unter den vier
«rechtgeleiteten» Kalifen, 632–661

Gebietsgewinne unter dem
umayyadischen Kalifat, 661–750

0   300   600   900 km

Islamische und christliche Reiche um 750

Petschenegen

Türken

Aralsee

saren

Kumanen

Transoxanien

Uzen

Sogd

Samarkand

Kharesm

Buchara

gyaren

Türken

Balch

Kaspisches
Meer

Merw

Ghazni

Tiflis

Herat

zunt

Armenien

Chorasan

Tabaristan

Mosul

HINDUSTAN

eppo
hia

Hamadan

Iran
(Persien)

Tigris

Euphrat

Bagdad

rien

Kerman

Indus

amaskus

Kufa

Sind

salem

Irak

Basra

Schiras

Mekran

Persischer
Golf

Golf von
Oman

Sara

Nedschd

Maskat

Oman

Jemama

edschas

Medina

Arabien

Mahra

Mekka

ien

Rotes
Meer

Hadramaut

Arabisches
Meer

Sanaa

Jemen

Aksum

thiopien

Golf von
Aden

Hauptwerk des römischen Rechts betrachtet worden. Seine Regierung begann allerdings denkbar schlecht: Militärischen Niederlagen gegen die Perser folgte ein Volksaufstand in der Hauptstadt, der in einem Blutbad mit 30 000 Toten endete. Die Hagia Sophia, weitere Kirchen, Teile des Palastes und zentraler Straßenzüge brannten nieder. Durch spektakuläre militärische Erfolge gegen die Vandalen in Nordafrika und spätere mühsamere Erfolge in Italien stellte Justinian seine Reputation wieder her. In seinen späten Regierungsjahren schien es, als sei das (ost)römische Reich wirklich auferstanden: von den Alpen bis nach Ägypten, von Gibraltar bis zum Bosporus. Das Zentrum Konstantinopels ließ Justinian wieder aufbauen. Die neue, prächtige Version der Hagia Sophia erinnert bis heute an ihn. Doch hauptstädtische Pracht und imperiale Ausdehnung konnten nicht darüber hinwegtäuschen, dass die wiedereroberten Gebiete und vor allem Italien durch jahrzehntelange Kriege ausgelaugt waren. Bis sie für das Reich profitabel werden konnten, würde es dauern. Die verheerende Pest von 541/42 und weitere Naturkatastrophen verdüsterten Justinians Regierungszeit. Um in diesen Herausforderungen zu bestehen, hat Justinian auf verstärkte, nach außen hin sichtbare Religiosität gesetzt. Römisch-republikanische Traditionen nutzte er nicht. Insgesamt bleibt ein zwiespältiger Eindruck.

Perser, Muslime, Christen: Roms ungleiche Erben

Nach Justinians Tod 565 gingen die territorialen Gewinne in Italien schnell wieder verloren. Der Konflikt mit den Persern wurde Ende des 6. Jahrhunderts existenzbedrohend, und auch die Eroberungen in Afrika und Spanien waren nicht von Dauer. Die friedliche Zeit, die die Römer am Ende der Regierung Justinians erleben durften, hielt nicht an. Im 7. Jahrhundert überrannten dann Reiterheere im Namen einer neuen Religion, des Islams, binnen einer Generation den gesamten südlichen Mittelmeerraum. Von Portugal bis Arabien und Afghanistan regierten um das Jahr 700 islamische Herrscher.

Die Gründe dafür sind umstritten. Fördernd war sicher, dass Persien und Rom jahrhundertelang die arabischen Nomaden unterstützt hatten, um sie zur Kriegführung gegen den jeweiligen Konkurrenten zu ermuntern. Das hatte zur Entstehung dauerhafter überregionaler Strukturen geführt, ähnlich wie wir es im Norden des Chinesischen und des Römischen Reiches beobachtet haben. Völlig neu aber war die Verbindung dieser Strukturen mit einer Heil versprechenden Religion. Diese Religion stellte Mohammed bereit, ein Kaufmann aus Mekka. Visionen, die er ab 610 in einer Höhle in der Einsamkeit der Wüste empfing, machten ihn zum Propheten einer streng monotheistischen (nur einen einzigen Gott anerkennenden) Lehre. Obwohl er jüdische, christliche und arabisch-nichtchristliche Traditionen anerkannte, stieß er in der Handelsmetropole Mekka auf erbitterten Widerstand. Mohammed zog sich nach Jathrib zurück, das später den Namen Medina, Stadt (des Propheten), erhielt. Von dort aus nahm Mohammed den Kampf gegen Mekka auf und siegte schließlich. Die Wallfahrt nach Mekka wurde zu einer der fünf Säulen des Islams (neben Glaubensbekenntnis, Gebet, Fasten und Almosengeben). Mohammed starb 632. Seine Nachfolger setzten die dynamischen nomadischen Kriege fort, und es gelang ihnen, das Eroberte durch ihre Religion zu stabilisieren. Die schnellen Eroberungen entstammten keinem Masterplan Mohammeds, und der Koran enthält keinen eindeutigen Missionsbefehl. Wie beim Christentum wird man die veränderte Situation nach dem Tod des Religionsgründers in den Blick nehmen müssen, um den außergewöhnlichen Erfolg zu erklären. Verglichen mit dem kometenhaften und kriegsgetriebenen Aufstieg des Islams, von dem bereits im Kapitel «Barygaza» erzählt wurde, wirkt die Christianisierung des Römischen Reiches geradezu gemütlich.

Mit dem Sieg des Islams endete die Rivalität der beiden Supermächte Rom und Persien, die beinahe ein Jahrtausend lang die Mittelmeergeschichte bestimmt hatte. Persien war islamisch geworden, Rom be-

ziehungsweise Konstantinopel sank in den Status einer Mittelmacht
herab, die zwar hartnäckig Kleinasien und den Balkan beherrschte, darüber hinaus aber wenig Einfluss besaß. Politisch vollständig beherrschen konnten die Muslime die Mittelmeerwelt allerdings nicht. Im
Nordwesten endete ihr Vormarsch mit der Niederlage gegen die Franken 732 bei Tours und Poitiers. Im Osten war das Byzantinische Reich
mehr als ein halbes Jahrtausend lang unüberwindlich. Erst 1453 konnte
Byzanz von den Osmanen erobert werden. Tausend Jahre lang hatten
die Festungswerke Konstantinopels gut funktioniert – den neuartigen
Kanonen waren sie nicht mehr gewachsen. Aus dem römischen Byzanz/
Konstantinopel wurde das osmanische Konstantiniyye, auch «Istanbul» genannt.

Im Nordwesten des untergegangenen Römerreiches lebte das Bewusstsein fort, einer «römischen» Welt anzugehören. Der fränkische
Herrscher Karl der Große ließ sich im Jahre 800 vom Papst in Rom
zum Kaiser krönen (was kein antiker Kaiser je getan hatte), um an das
seit Odoaker und Romulus Augustulus ruhende römische Kaisertum
anzuknüpfen. Die mittelalterlichen deutschen Herrscher setzten das
fränkische Kaisertum fort. Das «Heilige Römische Reich Deutscher
Nation» erlosch erst 1806.

Im islamischen Süden fand das kulturelle Erbe der Römer und Griechen besondere Beachtung. In Medizin, Mathematik, Astronomie und
Philosophie haben islamische Gelehrte römische und griechische (und
noch ältere) Traditionen fortentwickelt. Über die verschiedenen islamischen Reiche Eurasiens wurde dieses Wissen bis nach Indien getragen. Viele Schriften griechischer Philosophen wurden durch islamische Schreiber gesichert und gelangten dann über das muslimische
Spanien in die mittelalterlichen Klosterbibliotheken Westeuropas.

Umstritten ist, wie lange sich die Byzantiner als Römer gefühlt haben
und in der Tradition der *romanitas* standen. Sicherlich war das bis zu
Justinian der Fall. Ob im 7. oder im 8. Jahrhundert die Brücken zur
Vergangenheit schwankend wurden, ist umstritten. Auch danach nannten sich die Byzantiner schließlich noch Römer, auch wenn sie immer

weniger wussten, was das bedeutete, kein Latein mehr sprachen und nicht mehr alle römischen Zeichen und Bilder an erhaltenen Bauwerken deuten konnten. Ein zivilisatorischer Vorsprung gegenüber dem Westen, der aus römischen Wurzeln lebte, hielt sich noch lange. Das Bewusstsein eigener Überlegenheit auch. Die Krönung des Franken Karl der Große zum Kaiser 800 in Rom wurde als Hochstapelei eines Barbaren betrachtet.

Der Kommunikationsraum Mittelmeer war tausend Jahre nach Untergang des Weströmischen Reiches noch vorhanden und ist es bis heute. Auch die Erinnerung an Rom lebt fort. Aber sie wurde bewahrt in Weltreichen, die nach dem Untergang des Römischen Reiches ihre Blickrichtung geändert haben. Die Spanier des 16. Jahrhunderts, die Portugiesen und später die Franzosen lebten von und mit dem Mittelmeer. Gleiches gilt für die Byzantiner bis zu ihrem Untergang 1453 und für die islamischen Reiche im Süden und Osten des Mittelmeeres. Doch immer weniger wollten diese Reiche das Mittelmeer im Ganzen prägen oder gar beherrschen. Ihre Weltreichsphantasien wandten sich vom römischen Erbe des Mittelmeeres ab und neuen Welten zu.

8.
Shidebaj

Der geographische Mittelpunkt Eurasiens liegt in Shidebaj. Das ist ein kleiner Ort in der kasachischen Steppe, 180 Kilometer von Semipalatinsk entfernt, wo die Sowjetunion ihre Atombomben getestet hat. Die Bevölkerungsdichte ist gering und war es auch, bevor die Atombomben kamen. Wir sind nicht daran gewöhnt, Kasachstan als Zentrum Eurasiens zu begreifen, von Shidebaj ganz zu schweigen. Die frühen Ackerbauregionen Eurasiens lagen am Rand: in China, Südostasien, Indien, dem Zweistromland, im Mittelmeerraum und dann in den gemäßigten Zonen West-, Mittel- und Osteuropas. Dort waren die frühen Hochkulturen des eurasischen Raumes, dort entstanden die ersten Städte. Jede von ihnen neigte dazu, sich als Zentrum der Welt zu begreifen, und ein wenig ist das heute noch so. Doch im Zentrum Eurasiens liegt Shidebaj.

Warum sollten wir die Geschichte Eurasiens von seiner geographischen Mitte her betrachten? Erstens erinnert dieser Standort daran, dass die Geschichte Eurasiens nicht in der Geschichte seiner Hochkulturen aufgeht. Nördlich der Steppe beginnt der Wald, in Russland die Taiga, die lange von Jägern und Sammlern bewohnt wurde. Das waren kleine Gruppen von Menschen, die ihre Umwelt möglicherweise weniger prägten als andere Kulturen. Aber eine Geschichte haben auch sie. Sollen wir an die Tungusen erinnern, die im nördlichen Sibirien von Jagd und Rentierhaltung leben? Wann sie damit begonnen haben, ist kaum festzustellen, weil ihre Lebensweise keine archäologischen Spuren hinterlässt. In den langen und harten Wintern leben sie in der Taiga. Im Sommer ziehen die Tungusen in die Tundra, wo ihre Rentiere Gräser und Flechten fressen können. Der Dauerfrostboden taut auf, es bildet sich Morast, es kommen die Stechmücken. Um die Insekten abzuhalten, brennen ständig stark rauchende Feuer. In der nördlichen Hälfte Eurasiens ringen Menschen ihrer Umwelt ein hartes Leben ab.

Zweitens verband die Mitte Eurasiens die Hochkulturen des Randes miteinander, in anderer, aber doch vergleichbarer Weise, wie der Indische Ozean es getan hat. Das mag beim Blick auf die Karte zunächst befremden, denn Kasachstan ist ein Teil Zentralasiens, einer riesigen Region, mit sehr unterschiedlichen, teils lebensfeindlichen Landschaften. Die meisten Flüsse münden nicht in einen Ozean, sondern enden in Binnenseen oder Binnendeltas. Transporte müssen daher über Land erfolgen und sind beschwerlich. Neben verschiedenen Steppen gehören Wüsten und Gebirgslandschaften zu Zentralasien. Die Berge ragen bis zur Höhe des Himalaya auf, Gebirgspässe wie der Bedal-Pass im heutigen Kirgistan oder der Akbaital-Pass im heutigen Tadschikistan liegen deutlich über 4000 Meter. Das Klima ist kontinental, mit langen, harten Wintern ohne viel Schnee und mit kurzen, heißen Sommern.

Trotz dieser schwierigen Bedingungen aber konnte Zentralasien Kulturen verbinden. Denn Waldsteppen, Grassteppen und Halbwüsten ziehen sich in einem von Gebirgen gelegentlich unterbrochenen Gürtel durch ganz Eurasien, von Ungarn bis nach Nordchina, und weite Bereiche Kasachstans gehören dazu. Viele Wegstrecken der Seidenstraße liefen durch die Steppe beziehungsweise durch angrenzende Gebirge und Wüsten. Güter und Nachrichten, Wissen und Mikroben wurden transportiert. Nomaden durchzogen mit ihren Herden das Gebiet, tauschten sich mit Karawanen und mit den benachbarten sesshaften Kulturen aus. Das historische Thema Zentralasiens ist der Kulturkontakt, bedingt durch Fern- und Lokalhandel und bedingt durch die ständig sich verschiebende Grenze zwischen sesshaften Ackerbauern und Viehzüchtern, Dorf- und Stadtbewohnern einerseits und Nomaden andererseits. Die Kontakte und Konflikte, die sich an der Grenze und über sie hinweg abspielten, sind Gegenstand der Geschichte Zentralasiens.

Reiternomaden in den Steppen Zentralasiens

Nomaden sind keine Jäger und Sammler. Während diese unter jahreszeitlich wechselnden Bedingungen pflanzliche oder tierische Nahrungsquellen aufsuchen, sind Nomaden mobil, weil sie ihre Viehherden hegen und pflegen müssen. Nomaden ziehen nicht ihren Nahrungsquellen hinterher, sie bewegen ihre Nahrungsquelle, um sie optimal nutzen zu können. Historisch gesehen sind daher Menschen zunächst zu Ackerbau und Viehzucht übergegangen. Danach entstand an der biologischen Grenze des Ackerbaus die nomadische Lebensform. Dort, wo es entweder zu trocken, zu kalt oder zu heiß wurde, um regelmäßig zu säen und zu ernten, konzentrierten sich Menschen darauf, bestimmte Vieharten zu züchten: Ziegen, Schafe, Rinder, Pferde, Kamele. Weil zum Unterhalt der Herden mehr Weidefläche benötigt wurde, als von einem Ort aus erreichbar war, wurden Menschen mobil. Sie führten ihre Häuser als Zelte, Jurten oder zerleg- und zusammenbaubare Blockhütten mit sich. So konnten Nomaden überleben. Reich werden konnten sie aber nur auf Kosten anderer: Um die genutzten Flächen nicht zu überweiden, gab es klare Grenzen für die Größe der Herden und damit auch für die Bevölkerung, die von den Herden leben konnte. Wer größer werden wollte, brauchte mehr Platz. Wenn Seuchen oder Naturkatastrophen den Tierbestand bedrohten, mussten die Nomaden auf andere Weiden ausweichen oder die Ressourcen der Sesshaften in Anspruch nehmen. Beides war mit Konflikten verbunden. Die Grenze zwischen Sesshaften und Nomaden war immer ein Ort des Austausches und der Spannung. Wir konnten das schon im Kapitel «Babylon» beobachten.

Wann genau die nomadische Lebensform entstanden ist, ist schwer zu sagen. Die archäologischen Befunde ermöglichen es, ab 1000 v. Chr. in Zentralasien sesshafte Ackerbauern von Nomaden zu unterscheiden. Einige Zeit später finden wir Menschen, die Pferde und Kamele nicht mehr nur Lasten tragen und Karren ziehen ließen, sondern sie auch zum Reiten nutzten. Die Reiternomaden waren geboren, eine hochmobile Kultur. Zentralasien wurde in besonderer Weise von ihnen geprägt. Es wird geschätzt, dass vor der mongolischen Zeit des 13. Jahrhunderts die Hälfte des weltweiten Pferdebestandes in Zentralasien zu finden war. Heute gibt es in Zentralasien keine Wildpferde mehr. Die Welt, von der das folgende Kapitel handelt, war eine andere.

Die Spuren der Reiternomaden zeigen sich zunächst im archäologischen Befund. Bald aber tauchen sie in den Schriftquellen der sesshaften Bevölkerung auf, von China bis Europa. Die Quellen erzählen von Barbaren, unbekannt, unzuverlässig, unberechenbar. Ess- und Trinkgewohnheiten seien unkultiviert, die Manieren grob, das Sozialverhalten ungehobelt. Unser Wissen über die Nomaden stammt von Autoren, die voreingenommen sind, da kommen die Nomaden nicht so gut weg. Dabei waren auch viele nomadische Kulturen nicht schriftlos. Doch aufgrund ihrer mobilen Lebensweise schrieben sie weniger, und viele ihrer Schriftzeugnisse haben sich eben wegen der mobilen Lebensweise nicht erhalten. Viele der Quellen, die über Nomaden berichten, entstanden in Krisenzeiten. Sie handeln von Überfällen, Feldzügen, Kriegen. Da wurden Unterschiede und Grenzen deutlich herausgearbeitet. Doch der Alltag war weniger kriegerisch und von fließenden Übergängen gekennzeichnet. In der Regel betrieben mobile Viehzüchter nebenher Ackerbau, und in Krisenzeiten versuchten sie, die Erträge aus dem Landbau zu erhöhen. «The pure nomad is a poor nomad», heißt es in der englischsprachigen Forschung. Die sesshaften Bauern andererseits verlegten sich in landwirtschaftlichen Krisenzeiten auf die Viehzucht und wurden mobil. Die Grenze zwischen beiden Welten war also beweglich, und sie war eher eine Zone des Übergangs als eine klare Linie. Klimaveränderungen trugen dazu bei, dass sie sich im Raum verschob. In der Übergangszone gab es ständigen Austausch zwischen Nomaden und der sesshaften Welt, zum Nutzen beider Seiten. Menschen in Städten und Dörfern kauften Pferde, Vieh, Fleisch, Häute und andere Produkte. Über die Nomaden des Nordens kamen die Esel nach China, die zuvor nur im Westen heimisch waren, nun aber ein wichtiges chinesisches Lasttier wurden. Die Nomaden ihrerseits benötigten Güter der Städte, die sie selbst nicht herstellen konnten. An der Grenze zwischen China und den nomadischen Kulturen des Nordens gab es Grenzmärkte, die vom Reich der Mitte kontrolliert und je nach politischem Willen auch geschlossen wurden. In den Oasenstädten Zentral- und Westasiens fehlte diese straffe Steuerung.

Wer waren die Nomaden? In den Quellen ist von Skythen und Sarmaten die Rede, von Xiongnu und Wusun, von Hunnen, Türken, Tartaren und Mongolen. Hinter den Namen müssen sich nicht ethnische Gruppen verbergen, die aus dem Dunkel der Geschichte auftauchten und wieder verschwanden. Die Wirklichkeit war flexibler. Zentralasiatische Nomaden organisierten sich in Weidegemeinschaften mit gemeinsamen Haushalten und Zelten. Solche Gruppen können familiengeschichtlich als Abstammungsgemeinschaften beschrieben werden, wobei Patenschaften, Verbrüderungen und strategische Heiraten die Möglichkeit boten, Familie dort herzustellen, wo es sie nicht gab. Clans konnten sich politisch zusammenschließen und damit größere Verbände bilden; die blieben aber locker und meist zweckgebunden. Es steckte keine Vorstellung eines gemeinsamen Volkes dahinter. Solche Gemeinschaften benannten sich nach der Region, aus der sie kamen, oder nach dem Herrn, der sie anführte. Wenn der Verband zerbrach, konnten sich einzelne Weidegemeinschaften oder Familien anderen Gruppen anschließen und dann deren Namen tragen. Auf diese Weise mögen die sesshaften Schreiber den Eindruck gehabt haben, plötzlich von einer riesigen Menge Mongolen oder Hunnen bedroht zu sein, die dann ebenso plötzlich wieder verschwanden. Bald darauf schienen ganz andere «Reitervölker» aufzutauchen.

Größere politische Verbände kamen aus verschiedensten Gründen zustande. Es konnten Handels-, Kriegs- oder Beutegemeinschaften sein. Eine entscheidende Rolle spielten Menschen, die Führungskraft und Verlässlichkeit ausstrahlten. Dieses Charisma konnte in der Familie übertragen werden – der Bruder, Sohn oder Enkel eines erfolgreichen Anführers hatte eine größere Chance, Führungsansprüche geltend zu machen, als jemand, der aus dem Nichts kam. Ansprüche mussten aber durch Taten bewiesen werden, denn sich als Gemeinschaft unterzuordnen, sollte sich lohnen. Anführer mussten erfolgreich sein. Misserfolg war ebenso schädlich wie Geiz. Anführer brauchten Güter, die sie verteilen konnten. Handel zu günstigen Bedingungen war ein Mittel, Raub und Überfall ein anderes. Geduld und Abwarten war keine Alternative. Aus der Sicht der Sesshaften waren Steppenreiche daher räuberisch, dynamisch und nicht von Dauer. Aus der Sicht der Nomaden war Dauer ebenfalls ein schwieriges Thema. Denn Reichtümer ließen sich bei nomadischer Lebensweise nicht lagern und nicht bewahren. Nomadische Großgruppen standen daher immer wieder vor der Frage, was nach einem Sieg über «hochkulturelle» Reiche zu tun sei. In der Regel haben sie sich dagegen entschieden, sesshafte Reiche zu übernehmen, weil das das Ende des Nomadismus bedeutet hätte. Meistens begnügten sie sich mit Tributen, die sie nach Möglichkeit regelmäßig einforderten, mit dem Hinweis, sich andernfalls das Ausgehandelte mit Gewalt zu holen.

In Afrika, Europa und auch in Kleinasien und dem Zweistromland gab es Kontakte zwischen Nomaden und Sesshaften, ohne dass größere politische Verbände unter den Nomaden entstanden. Dagegen bildeten zentralasiatische Nomaden mehrfach große Herrschaftsverbände, wahrscheinlich herausgefordert durch den Kontakt mit China. Das Reich der Mitte war ihr wichtigster Bezugspunkt. China hatte eine lange und ziemlich ungebrochene hochkulturelle Tradition. Seine städtischen Zentren waren reich, jedenfalls aus der Sicht der Nomaden. China hatte früh und dauerhaft staatliche Strukturen ausgebildet. Wenn chinesische Mächte in die Steppe hinein expandierten, zwangen sie die Nomaden zu Reaktionen. Umgekehrt suchten chinesische Mächte auch nach Ansprechpartnern jenseits ihrer Grenzen, um die Nomaden berechenbar zu machen und ihre Güter, vor allem die Pferde, für das Reich zu nutzen. Krieg wie Handel konnten aufseiten der Nomaden dazu führen, dass sich größere Handels- oder Kriegsgemeinschaften bildeten. Das konnte eine Dynamik auslösen, deren Wirkungen noch in Mitteleuropa zu spüren waren, wie wir im Kapitel «Byzanz» gesehen haben. Den umgekehrten Effekt, nämlich europäische Reichsbildungen, Verflechtungen und Kriege mit Rückwirkungen bis nach China, hat es erst in der Neuzeit gegeben. Zuvor war Europa, aus der Mitte Eurasiens betrachtet, weit weg, klein und kleinteilig.

Ein erstes Beispiel für eine größere Nomadenallianz hängt mit der Reichseinigung Chinas im ausgehenden 3. Jahrhundert v. Chr. zusammen. Die nun regierende Han-Dynastie verfolgte eine aggressive Politik gegenüber dem Norden. Die dort aufsteigenden nomadischen Xiongnu hatten in ihren Augen nichts als Plünderung und Raub im Sinn. Kriegerische Aktionen wechselten mit Sicherungsbemühungen ab, in deren Zentrum der Weiterbau der Chinesischen Mauer stand. Sie sollte die Raubzüge der Xiongnu stoppen. Dann kam es zu Verträgen, in denen die Chinesen Seide, erlesene Speisen und Getränke, ja

Prinzessinnen anboten, gegen die Zusicherung eines friedlichen Nebeneinanders. Die Xiongnu stimmten zu, die Prinzessinnen wurden nicht
gefragt. Äußerlich und innerlich gestärkt durch Ruhe an der chinesischen Grenze beziehungsweise den Zugang zu chinesischen Gütern,
weiteten die Xiongnu ihren Machtbereich in der Steppe aus. Die Chinesen sahen diese Machtausweitung nicht gern und versuchten ihrerseits, durch Gebietserwerb im fernen Westen und Zusammenarbeit
mit Nomaden Innerasiens die Xiongnu zu stoppen. Die Nomadenallianz brach schließlich auseinander.

Ob es einen direkten Zusammenhang zwischen einer Xiongnu-
Gruppe und den Hunnen gibt, die im 4. Jahrhundert n. Chr. Persien
und Europa bedrohten, ist umstritten. Wie die zentralasiatischen Nomaden insgesamt werden auch die Hunnen kein «Volk» gewesen sein,
sondern eine nomadische Allianz. Die Europäer verorteten sie jenseits
der Wolga und erlebten ihre Überfälle als apokalyptische Schrecken.
Reiterkampf- und Bogenschützentaktik der Hunnen waren neu, ihr
Verhalten rund um die Schlacht ungewöhnlich grausam. Dass sie darauf verzichteten, sich in eroberten Gebieten anzusiedeln, wollte den
Europäern nicht einleuchten. Das Weströmische Reich zahlte Tribute,
um sie zu beruhigen, und konnte sogar hunnische Truppen in Dienst
nehmen. Ab der Mitte des 5. Jahrhunderts zerfiel die Hunnenallianz.
Ihr Nachruhm war enorm; noch im Ersten Weltkrieg wurden die
Deutschen von Franzosen und Engländern als Hunnen bezeichnet, um
sie als grausam und kulturlos zu brandmarken.

Dschingis Khan und das mongolische Weltreich
des 13. Jahrhunderts

Das größte Steppenreich der Geschichte war das mongolische Weltreich des 13. Jahrhunderts n. Chr. Zur Zeit seiner größten Ausdehnung
umfasste es eine Fläche von der Größe Afrikas und reichte von China –

das die Mongolen eroberten – bis an die Donau und nach Bagdad, von Sibirien bis an den Arabischen Golf und an die heutige Nordgrenze Vietnams. Das mongolische Reich hat viele Herrschaftsgebilde vernichtet, die bis ins 13. Jahrhundert wichtig waren: Das Jin- und das Song-Reich in China gehören ebenso dazu wie das abbasidische Kalifat in Bagdad. Von seinem Aufstieg profitierten aber auch Herrschaften und Staaten direkt oder indirekt, die danach lange Zeit und teils bis heute die Geschichte geprägt haben: das Mogulreich in Indien beispielsweise oder das Russische Reich. Das mongolische Weltreich hat die Handelswege durch Zentralasien eine Zeitlang sicherer gemacht und gestärkt. Die Bedeutung Zentralasiens – wenn auch vielleicht nicht Shidebajs – für die Weltgeschichte war nie größer als im 13. Jahrhundert. Obwohl dieses Steppenreich eine große historische Ausnahme war und auch relativ schnell zerfiel, lohnt es sich daher, genauer hinzuschauen.

Am Anfang stand Temüjin, der 1206 durch ein *quriltay*, eine Versammlung der wichtigen Männer, zum Herrscher der gesamten Steppe erhoben wurde. Seitdem nannte er sich Dschingis Khan, was möglicherweise als «Weltherrscher» zu übersetzen ist. Für seinen Geburts- wie für seinen Herrschaftsnamen sind in der lateinischen Schrift verschiedene Varianten im Umlauf. Temüjin ließ zwar nach 1204 aus dem Uigurischen eine Schrift für das Mongolische erarbeiten, diese funktionierte aber natürlich anders als die im europäischen Westen gängigen Schriften. Es gibt daher verschiedene Möglichkeiten, die mongolischen Schriftzeichen in lateinische zu übertragen.

Temüjin wurde wahrscheinlich 1162 oder 1167 in eine bedeutende, aber nicht herausragende mongolische Familie hineingeboren. Kindheit und Jugend müssen wir aus wenigen Quellen rekonstruieren, die Wichtiges durch Legendenhaftes zu verstärken suchen. Sein Vater wurde ermordet, als er neun Jahre alt war. Es folgte eine entbehrungsreiche und harte Zeit, in der sich Temüjin angeblich als klug, listig, durchsetzungsstark und auch rücksichtslos erwiesen hat. Einen älteren Stiefbruder soll er früh ermordet haben. Um ihn gruppierten sich junge Leute, die ihn bewunderten und auf sozialen Aufstieg mit ihm hofften.

Das mongolische Weltreich des Dschingis Khan und die Nachfolgereiche

Beginnend mit dieser kleinen Gruppe, schlug sich Temüjin nach oben durch, Bündnisse flexibel handhabend. Die frühen Gefährten profitierten davon, dass er mehr und mehr zu verteilen hatte. Benachbarte Gemeinschaften wandten sich ihm zu oder wurden geschlagen beziehungsweise vernichtet. Wie bei den Hunnen oder den Xiongnu weitete sich mit der Gruppe auch der Name der ursprünglich kleinen Schar aus: Mongolen.

Nach seiner Ernennung zum Dschingis Khan strukturierte Temüjin sein Umfeld neu. Die oben erwähnte Entwicklung eines mongolischen Schriftsystems war Teil einer Verwaltungsreform. Hinzu kam die Organisation seiner Armee nach dem Dezimalsystem, das es schon bei den Xiongnu gegeben hatte. Indem Weide- und Familienloyalitäten nicht länger in die Armee hineingetragen werden konnten, sollte ein übergreifendes Gemeinschaftsbewusstsein entstehen. Außerdem wurde die Beuteverteilung neu geregelt. Es sollte nicht mehr jeder Kämpfer seine Beute auf dem Schlachtfeld sichern, was die Verfolgung besiegter Gegner erschwert hatte. Von nun an gehörte die gesamte Beute dem Khan. Der verteilte sie nach Loyalität und Fürsorge und richtete somit das Herrschaftssystem noch stärker auf sich aus. Andererseits machte er natürlich auch seine Herrschaft und sich selbst von der Beuteverteilung abhängig.

Welche ungeheure Dynamik dieses reiternomadische Geflecht aus Herrschaft, Verwaltung und Militär bei einem hinreichend ruchlosen Herrscher entfalten konnte, zeigte sich in den nächsten zwanzig Jahren. Mit rasender Geschwindigkeit weitete sich das Herrschaftsgebiet der Mongolen aus. Ihre Truppen operierten zwischen Nordchina und der Krim-Halbinsel. Die Heerführer Jebe (er starb unterwegs) und Sübedei legten von 1221 bis 1223 bei einem Zug, der sie rund um das Kaspische Meer, durch den Kaukasus, über die Krim, an die Wolga und zurück zum Aralsee führte, mehr als 8000 Kilometer zurück. Sie schlugen mehrere erfolgreiche Schlachten und waren so schnell, dass ein russischer Chronist, der über die Niederlage seiner Truppen am Kalka nordöstlich des Schwarzen Meeres berichtete, nicht einmal wusste, wer der Gegner gewesen war. Es habe sich um Unbekannte gehandelt, die manche Tartaren genannt hätten. Nur Gott wisse, wer diese Leute seien und woher sie stammten. Auch später würden die Mongolen in ihren Raubzügen weiter ausgreifen, als sie tatsächlich zu herrschen beabsichtigten. Im Vorfeld vieler ihrer Herrschaftsgebiete lagen verwüstete Regionen, aus denen kurzfristig wenig Gefahr drohte.

Schnelligkeit allein erklärt die Siege der Mongolen nicht. Ihre Kriegszüge waren strategisch gut geplant. Ihre Kriegstaktik verwirrte Europäer wie Chinesen. Berittene Bogenschützen stürmten mit immer wieder neuen Pferden gegen Infanterie und Kavallerie an. An Pferden bestand bei den Mongolen kein Mangel. Weil die mongolischen Bogen weit und hart schossen, durchschlugen ihre Pfeile die Kettenhemden europäischer Ritter, ohne dass diese die mit leichten und flexiblen Lederpanzern ausgerüsteten mongolischen Reiter hätten wirklich gefährden können. Deshalb waren die Verluste etwa bei der Kalkaschlacht, die unseren russischen Chronisten so schockiert hatte, extrem ungleich. Deshalb konnten Jebe und Sübedei den Großteil ihrer Truppen wieder zum Aralsee zurückbringen. In Schlachten war ein Hauptziel, den gegnerischen Befehlshaber auszuschalten, um die Kommandostruktur zu zerstören. Vorstellungen von Kriegerehre, die bestimmte Listen wie fingierte Rückzüge und Hinterhalte ausschlossen, engten die Mongolen nicht ein. Außerdem lernten die Mongolen schnell Techniken, die sie noch nicht kannten, etwa das Belagern von befestigten Städten. Nicht immer war das nötig. Stadtbewohner, die ihre Tore nicht öffneten, wurden exemplarisch grausam behandelt. Das motivierte andere, Widerstand gar nicht erst zu versuchen. Nachrichten über zersäbelte Gesichter und versklavte Bürger, mochten sie nun stimmen oder nicht, verbreiteten sich rasch, und den Mongolen war das durchaus recht. In Schreiben an Fürsten und Herren, in denen sie Tribute forderten, hieß es immer wieder, nur Gott allein wisse, was passieren werde, wenn der Angesprochene nicht zahle.

Die Uneinigkeit ihrer Gegner kam den Mongolen ebenfalls zugute. Hartnäckig hielt sich in der lateinischen Christenheit die Vorstellung, jenseits der verhassten islamischen Reiche befinde sich ein christliches Heer, das eines Tages den Heiden ein Ende machen werde. Als die ersten Nachrichten über Angriffe von mächtigen Heeren aus Innerasien eintrafen, waren die Christen daher geneigt, die Mongolen als Verbündete gegen die Muslime zu betrachten. Spätestens nach der Schlacht bei Liegnitz 1241, als die siegreichen Mongolen den Kopf des schlesischen Herzogs Heinrich der Fromme auf einer Lanze mitnahmen und angeblich auch noch neun Säcke Ohren abtransportierten, hatte sich der Irrtum geklärt. Aber auch danach verhandelten Papst und Kaiser mit regionalen Herren darüber, wer die Lasten der Verteidigung zu tragen habe.

Dschingis Khan starb 1227 während eines Kriegszuges gegen die Tanguten von Xixia im Nordwesten Chinas. Der dritte von vier Söhnen seiner Hauptfrau Börte Üjin wurde zum Nachfolger gewählt: Ögödei hieß er. Angeblich hatte Dschingis Khan ihn dazu bestimmt. Es gab Stimmen, die das bezweifelten, doch gelang diesmal noch eine einvernehmliche Regelung. Nur Mitglieder der Familie Dschingis Khans kamen jetzt und auch bei zukünftigen Wahlen infrage. Nur sie trugen das Charisma des Reichsgründers in sich. Doch es gab keine Regel, welches Familienmitglied das sein sollte: der nächstälteste Bruder? der älteste Sohn? der jüngste Sohn? Angestrebt wurde, den Fähigsten zu wählen – aber Fähigkeit ist ein interpretierbarer Begriff. Von der Herrschaftsnachfolge zu unterscheiden ist die Verteilung des eroberten Landes. Hier kamen viele Familienmitglieder zum Zuge. Das schnell wachsende Reich war damit doppelt verklammert: durch Besitzansprüche von Familienmitgliedern quer durch Asien und Europa und durch eine einigermaßen funktionsfähige Verwaltung von Steuern und Heer, die noch entwickelt werden musste.

Um Letzteres hat sich Ögödei verdient gemacht, der wegen seines Alkoholismus einen schlechten Ruf hatte. Er festigte das Reich nach innen. Er führte ein Postsystem ein, das für schnelle Nachrichtenübermittlung sorgte. Er ließ eine Hauptstadt bauen, Karakorum in der mongolischen Steppe. Sie war zwar strategisch günstig gelegen, konnte jedoch aus der Region nicht versorgt werden. Mehrere hundert Ochsenkarren täglich sollen nötig gewesen sein, um die Stadtbevölkerung von China aus mit Nahrungsmitteln zu versorgen. In Ögödeis Zeit fallen erste Versuche, ein Steuersystem zu schaffen. Auch wurden erstmals eroberte Gebiete in zivile Verwaltung überführt, mit einem Gouverneur an der Spitze. Unterhalb der Gouverneursebene konnten frühere Verwaltungsstrukturen fortbestehen, sofern sie ihre Hauptaufgaben erledigten: Tribute und Steuern eintreiben, Truppen bereitstellen und am Hofe des Herrschenden erscheinen, wenn das erforderlich war. Überhaupt nutzten die Mongolen die Fähigkeiten der Menschen, auf die sie trafen, mochten es Schreiber und Gelehrte, Administratoren, Bergleute oder Waffentechniker gewesen sein. Manche von ihnen wurden in Dienst genommen, andere umgesiedelt.

Ögödei starb 1241. Im nächsten Jahrzehnt spielten Regentinnen (Töregene Khatun, die Witwe Ögödeis, 1241–1246, und Oġul-Qaimiš, die Witwe des Ögödei-Nachfolgers Güyük, 1248–1251) eine entscheidende Rolle, was Christen wie Muslime sehr erstaunt hat. Noch einmal gelang 1251 die einvernehmliche Inthronisierung eines Großkhans: Möngke (1251–1259) setzte die innere Ausgestaltung fort. Dann siegten die zentrifugalen Kräfte in der immer größer werdenden Familie, die über immer mehr und immer verschiedenere Kulturen und Politiken herrschte. Vier große Einheiten wurden allmählich erkennbar, die den Rest des 13. Jahrhunderts prägen sollten: das Yuan-Reich in China; das Il-Khanat mit Schwerpunkten im heutigen Irak, Iran und Syrien; die Goldene Horde vom Schwarzen Meer über das Kaspische Meer und den Aralsee bis zum Baikalsee und von dort aus Richtung Norden; Chagatai in Zentralasien und Tibet.

Das Schicksal der vier Reiche im 14. Jahrhundert war sehr unterschiedlich. In China richteten sich die Mongolen ein – eines der wenigen Beispiele der dauerhaften Eroberung eines Reiches durch Nomaden. Ögödeis Hauptstadt Karakorum wurde nach Süden verlegt. In der Nähe des heutigen Peking und etwa 200 Kilometer südlich entstanden eine Sommer- und eine Winterresidenz. 1368 wurden die Mongolen wieder aus China vertrieben, nach Jahrzehnten von Naturkatastrophen, Hungersnöten und Bevölkerungsrückgang, die verdeckten, dass die Bilanz mongolischer Herrscher bis in die 1320er Jahre positiv gewesen war. Im Süden und Westen endete das Il-Khanat 1335 mit dem Tod Abu Saids. Seine knapp zwanzigjährige Regierung ist als Goldenes Zeitalter in Erinnerung geblieben, auch deswegen, weil er keinen Erben hinterließ und die Zeit nach 1335 durch lange Nachfolgekriege gekennzeichnet war. Die Goldene Horde im Norden und Westen überdauerte von allen mongolischen Reichen am längsten. Erst im 15. Jahrhundert wurden das zaristische Russland, Polen und Litauen stärker, das mongolische Reich zerfiel. Die letzte Nachfolgeherrschaft war das Krim-Khanat, dessen Ende erst die russische Zarin Katharina die Große 1783 herbeigeführt hat. Chagatai in Innerasien zerbrach 1338 über Differenzen, die mit der Vereinbarkeit von Islamisierung und der Pflege der Traditionen Dschingis Khans zusammenhingen. Immerhin aber begann in einem der Nachfolge-Khanate der Aufstieg Tamerlans (auch: Timur Lenk, um 1336–1405), der Ende des 14. Jahrhunderts noch einmal ein großes Reich zusammenbrachte und es in die Tradition Dschingis Khans stellte. Von Dauer war aber auch diese Reichsbildung nicht.

Pax Mongolica – ein Friedensreich?

Für das 13. und das frühe 14. Jahrhundert haben Wissenschaftler den Begriff «Pax Mongolica», mongolischer Friede, geprägt, der an die «Pax Romana», den Frieden im Reich des römischen Kaisers Augustus, erinnern soll. Weil ein Großreich weite Teile Eurasiens beherrschte, seien Frieden, Stabilität, Handel und kulturelle Blüte möglich gewesen. Nun dürfte der Begriff «Pax Mongolica» Heinrich dem Frommen nicht recht eingeleuchtet haben, dessen Kopf 1241 auf einer Lanze vom Schlachtfeld in Liegnitz getragen wurde. Auch aus der Sicht der Stadt Buchara, einer seit der Zeit Alexanders des Großen wichtigen Handelsoase im heutigen Usbekistan, macht der Begriff wenig Sinn. Buchara war 1220 von Dschingis Khan erobert und zu großen Teilen zerstört worden. 1238 gab es einen Volksaufstand gegen die Mongolen, der blutig niedergeschlagen wurde. 1263 geriet die Stadt in Thronfolgeauseinandersetzungen hinein und hatte mehrere tausend Tote zu beklagen. 1273 wurde Buchara von mongolischen Truppen aus dem Il-Khanat erobert, ein Teil der Einwohner getötet, ein weiterer Teil versklavt. Drei Jahre später fiel vor allem die ländliche Bevölkerung um Buchara einem weiteren Eroberungsversuch zum Opfer. 1316 wurde die Stadt ein weiteres Mal zerstört. Rund um Siedlungen in wasserarmen Gebieten funktionierten nach solchen Attacken meistens die hoch entwickelten und sehr anfälligen Bewässerungsanlagen nicht mehr, weil sie direkt zerstört worden waren oder von den Überlebenden nicht mehr instand gehalten werden konnten. Viele Menschen verhungerten. Der arabische Reisende Ibn Battuta berichtet in den 1330er Jahren, Buchara sei wenig bevölkert und voller Ruinen.

Obwohl sich diesen unbestreitbaren Schrecken leicht weitere hinzufügen ließen, ist der Begriff «Pax Mongolica» nicht ohne Wert. Denn jenseits der Kriegsgräuel und zeichenhaften Grausamkeiten boten das mongolische Reich und seine Nachfolgereiche günstige Rahmenbedingungen für Austausch aller Art. Schon Dschingis Khan hatte sich für Infrastruktur und Handel, für Sprache, Schrift und Kultur interessiert. Die Mongolei, bis dahin ein ziemlich unwichtiges Nebenziel für Fernhändler, wurde seit seinem Aufstieg zu einer wichtigen Handelsregion. Vor allem Ögödei hatte sich darum gekümmert, an den großen Handelsrouten regelmäßige Stationen, Karawansereien, einzurichten. Patrouillen sollten die Sicherheit erhöhen. Seine Nachfolger haben sich bis zum Zusammenbruch des Chinesischen Reichs und des Il-Khanats darum bemüht, auch während der vielen Thronfolgestreitigkeiten die Handelswege zwischen Europa und Ostasien offen zu halten. Wahrscheinlich sind die Fernrouten im 13. und im frühen 14. Jahrhundert vergleichsweise sicher gewesen, weil Herrschaft großflächig und intensiv war. Marco Polos Reisen fallen in diese Zeit. Händler mussten Zölle und Tribute an viel weniger Herren zahlen als in der vormongolischen Zeit. Der Güteraustausch zwischen Europa und Asien intensivierte sich, der Sklavenhandel auch. Die Preise für die Güter der Seidenstraße fielen.

Täbris, heute eine der größten Städte des Iran, gute 100 Kilometer von der Grenze zu Aserbaidschan und Armenien entfernt, mag den Segen der Pax Mongolica symbolisieren und insofern ein Gegenstück zum Unglück Bucharas bilden. In Täbris trafen Handelsrouten aus dem Mittelmeerraum, dem Indischen Ozean und Zentralasien zusammen. Der lebhafte Handelsplatz wurde zur Hauptstadt des Il-Khanats. Dessen Herrscher Ghazan Khan (1295–1304) ließ neue Vorstädte, Moscheen und Märkte bauen. Mehr als 200 000 Einwohner soll die

Stadt gehabt haben. Ibn Battuta, der auch das armselig gewordene Buchara erlebt hatte, hielt den Bazar für einen der glanzvollsten der Welt, weil so viele Waren von so guter Qualität angeboten würden. Da Kaufleute aus Venedig und Genua neben vielen anderen Europäern hier ihre Geschäfte abwickelten, wurde Täbris als die erste bedeutende europäische Handelskolonie im Innern Asiens bezeichnet.

Zur Pax Mongolica gehörte auch religiöse Toleranz. Temüjin war mit schamanischen Religionsvorstellungen aufgewachsen, und in seinem Umfeld gab es Anhänger verschiedener Religionen. Die zwischenzeitliche Hoffnung der europäischen Christen, sich mit den Mongolen gegen die Muslime verbünden zu können, gründete sich auch darauf, dass einige mongolische Prinzessinnen nestorianische Christinnen waren. Nach seiner Erhebung zum Dschingis Khan verbreitete sich die Vorstellung, der Himmel habe Temüjin zur Weltherrschaft berufen. Ob er das geglaubt hat, ist unsicher; sein Nachfolger Ögödei scheint sich sicherer gewesen zu sein. Solange Religionen diesen Anspruch nicht bestritten, waren sie in den mongolischen Reichen wohlgelitten. Steuererlasse gab es für die Geistlichen aller im Reich vertretenen Religionen, wohl aus Respekt gegenüber den «heiligen Männern» jedweder Überzeugung. Der Anspruch auf die allein selig machende Religion, den das Christentum und der Islam erhoben, war den Mongolen fremd. Ihnen ging es um Frieden zwischen den Religionen. Deren Nebeneinander war Teil der Lebenswelt Zentralasiens. Über die Art und Weise, in der der Himmel angerufen wurde, mochten sie nicht streiten.

In der zweiten Hälfte des 13. Jahrhunderts traten mongolische Herrscher im Westen zum Islam, im Osten zum Buddhismus über. Es ist umstritten, welche Bedeutung die jeweilige religiöse Überzeugung für diese Schritte gespielt hat. Als die Kraft der Reichsausweitung erlahmte, mochte das Bekenntnis zu der regional wichtigsten Religion den inneren Zusammenhalt stärken. Die Bekehrung muslimischer Herrscher musste nicht die Islamisierung der gesamten Bevölkerung bedeuten. Zu Übertritten der kleinen Leute zum Islam gibt es aus dieser Zeit keine Berichte. Ob die Mongolen die Ausbreitung des Islams insgesamt befördert haben, ist unsicher. In ihrer frühen und expansiven Phase hatten sie den Islam ja zunächst zurückgedrängt. In Zentralasien förderten eine Zeitlang regionale Herrscher die islamische Wissenschaft nicht mehr. Innerhalb der islamischen gelehrten Welt fiel Zentralasien dauerhaft zurück.

Wohl in keiner Epoche der Weltgeschichte vor dem 19. Jahrhundert war die Welt stärker vernetzt als während der Mongolenzeit. In keiner Epoche, die Zeit der Xiongnu vielleicht ausgenommen, war Zentralasien so prägend und so entscheidend für die Zukunft des gesamten Kontinents. Nach dem Zerfall der mongolischen Teilreiche hat der eurasische Austausch über Güter und Wissen deutlich abgenommen. Möglicherweise zählten ausgerechnet die Pestviren um die Mitte des 14. Jahrhunderts zu den letzten Nutznießern der eurasischen Handelswege. Danach verloren die Routen an Bedeutung. Das einstmals im Mittelpunkt stehende Zentralasien rückte an den Rand. Vielleicht rechnen wir deswegen nicht damit, dass das geographische Zentrum Eurasiens in Shidebaj liegt.

9.
Das Moche-Tal

Das Moche-Tal wurde von einem Fluss geschaffen, der nahe der Stadt Trujillo und 500 Kilometer nördlich der heutigen peruanischen Hauptstadt Lima in den Pazifik mündet. In der Nähe des Flusses erheben sich die Huaca del Sol und die Huaca de la Luna, die Sonnen- und die Mondpyramide, Erstere wohl der größte massive Bau, der in Südamerika je fertiggestellt wurde. Nur ein Teil der Pyramide ist erhalten; den Rest haben spanische Schatzsucher zerstört. Beide Pyramiden wurden aus luftgetrockneten Lehmziegeln hergestellt. Etwas mehr als 140 Millionen Ziegel werden für die Huaca del Sol geschätzt. Am Fluss

Moche, rund um die Huaca del Sol und die Huaca de la Luna, lag mindestens eine Zeitlang ein kulturelles Zentrum, das auf dem Höhepunkt
seines Einflusses um 500 n. Chr. die Flusstäler der Pazifikküste mehr
als 300 Kilometer nördlich und südlich des zentralen Ortes dominierte.

In den benachbarten Tälern entstanden zahlreiche kleinere städtische Zentren mit Palästen und Pyramiden, gebaut ebenfalls aus Lehmziegeln. Bis zu 15 000 Menschen konnten in einer solchen Siedlung
leben. Straßen verbanden die einzelnen Orte. Am Fluss Moche sind
ausgedehnte Bewässerungsanlagen nachgewiesen. Es gab Kanäle von
mehr als 100 Kilometern Länge und große Wasservorratsspeicher.
Durch geschickte Ausnutzung des Flusswassers konnten im sehr trockenen Flachland Mais, Bohnen, Erdnüsse, Maniok, Kartoffeln, Süß-
kartoffeln, Kürbis und Chili angebaut werden. Bauwerke, Bewässerungssysteme und städtische Siedlungen sind Leistungen, die nicht nur
Arbeitsteilung, sondern auch dauerhafte verlässliche Organisationen
erfordert haben müssen. Die Moche (so nennen Archäologen die gesamte Kultur und die zu ihr gehörenden Menschen, deren Überreste
sie finden) gelten als die erste Gesellschaft in Südamerika, in der es
staatsähnliche Strukturen gab.

Vor 1500: Eine Erde, zwei Welten

Die Huaca del Sol, die Huaca de la Luna, Bewässerungssysteme und
Straßen erinnern daran, dass es neben der eurasisch-afrikanischen
Welt, auf die wir uns bislang konzentriert haben, eine zweite Welt gab.
China und der Mittelmeerraum haben während der ganzen Zeit, die
europäische Historiker als «Antike» und «Mittelalter» bezeichnen,
Waren und Informationen ausgetauscht, wie wir gesehen haben. Das
geschah nicht direkt – in Konstantinopel verkehrten keine chinesi-
schen Seidenhändler, und es gab keinen Vertreter Roms am Hof der

Tang. Aber es gab ein Handels- und Informationsnetz, in das neben Eurasien auch Afrika einbezogen war. Von einer zweiten Welt jenseits des Atlantiks (aus europäischer Perspektive) beziehungsweise jenseits des Pazifiks (aus chinesischer Perspektive) wussten die Eurasier und Afrikaner nichts. Das galt umgekehrt auch für die Moche und die Bewohner der beiden Amerikas überhaupt. Auch sie verfügten über ausgedehnte Netze für Handel und Informationen, die den gesamten Doppelkontinent überspannten. Auch hier reiste niemand persönlich vom heutigen Kanada ins heutige Chile, doch Waren gingen durch viele Hände und konnten dabei Tausende von Kilometern zurücklegen. Die Amerikaner gingen ebenfalls davon aus, dass Atlantik und Pazifik das Ende der Welt überhaupt darstellten.

Auch die amerikanische Welt war Heimat sehr unterschiedlicher Gesellschaften. Die Moche waren eine von zahlreichen Hochkulturen mit zentralisierter Herrschaft und Arbeitsteilung: Handel, Handwerk, Ackerbau und Viehhaltung. Anders als in Eurasien gab es allerdings keine Zugtiere, sondern nur Nutztiere, Tragtiere und Reittiere. Das Werkzeug zur Bodenbearbeitung blieb daher einfach, das darauf bezogene Handwerk schlicht. Stark arbeitsteilige Gesellschaften gab es nicht nur am Ufer des Pazifiks, sondern auch in den Hochlagen der Anden sowie in Mittelamerika. Sie produzierten unterschiedliche Waren und tauschten beziehungsweise handelten daher miteinander. In den riesigen Regionen östlich der Anden, vom Amazonasgebiet bis hinunter in die Grassteppen des heutigen Argentinien, herrschten hingegen einfacher und kleinräumiger strukturierte Gesellschaften vor. Sie trieben teils Ackerbau und Fischfang, teils waren sie Jäger und Sammler. Auch sie waren aber durch Handel verbunden, wie weitverbreitete Handelssprachen belegen.

Auch die vielen Gesellschaften in der amerikanischen Welt haben ihre Geschichte, vom Aufstieg und Fall von Herrschern und Reichen, vom Zuwachs an Wissen und vom Vergessen, von wirtschaftlichen Boomzeiten und Krisen. Vieles bleibt uns allerdings verborgen, weil die allermeisten Gesellschaften schriftlos waren. Wahrscheinlich war für viele südamerikanische Gesellschaften die Zeit um 600 n. Chr. eine wichtige Umbruchperiode. Eine Kette von Extremwetterlagen, die wir heute auf das El-Niño-Phänomen zurückführen, brachte sie in höchste Gefahr. Am Anfang standen mehr als dreißig Dürrejahre: von 562 bis 594 n. Chr. Viel weniger Wasser floss aus dem Hochgebirge in das riesige Amazonasgebiet des heutigen Brasilien und in die vielen deutlich kürzeren Flüsse, die Richtung Westen in den Pazifik gingen. Manche dieser Flüsse versiegten. Ackerland versandete. Dünen bildeten sich. Zwischen 602 und 635 folgten häufige Starkregen mit Flutkatastrophen. Durch Tiefbohrungen in Gletschern und Untersuchungen des Schwemmlandes von Flüssen haben Geologen das herausgefunden.

Nicht nur die Moche, viele Gesellschaften im peruanischen Hochland und am Rande des Pazifiks waren überfordert. Archäologen registrieren verminderte Bautätigkeit, Zerstörungen von Häusern, Straßen, Wasserleitungen und Bewässerungssystemen, ein Ende künstlerischer Traditionen. Was genau in diesen Jahren passiert ist, wissen wir nicht. Zu vermuten sind heftige gesellschaftsinterne Auseinandersetzungen bis hin zur Selbstzerstörung. Nach 600 veränderte sich die politische Landschaft am Pazifik und in den Anden grundlegend. Neue Großreiche entstanden, alte Herrschaftsstrukturen und Kulturmuster verschwanden. Das prominenteste Opfer war die Moche-Kultur.

Keramik erzählt amerikanische Geschichte

Wie die Moche sich selbst nannten, wissen wir nicht. Sie haben keine schriftlichen Zeugnisse hinterlassen. Das ist bemerkenswert, weil aus europäischer Perspektive Staat und Schrift zusammengehören. Viele der süd- und mittelamerikanischen Hochkulturen vollbrachten aber erhebliche Organisationsleistungen und bewältigten komplexe Bauaufgaben, ohne dass sie Schrift verwendeten. Wie sie das geschafft haben, wissen wir nicht genau, weil in der Regel nur architektonische

Zeugnisse und Gräber übrig geblieben sind. Hinzu kommt das, was spanische Eroberer und Missionare nach den ersten Kontakten mit Einheimischen aufgeschrieben haben. Doch die Europäer haben die ihnen völlig fremden Kulturen oft nicht wirklich verstanden. Außerdem ist es sehr umstritten, ob es überhaupt möglich ist, aus Zustandsbeschreibungen, die nach 1500 aufgezeichnet wurden, auf deutlich frühere Epochen zu schließen.

Trotz all dieser Schwierigkeiten können wir uns von den Moche ein vergleichsweise gutes Bild machen. Das liegt an ihrer Keramik, die mehr als 90 Prozent des Fundmaterials ausmacht, das wir von ihnen haben. Meist handelt es sich um Gefäße, die Toten ins Jenseits mitgegeben wurden. Manche Gefäße stellen Personen und Tiere dar, bunt und lebensecht. Andere sind voller feiner Zeichnungen und Malereien.

Die Keramik war für Europäer so faszinierend, dass sich Grabräuber über Jahrhunderte für sie interessiert haben. Einzelne Stücke wurden entwendet, verkauft und tauchten in europäischen Sammlungen wieder auf. Seit gut hundert Jahren suchen Archäologen in Peru gezielter. Sie tragen Fundorte und Funde in Karten ein. Sie sammeln nicht nur Einzelstücke, sondern interessieren sich für das Ensemble von Beigaben, die eine Person ins Jenseits begleiteten. Sie sortieren die Keramik nach Fundorten und Herstellungszeiten, um regionale und zeitliche Veränderungen zu erkennen.

Ganz einfach haben es die Moche uns allerdings nicht gemacht. Ihre Keramik war nicht als Botschaft an Archäologen gedacht, sondern diente zum überwiegenden Teil als Hilfe für die Toten entweder auf dem Weg in eine andere Welt oder beim Aufenthalt dort. Die eindrucksvollen Malereien erzählen keine Geschichten des Alltags. Sie enthalten auch keine Gesetze oder Gewohnheiten, sie liefern keine Portraits von Herrschern oder anderen wichtigen Personen. Stattdessen geht es um zentrale Elemente von Religion und Ritual. Menschen, Tiere und Mischwesen aus Mensch und Tier werden in immer wieder ähnlichen Szenen gezeigt: im Kampf, in Wettrennen, in (Menschen-)Opferzeremonien, in Reinigungs- und Beerdigungsriten. Traum und

Wirklichkeit, Diesseits und Jenseits, Leben und Tod verlaufen ineinander. Viel Blut wird vergossen. Wer sich tief in die Bilder hineinversenkt, wird eine Nacht schlecht schlafen.

Was bedeutet das alles, jenseits der offensichtlichen Erkenntnis, dass diese Menschen ganz anders lebten, dachten und starben als wir heute? Zunächst müssen wir davon ausgehen, dass mindestens eine Elite der Moche die Zeichnungen verstanden und die sie umgebenden Mythologien gekannt hat. In ihrer Welt konnten ja keine schriftlichen Zusatzerklärungen gegeben werden. In den Zeichnungen liegt damit ein Schlüssel zum Selbst- und Weltverständnis der Moche. Das aber ist nicht leicht zu deuten. Opferriten standen im Zentrum der religiösen Handlungen, die die Zeichnungen zeigen, und Menschenopfer – nicht ungewöhnlich im vorkolonialen Mittel- und Südamerika – waren ein prominenter Teil davon. Neuere Ausgrabungen zeigen, dass diese Menschenopferungen tatsächlich stattgefunden haben und dass es Kostüme gegeben hat, in die Menschen schlüpften, um genau die halb phantastisch wirkenden Wesen darzustellen, die auf den Keramiken zu sehen sind. Geopfert wurde verschiedenen, aber nicht unüberschaubar vielen Göttern. Die Zahl der wichtigen Götter verminderte sich zur Moche-Spätzeit hin. Zwei Gruppen sind in den Malereien sehr präsent: Schamanen und Krieger. Die Bedeutung der Krieger nahm während der Moche-Zeit zu.

Obwohl religiöse Themen im Zentrum stehen, sagen die Keramiken doch auch etwas über das Alltagsleben der Moche aus: Kleidungsstücke werden gezeigt, Hausrat, Waffen, Haustiere. Durch Stilvergleiche können wir Phasen unterscheiden: Manche Archäologen nennen fünf, andere drei. Weitere Aussagen wurden in den letzten Jahrzehnten durch Grabungen gewonnen, die sich nicht mehr auf Keramik konzentrieren, sondern auch Gräber und die Begrabenen, Häuser, Tempel, Straßen und Wasserleitungen in den Blick nehmen. Mithilfe neuer Verfahren bis hin zu Gebissvergleichen und DNA-Analysen ist unser Bild von Leben und Geschichte der Moche plastischer und dynamischer geworden.

Zeugnisse der Moche-Kultur finden sich vom 1. Jahrhundert v. Chr. bis ins 7. Jahrhundert n. Chr. Ihr Anfang lag wahrscheinlich im Moche-Tal selbst. Bis 500 erreichte sie ihre größte räumliche Ausdehnung entlang der Pazifikküste. Das muss nicht von einem einheitlichen Zentrum aus und mittels militärischer Eroberung bewerkstelligt worden sein. Neuere Grabungsergebnisse deuten darauf hin, dass mehrere politische Einheiten eine kulturelle Grundlage teilten. Möglicherweise wurde der Süden durch Expansion aus dem Moche-Tal heraus geeinigt, wobei bisherige Kulturen nicht sofort und vollständig verschwanden. Im Norden scheinen mehrere Einheiten durch Gabentausch und Heiratsverbindungen verknüpft gewesen zu sein. Einige Archäologen nehmen an, dass verschiedene politische Einheiten der Moche immer wieder in gewaltsame Auseinandersetzungen verwickelt waren und besiegte Gegner gefoltert, geschändet und den Gottheiten geopfert wurden. Doch da gehen die Meinungen weit auseinander.

Nach 500 dürfte es dem Süden gelungen sein, auch im Norden militärisch zu dominieren. Das ist auch die Zeit, in der die Bedeutung der Krieger in der Keramik zunimmt. Eine hegemoniale staatsähnliche Einheit entstand, wahrscheinlich mit einem gottähnlichen Herrscher an der Spitze, in dem eine Art Kriegerkaste eine wichtige Stellung einnahm und Schamanen zwischen Diesseits und Jenseits vermittelten. Wer versorgte sie alle? Die Bauweise von Tempeln, Palästen, Straßen und Kanälen deutet darauf hin, dass Gruppen von «angelernten» Arbeitern eine Zeitlang Dienst taten und dann ersetzt wurden. Möglicherweise entrichteten sie durch Arbeit eine Art Staatssteuer. Die immer gleichen Ziegel, die bauähnliche Keramik und die Malereien mit ihren fast grammatischen Regeln deuten auf eine intensive Arbeitsorganisation hin, in der es Routinen, aber auch Platz für individuellen Ausdruck gab. Archäologische Funde aus den städtischen Siedlungen weisen auf eine geregelte Nahrungsmittelversorgung städtischer Handwerker hin. Es gab Händler, und es gab eine breite Bevölkerungsschicht, die mittels Ackerbau, Viehzucht und Fischfang Lebensmittel produzierte. Eine dicht organisierte, enorm leistungsfähige Gesellschaft wird sichtbar.

Auch jenseits ihres direkten Herrschaftsbereichs konnte sie beeindrucken, wie Keramikfunde in weiter Entfernung von den Kulturzentren zeigen. Umgekehrt finden Archäologen in Gräbern und Häusern der Moche Wert- und Gebrauchsgegenstände, die eine lange Reise hinter sich gehabt haben müssen. Muscheln von der ecuadorianischen Küste spielen eine große Rolle. Auch im vorkolonialen Südamerika gab es erstaunlich weit reichende Verbindungen von Menschen und Gütern. Und Kulturen waren nicht streng voneinander abgegrenzt, sondern überlappten sich, mischten sich, wirkten in manchen Räumen gleichzeitig.

Um 600 gaben die Moche plötzlich den Süden ihres Herrschaftsbereiches auf und verließen auch die Huaca del Sol und die Huaca de la Luna im Moche-Tal. Mehr als 150 Kilometer nördlich und 50 Kilometer von der Küste entfernt, entstand eine neue Planstadt mit 6 Quadratkilometern Grundfläche (das alte Zentrum hatte 2 bis 3 gehabt) und einer mächtigen Huaca Fortaleza als spirituellem Zentrum. Nahrungsmittel wurden in neuartigen Speichern gelagert. Gleichzeitig veränderte sich der Keramikstil. Weil Schriftzeugnisse fehlen, können wir nicht sicher sagen, was diesen radikalen Bruch herbeigeführt hat. Wahrscheinlich hatte die lang anhaltende Dürre die auf Bewässerung setzende Agrarwirtschaft in Schwierigkeiten gebracht. Die Starkregenjahre dürften dann die Bewässerungssysteme überfordert, vielleicht zerstört haben. Diese Katastrophen wurden wahrscheinlich den Eliten angelastet, die ganz offensichtlich die Verbindung zum Göttlichen verloren hatten. Und so wandten sich die Menschen anderen Göttern und Führern zu. An der Huaca de la Luna wurden mehr als fünfundsiebzig erwachsene Männerskelette gefunden, die massiver Gewalt ausgesetzt gewesen sein müssen, bevor sie geopfert wurden. Möglicherweise war dies ein verzweifelter Versuch der Moche-Eliten, die Gunst der Götter doch noch zurückzugewinnen. Genutzt hat es nichts.

Die neue Planstadt entstand am Fluss Lambayeque, der auch wäh-

Moche-Kultur
Wari-Kultur
Tiwanaku-Kultur
Grenzen der Natur-
und Kulturräume

Golf von Mexiko

Maya
Yucatán-
Halbinsel
Chol
Maya

Lenca
Pilpilingo
Matagalpa Mosquito
Orotina Ulva
Boruca Guaymi

acapan
eken-
aca

Subtaino Taino

Karibisches
Meer

Ciguayo

KARIBISCHER RAUM

Carib

Atlantischer
Ozean

ZWISCHEN-
ZONE

Goajiro
Motilon
Caquetio

Chaima
Palenque Warrau

NÖRDLICHER
ANDENRAUM

Choco
Chibcha
Yaruro
Apure
Achagua

Carib

Arawak

Cayapa

Orinoco

Mapoye

Carib

Macusi

Aparai

Colorado

Witoto

Jivaro

Río Negro

GROSSAMAZONIEN

Tucano

Macú

Arawak

Atua

NÖRDLICHES
MOCHE-GEBIET

Sipán
Moche
Caral

Chimú Inka

Bora

Omagua

Japura
Amazonas

Arará

Mura
Madeira

Mundurucú

Tupinambá
Tembé

Xingu

Tremembé

Potiguara

ZENTRALER
ANDENRAUM

SÜDLICHES
MOCHE-GEBIET

Catukina

Campa

Chincha

Machu Picchu

Inka

Ipurina

Cawahib

Nörd. Cayapó

Akwé-Shavante

Timbira

Sherente

Jaicó

Acróa

Tupinambá Caeté

Chanka

Titicacasee

Tiahuanaco

Namibkwára

Südl. Cayapó

Bororo

Botocudo

Colla
Aymara

CAMPOS

Chiquito

Chiriguano

Mbayá

Bororo

Pazifischer
Ozean

Atacama

Diaguita

Choroti

Payagua

Guaraní

Caingang

Tupinambá

Paraná

BRASILIANISCHES
BERGLAND
UND ANGRENZENDE
KÜSTENZONE

Matara

Comechingon

Ahfoan

Guaraní

Araucania

Chiquiyami

Uruguay

Paraguay

SÜD-
LICHER
ANDEN-
RAUM

Huarpe

Querandi

Guenda Arachane

Charrua

Minuan

Puelche

Het

PAMPAS

Mapuche

Poya

Pehuenche

Nördl.
Tehuelche

Atlantischer
Ozean

Chilote

Chono

Südl.
Tehuelche

Falklandinseln

PATAGONIEN

Alacaluf

Tehuesh

Ona

FEUERLAND

Yahgan

Kap Hoorn

OLICHES MOCHE-GEBIET

La Leche

Lambayeque

Sipán
Pampa
Grande

Saña

osé de Moro

Jequetepeque

Chicama

Mocollope

Moche

El Brujo

Trujillo

Galindo

Cerro Blanco
(Huacas de Moche)

Virú

Chao

SÜDLICHES MOCHE-GEBIET

Pampa de Los Incas

Santa

Anden

Cordillera

Negra

Nepeña

Casma

Pazifischer
Ozean

Culebras

Huarmey

50 100 150 km

rend der Dürre noch Wasser führte. Möglicherweise haben die lange
unterdrückten nördlichen politischen Einheiten die Gelegenheit ergriffen, sich mit dem Neuanfang am Lambayeque gegen den zusam-
menbrechenden Südstaat durchzusetzen. Doch es dürfte nicht leicht
gewesen sein, eine aus verschiedenen, höchst gefährdeten Regionen
zusammengekommene Bevölkerung erneut dicht zu organisieren, zumal auch der neue Hauptort mit den massiven Klimaveränderungen
zu kämpfen hatte. Auf Dauer gelang es jedenfalls nicht, die Moche-Kultur neu zu stabilisieren. Am Ende müssen gewaltsame Auseinandersetzungen gestanden haben. Umstritten bleibt, ob die Wari (oder Huari),
die dabei waren, vom Süden des heutigen Peru aus ein kriegerisches
Großreich zu errichten, den Untergang des reformierten Nord-Moche-
Gemeinwesens aktiv und gewaltsam herbeigeführt oder nur von dessen Zusammenbruch profitiert haben.

Von den Wari und wesentlich später den Inka unterschieden sich
die Moche unter anderem dadurch, dass ihre Gemeinwesen auf das
Tiefland beschränkt blieben. Bei 500 bis 600 Metern über dem Meeresspiegel endete ihr Einfluss. Eine Expansion ins Hochland der Anden
haben sie nicht angestrebt. Es hätte ihre Ressourcen und Möglichkeiten wohl auch überfordert. In diesen Grenzen sind die Leistungen der
Moche noch heute beeindruckend.

Olmeken, Maya und andere

Die Moche waren nur eine von vielen Kulturen Süd- und Mittelamerikas, die weiträumig organisiert waren, städtische Siedlungen errichteten
und Kulturgüter produzierten, die bis heute faszinieren. In Mittelamerika standen am Anfang die Olmeken am Golf von Mexiko, ungefähr
dort, wo die Landbrücke zwischen Atlantik und Pazifik in Mexiko am
schmalsten ist. Zwischen 1000 und 500 v. Chr. errichteten sie Siedlungen und schufen Kunstwerke, unter denen die Kolossalköpfe beson-

ders eindrucksvoll sind: mehrere Meter groß, bis zu 30 Tonnen schwer, dabei aber individuell und lebendig gestaltet. Olmekische Kleinplastiken sind weit südlich von Mexiko bis ins heutige Costa Rica gefunden worden. Ob das auf eine Reichsbildung hindeutet oder einfach nur die Folge von Handelsnetzen unabhängiger olmekischer Zentren war, ist umstritten. Sogar Spuren von Schrift und Kalenderrechnungen gibt es. Da ist allerdings unklar, ob sie tatsächlich auf die Olmeken selbst zurückgehen oder jünger sind.

Den Olmeken folgte in Mittelamerika keine im gleichen Maß herausragende Gruppe. Im zentralen und südlichen Mexiko sowie im heutigen Guatemala finden wir die deutlichsten Spuren städtebildender Kulturen in Mittelamerika zwischen 500 vor und 1000 nach Christus, die sich offensichtlich gegenseitig beeinflusst haben. Keine von ihnen kann als direkter Nachfolger der Olmeken angesehen werden. Wie bei den Moche wurden mit enormem Aufwand kulturelle und religiöse Zentren gebildet und dann auch wieder verlassen. Wie bei den Moche ist es leichter, die Ausprägungen einer Kultur zu beschreiben als die Gründe für ihren Aufstieg und Niedergang, der manchmal auch ein katastrophaler Zusammenbruch war. Die wohl bekannteste dieser Kulturen waren die Maya im «Klassikum» von 300 bis 900 n. Chr., der mittleren von drei Zeitphasen, in die die Geschichte Mittelamerikas vor der spanischen Eroberung aufgeteilt wird. Schauplatz der Maya-Zeit war die Halbinsel Yucatán, die heute zu drei Staaten gehört: Mexiko, Belize und Guatemala.

Ab 300 n. Chr. gab es in Yucatán Fürstentümer mit planmäßig angelegten städtischen Zentren. Herrscherkult und eine geschichtete Gesellschaft werden in Bildern und auch Inschriften sichtbar. Die Maya entwickelten eine leistungsfähige Schrift, die Silben- und Bildzeichen kombinierte. Sie schrieben nicht nur auf Stein, sondern auch auf Papier, Textilgewebe oder Leder. Wie viele Menschen diese Maya-Schrift schreiben oder lesen konnten, wissen wir nicht. Nach der spanischen Eroberung ging das Wissen verloren. Es wird seit eineinhalb Jahrhunderten mühsam wiedergewonnen. Einfach ist das nicht, weil es sich um mehrere hundert Zeichen handelte, die in Varianten kursierten, und mehrere miteinander verwandte Maya-Sprachen dokumentierten. Bis heute sind immer noch 10 Prozent der Schriftzeichen unklar.

Nach einer schweren Krise im 6. Jahrhundert erlebten die Maya-Gesellschaften ab 600 einen erneuten Aufschwung. Ihre Grundlage war eine durch künstliche Bewässerung leistungsfähiger gemachte Landwirtschaft, die eine größere städtische Bevölkerung ernähren konnte. In den Städten gab es Verwaltungen, die für Wirtschaft, Politik und Religion zuständig waren. Eine Adelsschicht hatte die führenden religiösen und politischen Positionen inne. Allmählich bildeten sich Oberzentren heraus, die zwischen 650 und 850 das Maya-Gebiet unter sich aufteilten. Danach hörte ein Ort nach dem anderen auf, Monumente und Stelen zu errichten. Zeugnisse für Königsherrschaft verschwanden. Die bunt bemalte Keramik wurde nicht mehr produziert. Warum? Einwanderung aus Zentralmexiko könnte ein Grund sein, verbunden mit steigender kriegerischer Gewalt. Vielleicht hat dies die Handelsnetze zerstört, die das Leben in den Städten möglich gemacht hatten.

Für das westliche Südamerika von Ecuador bis Chile lässt sich wie für Mittelamerika eine Geschichte der Hochkulturen erzählen, in der die Moche eine frühe Episode bilden. Die südamerikanische Geschichte ist komplexer als die mittelamerikanische, weil das Gebiet größer und geologisch wie klimatisch stärker gegliedert war. Rund um den Titicacasee ist in 4000 Meter Höhe früh Ackerbau betrieben worden, in noch größeren Höhenlagen Viehhaltung. Ackerbau und Viehzucht gab es auch in allen tieferen Regionen. Die Bedingungen waren sehr verschieden: geologisch aufgrund unterschiedlicher Bodenarten, klimatisch wegen der unterschiedlichen Nähe zum Äquator und im Tiefland auch infolge unterschiedlicher Meeresströmungen. So erklärt sich die Strategie der Moche, durch Handel, Familienbande oder militärische Eroberung die Erzeugnisse verschiedener landwirtschaftlicher Regionen zu vereinen. Ähnliches lässt sich auch in den Hochanden zeigen, wie überhaupt die Unterschiede im kulturellen, wirtschaftlichen und politischen Bereich zwischen Tiefland und Hochland nicht sehr ausgeprägt waren. Neuere Untersuchungen haben auch die aktive Rolle des Amazonasgebiets auf der östlichen Seite der Anden hervorgehoben. Hier wurde zuerst mit Keramik gearbeitet, und es scheint auch, als seien Kunst und Bildthemen der Hochanden von Vorläufern im Amazonastiefland beeinflusst.

Mit Ausnahme der Maya besaßen die allermeisten süd- und mittelamerikanischen Kulturen, von den Olmeken bis zu den Moche, kein oder doch kein ausdrucksstarkes Schriftsystem. Dennoch waren sie leistungsfähig und dynamisch, in kultureller wie technischer Hinsicht. Auch ohne Schrift konnten komplexe Probleme wie große Bauten, Bewässerungsanlagen oder überörtliche Sozialsysteme gelöst werden. Moche, Maya und Olmeken zeigen Möglichkeiten des Menschseins, die weit entfernt liegen von den lange Zeit normgebenden europäischen Modellen. Seit ihrer Einwanderung über Sibirien, die Beringstraße und Alaska waren Amerikaner mehr als 10 000 Jahre von Eurasien getrennt gewesen und haben einen ganz eigenen Weg beschritten. Es gab zwei große Welten vor 1500, gemacht aus unzählig vielen kleinen Welten, die mehr oder weniger stark vernetzt waren. Nach 1500 stießen sie in den Metropolen der amerikanischen Welt folgenreich zusammen.

.

10.
Tenochtitlán und Cuzco

Nach 1500: Zwei Metropolen und ihr Ende

Tenochtitlán und Cuzco waren die Hauptstädte zweier Großreiche, die Jahrhunderte nach den Olmeken, Maya und Moche Mittelamerika einerseits und das westliche Südamerika andererseits beherrschten. Tenochtitlán, Hauptstadt des Aztekenreiches, liegt heute begraben unter den Häusern von Mexico-City. Cuzco, die Hauptstadt der Inka, gibt es noch: 350 000 Einwohner auf mehr als 3000 Metern Höhe in den peruanischen Anden. Viele Häuser im heutigen Cuzco haben Grundmauern aus der Inkazeit. Sie sind so exakt behauen, dass sie, ohne Mörtel oder andere Bindemittel, die Plünderung durch die Spanier und mehrere Erdbeben überstanden haben.

Als die ersten Europäer die Metropolen Süd- und Mittelamerikas betraten, waren sie überwältigt. Das um 1325 gegründete Tenochtitlán hatte um 1520 200 000, vielleicht auch 300 000 Einwohner. Die Stadt lag auf mehreren Inseln im Texcoco-See, die über Dämme miteinander und mit dem Festland verbunden waren. Begeistert schrieb einer der Konquistadoren, Bernal Díaz del Castillo:

Wir waren bass erstaunt über dieses Zauberreich. Hoch und stolz ragten die festgemauerten, steinernen Türme, Tempel und Häuser mitten aus dem Wasser. Einige unserer Männer meinten, das seien alles nur Traumgesichter … Zu diesen Palästen gehörten herrliche Gartenanlagen mit vielen blühenden Bäumen, Rosenhecken und Blumenbeeten, mit Obstgärten und einem Teich, der durch einen Kanal mit dem See verbunden war … Auf den verschiedenen Gewässern schwammen vielerlei Vögel … Fürwahr, ich glaube nicht, dass vor unserer Zeit schönere Lande entdeckt worden sind.

Die Hauptstadt der Inka, Cuzco, war älter als Tenochtitlán. Doch nach 1440 hatte sie ein Inkaherrscher von Grund auf erneuert. Auch sie stand also für ein junges, aufstrebendes Großreich. Als der Augustinermönch Celso Gargia mit den ersten Europäern Cuzco erreichte, war er voller Bewunderung:

Die Gebäude waren nahezu alle aus Stein, die Straßen regelmäßig angelegt. Wohin man blickte, zeigte sich Wohlstand, ja Luxus. Die Zahl der Bewohner betrug, wie ich später erfahren konnte, 200 000, und in den Vorstädten wohnten ebenso viele Menschen … Bewunderung verdienten auch die königlichen Paläste. Sie waren mit bunten Farben bemalt, wahre Künstler hatten die Tore mit Marmor verkleidet. Ich muss eingestehen, dass uns diese Eingeborenen bei der Bearbeitung von Steinen überlegen waren … Auf der Plaza begannen vier Hauptstraßen, welche mit den bedeutendsten Landstraßen des Reiches verbunden waren. Die Plaza selbst war mit feinem Kiesel bestreut. Mitten durch die Stadt strömte ein Fluss, dessen Ufer mit Steinplatten eingefasst waren. Er wurde von nicht weniger als zwölf Brücken überspannt. Diese Brücken waren nicht aus geflochtenen Weiden, sondern aus Stein.

Beide Metropolen folgten einem klaren Plan, in dem sich der Wille des Herrschers und der ihn beschützenden Götter ausdrücken sollte. Im Zentrum Tenochtitláns lag der Tempel des Kriegsgottes Huitzilopochtli. In den Augen der Azteken hatte er ihren Aufstieg begleitet und gefördert. Aber er war ein gefährlicher Gott. Ständig mussten Menschenopfer dargebracht werden, um ihn günstig zu stimmen. Angst vor den Göttern, die im Hier und Jetzt tätig sind, spielte eine große Rolle in der Religion der Azteken. Einige Kriegszüge wurden nur unternommen, um neue Opfer für Huitzilopochtli zu gewinnen. Nicht bei allen ihrer teils recht neuen Untertanen waren die Azteken beliebt.

Beim ungleich größeren Inkareich beeindrucken nicht nur Architektur und Reichtum der Hauptstadt Cuzco, sondern auch die Infrastruktur mit Straßen und Postwesen, einer geordneten Verwaltung, Arbeitsverpflichtungen sowie Nahrungsmittelspeichern für durchziehende Armeen oder für Hungersnöte infolge von Missernten. Das Inkareich war erst nach 1440 wirklich bedeutend geworden. Es war also noch jünger als das Aztekenreich, dann aber noch schneller und größer gewachsen. In den 1520er Jahren reichte es von der heutigen Grenze zwischen Kolumbien und Ecuador im Norden bis ins südliche Chile. Es umfasste damit sämtliche hochkulturellen Gebiete des Andenraums und des vorgelagerten pazifischen Tieflandes.

Tenochtitlán und Cuzco wurden Anfang der 1520er beziehungsweise 1530er Jahre von spanischen Truppen erobert und geplündert. Die Spanier profitierten in beiden Fällen von inneramerikanischen Konflikten: zwischen Azteken und den von ihnen Beherrschten in Mittelamerika, zwischen verschiedenen Kandidaten für den Inka-Thron in Südamerika. Mit ihren Indio-Mitstreitern zogen die spanischen Militärführer Hernán Cortés nach Tenochtitlán und Francisco Pizarro nach Cuzco, direkt in das Zentrum der Macht des Gegners. Beide siegten, und sie siegten total. Kleine spanische Einheiten, verbündet mit Indio-Truppen, schlugen die Azteken wie die Inka schnell und umfassend. Der Herrscher wurde getötet, die Hauptstadt geplündert und zerstört, Gold und Silber eingeschmolzen. Was sonst noch wertvoll schien, nutzten die Eroberer in ihren eigenen Haushalten oder brachten es nach Spanien.

Weitgehend intakt blieben hingegen die lokalen und regionalen Verwaltungsstrukturen sowie die Infrastruktur. Die Spanier kaperten gewissermaßen den Staat, raubten ihn aus und ließen ihn dann für sich arbeiten. Noch Jahrhunderte später konnte man die Grenzen der ehemaligen Großreiche erkennen: Wo die Inka und die Azteken geherrscht hatten, kamen auch die Spanier gut zurecht. Jenseits der alten Reichsgrenzen hatten auch sie Schwierigkeiten, ihre Herrschaft durchzusetzen. Meistens trafen sie hier auf Häuptlingsdörfer oder Jäger und Sammler, die militärisch nicht besiegbar waren, weil sie auswichen und wiederkamen. An den Segnungen der spanischen Zivilisation waren sie nicht interessiert. Umgekehrt war auch für die Spanier in diesen Gebieten wenig Reichtum zu erwerben. Bis ins 19. Jahrhundert blieb es jenseits der Grenzen der alten Reiche meistens bei nomineller Oberherrschaft der Spanier, die in der Praxis wenig bedeutete.

Warum haben die Spanier so umfassend gesiegt, gegen Reiche, die doch offenbar gut organisiert waren, großartige Bauleistungen vollbrachten und eben noch durch Krieg ihre Herrschaft ausgedehnt und befestigt hatten? An Musketen und Kanonen lag es eher nicht. Die beeindruckten nur beim ersten Mal, und bald wussten die Indios, dass die Europäer ziemlich lange brauchten, um nachzuladen. Der technische Vorteil der Europäer lag eher in den Eisenschwertern und Lanzen mit Eisenspitzen, die effektiver töteten als die Waffen der Indios. Die Europäer konnten mit ozeangängigen Schiffen Nachschub an Menschen und Material über große Entfernungen transportieren. Noch

Reiche in Süd- und Mittelamerika um 1500

Golf von Mexiko

Azteken

Tenochtitlán ● ▲ Teotihuacán
▲ Cholula
Mayapán ▲
Uxmal ▲ ▲ Chichen Itza
② ▲ Calakmul
La Venta ▲ ① ▲ Tikal
San Lorenzo
Palenque ▲ ▲ Copán

A r a w a k
Kuba
Hispaniola
Jamaica Puerto Rico

Zirkumkaribische Kulturen

Atlantischer Ozean

Tordesillas-Linie
(span.-port. Interessen-
grenze von 1494)

Chibcha

Orinoco

A r a w a k

③
Apure
▲ San Agustín
Japurá Rio Negro
Amazonas

Arawak

Karaiben

Galapagos-I.

Madeira Xingú

Tupi   *Tupi*

C H I M U - R E I C H
(um 1471)

Chan Chan ●
Moche ▲ ▲ Huari (Wari)
Cerro Sechín ▲ ▲ Chavín de Huántar
Lima ○ ▲ Machu Picchu
Quechua ▲ ④
Paracas ▲ ● Cuzco
Nazca ▲ ▲ Tiahuanaco
Chinchorro *Aymara*
▲ Potosí

Gê

Pazifischer Ozean

Chaco

Tupi Paraná

El Molle ▲ ▲ La Aguada
Guaraní

Tupi

Pampa

Uruguay

Atlantischer Ozean

1 Mayakultur (ca. 300 – 900)
2 Mayakultur des Nordens in Yucatán
    (ca. 900 – 1540)
3 Muiscareiche
4 Kerngebiet des Inkareichs (ca. 1250 – 1438)

▨ Inkareich (Ausdehnung bei Ankunft
    der Spanier)
▨ Aztekenreich um 1500
▲ Bedeutende archäologische Stätten
● Hauptstädte
Tupi Indigene Kulturen/Kulturräume

Wirtschaftsformen
▨ Wanderfeldbau und z. T. Jagd
▨ Jagd, z. T. Sammelwirtschaft
▨ Sammelwirtschaft
▨ Sesshafte Ackerbauern des Hochlandes

0   500   1000   1500 km

El Tajín ▲
Tollan/Tula ▲   ▲ Teotihuacán
Tlacopan ▲ ● ▲ Texcoco
Pátzcuaro ▲   ▲ Tlaxcala
Tenochtitlán Cholula ▲
                            Tres Zapotes ▲
Monte Albán ▲ ▲ Mitla

0   100   200 km

wichtiger waren die Pferde. Sie müssen auf die Indios einen ähnlichen Eindruck gemacht haben wie die Kriegselefanten Hannibals auf die Römer mehr als eintausend Jahre zuvor, mit dem Unterschied, dass zumindest die Azteken wirklich nicht wussten, dass es Pferde überhaupt gab. Diese Wesen machten aus Kriegern Riesen, mit völlig neuer Größe, Schnelligkeit, Reichweite und Zerstörungskraft. Und es gab die Krankheiten. Während der Eroberung von Tenochtitlán grassierte in der Stadt eine eingeschleppte Pockenepidemie, die viele Opfer forderte.

Technik und Biologie legen zwar einen Sieg der Europäer nahe, nicht aber die plötzliche und totale Katastrophe, die tatsächlich eintrat. Sie war die Folge von Missverständnissen und Fehlinterpretationen. Dabei geht es nicht so sehr darum, dass der Aztekenherrscher Moctezuma angeblich glaubte, die Europäer seien Abgesandte des Gottmenschen Quetzalcóatl. Natürlich mussten die Europäer auf die Azteken wie Außerirdische wirken: vollständig und merkwürdig bekleidet, bleichhäutig und bärtig, fremdartig sprechend, mit Schiffen, Musketen, Kanonen und Pferden. Aber Azteken wie Inka rechneten mit dem Wirken der Götter in der Welt, und auch der Kampf mit Göttern war Teil des Lebens. Wichtiger war, dass die Europäer sich aus der Sicht der Amerikaner an keine Regeln hielten. Sie waren nicht durch Gastgeschenke zufriedenzustellen. Sie achteten das Gastrecht nicht. Sie hielten sich nicht an Abmachungen. Die Unantastbarkeit des Königs war ihnen gleichgültig. Bis Azteken und Inka merkten, dass es sich um hoch entwickelte Barbaren handelte, die mordlustig und allein auf Beute aus waren, war es zu spät. In der allerdings erst um 1600 geschriebenen Chronik des Poma de Ayala, einem der ersten Indio-Schriftsteller aus dem Hochland von Peru, heißt es:

Don Francisco Pizarro und Don Diego de Almargo und die übrigen Soldaten entdeckten alle Reichtümer, die verborgen waren, Gold, und Silber, Juwelen und Edelsteine und sandten sie dem Kaiser und Katholischen König von Spanien … Und jeder von ihnen schickte nach Hause und sei-

ner Frau und den Kindern und Verwandten in diesem Reich und in Kasti-
lien. Aus Habgier schifften sich viele Priester und Spanier, Frauen und
Händler nach Peru ein … Zu den anfangs einhundertsechzig Spaniern
und einem Kongoneger kamen nun viele Spanier hinzu, Kaufleute und
Tauschhändler und Krämer und viele Dunkelhäutige … Die Spanier
schwärmten in alle Winkel dieses Reiches aus, zu zweien und einige auch
allein, machten die Indios zu Dienern, und jeder suchte seinen Vorteil und
seinen Unterhalt, wobei sie den Indios großes Leid und Schaden zufügten,
Gold und Silber von ihnen verlangten und ihnen Kleider und Nahrung
wegnahmen; und diese erschraken, als sie neue, nie gesehene Menschen
sahen, und so versteckten sie sich und flohen vor den Christen.

Goldgier, Habsucht und Rücksichtslosigkeit, die Poma de Ayala so eindrucksvoll beschreibt, waren nur eine Teilerklärung für den Erfolg
der Spanier. Sie gingen mit der Überzeugung in den Kampf, den rechten Glauben zu verbreiten. Gott war auf ihrer Seite, die Gegner gottlos
und barbarisch. Sie opferten ihren Göttern Menschen! Die Rituale und
Regeln der Gegner kannten die Spanier nicht, und sie wollten sie auch
nicht kennenlernen. Die meisten von ihnen waren in die Ungewissheit
Amerikas gezogen, um ihr Glück zu machen und reich zu werden.
Weil die Spanier in der Unterzahl waren, nutzten sie jede Gelegenheit,
sich einen Vorteil zu verschaffen. Sowohl Cortés als auch Pizarro
waren keine tumben Schlächter. Am Anfang ihrer Feldzüge loteten sie
Stärken und Schwächen des Gegners aus. Sie suchten nach Partnern
unter den Indios. Sie handelten ruchlos, aber strategisch geschickt.

Der Atlantik wird überwunden

In Tenochtitlán und Cuzco waren Kulturen, Mentalitäten und Militäreinheiten zusammengeprallt, die bis dahin nichts voneinander gewusst hatten. Das war eine Folge der Überwindung des Atlantiks durch

die Spanier. Der Ozean hörte auf, das Ende der Welt im Westen (für die Europäer) beziehungsweise im Osten (für die Amerikaner) zu sein. Der Atlantik bekam nun Grenzen, eine Gestalt und eine Geschichte. Für die Inka war der Atlantik sehr weit weg, auch der Pazifik interessierte sie wenig. Ihre Machtzentren lagen in der Höhe der Anden, wenngleich sie von dort aus auch Herrschaft über das Tiefland ausübten. Die Azteken kannten die Küsten besser und aßen natürlich auch Fisch. Doch die Idee, über das Meer zu expandieren, um beispielsweise die Inseln der Karibik zu erobern, lag außerhalb ihrer Vorstellungswelt. Auf den karibischen Inseln lebten Häuptlingsgesellschaften, die jenseits der eigenen Insel keine Interessen verfolgten. Die südamerikanischen Atlantikanrainer vom heutigen Kolumbien bis nach Argentinien waren teils dörfliche Häuptlingsgesellschaften, teils Jäger und Sammler, die ebenfalls keine Fahrten über das offene Meer unternahmen. Niemand in Mittel- und Südamerika rechnete damit, dass jenseits des großen Meeres Menschen lebten.

Auf der eurasischen Seite war das Interesse am Atlantik lange Zeit kaum größer. Zu Zeiten von Samudragupta, Taizong und Xuanzong, Dschingis Khan oder auch Konstantin war der Atlantik das Ende der Welt für Europa gewesen, so wie der Pazifik das Ende der Welt für China darstellte. Kommunikation, Handel und Eroberung in der eurasischen Welt liefen über die Flüsse, das Mittelmeer, den Indischen Ozean und das Süd- und Ostchinesische Meer. Auch die innerasiatischen Steppen und Wüsten waren wichtig, nicht aber der Atlantik oder der Pazifik. Zwar setzte sich in der Zeit, die in Europa Spätmittelalter heißt, die Annahme durch, dass die Erde eine Kugel sein müsse. China und Westeuropa mussten also an den Enden des gleichen Ozeans liegen. Doch das war eine Erkenntnis ohne jeden praktischen Wert. Dieser Ozean war offensichtlich riesig. Ihn zu überqueren erschien noch verwegener als heute eine Marsexpedition. Warum sollte jemand dieses Risiko eingehen?

Die Risikobereitschaft der christlichen Mittelmeeranrainer erhöhte sich, nachdem die Osmanen 1453 Konstantinopel erobert hatten. Das war eine welthistorische Zäsur. Zwar hatte Konstantinopel selbst, wie wir im Kapitel «Byzanz» gesehen haben, bereits seit einigen Jahrhunderten seine Weltmachtstellung eingebüßt. Doch die Stadt wurde als Bollwerk gegen den Islam betrachtet. Dass sie fiel, machte großen Eindruck. Mit den Osmanen war die expansive Kraft des Islams wiedererstanden. Seine weitere Ausbreitung nach Mitteleuropa hin war zumindest vorstellbar. Europa war der einzig verbliebene christliche Großraum der Welt, und auch dieser Rückzugsraum schien gefährdet. 1529 belagerten osmanische Truppen Wien, die Hauptstadt des Kaisers. Die «Türkenfurcht» wurde zu einem europäischen Thema. Außerdem kontrollierten nun Muslime den lukrativen Indienhandel.

Während der Islam sich im östlichen Mittelmeer und in Innerasien bis hinüber nach Indien ausbreitete, war er ganz im Westen Europas auf dem Rückzug. Die Iberische Halbinsel war im Zuge der großen Siege islamischer Reiterheere im 8. Jahrhundert muslimisch geworden. Aber seit dem 10. Jahrhundert gewannen die Christen vom äußersten Norden aus allmählich wieder die Oberhand, organisiert in mehreren Königreichen, die sich trennten und wieder vereinigten. Im 15. Jahrhundert zeichnete sich die dauerhafte Trennung Portugals vom Rest der Halbinsel ab. Dieser Rest aber, in Fläche und Bevölkerung viel größer als Portugal, wurde in einem Reich geeint. Die Heirat zwischen Isabella, spätere Königin von Kastilien, und Ferdinand, späterer König von Aragon, machte das 1469 deutlich, obwohl konkurrierende Ansprüche noch militärisch zurückgewiesen werden mussten.

Isabella und Ferdinand machten die Verchristlichung Spaniens zu ihrem gemeinsamen Projekt. Angesichts des Schicksals von Konstantinopel und der europäischen Türkenfurcht war das nachvollziehbar. Die ersten Opfer waren die Juden. Die Rechtgläubigkeit von *conversos*, Juden, die offiziell zum christlichen Glauben übergetreten waren, wurde von der neu eingerichteten Inquisition geprüft. 1492 stellte ein Dekret alle spanischen Juden vor die Wahl, entweder zum christlichen Glauben überzutreten oder auszuwandern. Wahrscheinlich haben mehr als 200 000 Juden daraufhin das Land verlassen. Im selben Jahr wurde Granada eingenommen, die letzte Bastion der Muslime in Spanien. Die vereinigten Königreiche von Kastilien und Aragon waren ein vollkommen christliches Land geworden – jedenfalls nach außen. Ferdinand und Isabella hatten den Ehrentitel «Reyes Católicos» redlich verdient, den ihnen Papst Alexander VI. 1496 verlieh. Mit der Verchristlichung gingen Herrschafts- und Verwaltungsreformen einher, die die Macht der Monarchen in ihrem Land gegenüber den Regionen, dem Adel und dem Klerus stärken sollten.

Während Spanien den Traum der christlichen Einheit allmählich verwirklichte, arbeitete das bereits gefestigte kleinere Portugal auf andere Weise am Wiederaufstieg des Christentums. Portugiesische Schiffe stießen entlang der afrikanischen Küste immer weiter nach Süden vor. Sie wollten Afrika umfahren, um – ebenfalls in Reaktion auf den Fall Konstantinopels – gewissermaßen durch die Hintertür das Christentum östlich und südlich des Mittelmeeres zu stärken und den Indienhandel neu zu beleben. Dieser Plan scheint ziemlich verwegen gewesen zu sein, doch müssen wir bedenken, dass kein Europäer damals wusste, wie weit Afrika nach Süden reicht.

Die Portugiesen schickten immer neue Entdeckerschiffe auf die Reise. An Bord waren Seeleute aus dem gesamten Mittelmeerraum, Kapitäne und Fachleute, häufig Genuesen oder Venezianer. Wir würden diese Unternehmungen heute «Public Private Partnerships» nennen. Privatleute boten Know-how und möglicherweise auch Kapital an, Könige gaben Schutzbriefe (die in brenzligen Situationen helfen konnten oder auch nicht), möglicherweise Schiffe oder Geld für Schiffe sowie Belohnungen oder Gewinnbeteiligungen im Erfolgsfall. Genaue Bedingungen wurden in jedem Einzelfall neu ausgehandelt. «Portugiesische» Schiffe, bemannt mit See- und Fachleuten aus dem gesamten Mittelmeerraum, entdeckten die Azoren, Madeira und 1444 die Kapverdischen Inseln. Der Handel mit afrikanischen Sklaven begann. Sie schufteten auch auf den funkelnagelneuen Zuckerrohrplantagen Madeiras, einer Insel, die gleich nach der Entdeckung Geld einbringen sollte. Zucker, mit billigen und immer wieder ersetzbaren Arbeitskräften gewonnen, ließ sich in Europa sehr gewinnbringend verkaufen – dieses in Madeira erprobte Geschäftsmodell sollte sich bald in der Karibik und in Brasilien in viel größerem Stil durchsetzen. 1483 erreichten portugiesische Schiffe die Kongomündung, 1488 schließlich das Kap der Guten Hoffnung vor dem heutigen südafrikanischen Kapstadt. Die Südspitze Afrikas war erreicht. Zehn Jahre später ankerte der portugiesische Kapitän Vasco da Gama, von Lissabon, dem Kap der Guten Hoffnung und der ostafrikanischen Küste her kommend, im westindischen Kalikut. Als er 1499 triumphal nach Lissabon zurückkehrte, war der Seeweg nach Indien gefunden und gleich praktisch ausprobiert worden. Wenige Jahre später begannen gewaltsame Auseinandersetzungen zwischen portugiesischen, arabischen und indischen Schiffen über die Handelsrechte im Arabischen Meer. Die Portugiesen hatten die besseren Kanonen und setzten sich durch. Sie prägten von nun an den Fernhandel im Indischen Ozean und verdienten viel Geld damit.

Der Irrtum des Kolumbus

Während die Portugiesen Afrika umrundeten, verchristlichten also Isabella und Ferdinand ihr Spanien. Erst als sich die endgültige Niederlage der Muslime in Granada abzeichnete, war das katholische Königspaar in der Lage, sich ernsthaft um den Atlantik und den Indienhandel zu kümmern. Allerdings war der Vorsprung der Portugiesen mittlerweile viel zu groß, als dass sie noch ernsthaft hätten konkurrieren können. Außerdem hatte der Papst die Vorrechte der Portugiesen vor Afrika 1454 bestätigt. In dieser Situation erinnerten sich die «Reyes Católicos» an den Genuesen Christoph Kolumbus, der seit Jahren in Madrid und Lissabon die Idee vortrug, nicht umständlich nach Süden zu fahren, um Indien zu erreichen, sondern direkt nach Westen. Die Erde sei eine Kugel, und diese Kugel sei kleiner als angenommen. Nur gut 6000 Kilometer seien es von den Kanaren bis zu den China vorge-

lagerten Inseln Cipangu (heute: Japan). Von dort aus könne man sich
nach Indien durchschlagen. In Lissabon war Kolumbus abgewiesen
worden, weil man seinen Entfernungsangaben nicht traute. China –
von Indien gar nicht zu reden – sei viel weiter entfernt, als er annehme,
zu weit für ein Schiff. Spaniens Könige aber glaubten Kolumbus nun.
Vielleicht hatten die Erfolge im eigenen Land sie übermütig gemacht.
Vielleicht waren sie auch angesichts des portugiesischen Vorsprungs
einfach nur verzweifelt genug, um auf diese ganz unwahrscheinliche
Idee einzusteigen. Kolumbus erhielt im Rahmen der damals üblichen
Public-Private-Partnership-Verhandlungen drei Schiffe. Für den Fall,
dass er Indien oder andere Territorien finden und Handelskontakte
anknüpfen würde, wurden ihm gewaltige Versprechungen gemacht.
Der Eindruck liegt nahe, dass Ferdinand und Isabella nicht davon ausgingen, ihre Versprechen je einlösen zu müssen.

Natürlich hatten die Portugiesen recht. Kolumbus' Entfernungsangaben waren grotesk falsch. Er hätte über die offene See Japan, China
oder Indien nie erreichen können. Sein Glück und das Glück des spanischen Königspaares war das unbekannte Land dazwischen. Es kam
in der Bibel nicht vor und stand in keiner nautischen Abhandlung.
Deshalb dauerte es Jahrzehnte, bis die Europäer verstanden hatten,
dass etwas für sie völlig Neues vor ihnen lag, ein ganzer Kontinent.
Lange arbeiteten sie mit ihren herkömmlichen Mustern. Die Menschen, die Kolumbus entgegentraten, waren natürlich keine Chinesen,
das sahen die Spanier sofort. Es würden Inder sein, die zu irgendeiner
Halbinsel des Subkontinents oder einer vorgelagerten Inselgruppe gehörten. Ein weiteres Madeira also oder eine Parallele zu den Kapver-
den. Kolumbus hat noch nach vier Amerikareisen und bis zu seinem
Tod 1506 geglaubt – oder zumindest behauptet –, Länder entdeckt zu
haben, die zu Indien gehörten. Die Indigenen Amerikas heißen daher
bis heute Indios oder Indianer. Die karibischen Inseln hießen Westindien (im Englischen bis heute West Indies), weil sie als der Teil Indiens
angesehen wurden, der von Europa aus über die Westroute erreicht
werden konnte. Indien selbst wurde zu Ostindien.

Bereits nach den ersten Nachrichten von den Funden des Kolumbus steckten Spanien und Portugal 1494 im Vertrag von Tordesillas die Grenzen ihrer jeweiligen Herrschaftsansprüche ab. Östlich des 46. Grads westlicher Länge agierten die Portugiesen, westlich davon die Spanier. Das sollte den Portugiesen freie Hand um Afrika und im Indischen Ozean geben und den Spaniern Westindien sichern. Dass damit die Spanier fast einen ganzen Kontinent, die Portugiesen aber Ansprüche auf den Osten Brasiliens gewannen, der sehr weit in den Atlantik hineinragt, ahnten die Vertragspartner nicht. Bis zum Vertragsabschluss gab es für sie ja nur einen Teil dessen, was heute die Karibik ist. Doch dieser Vertrag von Tordesillas ist der Grund, warum heute die Brasilianer Portugiesisch sprechen, der Rest Südamerikas aber Spanisch.

Kolumbus und die anderen europäischen Seefahrer brachen gen Westen auf, um auf Land und Leute zu treffen. Sie waren verwundert, was sie fanden, aber nicht darüber, dass sie etwas fanden. Die Menschen in der Karibik hingegen müssen von den Europäern völlig überrascht gewesen sein. Was sie gedacht haben, können wir nur erahnen. Anders als die Azteken in Mexiko hatten sie keine Schrift, die ihre Ansichten hätte aufbewahren können. Anders als die Inka hatten sie keinen Raum und keinen überregionalen Zusammenhalt, der es ihnen ermöglicht hätte, auszuweichen, zu überleben und damit von ihren Erfahrungen zu berichten. Beinahe die gesamte Bevölkerung der Karibik wurde binnen einer Generation ausgelöscht. Nur auf den kleinen Inseln über dem Wind ganz im Süden der Karibik haben Indios überlebt. Viele Menschen starben an europäischen Infektionskrankheiten, die es in der Karibik nie gegeben hatte, weshalb sie keine Abwehrkräfte gegen sie besaßen. Viele wurden bei Angriffen der Europäer umgebracht. Viele hielten Arbeit und Arbeitsbedingungen nicht aus, die die Europäer ihnen auferlegten. Wahrscheinlich hat ihre Nahrung sich verschlechtert, weil die Europäer die besten Plätze besetzten und ihre bisherigen Lebensgewohnheiten zerstörten. Wahrscheinlich sind auch viel weniger Kinder geboren oder groß worden, weil Frauen krank waren und die Ernährung mangelhaft. Mitte des 16. Jahrhunderts lebte auf Kuba, Jamaika, Hispaniola und Puerto Rico so gut wie niemand mehr, der Vorfahren hatte, die siebzig Jahre zuvor auch schon auf der Insel gewesen waren – mit Ausnahme der Nachkommen indianischer Frauen, die mit spanischen Männern zusammen Kinder bekommen hatten. Für die Menschen der Karibik hat die Zeit nicht ausgereicht, um ihre Geschichte der Katastrophe zu erzählen, geschweige denn, eine Schrift zu lernen, um sie aufzuschreiben.

Dabei waren die Inselbewohner nicht einfach passive Opfer. Als Kolumbus auf seiner zweiten Reise 1493 den Ort wieder aufsuchte, an dem er 1492 eine erste europäische Siedlung La Navidad gegründet hatte, fand er das Fort in Trümmern und alle neununddreißig Männer tot. Auch das benachbarte Dorf war zerstört. Das passte nicht zu dem friedlichen Eindruck, den Kolumbus von den Indigenen gewonnen hatte, und es gelang ihm nicht herauszufinden, was genau geschehen war. Auch die zweite Siedlung, die Kolumbus auf Hispaniola gründete, einer Insel, die sich heute Haiti und die Dominikanische Republik teilen, war nicht von Dauer. Diesmal war der Platz schlecht ausgesucht. Ackerbau funktionierte nicht. In den ersten zehn Jahren war die Todesrate auch für die Europäer hoch, weil die Indigenen Widerstand leisteten und weil die Europäer erst lernen mussten, mit Klima und Umwelt in der Karibik zurechtzukommen.

Erst seit 1500 wurde die Ansiedlung von Europäern in Hispaniola ernsthaft und planmäßig betrieben. Familien kamen, nicht mehr nur Seeleute und Abenteurer. Eine Verwaltung begann zu arbeiten. Indigener Widerstand wurde gebrochen, angesehene Häuptlinge umgebracht. Bald danach griffen Siedler auf die anderen Inseln der Großen Antillen aus: Jamaika, Kuba und Puerto Rico wurden erobert, wobei das Vorgehen der Spanier in Kuba besonders gewalttätig war. Ein zentrales Motiv für die Eroberungen war der Mangel an Arbeitskräften. Die Spanier waren davon ausgegangen, dass die Indios auf «ihren» Feldern und in «ihren» Bergwerken arbeiten würden. Doch viele wollten nicht, und viele konnten auch nicht mehr. Die Bevölkerung Hispaniolas vor der Ankunft des Kolumbus wird sehr unterschiedlich geschätzt: zwischen 200 000 und mehreren Millionen. 1509 jedenfalls wurden noch 62 000 gezählt, 1518 blieben 15 600, darunter nur wenige arbeitsfähige Männer. Zu wenig für die Arbeit auf den Zuckerrohrplantagen nach dem Muster Madeiras, die sich seit 1515 als besonders lukrativ erwiesen haben. Die Siedler begannen, im großen Stil Sklaven aus Afrika als Arbeitskräfte einzukaufen.

Die Verbindung aus Sklavenhandel und Plantagenwirtschaft brachte bereits früh im 16. Jahrhundert einen Dreieckshandel über den Atlantik hervor, der sich bis 1800 massiv ausweiten und europäische Händler und Siedler, und mit ihnen europäische Staaten, reich machen würde: Europäische Schiffe brachten Waren nach Afrika, die dort gegen Sklaven eingetauscht wurden. Die afrikanischen Sklaven wurden in der Karibik verkauft, um dort sehr spezifische, gut zu vermarktende *cash crops* (Zucker, Tabak, Kaffee, Baumwolle etc.) für den europäischen Markt zu produzieren. Diese *cash crops* nahmen die Schiffe aus der Karibik mit nach Europa, um dort wieder Waren für Afrika zu laden.

Neu-Spanien und Neu-Kastilien

In der Karibik hatten die Spanier Erfahrungen gemacht, die denen der Portugiesen vor Afrika ähnelten. Erste Entdeckungsfahrer vor der Ostküste Südamerikas berichteten ebenfalls von Menschen, die ähnlich wie Afrikaner zusammenlebten. Amerigo Vespucci vertrat in den Berichten über seine Erkundungsfahrten allerdings die Ansicht, dass es sich bei Westindien nicht um eine Ansammlung von Inseln handeln könne, sondern um eine neue Welt, einen neuen Kontinent. Deshalb wurde der Doppelkontinent, dessen Norden er gar nicht kannte, nach ihm «Amerika» genannt. Doch dieses «Amerika» war nicht nur größer als zunächst gedacht, es war auch vielfältiger, fremder und reicher.

218 Tenochtitlán und Cuzco

Vor allem das Azteken- und das Inkareich passten nicht zu den Erwartungen, die durch Afrika und die Karibik geprägt waren. Deshalb waren die ersten europäischen Besucher von Tenochtitlán und Cuzco so überwältigt. Nicht spanische Generäle und Könige haben daher die indianischen Großreiche erobert, sondern beutegierige Offiziere. Verantwortlich Handelnde wären wahrscheinlich vorsichtiger gewesen und hätten den Konflikt mit den Indio-Großmächten nicht gesucht. Hernán Cortés, Francisco Pizarro und ihre Leute hingegen setzten alles auf eine Karte, um alles zu gewinnen. Sie hatten Glück, weil in diesem Zusammenprall zweier völlig fremder Welten Europa den Sieg davontrug. Die Spanier führten ihren Sieg auf Gottes Hilfe und zivilisatorische Überlegenheit zurück. In Wirklichkeit entschieden, wie bereits gezeigt, eher die Krankheitserreger und die Rücksichtslosigkeit. Der Sieg wiederum hat erst Spanien und dann Europa reich gemacht.

Nach der Ermordung der Azteken- und Inkaherrscher und der Plünderung und Zerstörung Tenochtitláns und Cuzcos musste der Sieg dauerhaft umgesetzt werden. Die Lösung der Spanier bestand darin, mit den Eliten der alten Reiche zusammenzuarbeiten, sofern sie überlebt hatten, und die bisherigen Regelungen zur Steuererhebung und Arbeitsverpflichtung für Spanien nutzbar zu machen. Auf die einheimische Lokalverwaltung – oder vielleicht besser: neben sie – setzte sich die spanische Administration. Die Spanier, die nun in größerer Zahl nach Südamerika kamen, lebten in Städten. Mehr als vierzig Städte wurden im 16. Jahrhundert gegründet, Planstädte die allermeisten, wie Tenochtitlán und Cuzco zuvor.

Von diesen Städten ging die Verwaltung aus. Zwei Vizekönigreiche bildeten die oberste Verwaltungsebene: Neu-Spanien mit der Hauptstadt Mexiko, dem ehemaligen Tenochtitlán, war auch für die Karibik, das heutige Venezuela und außerdem noch für die Philippinen zuständig, die mittlerweile von der Pazifikküste Mittelamerikas aus angesteuert und in Besitz genommen worden waren. Neu-Kastilien umfasste im Wesentlichen das ehemalige Inkareich. Sein Zentrum war nicht

Cuzco, sondern Lima, das direkt nach dem Sieg über die Inka gegründet worden war. Es lag an der Pazifikküste, weil die Spanier nicht in den Höhen der Anden leben wollten. Das hat im Westen Südamerikas dazu geführt, dass man die Spanier in der Ebene fand und die Indios in den Bergen. Die beiden Vizekönigreiche wurden in Provinzen mit Gouverneuren unterteilt. Neben die Vizekönige und Gouverneure traten nach und nach Berufungsgerichte. Sie wurden die eigentliche zentrale Verwaltungsbehörde und konnten vom Mutterland aus leichter kontrolliert werden.

Der wichtigste Geschäftszweig der Vizekönigreiche war der Erzbergbau. Die Suche nach Gold und Silber hatte die Eroberer angetrieben. Die Rohstoffe für die Schätze der Azteken und vor allem der Inka mussten ja irgendwoher stammen, und diese Quellen mussten ausgebeutet werden können. Immer weitere Entdecker und Eroberer machten sich auf den Weg, um diesseits und jenseits der alten Reichsgrenzen Gold und Silber zu finden. 1530 begann der Silberbergbau in Zentralmexiko. 1545 wurde der Silberberg von Potosí im heutigen Bolivien gefunden, 1546 die Silbervorkommen von Zacatecas, erneut in Mexiko. Indios wurden zur Arbeit in den Bergwerken verpflichtet, die Todesraten waren hoch. Die Bergbauorte waren deutlich erkennbar: Rauch, Geruch, verschmutztes Wasser, Lärm, viele Menschen, demonstrativer Reichtum und beklagenswerte Armut. Die Silberstadt Potosí war Ende des 16. Jahrhunderts die größte Stadt in Amerika. Die schönste Stadt war sie nicht. Vor allem in den Anden, weniger in Mexiko, wurde neben Silber auch Gold gefunden.

Allein im 16. Jahrhundert soll Edelmetall im Wert von 3000 Milliarden deutschen Talern aus Südamerika nach Europa verbracht worden sein. In Europa fielen die Silberpreise. In Spanien und dem späteren Belgien, Hauptempfängerländer des lateinamerikanischen Silbers, stiegen die Güterpreise, weil das Silber als ein Grundstoff der Münzprägung an Wert verlor. Allgemein wird von einer europäischen «Preisrevolution» im 16. Jahrhundert gesprochen, wobei unsicher ist, ob die Silbereinfuhren oder doch eher die Zunahme der Geldwirtschaft (statt Naturalientausch) und das Bevölkerungswachstum verantwortlich waren.

Auch der zweite wichtige Exportartikel Neu-Spaniens war regional begrenzt. Zucker für den Export wurde vor allem in der Karibik angebaut und war hier über Jahrhunderte das dominante Produkt. Es gab auch Plantagen in Mexiko und in Peru, aber die arbeiteten vor allem für den amerikanischen Markt. Europäische Zuwanderer berichteten, dass die schon länger in Amerika ansässigen Spanier wie die Indios sehr gern süß aßen, süßer jedenfalls als die Europäer. Eine kleine Weltgeschichte steckt hinter dieser Beobachtung, die wir im Kapitel «Cap Français» noch genauer anschauen werden: Die Zuckerrohrpflanze stammt aus Ost- oder Südostasien und ist über den Handel im Indischen Ozean zu Zeiten des Römischen Reiches bis nach Indien und Arabien verbreitet worden. Von dort aus hat sie den südlichen Mittelmeerraum erobert. Die Portugiesen haben ihren Anbau in Madeira in größerem Stil ausprobiert. Die Spanier brachten sie in die Neue Welt. Nun lebten und starben ihretwegen afrikanische Sklaven auf karibischen Inseln, während Amerikaspanier und Indios ein neues Genussmittel entdeckten und Zahnweh bekamen. Natürlich gab es neben Edelmetallen und Zucker im 16. Jahrhundert noch viele weitere Wirtschaftszweige in Mittel- und Südamerika: Stoffe und Kleidung wurden hergestellt, Nahrungsmittel aller Art produziert. Aber das geschah vor allem zur Selbstversorgung oder für den heimischen Markt.

Das beherrschende Thema der kolonialen Wirtschaft war Arbeitskraft, denn das Desaster der Indios, das wir in der Karibik beobachtet haben, wiederholte sich auf dem Festland. Der Tod war allgegenwärtig. Die Zahl der Toten war naturgemäß viel höher, aber diesmal gab es Überlebende. Konkrete Angaben sind auch hier schwierig, weil die vorkolumbianischen Reiche keine Volkszählungen durchführten und auch nach 1520 keine Zahlen für den gesamten Kontinent zu haben sind (auch für Europa gibt es sie in dieser Zeit noch nicht). Geschätzt wird aber, dass die Bevölkerung auf dem Gebiet des heutigen Staates Mexiko zwischen 1492 und 1650 von ca. 12 Millionen auf unter 1 Mil-

lion Menschen zurückging, für Peru wird ein Rückgang von 9 auf
0,9 Millionen angenommen. Im gesamten Mittel- und Südamerika soll
der Bevölkerungsverlust 85 bis 90 Prozent betragen haben. Noch um
1800 soll die süd- und mittelamerikanische Bevölkerung weniger als
halb so groß gewesen sein wie 1492.

Die Gründe für den dramatischen Bevölkerungsrückgang sind ähnlich wie in der Karibik, nur dass auf dem Festland die immer wieder
auftretenden Seuchenzüge eine viel größere Rolle gespielt haben. Heutige Epidemiologen gehen davon aus, dass die für die Indios verheeren-
den Krankheiten seit Jahrhunderten in Europa heimisch waren und
zwischen Menschen und ihren Haustieren ausgetauscht wurden, ohne
dass beide es merkten. Europäer und ihre Tiere hatten Antikörper entwickelt, die den Indios völlig fehlten. Der englische Missionar Thomas
Gage berichtete 1648 von den Folgen einer solchen Epidemie – möglicherweise war es Typhus:

*Das ganze Land war infiziert mit einer Art ansteckender Krankheit, die
fast ebenso virulent war wie die Pest und die sie tabardillo nennen; und
sie war ein Fieber im Innern des Körpers und in den Eingeweiden, das selten bis zum siebten Tag andauerte, sondern die meisten am dritten oder
fünften Tag von der Welt ins Grab brachte. Der ungesunde Geruch und
Gestank, den diejenigen ausströmten, die an dieser Krankheit erkrankt
waren, war ausreichend, um das ganze Haus und alle Besucher anzuste-
cken. [Die Krankheit] zerstörte ihre Münder und Zungen und ließ sie so
schwarz wie Kohle werden, bevor sie starben. Nur äußerst wenige Spanier
infizierten sich mit dieser ansteckenden Krankheit; aber die Indios waren
allgemein davon betroffen.*

Angesichts solcher Erfahrungen ist es kein Wunder, dass sowohl Spanier als auch Indios auf die Idee kamen, hier sei die göttliche Hand am
Werk, und Indios seien mindestens eine andere Art von Menschen.
Nur wurden daraus sehr unterschiedliche Schlüsse gezogen. Die Spanier waren sich keineswegs einig. Viele Betreiber von Minen und Plan-

tagen zeigten wenig Mitleid mit den Arbeitskräften, die aus ihrer Sicht für alles Mögliche anfällig waren. Harte Arbeit und schlechte Bedingungen konnten aus ihrer Sicht die Sache kaum schlimmer machen, als sie ohnehin schon war. Persönliches Gewinnstreben und die Vorstellung, es mit Menschen einer anderen Kategorie zu tun zu haben, gingen hier eine schlimme Verbindung ein.

Anders die meisten Priester und Ordensleute. Sie unterstützten zwar die Kolonialisierung, aber für sie standen andere Motive im Vordergrund. Sie wollten den christlichen Glauben verbreiten, die Indios zivilisieren und zu guten Untertanen des katholischen Königs machen. Kleriker lernten einheimische Sprachen, versuchten, Regeln und Rituale zu verstehen, nicht, weil sie Ethnologen waren, sondern weil sie Indios effektiv umerziehen wollten. Daher prangerten sie die Missstände in Bergwerken und Agrarbetrieben an, die den für sie maßgeblichen Zielen der Kolonialisierung zuwiderliefen. Sie erinnerten die Europäer daran, dass auch die Indios entweder schon Christen waren oder Christen werden konnten und daher christlich behandelt werden müssten. Vor allem Jesuiten forderten die räumliche Trennung von Europäern und Indios, weil Letztere nur so gerettet werden könnten. Der in Madrid angesiedelte Indienrat, bei dem sämtliche Kompetenzen für die Kolonien lagen, versuchte einen Mittelweg zu fahren. Christianisierung und Zivilisierung waren für ihn zentrale Anliegen, aber natürlich mussten die Kolonien auch profitabel sein. Manche seiner Gesetze und Verordnungen wirken hilflos. Er war einfach zu weit weg, um Voraussetzungen seiner Entscheidungen wirklich verstehen und deren Folgen kontrollieren zu können.

Wie die Indios selbst die Entwicklungen des 16. Jahrhunderts wahrnahmen, ist schwer zu sagen. Sicherlich haben sie nicht einfach nur resigniert. Es gab Unruhen und Aufstände. Und sie machten sich das Fremde zu eigen. Christliche Kirchen wurden mit Bildern geschmückt, die indigene religiöse Traditionen mit christlichen Symbolen verbanden. Rechtsvorstellungen der Indios wanderten in das koloniale Rechtssystem ein. Seit 1540 sind Ratsprotokolle der mexikanischen

Stadt Tlaxcala belegt, in der Indio-Sprache Nahuatl mit spanischen Einsprengseln geschrieben. Die Buchstaben sind lateinisch. Indios sind Opfer, aber auch Akteure gewesen, und beides gehört zur lateinamerikanischen Geschichte und macht die Gegenwart aus.

Das portugiesische Brasilien

Während die Spanier «ihren» Kontinent vom Rückgrat her eroberten und kolonisierten, wussten die Portugiesen mit dem Landstrich, der ihnen durch den Vertrag von Tordesillas 1494 eher zufällig zugefallen war, lange wenig anzufangen. 1500 landete erstmals ein portugiesisches Schiff auf amerikanischem Boden. Aber es ist bis heute umstritten, ob das Zufall war. Möglicherweise hatte die Flotte des Pedro Álvares Cabral den mittlerweile üblichen großen Bogen, der im Rahmen einer Indienfahrt um Afrika gemacht wurde, um die günstigen Atlantikwinde auszunutzen, einfach zu groß gewählt. Cabral nahm das neue Land für seinen König in Besitz, ohne zu wissen, wie groß es war. Erst Jahre später waren die Portugiesen sicher, dass es sich um einen Teil des nun «Amerika» genannten Kontinents handelte. Für diesen Besitz taten sie wenig; ihr Hauptinteresse galt dem Indischen Ozean. Nützlich fanden sie das Brasilholz, das dort wuchs, denn daraus konnten Färbemittel gewonnen werden. Bislang hatten sie dieses Rotholz aus Ostasien importiert, und das war seit der Eroberung Konstantinopels durch die Türken immer schwieriger geworden. Nach dem Holz nannten sie ihren Teil Amerikas nun Brasilien: der Ort, wo das Brasilholz wächst.

Ab 1550 begann die Kolonisierung, die eher dem karibischen als dem festlandamerikanischen Modell folgte. Es gab keine einheimische Großmacht wie die Azteken oder die Inka, deren Staat die Portugiesen hätten kapern können. Als Geschäftsmodell bot sich nur die Plantagenwirtschaft an. Gold wurde in Brasilien erst im 18. Jahrhundert gefunden, dann aber so viel, dass es das Land grundlegend veränderte.

Um 1550 wurden zunächst Zuckerrohrplantagen angelegt, später gab es auch Tabak- und im 19. Jahrhundert Kaffeeanbau. Die Indios wurden auch hier zur Arbeit gezwungen. Es kam zu gewaltsamen Auseinandersetzungen, bei denen die Indios, durch erste Seuchenzüge geschwächt, unterlagen. Im letzten Viertel des 16. Jahrhunderts verdrängte Zucker das Brasilholz als wichtigsten Exportartikel. Weil die indigene Bevölkerung starb, wurden seit Ende des 16. Jahrhunderts in großem Stil Sklaven aus Afrika eingekauft. Anders als in der Karibik kam es aber nicht zu einem Dreieckshandel: Brasilianische Schiffe tauschten auf afrikanischen Sklavenmärkten direkt Menschen gegen Tabak, Schnaps und Gold ein. Spanische und portugiesische Kapitalgeber profitierten davon, ebenso wie ihre Staaten, doch die meisten der Schiffe sah man in Europa nie. Hier sah man nur den Zucker, den Tabak und im 19. Jahrhundert den Kaffee, der aus Brasilien kam. Vielleicht ist das auch ein Grund dafür, dass der Sklavenhandel in England zum Skandal wurde, in Spanien und Portugal aber selbst um 1800 noch kaum Diskussionen auslöste.

Die im Wortsinne goldenen Zeiten der Spanier und Portugiesen währten nicht lange. Franzosen, Niederländer und Engländer, die aufstrebenden europäischen Atlantikmächte des Nordens, wollten auch ihren Anteil am lukrativen Atlantikgeschäft haben. Weil Spanier und Portugiesen sich auf Papst und heilige Verträge beriefen und nichts hergaben, versuchten die anderen es mit Gewalt. Schon in der frühen Geschichte des portugiesischen Brasilien gab es Kämpfe mit Franzosen. Dass heute nördlich von Brasilien drei Guyanas liegen, ein französisches, ein niederländisches, das Surinam heißt, und ein britisches, ist kein Zufall, sondern Ergebnis dieser Kämpfe. Die verworrenen Kriegshandlungen in der Karibik, bei der Staaten und private Gewaltunternehmer Hand in Hand arbeiteten, hat viele Romanautoren inspiriert. Auch die Episoden des Spielfilms «Fluch der Karibik» leben von dieser Geschichte. Am Ende kam es zur Teilung der Inselwelt zwischen den verschiedenen Mächten, so dass heute in der Karibik Spanisch, Englisch, Französisch oder Niederländisch gesprochen wird – je nach Insel.

Lateinamerika ist den Spaniern und Portugiesen geblieben – mit Ausnahme der drei Guyanas. Als Napoleon nach 1800 Spaniens Herrscherhaus gefangen setzte, sein Bruder die Herrschaft in Spanien übernahm und das portugiesische Königshaus vor den anrückenden französischen Truppen nach Brasilien floh, erklärte Lateinamerika seine Unabhängigkeit. Das spanische Reich brach auseinander. Das Ergebnis waren viele Einzelstaaten, von Mexiko, Guatemala und Belize im Norden bis hin zu Chile und Argentinien ganz im Süden. Das portugiesische Reich blieb zusammen. Deshalb ist Brasilien heute das größte Land Südamerikas.

Nachzügler Nordamerika

Nordamerika gab es auch zu Zeiten des Kolumbus schon. Aber die Europäer fanden es uninteressant. Es gab keine den Inka oder Azteken vergleichbare Hochkulturen. Zwar haben Indianer des Südwestens wie des Südostens Nordamerikas Siedlungen gegründet, Ackerbau betrieben, getöpfert und gewebt, doch aus europäischer Sicht blieb das hinter den Kulturleistungen der Azteken weit zurück. Außerdem besaßen diese Kulturen nichts, was in europäischen Augen wirklich wertvoll war. Gold schien es nicht gegeben zu haben. Zwar hörten Spanier im Süden und Franzosen im Norden Nordamerikas von einem sagenhaft reichen Goldland irgendwo weiter im Innern des Kontinents. Doch dieses Land konnte nicht gefunden werden. Auch zeigten verschiedene Fahrten von Entdeckern, dass es keine Nordwestpassage gab, die man hätte nutzen können, um einfacher nach China oder Indien zu gelangen. Ab den 1530er Jahren rüsteten allein noch die Franzosen Expeditionen aus, die Neues über Nordamerika in Erfahrung bringen wollten. Doch außer Fisch und Pelztieren schien es nichts Verwertbares gegeben zu haben. Beides ließ sich mithilfe von Handelsniederlassungen und Sommerhäfen ausbeuten. Kolonialisierung war zunächst keine Option.

Im 17. und im 18. Jahrhundert veränderte sich die Lage aus zwei Gründen: aus machtpolitischen und aus religiösen. Erstens wuchs die Konkurrenz zwischen den Atlantikanrainern Spanien, Frankreich und England – die Portugiesen konzentrierten sich auf Brasilien und den Indischen Ozean und spielten im Norden keine Rolle. Die drei Konkurrenten betrachteten Nordamerika nicht mehr nur unter wirtschaftlichen, sondern auch unter machtpolitischen und strategischen Gesichtspunkten. Sie waren daher bereit, sich die Kolonialisierung etwas kosten zu lassen. Spanien vergrößerte sein Einflussfeld im Süden Nordamerikas, um seine lukrativen Besitzungen in Mittel- und Südamerika zu schützen. Frankreich beanspruchte das heutige östliche Kanada und entwickelte Interessen entlang der großen Seen und den Mississippi hinunter bis nach New Orleans. England gründete verschiedene Kolonien an der amerikanischen Atlantikküste von Neuengland im Norden bis Georgia im Süden.

Zweitens war es von Deutschland ausgehend zu einer Spaltung der christlichen Kirche des Westens gekommen. Derartige Spaltungen waren in der Antike, wie wir im Kapitel «Byzanz» gesehen haben, sehr häufig gewesen und hatten erhebliche politische Folgen gehabt. Den Einfluss der Nestorianer bis nach Zentralasien und China haben wir an verschiedenen Stellen beobachtet. Später hatte das westeuropäische Christentum, zunehmend unter der Leitung des Papstes stehend, solche Spaltungen immer mehr verhindern oder unterdrücken können. Doch dann trat der Augustinermönch Martin Luther 1517 eine reformatorische Bewegung los, die sich nicht mehr eindämmen oder vernichten ließ. Sie führte nicht nur zur Bildung von einer, sondern bald von vielen neuen christlichen Gemeinschaften. Sie lasen die Bibel nicht mehr in der lateinischen, sondern in der Volkssprache. Sie orientierten sich nicht mehr an der kirchlichen Tradition und dem Papst, sondern stellten den Glauben und die persönliche Gewissensentscheidung des Einzelnen in den Mittelpunkt.

Auch das war eine Sensation. Zwei Generationen war es erst her, dass die spanischen «Reyes Católicos» die Einheit von Glauben und

Nation in Spanien gewaltsam hergestellt und nach Amerika exportiert hatten. Nun mussten die europäischen Monarchen entscheiden, wie sie sich zu den neuen Glaubensvarianten stellten. Frankreich, Spanien und Portugal blieben dem alten, dem «katholischen» Glauben treu. In Deutschland entschieden regionale Machthaber, und sie entschieden unterschiedlich. Der skandinavische Norden Europas folgte Luther. England entwickelte eine eigene Variante des neuen Glaubens: die Anglikanische Kirche. Keines der Länder zeigte Toleranz gegenüber allen christlichen Überzeugungen. Im Zentrum Europas tobte von 1618 bis 1648 ein gnadenloser Dreißigjähriger Krieg, der als Religionskrieg begann und im Heiligen Römischen Reich zu einem Rückgang der Bevölkerung von 16 auf 10 Millionen führte. In Mecklenburg, Pommern, Thüringen, Franken und der Pfalz betrugen die Bevölkerungsverluste bis zu 70 Prozent.

Manche Gemeinden, die nun um ihres Glaubens willen verfolgt wurden, wanderten in friedlicheren Zeiten nach Nordamerika aus. Berühmt geworden sind die «Pilgrim Fathers», die 1620 mit dem Schiff «Mayflower» kamen. Im spanisch-katholischen Südamerika wäre für diese radikalen christlichen Reformer kein Platz gewesen, die man spöttisch «Puritaner», Reiniger, nannte. Der Norden hingegen, vor allem der Machtbereich der Engländer an der Atlantikküste, wurde zum Ort des mehr oder weniger friedlichen Nebeneinanders verschiedener christlicher Kirchen.

Im Vergleich zur Mitte und zum Süden Südamerikas verlief die Kolonisierung im Norden zögernd, uneinheitlich und voller Rückschläge. Wichtiger als Armeen und Feldzüge waren Entdecker, Händler, befestigte Plätze und religiöse Gemeinschaften, die in fremder Umgebung überleben wollten. Daher waren auch die Beziehungen zu den Einheimischen sehr unterschiedlich. Es gab die Bevölkerungsverluste infolge von Krankheiten und Epidemien. Ihr Ausmaß ist schwer abzuschätzen, wird aber geringer gewesen sein als in Südamerika. Gewalt gab es vor allem im englischen Herrschaftsbereich, weil die Briten großflächig siedeln wollten und sich dafür das Land der Indianer aneigneten. Drei britische Siedlungsschwerpunkte lassen sich unterscheiden. Der Süden von Georgia bis Virginia beruhte auf Plantagenwirtschaft und internationalem Handel. Der Mittelbereich um New York und Pennsylvania war konfessionell, ethnisch und wirtschaftlich vielfältig. Der Norden vom Großraum Boston bis zur kanadischen Grenze war von landwirtschaftlichen Familienbetrieben und protestantischem Puritanismus geprägt. Noch weiter nördlich setzten die Franzosen auf Pelzhandel. In ihrem Machtbereich gab es feste Austauschbeziehungen. Grenzen waren eine Zeitlang stabil. Indianer stellten sich auf die Bedürfnisse der Europäer ein und wirtschafteten damit. In der ersten Hälfte des 17. Jahrhunderts führten Huronen und Algonkin mit den Irokesen einen erbitterten Krieg um die Frage, wer welche Europäer mit Pelzen beliefern und von den europäischen Waren profitieren durfte.

Der neue Kontinent, auf den Kolumbus 1492 unabsichtlich gestoßen war, hat die Welt ganz grundlegend verändert. Er hat das Christentum, das sich nach dem Fall Konstantinopels in der Defensive befand, auf eine neue Grundlage gestellt. Er hat Europa mit neuem Selbstbewusstsein ausgestattet und reich gemacht. Für die meisten Menschen vor allem in der Mitte und im Süden «Amerikas» war die Ankunft der Europäer eine schlechte Nachricht. Die Karibik und auch Südamerika, weniger der Norden, haben binnen einer oder zwei Generationen ihr Gesicht verändert. Abgebrochen ist aber auch diese Geschichte nicht. Das zeigt das Fort- und Neuleben von Tenochtitlán und Cuzco, allen Plünderungen und Seuchen zum Trotz.

11.
Kilwa

Wo ist Afrika?

Während die Spanier sich um 1500 in der Karibik festsetzten, umsegelten und kartierten die Portugiesen Afrika. Wie die Spanier waren sie zunächst nicht eigentlich an Neuem interessiert, sondern an dem wertvollen Alten, das hinter dem Neuen lag: Indien. Nun war Afrika, anders als Amerika, natürlich im 15. Jahrhundert längst bekannt. Schließlich hatte Nordafrika zum Römischen Reich gehört. Ein römischer Senator hatte für diese Provinz den Namen «Africa» geprägt, zu seiner

Bedeutung gibt es verschiedene Mutmaßungen. Doch südlich von Nordafrika lag die Sahara, und dort endete zur römischen Zeit das Wissen. Wie im Falle anderer Grenzregionen nahmen die Römer auch hier an, dass jenseits ihres Herrschaftsbereiches Barbaren lebten und dahinter ganz unbekannte, sagenhafte Wesen, die auf den Händen liefen, zwei Köpfe hatten oder andere ganz unwahrscheinliche Eigenschaften aufwiesen. Derartige Phantasien finden sich in Texten über Nordeuropa, Ost- und Südasien und auch über das Afrika südlich der Sahara.

Dabei hatte es schon zu römischer Zeit durchaus Wege durch die Wüste gegeben. Salz aus den Oasen der Sahara war am Mittelmeer gehandelt worden. Doch das Salz war mithilfe von Ochsen, Pferden oder Maultieren von Oase zu Oase Richtung Mittelmeerraum getragen worden. Niemand wagte die Reise durch die Sahara hindurch. Die Römer waren sicher, dass es eine Welt jenseits der Wüsten gab. Alle Aussagen darüber, wie diese Welt konkret aussah, basierten aber auf Gerüchten und blieben Spekulationen.

Nach der römischen Zeit verbesserte sich die Informationsgrundlage. Der Grund dafür war das Kamel, das ab dem 4. Jahrhundert n. Chr. den Wüstenhandel revolutionierte. Die Berber und Tuareg hatten das einhöckrige Kamel für sich entdeckt, nachdem es aus Asien über Persien und Ägypten nach Nordafrika gekommen war. Es konnte schwerere Lasten tragen als Pferd, Ochse oder Maultier, es konnte Hitze und Kälte besser ertragen, im Sand besser laufen und vor allem viel länger ohne Wasser überleben. Mit dem Kamel wurde nicht nur der Handel von Oase zu Oase leichter. Es entstanden Handelsrouten durch die ganze Sahara hindurch, die von Karawanen begangen werden konnten. Wüstenstädte blühten auf. Mehr Waren konnten transportiert werden: Gold und Sklaven gingen nach Norden, Tuche, Glasperlen und Pferde nach Süden.

Mit den Waren und den Händlern zirkulierte das Wissen. Die meisten Händler waren seit der islamischen Eroberung Nordafrikas im 7. und im frühen 8. Jahrhundert Muslime. Mit ihnen und ihrem Wissen fasste der Islam auch jenseits der Wüsten Fuß. Zunächst übernahmen schwarzafrikanische Händler in der Sahelzone, dem wüstenähnlichen Savannengebiet südlich der Sahara, den neuen Glauben, dann auch politisch einflussreiche Personen und Herrscher. Die Bauern wurden erst langsam gewonnen; für sie war das Risiko besonders hoch, weil ihr Überleben von der nächsten Ernte, damit vom Wetter und damit vom Segen der Götter abhing. Es waren islamische Gelehrte wie der Spanier al-Bakri (11. Jahrhundert) und der aus dem heutigen Marokko stammende Jurist Ibn Battuta (14. Jahrhundert), die das Wissen über Menschen, Städte und Naturen jenseits der Wüste in Reiseberichten sammelten. Dieses Wissen war sehr viel konkreter als die Spekulationen der römischen Zeit. Aber es zirkulierte vor allem im arabischen Raum.

Wer jenseits der großen Wüsten Interessen hatte, konnte auch den Wasserweg östlich an der Sahara vorbei nehmen: durch das Rote Meer und den Golf von Aden, dann am Horn von Afrika vorbei und die ostafrikanische Küste entlang. Dieser Weg war als Teil des großen Handelsnetzes im Indischen Ozean zu römischer Zeit schon bekannt gewesen. Das Christentum war auf diesem Weg vom 4. bis zum 7. Jahrhundert bis nach Äthiopien und Nubien gekommen. Der Islam war erfolgreicher. Er prägte seit dem 8. Jahrhundert Arabien, Nordafrika und Persien und versperrte damit den Weg östlich der Sahara für die christliche Seefahrt.

Bald wurde sein Einfluss auch an der Küste Ostafrikas spürbar. Die Erstkontakte liefen über die Handelsstädte, die sich an den wenigen natürlichen Häfen der ostafrikanischen Küste schon seit römischer Zeit gebildet hatten. Bereits der Autor des *Periplus Maris Erythraei*, den wir im Kapitel «Barygaza» kennengelernt haben, hatte – allerdings noch ziemlich ländliche – Handelsplätze an der ostafrikanischen Küste beschrieben. Zwischen dem ersten nachchristlichen Jahrhundert und der Islamisierung haben sich diese Plätze deutlich verändert. Sie wurden größer, städtischer, lebendiger. Die Islamisierung selbst verlief ähnlich wie in der Sahelzone. Händler, dann Herrscher und schließlich auch die kleinen Leute wurden Muslime – ein vom Handel und vom

Wissen getragener allmählicher Prozess eher als eine plötzlich erzwungene Massenkonversion. Die Forschung ist sich nicht einig, wie stark der Islam die Städte verändert hat. Einige gehen von einem deutlichen Entwicklungssprung aus, weil Menschen in ganz neuer Weise Geschäfte machen und planen können, wenn sie über Schrift, Zahl und Buchkultur verfügen. Jetzt erst sei städtisches Leben eingetreten. Andere sehen einen allmählichen Prozess der Verstädterung, für den die Islamisierung nur einer von vielen fördernden Faktoren war. Wie auch immer: Als die ersten portugiesischen Schiffe sich unter dem Kommandanten Vasco da Gama 1498 der ostafrikanischen Küste näherten, war diese muslimisch. Die Portugiesen wussten das. Ihre Reisen galten der Erforschung des Seewegs nach Indien ebenso wie der Verbreitung des Christentums und dem Kampf gegen die Ungläubigen.

Swahili – Handel und Wandel vom 13. bis zum 16. Jahrhundert

Die erste ostafrikanische Hafenstadt, die der portugiesische Kapitän Vasco da Gama auf seiner später gefeierten Entdeckertour rund um Afrika nach Indien 1498 anlief, war gleich eine der bedeutendsten dieser Zeit: Kilwa. Wo heute Fischer eine kleine festlandsnahe Insel 300 Kilometer südlich von Sansibar bewohnen, sind die Ruinen der einst wichtigsten Handelsmetropole Ostafrikas noch sichtbar. Sie gehören zum UNESCO-Weltkulturerbe. Einer der ersten portugiesischen Besucher schrieb 1502:

Die Stadt reicht bis an die Küste hinunter und ist von einer Mauer und von Türmen umgeben, zwischen denen ungefähr 12 000 Einwohner leben. Die Straßen sind sehr eng, gesäumt von drei oder vier Stockwerke hohen Häusern, auf deren Dachterrassen man entlang gehen kann, da sie so eng beieinander stehen … Im Hafen liegen viele Schiffe.

Für die Portugiesen war Kilwa fremd, aber beeindruckend. Seine Kultur hielt jedem Vergleich mit europäischen Städten stand. Reiche Handelshäuser und großzügige öffentliche Gebäude prägten die Stadt: Bäder, Moscheen und der Herrscherpalast. Alle waren aus Korallenstein gefertigt, ein für uns ungewöhnlicher Werkstoff, der aber für dauerhafte und repräsentative Bauten an der ostafrikanischen Küste am geeignetsten war. Das Rohmaterial wurde aus Korallenriffen geschnitten, sofort in die gewünschte Form gebracht und härtete dann in der Sonne aus. Zweihundert Jahre vor den Portugiesen hatte es im arabischen Reisebericht des Ibn Battuta noch geheißen, Kilwa sei eine große Stadt, deren Häuser aus Holz gebaut seien. Zwischen dem 13. und dem 15. Jahrhundert hatte sich viel verändert. Der archäologische Befund zeigt wachsenden Reichtum: Seit 1200 wurde auch in Stein gebaut, im 14. Jahrhundert war Kilwa auf der Höhe seiner Macht. Moscheen und ein Palast wurden neu und in einem Stil errichtet, der die Überseeverbindungen spiegelte.

In der Stadt gaben Kaufleute den Ton an. Sie lebten in luxuriösen Steinhäusern mit großen Salons, an deren Wänden kostbare Gobelins oder hölzerne Schnitzwerke hingen. Sie aßen von chinesischem Porzellangeschirr, dessen wertvollste Stücke sie stolz in den Nischen ihrer Salons zur Schau stellten. Sie wuschen sich in Badezimmern und verfügten über hauseigene Toiletten. Ihre Frauen kleideten sich in goldverzierte Gewänder aus Baumwolle und Seide. Sie sprachen Swahili, eine afrikanische Bantu-Sprache mit vielen arabischen Lehnwörtern, die in weiten Teilen Ostafrikas verstanden wurde. Geschrieben wurde sie in arabischen Buchstaben, eine der wenigen Schriftsprachen Afrikas. Bewohner Kilwas verfassten elegante Gedichte auf Swahili, von denen einige bis heute erhalten sind.

Die Charakteristika dieser Sprache weisen auf die Herkunft der Bewohner Kilwas hin. Es gab arabische, indische und persische Kaufleute dort, die sehr einflussreich waren. Doch die meisten Bewohner waren die Nachkommen von Bauern und Handwerkern, die aus dem Hinterland an die Küste gekommen waren. Sie hatten zunächst den Fischfang

und dann auch den Handel als zusätzliche Einkommensquelle entdeckt. Als es ihnen gelang, sich in den überregionalen Großhandel
einzuhängen, wurden einige von ihnen reich. Sie nahmen teil an der
materiellen Kultur des Indischen Ozeans. Sie verknüpften arabische,
persische und auch indische Sitten, arabische Schrift, arabische Religion mit ihren Traditionen. Manche behaupteten sogar, arabischer
oder persischer Abstammung zu sein, und fabrizierten entsprechende
Stammbäume. Die swahilische Kultur war afrikanisch, und frühere
Forscher haben unrecht mit ihrer Annahme, es handle sich nur um
einen Außenposten Arabiens. Aber es war eine in maritime Netzwerke
eingebundene und von ihnen geprägte Kultur, mit Einflüssen aus dem
arabischen, persischen und indischen Raum. Vom nichtislamischen
Hinterland hatte sie sich deutlich entfernt.

Neben den Reichen und Schönen gab es natürlich auch weniger
Wohlhabende und Arme in Kilwa. Auch eine reiche Handelsstadt
braucht Fischer, Bauern, kleine Geschäftsleute und alle Arten von Handwerkern. Die kleinen Leute und diejenigen, die gar nichts hatten, lebten in Häusern und Hütten aus Lehm und Flechtwerk. Archäologen
finden in den Ruinen Kilwas afrikanische, arabische, indische und
chinesische Keramikscherben sehr unterschiedlicher Qualität. Das
zeigt weit reichende geographische Verbindungen ebenso wie lokale
Begrenzung, Luxuskonsum ebenso wie den Alltag der kleinen Leute.
Aber auch die Ärmeren haben, so zeigen die Archäologen, um 1500
nicht mehr einfach aus einem gemeinsamen Topf gegessen, sondern je
eigene Schüsseln benutzt. Kilwa war eine kultivierte Stadt, in der die
portugiesischen Besucher die sozialen Unterschiede und Spannungen
ihrer heimischen Welt wiedererkennen konnten.

Zwischen Kilwa und den anderen ummauerten Hafenstädten gab es
zahlreiche Kleinstädte und Dörfer. Sie hatten keine Mauern und keine
Steinhäuser, immerhin aber einen Marktplatz, Geschäfte und Kaffeehäuser. Die Bewohner lebten von der Landwirtschaft und verkauften
die Erträge, die sie nicht selbst verzehrten, auf den Märkten der großen
Städte. Städte und Dörfer waren aufeinander angewiesen. Lebensmittel

bezog Kilwa allerdings nicht nur aus der Umgebung. Reis beispielsweise wurde aus Madagaskar eingeführt. Politisch müssen wir uns die Ostküste Afrikas als eine Ansammlung von mehr oder weniger mächtigen Stadtstaaten vorstellen. Eine zentrale Autorität, ein swahilisches Reich gab es nicht. Die Städte wussten voneinander. Sie begriffen sich als kulturell zusammengehörig und dem afrikanischen Hinterland überlegen. Sie konkurrierten miteinander um Handelsgüter und Handelsschiffe aus Arabien und Indien und wendeten dabei freundliche und weniger freundliche Mittel an. Sie fanden es aber nicht sinnvoll, militärisch dominieren zu wollen. Möglicherweise würden sich die auswärtigen Kapitäne, von deren regelmäßigen Besuchen doch vieles abhing, ungern in den Hafen einer waffenstarrenden Stadt begeben und stattdessen einen der anderen Häfen wählen. Auch religiöse Differenz scheint kein großes Problem gewesen zu sein. Der Islam war zwar die dominierende Religion. Aber Zuwanderer aus dem afrikanischen Hinterland, fremde Matrosen und Händler brachten eigene Glaubensvorstellungen mit, die toleriert werden mussten, um das Geschäft nicht zu gefährden.

Die Ruinen von Groß-Simbabwe

Wie in den anderen Städten an der Ostküste Afrikas wurden auch in Kilwa zahlreiche Güter gehandelt: Afrikanische Produkte wie Gold, Elfenbein, Sklaven und Ambra trafen auf ein asiatisches Angebot aus Tuchen, Kleidung, Töpferwaren, Perlen und noch mehr. Charakteristisch für die südlichen Städte der Swahili-Kultur war der Goldhandel. Das Gold kam aus einem Reich im Binnenland, das zwischen 1300 und 1500 im Süden Afrikas florierte und dessen Hauptstadt heute noch fasziniert. Groß-Simbabwe, etwa 1500 Kilometer südwestlich von Kilwa und knapp 300 Kilometer südlich der heutigen simbabwischen Hauptstadt Harare gelegen, war mit 11 000 bis 18 000 Einwohnern die größte

Stadt des vorkolonialen Afrika südlich der Sahara. Als europäische Forscher im 19. Jahrhundert die steinernen Ruinen der Stadt wiederentdeckten, die von ihren Bewohnern nach 1500 verlassen worden war, nahmen sie an, Fremde aus dem Jemen, Abkömmlinge biblischer Gestalten, versprengte Griechen, Phönizier oder Außerirdische hätten hier gelebt. Afrikaner seien zu Werken von solcher Größe, Exaktheit und Eleganz gar nicht fähig. Das war natürlich falsch, zeigt aber nicht nur die Arroganz der Europäer, sondern auch die Macht und den Reichtum, den selbst die Ruinen des Reiches noch ausstrahlten. 180 Hektar umfasste die Stadt. Auf einem Hügel fällt ein imposanter Bau auf, den die Europäer «Akropolis» genannt haben. Die einzelnen Steine sind so fein gearbeitet, dass sie ohne Mörtel mittlerweile knapp achthundert Jahre zusammenhalten. Die erhaltenen Reste einer Umfassungsmauer unterhalb des Hügels sind bis zu 12 Meter hoch und 5 Meter dick. Wozu die Mauer gedient hat, ist unklar.

Über das Leben in Groß-Simbabwe können wir viel weniger sagen als über Kilwa. Es gab keine Schrift und keine europäischen Besucher, die Beschreibungen hätten hinterlassen können. Auch hier gab es Arme und Reiche. Die Reichen lebten nahe dem Herrschaftszentrum am Hügel. Dort sind Luxusgüter wie chinesisches Porzellan und indische Perlen gefunden worden. Weiter unten im Tal waren die Behausungen der kleinen Leute. Für den religiösen Kult müssen Vögel eine wichtige Rolle gespielt haben. Seifensteinskulpturen von Vögeln sind im Kultzentrum erhalten, die seit dem 19. Jahrhundert wieder viele Menschen spannend finden. Eine dieser Vogelfiguren ziert heute die Flagge des Staates Simbabwe.

Groß-Simbabwe war der Mittelpunkt eines weit ausstrahlenden Reiches. Mehr als dreihundert kleinere, aus Stein gebaute Zentren sind nachweisbar. Die größeren von ihnen werden Provinzhauptstädte des Reiches gewesen sein, dessen Glanz in Groß-Simbabwe am sichtbarsten war. Wie die Luxuswaren zeigen, war die Stadt mit der Küste verbunden und in den Fernhandel einbezogen. Möglicherweise waren die Export-Import-Geschäfte ein wichtiger Grund für seine Vorherrschaft.

Seit 1200 kontrollierte Kilwa den lukrativen Goldhandel von Groß-Simbabwe, parallel dazu wuchs die Hafenstadt und wandelte sich. Neben Gold wurde auch Elfenbein aus Simbabwe über Kilwa gegen chinesische, indische, persische und arabische Waren gehandelt. Die Handelsmetropole und die Reichshauptstadt haben bis Mitte des 15. Jahrhunderts voneinander profitiert. Danach verlor Groß-Simbabwe an Bedeutung. Die Provinzstädte wandten sich von ihm ab, andere Reiche gewannen an Macht. Die Kontrolle über die Handelswege Richtung Küste ging verloren. Schließlich wurde die immer noch imposante Hauptstadt von ihren Bewohnern aufgegeben. Die Gründe sind unklar. Wahrscheinlich haben menschengemachte Umweltprobleme (Abholzung der Wälder, Bodenerosion, Überweidung) eine wichtige Rolle gespielt. Vielleicht haben auch Seuchen die Stadt entvölkert. Manche Archäologen nehmen an, die Goldadern, von denen der Außenhandel Groß-Simbabwes lebte, seien erschöpft gewesen. Jedenfalls ist das Ende ziemlich schnell gekommen.

Kilwas Untergang

Es ist gut möglich, dass der Nieder- und Untergang Groß-Simbabwes auch Kilwa in Mitleidenschaft gezogen hat. Nach der Blüte im frühen 14. Jahrhundert scheint eine Krise eingetreten zu sein, von der sich die Stadt um 1400 aber erholt hatte. Die Große Moschee wurde nun neu gebaut, wahrscheinlich sind auch weitere neue Moscheen entstanden. Die zweite Hälfte des 15. Jahrhunderts war weniger gut als die erste. Kilwa verlor die Kontrolle über die Goldflüsse aus dem Inneren Afrikas, benachbarte Handelsstädte holten an Größe und demonstrativem Reichtum auf. Das kann mit dem endgültigen Niedergang Groß-Simbabwes zu tun gehabt haben. Möglicherweise hätte die Stadt aber auch diese Krise gut überstanden – doch das wissen wir nicht. Die Portugiesen kamen dazwischen.

Die drei Schiffe des Kommandanten Vasco da Gama, die sich 1498 der ostafrikanischen Küste näherten, benötigten Frischwasser und Vorräte aus den Städten der Swahili. Sie erhielten, was sie brauchten, und darüber hinaus Gastgeschenke, deren Wert alles übertraf, was die Portugiesen liefern konnten. Doch die swahilische Großzügigkeit wurde nicht belohnt. Die Portugiesen kamen wieder, mit mehr Schiffen, mit mehr Kanonen und mit dem Willen, gegen die Ungläubigen und für den christlichen Handel zu kämpfen. Bis 1510 eroberten mehrere portugiesische Schiffsverbände alle swahilischen Hafenstädte, sofern sie sich nicht freiwillig unterwarfen. Die Städter waren chancenlos. Sie bildeten keine Einheit, jede Stadt kämpfte zunächst einmal für sich. Sie hatten keine Erfahrung mit europäischer Kriegführung. Ihr Kriegshandwerk hatte in den letzten Jahrzehnten allenfalls aus Kommandoaktionen gegen die nichtmuslimischen Bewohner des Hinterlandes bestanden. Statt des Militärs gab es in der Regel Milizen. Nun durchschlugen portugiesische Kanonenkugeln die Korallensteinwände ihrer Paläste und Häfen. Die swahilische Miliz war der Entschlossenheit der christlichen Gotteskrieger ebenso wenig gewachsen wie ihrer Gier. Weder Kilwa noch eine andere swahilische Stadt konnte sich behaupten. 1510 war Portugal Herrin über die Ostküste Afrikas, von Kilwa bis hoch nach Mogadischu.

Die portugiesischen Flotten kämpften nicht nur vor Ostafrika, sondern auch vor der Westküste Indiens. Sie sollten ein Handelsmonopol im Indischen Ozean durchsetzen. Waren sollten in Zukunft nur noch auf portugiesischen Schiffen befördert werden dürfen – ein lukratives Geschäftsmodell. Dieses Ziel konnte nicht erreicht werden, weil es zu wenige portugiesische Schiffe gab und weil es einfach an Portugiesen fehlte, die den Handelsverkehr der Städte hätten überwachen können. Aber auch wenn das konstruktive Ziel verfehlt wurde, die blühende Swahili-Kultur war dahin. Kilwa überlebte zwar, nachdem es 1505 geplündert worden war. Die Portugiesen errichteten ein Fort und nutzten den Ort zur Überwachung des Handels und als Etappenziel auf dem Weg nach Indien. Doch das Geschäft der swahilischen Kaufleute flo-

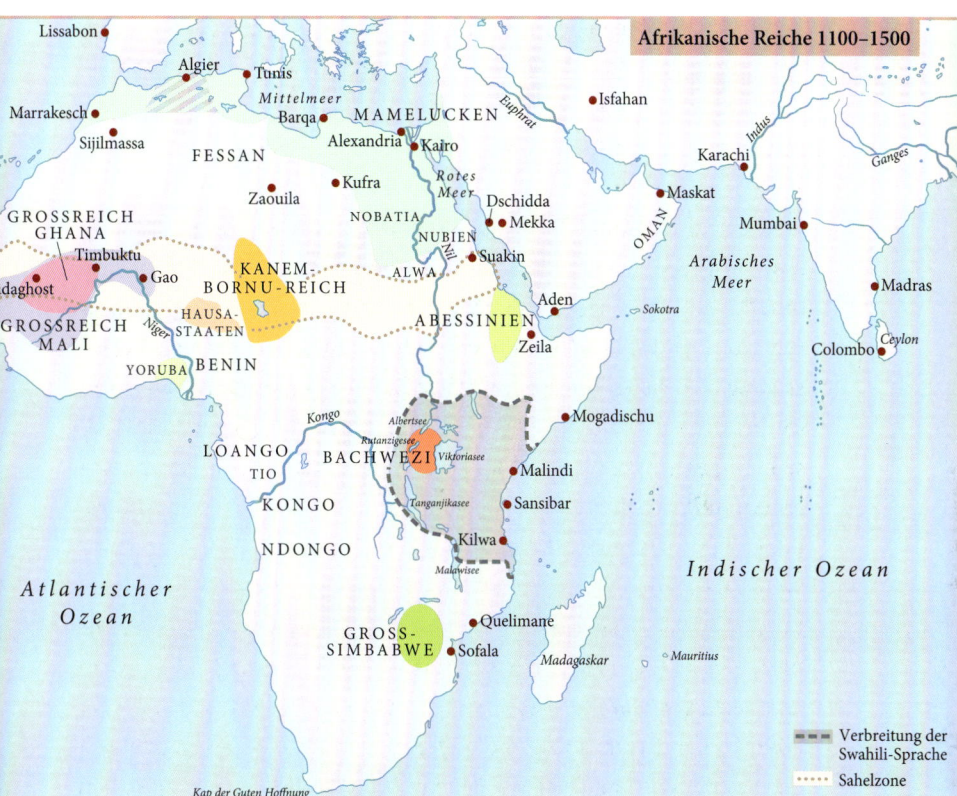

rierte nicht mehr. Ihnen blieb nur die Wahl, mit den Portugiesen zusammenzuarbeiten (die dann einen Großteil des Profits für sich beanspruchten) oder zu schmuggeln. Beides war wenig ertragreich. 1571
wurde geschrieben, Kilwa sei früher eine sehr große und wohlhabende
Stadt gewesen. Mittlerweile seien die meisten Steinbauten nur noch
Ruinen. Archäologen haben nur ein steinernes Gebäude gefunden, das
im 16. Jahrhundert neu gebaut worden ist. Es handelt sich um die Grab-
anlage des Sultans von Kilwa. Das Material zu ihrem Bau entstammte
ausschließlich den Ruinen älterer Häuser. Die ostafrikanische Küste
sollte Jahrhunderte brauchen, um sich von der portugiesischen «Ent-

deckung» zu erholen. Kilwa erholte sich nie mehr. Einen Sultan gab es noch bis 1843. Er herrschte am Ende nur noch über ein weitläufiges Dorf auf einer Insel mit 2000 bis 3000 Einwohnern. Kein einziges Steinhaus war noch bewohnbar.

1843 war freilich auch die portugiesische Herrschaft an der ostafrikanischen Küste längst Geschichte. Ihre militärische Überlegenheit hatte zwar ausgereicht, Aufstände gegen ihre Herrschaft erfolgreich niederzuschlagen. Aber sie konnte den Raum nicht prägen. Die islamische Bevölkerung wollte nicht christlich werden. Sprache, Kultur und Wirtschaft lebten weiterhin aus der Region heraus. Dann begannen die aufstrebenden europäischen Mächte England und die Niederlande, zwischen Indien und Ostafrika zu agieren. Sie brachten die Portugiesen auch militärisch in Schwierigkeiten. Ende des 17. Jahrhunderts eroberte der Sultan von Oman die ostafrikanische Küste.

Afrikanische Reiche

Das swahilische Ostafrika ist einer von sechs Großräumen in Afrika, in denen es zur Blütezeit Kilwas Städte und großräumige Herrschaft gab und in denen deutlich mehr Menschen lebten als in anderen Regionen Afrikas. Das mittelmeernahe Nordafrika (1) gehört dazu, der Unterlauf des Nils (2) zwischen Assuan und Kairo, das Bergland Äthiopiens (3), das binnenländische Ostafrika (4) rund um Viktoriasee, Tanganjikasee, Rutanzigesee, Albertsee und noch viele Seen mehr, die Küste Ostafrikas (5) und vor allem Westafrika vom heutigen Senegal bis nach Kamerun (6). Zwischen und auch mitten in den Zonen dichterer Siedlung lagen dünn oder gar nicht von Menschen besiedelte Regionen. Typisch für Afrika waren jedenfalls um 1500 nicht selbstgenügsame Häuptlingsgesellschaften ohne Verbindung zur weiteren Welt. Die gab es auch, aber häufiger waren der Wandel und das Wandern von Siedlungen und Dörfern sowie ihre Verbindung mit anderen Dörfern oder mit – wenigen – Städten. Nützliche Informationen und Techniken verbreiteten sich rasch. Asiatische Reis- und Bananenvarianten wurden über die Swahili-Häfen nach Afrika eingeführt, wo sie bald von vielen Bauern genutzt wurden. Rund um die großen Seen Ostafrikas wurden bereits im frühen 17. Jahrhundert Mais, Maniok, Bohnen und Kartoffeln angebaut, südamerikanische Nutzpflanzen, die erst nach Kolumbus ihren Weg nach Afrika gefunden haben konnten. Wie in Europa haben auch in Afrika die südamerikanischen Pflanzen das Nahrungsangebot für die Bevölkerung erheblich erweitert.

Afrikas Bevölkerung wuchs nur sehr langsam. Das lag zum einen an geographischen Gegebenheiten: Die Wüsten der Sahara und der Kalahari eignen sich nicht für dichte Besiedlung, ebenso wenig die tropischen Regenwälder. Zum anderen machten gefährliche Krankheiten den Menschen zu schaffen. Die tödliche Schlafkrankheit wird von der Tsetsefliege verbreitet. Mücken übertragen die Malaria, Schnecken ermöglichen das Überleben eines Saugwurms, der die Bilharziose verursacht. Alle drei Krankheiten gemeinsam haben das menschliche Überleben in manchen tropischen und Savannenregionen beinahe unmöglich gemacht. Weil die Tsetsefliege nur in tropisch-feuchten Waldgebieten und in wärmeren Savannen auf Meereshöhe vorkommt, ist sie ein politisches Faktum gewesen. Die Expansion der islamischen Reiche Westafrikas nach Süden stoppte nicht an der Grenze eines anderen Reiches oder an einer Mauer, sondern an den Lebensräumen der Tsetsefliege. In anderen Regionen haben die drei großen Krankheiten das Bevölkerungswachstum spürbar gehemmt.

Wahrscheinlich hat noch bis ins 19. Jahrhundert die durchschnittliche Lebenserwartung von Afrikanern wenig mehr als zwanzig Jahre betragen. Diese Zahl besagt natürlich angesichts hoher Säuglingssterblichkeit und erheblicher regionaler Unterschiede nicht sehr viel. Aber sie macht doch deutlich, wie hart das Leben und wie nah der Tod war. Die Tropenkrankheiten hinderten freilich auch die Europäer daran, ins Landesinnere einzudringen. Anders als in Amerika trafen Krankheiten im Afrika südlich der Sahara alle Menschen gleichermaßen.

Europäer brauchten bis in das 20. Jahrhundert, um die Übertragungs-
wege der Tropenkrankheiten zu verstehen. Bis dahin hatten viele weiße
Matrosen, Soldaten, Entdecker und Missionare ihr Leben verloren.

Wie entstanden afrikanische «Reiche», und wie hielten sie zusammen? Das war natürlich in verschiedenen Regionen zu verschiedenen
Zeiten unterschiedlich. Ein paar Gemeinsamkeiten gibt es aber doch.
Wie wir in Kilwa gesehen haben, konnten sich Menschen auf verschie-
dener Grundlage zusammengehörig fühlen: als Muslime (Religion),
als Kaufleute (Beruf), als Männer (Geschlecht), als Angehörige einer
Kultur und Sprachgemeinschaft (Swahili), als Angehörige einer Fami-
lie oder Abstammungsgemeinschaft, eines Dorfes oder einer Stadt
(Kilwa), einer Patronagegruppe (reicher Kaufmann + Bedienstete +
Abhängige), einer Generationengemeinschaft. Die meisten dieser Gemeinschaften waren veränderbar: Menschen konnten eine andere
Sprache oder einen anderen Beruf erlernen, die Religion wechseln.
Manche Veränderungen brauchten Zeit und dauerten Generationen
(Islamisierung). Andere ließen sich schneller bewerkstelligen (Wechsel
des Patrons oder des Klienten). Menschen folgten verschiedenen Identitäten gleichzeitig. Sie konnten einem religiösen Führer, einem Berufs-
genossen, einem politischen Führer, einem Patron etc. verpflichtet sein
oder versuchen, in einem dieser Bereiche selbst eine Spitzenposition
zu erringen. Daraus ergaben sich ganz unterschiedliche Handlungsmöglichkeiten, die Menschen nutzen konnten – oder auch nicht. In
Kilwa regierte ein Sultan, der sich mit den reichen Kaufleuten arran-
gieren musste, um seiner Herrschaft sicher zu sein. Trotz gemeinsamer
Sprache, Kultur und Religion kam es nicht zu einem Swahili-Reich an
der afrikanischen Ostküste. Wahrscheinlich sprachen wirtschaftliche
Erwägungen dagegen. Die Europäer haben diese Vielfalt der Identitäten und Loyalitäten lange nicht verstanden. Mit Begriffen wie «Stamm»,
«Häuptling», «Nation» oder «König» haben sie Eindeutigkeit herge-
stellt, wo gar keine war, und dann die mangelnde Loyalität und das
Chaos der Afrikaner beklagt.

Großreiche knüpften an Identitäten und Loyalitäten an. Sie konnten islamische, christliche oder anderweitig religiös fundierte Reiche sein, die Angehörigen eines mythischen Urahnen oder einer gemeinsamen Sprache versammeln. Anlass für die Bildung von Reichen waren oft militärische Neuerungen, die einzelnen Gruppen einen Vorteil brachten – so die Einführung des Pferdes südlich der Sahara, nachdem der Transsaharahandel intensiviert worden war, oder die Verbreitung von Feuerwaffen, die die Europäer im Tausch für afrikanische Sklaven gaben. Groß-Simbabwe ist ein Beispiel für einen anderen Anlass: das Aufblühen des Fernhandels, der zu einem Reichtumsgefälle in einer Region führte und dadurch Grund für Herrschaft und Unterwerfung bot. Solche Reiche hatten ein Zentrum, in dem der Herrscher und seine Familie residierten. Auch wenn sein Amt in der Regel keine rechtlichen Grenzen kannte und in der Familie erblich war, war er doch kein unbeschränkter Herrscher. Er musste Rücksicht nehmen auf wichtige Personen oder Familien, und er musste Erfolg haben. Wenn das nicht geschah, konnte er abgesetzt werden oder einfach an Bedeutung verlieren. In Groß-Simbabwe scheinen sich nach 1400 viele Menschen vom Herrscher und seiner Stadt abgewandt und anderen Loyalitäten den Vorzug gegeben zu haben. Aus der Sicht eines Zentrums ergibt sich so eine Geschichte von Aufstieg und Fall. Aus der Sicht eines der dreihundert kleineren Zentren Groß-Simbabwes wird es sich eher um die Verlagerung von Loyalitäten, Kontakten und Identitäten gehandelt haben, damit die eigene Zukunft sicherer war.

Natürlich haben Herrscher versucht, einem solchen Zerfall ihrer Macht vorzubeugen. Manche führten ein stehendes Heer ein. Manche ernannten Amtsträger in abhängigen Regionen, die Tribute einforderten und das Recht des Herrn durchsetzten. Manche etablierten einen strahlenden Hof, an dem die Abhängigen zu erscheinen hatten, und errichteten Paläste, an denen Herrschaftssymbole prangten. Manche bauten Straßen, um die Nützlichkeit ihrer Herrschaft zu beweisen. Auf diese Weise haben manche Reiche Jahrhunderte überdauert – eine lange Zeit, verglichen mit der Sowjetunion oder dem British Empire. Vom 1. bis zum 9. Jahrhundert prägte das Reich von Aksum das heutige

Äthiopien. Es kommt auch im *Periplus Maris Erythraei* vor, in jenem Reisebericht, dem wir im Kapitel «Barygaza» begegnet sind. Vom 8. bis zum 12. Jahrhundert war Ghana das bedeutendste Reich Westafrikas. Sein Aufstieg hing mit dem Aufschwung des Transsaharahandels und der Nutzung von Kamelen für den Transport zusammen. Von Ghanas Niedergang profitierte das Reich Mali. Vom 12. bis zum 18. Jahrhundert dominierten die Hausa-Stadtstaaten ein Gebiet, das heute zum Tschad, zum Niger und zum Norden Nigerias gehört. Im Südwesten Nigerias florierten die Yoruba-Stadtstaaten. Vom 11. bis zum 15. Jahrhundert reichte die Blütezeit Groß-Simbabwes. Neben ihm haben auch andere Reiche Ruinen und Erzählungen hinterlassen. Sie sind zu Mythen geworden. Als nach dem Zweiten Weltkrieg die afrikanischen Staaten unabhängig wurden, wollten einige von ihnen an diese Mythen anknüpfen. Deshalb haben sie sich Mali, Ghana oder Simbabwe genannt. Eine direkte Verbindung zwischen ihnen und den großen Reichen der Vergangenheit besteht aber nicht. Auch die Territorien decken sich nicht. Das heutige Ghana etwa liegt viel weiter südlich als das Reich Ghana des 8. bis 12. Jahrhunderts. Die Gründe dafür werden im Kapitel «Volta-See» gezeigt.

Sklaverei und Sklavenhandel

Politische Herrschaft in Afrika hat sich mit der Ankunft der Portugiesen und dann der anderen Europäer verändert. Das haben wir im Falle Kilwas und der Swahili-Kultur sehr deutlich gesehen. Doch eigentlich war das ein Ausnahmefall. Die Europäer kamen bis 1800 nicht nach Afrika oder Indien, um Land zu erwerben. Sie blieben meistens auf ihren Schiffen: wegen der Tropenkrankheiten, weil die großen afrikanischen Flüsse mit ihren küstennahen Stromschnellen nicht mit Schiffen befahren werden konnten, und auch, weil nur wenige Europäer Interesse hatten, weit weg von zu Hause zu siedeln. Allenfalls befestigten sie einzelne Häfen, die als strategische Positionen nützlich waren. Nur die Portugiesen haben sich anfangs ins Binnenland des Kongo und nach Ostafrika hineingewagt, doch die Ergebnisse waren nicht besonders ermutigend. Außerdem besiedelten die Holländer im 17. und 18. Jahrhundert, ausgehend vom Kap der Guten Hoffnung, den südlichen Zipfel Afrikas. Wichtiger als Landerwerb war die Christianisierung, die aber bis 1800 über vereinzelte Erfolge an den Küsten kaum hinauskam. Nur im damaligen Reich Kongo (heute: Angola) gab es schon im 15. und 16. Jahrhundert einheimische Bischöfe. Hauptsächlich jedoch ging es den Europäern ums Geschäft. Darum hatten ja auch die Portugiesen ihren Feldzug gegen die Swahili-Städte geführt. Es ging um Handel, zunächst mit Gold und dann immer mehr mit Sklaven.

Sklaven sind Menschen, die anderen Menschen als Eigentum gehören und wie Sachen behandelt, gekauft und verkauft werden können. Sklaverei hat es in vielen Regionen Afrikas (und nicht nur dort) schon lange gegeben, bevor die Europäer kamen. Aber sie war sehr vielfältig gewesen. Menschen konnten Sklaven werden, weil sie in Kriegsgefangenschaft, Schulden oder anderweitig in Not geraten waren. Der Eigentümer konnte seine Sklaven zur Feld- oder Hausarbeit nutzen, er konnte sie ausbilden und als Vorarbeiter oder Fachkräfte einsetzen oder einfach mit der schieren Zahl seiner Sklaven Eindruck schinden, ohne überhaupt Verwendung für sie zu haben. Der Eigentümer konnte seine Sklaven gut oder schlecht behandeln, sie quälen oder entlohnen, seine Kinder mit ihnen verheiraten und/oder sie freilassen. Alles das kam vor. In manchen afrikanischen Gesellschaften gehörten Sklaven zur Familie. Im Alltag war dann nicht leicht zu entscheiden, wer Sklave und wer frei war.

Am Beispiel der Sahara und Kilwas haben wir gesehen, dass innerhalb Afrikas und über die Grenzen und Meere hinweg bereits vor der Ankunft der Europäer mit Sklaven gehandelt wurde. Sklaven wurden über die Karawanenrouten nach Nordafrika gebracht. Von den Swahili-Städten gelangten sie per Schiff nach Indien und Arabien und weiter bis nach Byzanz. In den Käuferländern war ihr Schicksal ungewiss.

Manche schufteten sich zu Tode. Andere wurden allmählich in Familienverbände integriert und konnten in der ersten oder zweiten Generation zu Freien werden. Wahrscheinlich sind zwischen dem 7. und dem 20. Jahrhundert insgesamt mehr als 12 Millionen Menschen über die Sahara und die ostafrikanischen Häfen wie Sachen «exportiert» worden.

Etwa gleich groß – Schätzungen schwanken zwischen 11 und 15 Millionen – war die Zahl der Sklaven, die seit der Ankunft der Portugiesen über den Atlantik verschifft wurden, zuerst nach Madeira und auch nach Lissabon, wo Mitte des 16. Jahrhunderts mehr als 10 Prozent der Bevölkerung schwarze Sklaven waren. Das eigentliche Geschäft aber ergab sich mit anderen Zielregionen: der Karibik, Brasilien, dem spanischen Amerika und später auch mit Nordamerika. Die Wirkung dieses Menschenhandels auf die afrikanischen Gesellschaften war regional konzentriert und viel gravierender als der längerfristiger und gleichmäßiger verlaufende Handel über die Sahara und Ostafrika. Die Zeit war kürzer: vom späten 15. bis ins 19. Jahrhundert, wobei bis 1600 nur knapp 400 000 Menschen in Amerika ankamen, im 17. Jahrhundert 1,9 Millionen, im 18. Jahrhundert 6,1 Millionen und im 19. Jahrhundert 3,3 Millionen. Die Nachfrage war spezifischer: In Amerika wurden Sklaven überwiegend für körperlich harte Feldarbeit eingesetzt, weshalb Höchstpreise für junge arbeitsfähige Männer erzielt wurden, nicht für Frauen und Mädchen, die wiederum im arabischen Handel wertvoller waren.

Die Portugiesen, später die Franzosen und Holländer und vor allem die Engländer, die das meiste Geld mit dem Sklavenhandel verdienen sollten, kauften an den westafrikanischen Küsten Sklaven, die aus dem Binnenland «angeliefert» wurden. Es gab Forts, von Handelsgesellschaften unterhalten, an denen die «Ware» gesammelt wurde, bis Kapitäne von Sklavenschiffen sie ankauften oder ablehnten. Weil die Nachfrage so groß war, operierten Sklavenjäger weit entfernt von der Küste, stellten Transporte für Zwischenhändler zusammen, die wiederum mit größeren Sklavenkaufleuten zusammenarbeiteten, die die Forts oder gleich die europäischen Schiffe belieferten. Die Europäer zahlten mit Stoffen und Tuchen, mit Alkohol, Tabak, Gewehren, Schießpulver, Eisen und Kupfer. Manchmal wurde auch Kauri als Zahlungsmittel verwendet, eine Währung, die aus dem Gehäuse der Kaurischnecke hergestellt wurde. Die Europäer lernten ihre afrikanischen Geschäftspartner als harte Verhandler kennen. Dass die sich wie Kinder mit billigen Glasperlen abspeisen ließen, ist ein späteres Märchen.

Das ganze Elend dieses Geschäfts für die Betroffenen ist schwer vorstellbar. Sklaven galten als Sachen, und so wurden sie auch behandelt. Nicht ihr Recht als Mensch, sondern ihr Wert als Ware bestimmte ihr Schicksal. Etwa ein Fünftel der zum Transport bestimmten Personen erreichte Amerika nicht, weil auf den Schiffen Krankheiten grassierten, Wächter ausrasteten oder Verzweifelte sich umbrachten. Die Verluste unter den Schiffsmannschaften durch ansteckende Krankheiten oder Skorbut waren kaum geringer. Auch Matrose zu sein war kein Spaß. Wie viele Menschen bei der Sklavenjagd und beim Transport zur Küste umkamen, ist schwer zu schätzen. All diese Tode waren bis ins 18. Jahrhundert kein Skandal, sondern Bestandteil der Wirtschaftsrechnungen derjenigen, die den Handel planten und finanzierten. In Amerika war das Einsatzfeld für junge Männer viel spezifischer als im arabischen Raum. Die Plantagen mussten Profite bringen, und das hieß für die Sklaven: schwere Arbeit und kaum eine Chance, aus der Sklaverei heraus aufzusteigen.

Was bedeutete der Sklavenhandel für das Leben der Menschen in Afrika selbst? Schwer abzuschätzen sind die demographischen Folgen: Stetig verschwanden junge Männer, sie fehlten in den Familien und bei der Gründung von Familien, in der Landwirtschaft, im Handwerk. Hinzu kamen die Folgen, die sich aus der Beteiligung der Afrikaner am Sklavenhandel selbst ergaben. Die Jagd auf Sklaven trug ständig Gewalt, Unsicherheit und Angst in die westafrikanischen Gesellschaften hinein. Gewehre und andere Waffen, mit denen Europäer die Sklaven bezahlten, erhöhten die Effektivität dieser Gewalt. Weil Jagd und Handel ein hohes Maß an Organisation erforderten, entstanden in Westafrika und im Kongo Staaten, die sich auf den Sklavenhandel stützten und von ihm profitierten. Besonders sicher war es in diesen Staaten nicht, weil es die vielen Gewaltunternehmer gab. Sie konnten sich auch zusammenschließen und gegen den Staat wenden. Im 18. Jahrhundert wuchs in Westeuropa die Kritik an der Sklaverei. Nach einer generationenlangen Auseinandersetzung, in der auch argumentiert wurde, die Sklaverei sei unchristlich, beschloss Großbritannien 1807, den Sklavenhandel abzuschaffen. Weil britische Flotten mittlerweile die Weltmeere beherrschten, konnten sie den atlantischen Handel auch anderer Länder in Schwierigkeiten bringen. Die Sklaventransporte nach Brasilien und Kuba liefen allerdings noch eine Zeitlang weiter. Die europäischen Großmächte einigten sich 1815 am Rande des Wiener Kongresses, der eigentlich den Kontinent nach dem Ende Napoleons neu ordnen sollte, auf die Ächtung der Sklaverei insgesamt. In Westafrika fielen daraufhin die Preise. Sklavenjäger und Sklavenhändler versuchten, in Afrika einen neuen Markt zu schaffen, und tatsächlich nahm die Sklaverei innerhalb Afrikas im 19. Jahrhundert eher zu. Als die Europäer sich im letzten Drittel des 19. Jahrhunderts daranmachten, Afrika zu kolonisieren, nannten sie die Sklaverei eine grausame Einrichtung unzivilisierter Länder. Sie selbst seien berufen, dieser afrikanischen Tradition ein Ende zu machen. Aus der Perspektive der Zeit nach dem Untergang Kilwas wirkt das anmaßend.

Von Kilwa aus sehen wir eine städtische Hafenkultur, die mit Reichen des Hinterlandes verbunden ist. Unser Augenmerk liegt auf dem Handel und dem Einfluss der afrikanischen und nichtafrikanischen Händler. Die Europäer spielen keine gute, aber im 16. Jahrhundert eine zentrale Rolle. Die Konstellation der Handelnden ist in jeder der sechs Regionen, die Städte gebaut und größere Reiche errichtet haben, unterschiedlich. Von den anderen Regionen ist da noch gar nicht die Rede. Die afrikanische Geschichte ist in anderer Weise komplex als die Nord- und Südamerikas, Chinas, Indiens oder des Mittelmeerraumes.

12.
Shahjahanabad

In den letzten beiden Kapiteln sind wir den Spaniern und Portu-
giesen nach Amerika und nach Afrika gefolgt. Wir könnten die Por-
tugiesen nun weiter nach Indien begleiten. Schließlich war Indien das
Ziel aller Bemühungen der «Entdecker» gewesen. Nach dem Erfolg
Vasco da Gamas hatten die Portugiesen den Handel im Indischen
Ozean deutlich verändert, wie wir am Beispiel der unglücklichen
Swahilis gesehen haben, und sie hatten Handelsplätze an der indischen
Küste errichtet. Doch die großen Veränderungen in Indien gingen bis
1700 nicht von den europäischen Seefahrernationen aus, die sich an

der südindischen Küste festsetzten, hauptsächlich Handelsinteressen verfolgten und damit für indische Machthaber praktische Kooperationspartner sein konnten. Viel wichtiger waren die muslimischen Reiche des Nordwestens: das Delhi-Sultanat, die Sur-Dynastie und das Mogulreich. Ausgehend von den muslimischen Zentren Afghanistans und Zentralasiens, eroberten sie weite Teile der fruchtbaren Täler des Indus und des Ganges und prägten von dort aus die indische Geschichte im Ganzen. Am wichtigsten und für die indische Geschichte dauerhaft entscheidend war das Mogulreich des 16. bis 18. Jahrhunderts.

Das indische Mogulreich

Das Mogulreich heißt so, weil es als Reich der Mongolen angesehen wurde. Ein Mogul ist ein Mongole. Das ist nicht ganz falsch, denn der Reichsgründer Zahir al-Din Muhammad Babur (1483–1530) verstand sich als Nachkomme Tamerlans. Der hatte Ende des 14. Jahrhunderts noch einmal ein mongolisches Großreich in der Tradition des großen Dschingis Khan zusammengebracht, den wir im Kapitel «Shidebaj» kennengelernt haben. Baburs Frau, so wurde behauptet und wohl auch geglaubt, stamme gar direkt aus der Familie Dschingis Khans. Das Charisma desjenigen, der zur Familie des «Weltherrschers» gehörte,

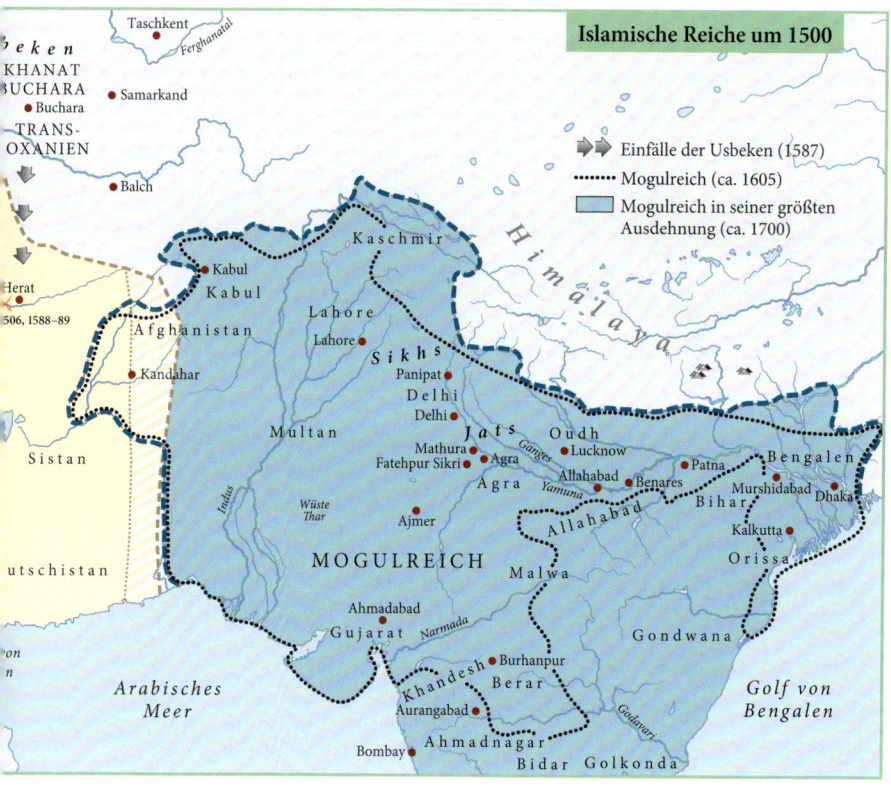

hat Babur bei seinen Reichsgründungsplänen mehr als einmal gute
Dienste geleistet. Natürlich aber haben Babur und seine Nachfolger
sich selbst nicht als «Moguln» bezeichnen lassen, sondern als «Padshah», als «König der Könige», als Kaiser also.

Um das Mogulreich zu verstehen, sollten wir nicht der Fremd-
bezeichnung folgen und es als mongolisches Spätwerk auffassen. Sinnvoller ist es, dem Padshah-Titel zu folgen und es als eines von drei islamischen Großreichen zu verstehen, die aus dem Kampf vieler mehr
oder weniger Mächtiger seit dem 15. Jahrhundert hervorgegangen waren. Parallel zum Mogulreich lassen sich auch das Osmanische Reich
im östlichen Mittelmeerraum und das Reich der Safawiden in Persien
als rasante Aufstiegsgeschichten erzählen. Immer stieg einer von vielen
regionalen Fürsten in kurzer Zeit zu welthistorischer Größe auf und
schaffte es, aus seinem Gewinn ein Reich auf Dauer zu machen. Die
Zeit um 1500 ist nicht nur durch eine europäisch-christliche Expansion
gekennzeichnet, sondern auch durch eine arabisch-persisch-islami-
sche. Und die Expansion des Islams begann früher: Die Eroberung
Konstantinopels durch die Osmanen befeuerte die expansive Kraft der
Portugiesen erst richtig, wie wir im Kapitel «Tenochtitlán und Cuzco»
gesehen haben.

Alle drei islamischen Reiche wirtschafteten mit Teilen der Konkursmasse der mongolischen Nachfolgereiche Dschingis Khans. Als die
Pax Mongolica des 13. und des frühen 14. Jahrhunderts zusammengebrochen war, hatten zwischen Kleinasien und Zentralasien eine
ganze Reihe kleinerer und größerer Herren um Macht und Einfluss
und manchmal ums nackte Überleben gekämpft. Die Gründer der drei
islamischen Großreiche waren am Anfang auch nicht mehr als Warlords zweifelhafter Herkunft gewesen, die sich im Kampf gegen andere
Kriegsherren durchzusetzen versuchten, Territorien zusammenrafften,
wieder verloren und zurückgewannen. Alle drei richteten sich schließlich auf dem Gebiet älterer, nichtmuslimischer Reiche ein. Alle drei
griffen die Traditionen ihrer Vorgänger ausdrücklich auf. Osmanische
Herrscher bezeichneten sich nach der Eroberung von Konstantinopel

als Caesaren; sie nahmen die römische Tradition der Byzantiner auf. Safawidenherrscher nannten sich «Pandishah-i Iran» und griffen damit auf sassanidische und persische Traditionen zurück. Mogulherrscher ließen die Erinnerung an das Reich der Guptas wieder aufleben, das im Zentrum des Kapitels «Ganges» stand. In allen drei Fällen wollten die Nachfolger also nicht einfach nur Erben derjenigen sein, die aus dem Kampf aller gegen alle siegreich hervorgegangen waren. Nur durch das Anknüpfen an bestehende Traditionen konnten sie verhindern, dass dieser Kampf von Neuem losbrach. Und nur so gewannen sie jenseits der schieren Macht eine Begründung für weitere Eroberungen.

Der Gründer des Mogulreichs, Babur, hat Indien zeit seines Lebens als eine Art Trostpreis betrachtet. Er kam aus dem zentralasiatischen Ferghanatal und wäre auch gern dort geblieben. Seine verwandtschaftlichen Bindungen hatte er daher nutzen wollen, um ein Reich in der Nachfolge des großen Tamerlan in Transoxanien zu errichten, rund um Buchara und Samarkand. Doch das wollte und wollte nicht gelingen. Hoffnungsvollen Siegen folgten schwere Niederlagen. Eher aus Verlegenheit konzentrierte er seine Anstrengungen ab 1519 auf den Nordwesten Indiens, den er zuvor nur gelegentlich geplündert hatte. Es sei, so schrieb er später in seiner Autobiographie, das einzige erreichbare Land gewesen, das ihm noch offenstand. Außerdem sei es reich, schön sei es aber nicht. Die Menschen seien hässlich, es mangele an Adel und Ritterlichkeit. Es gebe keine guten Pferde und keine guten Hunde, keine Weintrauben, keine Zuckermelonen, kein vernünftiges Brot, kein Eis, kein kaltes Wasser und auch keine Dampfbäder. Mangels Alternative richtete Babur nach einem entscheidenden militärischen Sieg 1520 seine Hauptstadt dann aber doch in Lahore ein, das heute zu Pakistan gehört. Er wies seine Truppen an, besiegte indische Städte nicht mehr zu plündern, sondern Steuern zu erheben.

Als Babur nach weiteren, meist erfolgreichen Kämpfen 1530 starb, hinterließ er seinen Nachfolgern ein Gebiet, das von Kabul und Kandahar über Lahore, Delhi und Agra bis kurz vor die Grenzen des heutigen Bangladesch reichte. Steuererhebung, Verwaltung und Militärwesen waren auf der Grundlage indischer Traditionen neu organisiert worden. Doch die Herrschaft war kaum gefestigt. Außerdem hatte Babur vier Söhne, die in gut mongolischer Tradition das Reich gemeinsam fortentwickeln sollten. Natürlich gab es Streit um die Thronfolge. Kaum überwundene Rivalen Baburs mischten sich ein, um ihre Selbständigkeit wiederzugewinnen. Zwischenzeitlich sah es so aus, als sollte das Reich bereits in der nächsten Generation wieder zerbrechen. Es war die große Leistung des Enkels Akbar (1556–1605), Nordindien vom heutigen Afghanistan bis nach Bangladesch wieder zusammenzubringen. Unter seinen drei Nachfolgern Jahangir (1605–1627), Shah Jahan (1627–1658) und Aurangzeb (1658–1707) wuchs das Mogulreich weit in den Süden Indiens hinein und über die Grenzen des großen alten Gupta-Reiches hinaus. Macht, Pracht und Kultur der Herrscher auf dem Pfauenthron wurden sprichwörtlich. Im 18. Jahrhundert verloren die Moguln an Einfluss. Nun erst begann die Zeit der Europäer im Allgemeinen und der Briten im Besonderen. Doch auch ihre Herrschaft wie die Kultur des heutigen indischen Subkontinents erklären sich nur aus den knapp zwei blühenden Mogul-Jahrhunderten unter vier herausragenden Herrschergestalten.

Steuern und Herrschen: Das Mansab-System

Grundlage von Verwaltung, Steuererhebung und Militärwesen im Mogulreich war das Mansab-System, das bereits der erste der vier großen Moguln, Akbar, einführte. Seine Grundidee war, den Steuereinzug zu einer Art Adelspflicht zu machen. Die «adligen» Steuereintreiber durften einen festen Teil ihrer Einnahmen behalten; dafür mussten sie Soldaten und Pferde für die Kavallerie stellen, die teuerste und wichtigste Militäreinheit. Es gab dreiunddreißig Adelsränge (*mansab*), die jeweils unterschiedlich große Steuerpfründen und Kavalleriegrößen bedeuteten. Der Ranginhaber *(mansabdar)* wurde vom Mogul persönlich ernannt. Der Mansabdar musste seine Steuerbezirke nach einigen Jahren wieder abgeben und erhielt vom Mogul neue Bezirke – das sollte verhindern, dass sich regionale Machtblöcke bildeten. Eine zentrale Steuerbehörde sollte darauf achten, dass die Mansabdare ihre Möglichkeiten nicht überreizten. Es lag schließlich nahe, dass sie in den wenigen Jahren, die ihnen an einem Ort blieben, herausholen würden, was eben möglich war. Akbar verfügte später noch, dass Steuerpfründen und Kavalleriegestellungspflichten unabhängig voneinander variieren konnten. Das gab ihm noch feinere Belohnungs- und Bestrafungsmöglichkeiten.

Das Mansab-System bildete für eineinhalb Jahrhunderte die Grundlage der Mogulmacht. Während die Osmanen die Sklavenarmee der Janitscharen aufbauten und auch in der Verwaltung mit persönlichen Abhängigkeitsverhältnissen arbeiteten, fanden die Moguln ein für ihre bunte Welt passenderes System. In Indien war zwar, wie die Mauryas und Guptas gezeigt hatten, prinzipiell ein zentraler Herrscher denkbar. Doch er musste mit großen regionalen Unterschieden in der Bevölkerungsdichte, in Bodenertrag, Handwerk, Handel, Religion und Kultur auskommen. Für diesen Zweck war das Mansab-System gut geeignet. Erstens beruhte es auf sorgfältiger Planung. Akbar und seine Leute hatten anfangs sehr genau untersucht, wie viele Steuern verschiedene Regionen einbringen konnten, um die Pfründen den lokalen Möglichkeiten anzupassen. Überhaupt waren die Moguln und ihr Umfeld über die Verhältnisse im Land sehr gut informiert, wie Fachbücher, Herrscherbiographien und Lebenserinnerungen zeigen. Sogar die Untersuchungen heutiger Historiker über Steueraufkommen oder Bevölkerungszahlen setzen bei ihren Angaben an.

Das Mansab-System war zweitens in der Ausführung flexibel. Es gab einem starken Herrscher die Möglichkeit, mit seinem Adel zu spielen, Einflussreiche strategisch zu platzieren, sie auf- und abzuwerten und niemanden zu groß werden zu lassen. Ein schwächerer Herrscher konnte größere Freiheiten gewähren und doch die zentrale Figur bleiben. An den Grenzen des Mogulreichs erhielten bestimmte Fürsten, die zu stark waren, um entmachtet zu werden, hohe Mansab-Ränge, ohne diese abgeben oder ständig zwischen Regionen wechseln zu müssen. Faktisch waren sie so relativ autonome Herrscher mit Tributpflichten, die Mogulverwaltung mischte sich nicht weiter ein. Im Zentrum des Reiches, dort, wo schon der Reichsgründer Babur mächtig gewesen war, wird das Umverteilungs- und Steuerungssystem annähernd so funktioniert haben wie vorgesehen. Die allerhöchsten und damit einträglichsten Mansab-Ränge erhielten die Mitglieder der Mogulfamilie. Das verpflichtete sie dem Herrscher und machte sie zu Stellvertretern seiner Macht in den Regionen.

Das System war drittens offen für Arrangements aller Art. Entscheidend war, dass die regionalen Herren die Autorität des Moguls anerkannten, ihm die Ehre erwiesen, die Steuern eintrieben und weiterleiteten und dass sie im Zweifelsfalle zu Gehorsam gebracht werden konnten. Innerhalb der Regionen setzte sich das Spiel fort. Als Akbar die Reform umsetzte, gab es im ganzen Reich 1827 Amtsträger, die 141 000 Pferde und Reiter zu stellen hatten und dafür ca. 82 Prozent der Staatseinnahmen erhielten. Wenn wir berücksichtigen, dass auf dem indischen Subkontinent um 1600 rund 150 Millionen Menschen lebten (die freilich nicht alle zum Mogulreich gehörten), wird deutlich, dass diese 1827 Mansabdar unmöglich selbst die Steuern in jedem Dorf eintreiben, die Pferde kaufen und satteln konnten. Sie mussten Arrangements mit herausgehobenen Untergebenen treffen, die ihrerseits Menschen in Dienst nahmen und so fort. Auch wenn die Verwaltung offiziell im Ganzen auf den Herrscher ausgerichtet war, spielten die regionalen Herren eine wichtige Rolle.

Das Ergebnis konnte – wie beim ersten großen Mogul Akbar – regionale Verschiedenheit bei klarer Steuerung durch die Zentrale sein. Regionen konnten sich aber auch verselbständigen, am Ende sogar die Steuern im eigenen Namen erheben und nicht mehr weiterleiten. Wenn der Mogul das nicht verhinderte, blieb ihm immer weniger Geld und lediglich eine Art Ehrenvorrang unter prinzipiell Gleichrangigen. Wirklich entscheiden konnte er dann nur noch in seinen Kerngebieten, wo aber auch die Gefahr bestand, dass die Großen sich vom Glücklosen abwendeten. Diese Tendenz zur Regionalisierung wurde bereits unter dem letzten großen Mogul Aurangzeb immer deutlicher und setzte sich im 18. Jahrhundert durch.

Shahjahanabad und andere Wunder

Erfolg und Misserfolg wirkten also selbstverstärkend. War einer der regionalen Machthaber mit Ungehorsam durchgekommen, versuchten es auch andere. Deshalb gab es immer wieder «Aufstände» und damit auch eine gewaltsame Bekämpfung derjenigen, die sich nicht (mehr) fügen wollten. Besser als Gewalt aber war es, wenn Mächtige gar nicht erst auf die Idee kamen, den Mogul herauszufordern. Deshalb demonstrierten die Padshah, die Könige der Könige, ihre Macht und Pracht durch Paläste, Grablegen, Gärten und Landschaftsbau, in Malerei, Dichtung und Geschichtsschreibung. Am bedeutendsten unter den vier großen Moguln war hier Shah Jahan, den wir vor allem als Auftraggeber des Taj Mahal kennen. Das aus weißem Marmor gefertigte Grabgebäude ließ er für seine Lieblingsfrau Mumtaz Mahal errichten, die 1631 bei der Geburt ihres vierzehnten Kindes verstorben war. Das Taj Mahal mit seiner von vier Minaretten umstandenen Kuppel, umgeben von weiterer imposanter Architektur, von Gärten und Kanälen, zählt bis heute zu den weltweit bekanntesten architektonischen Wunderwerken. Es gilt als grandioses Zeichen unsterblicher Liebe, und möglicherweise stimmt das sogar – obwohl Zweifel an der romantischen Geschichte nicht verstummen. Vor allem ging es Shah Jahan wohl um die Darstellung seines Reichtums und seiner Fähigkeit, Wunder zu vollbringen.

Das wichtigste architektonische Signal Shah Jahans für die Zeitgenossen war der Bau einer neuen Haupt- und Residenzstadt. Das nach ihm benannte Shahjahanabad bildet heute das Zentrum von Old Delhi. Es war nicht die erste Hauptstadt der Moguln: Der Reichsgründer Babur hatte in Lahore residiert, Shah Jahans Vater Jahangir hatte Agra ausgebaut, sein Großvater Akbar hatte mit Fatehpur Sikri eine ganz neue Stadt 40 Kilometer südwestlich von Agra geschaffen. Shah Jahan fand diese Städte insgesamt ungeeignet. An Fatehpur Sikri hatte schon Akbar selbst nach vierzehn Jahren die Lust verloren. In Lahore und Agra fand Shah Jahan die bestehenden Stadt- und Palastanlagen zu eng. Außerdem sah er es als Pflicht eines großen Monarchen an, durch imposante Bauwerke Zeitgenossen und Nachwelt in Staunen zu versetzen. Delhi war geeignet wegen seiner geographischen Lage am Fluss Yamuna im fruchtbaren Gangestal. Außerdem war es ein alter Königsort und galt als heiliger Platz. Gräber großer Heiliger gab es hier und zahlreiche Gebäude, die an frühere Reiche und Herrscher erinnerten. Auf der ungefähr dreieckigen Fläche, die der Yamuna mit den Ausläufern der Aravalis-Berge bildet, hatten verschiedene Dynastien Platz für Neugründungen mit immer neuen Namen gefunden. Am Ende waren sie alle doch wieder als «Delhi» bezeichnet worden. So sollte es auch Shahjahanabad ergehen. Die Moguln konnten sich hier in die Geschichte Indiens einschreiben, wurden aber auch von ihr aufgesogen.

Shahjahanabad war zunächst einmal eine große Planstadt. Eine mehr als 8 Meter hohe und knapp 4 Meter dicke Mauer von gut 6 Kilometer Länge umschloss eine Fläche von mehr als 600 Hektar. Ursprünglich hatte man eine Lehmkonstruktion für ausreichend gehalten, doch die war im heftigen Monsun von 1650 zerfallen und zerflossen. Gebaut wurden eine innere Stadt, die dem Herrscher und seiner Familie vorbehalten war, und eine größere äußere Stadt, in der die Fürsten des Reiches ihre Häuser hatten und in der auch die Bediensteten, Handwerker und Händler wohnten. Zwischen innerer und äußerer Stadt lagen Gärten, die ein wichtiges Element indischer Baukunst dieser Zeit waren. Gärten boten Schatten und Erfrischung in der Hitze des Sommers. Und mit ihren Wasserläufen und Wasserspielen, mit Blumen und üppigem Grün waren sie ein Sinnbild des Himmels. Um die äußere Stadt und ihre Stadtmauer herum bildeten sich Vorstädte, die kaum zentraler Planung unterlagen. In der inneren Stadt des Palastes wurden die wichtigen Entscheidungen getroffen und das herrschaftliche Zeremoniell ausgeführt. Nur die Mächtigen und Wichtigen hatten hier Zutritt. In der äußeren Stadt wurden die alltäglichen Entscheidungen getroffen. Hier waren der Handel, die Produktion, das tägliche Leben der Vielen. Die grundlegenden architektonischen Planungselemente der inneren Stadt fanden sich in der äußeren Stadt wieder. Shah Jahan hatte für den Bau seiner Hauptstadt persische Architekten angeheuert. Auch die Verkehrs- und Schriftsprache am Hof war Persisch, und es kamen immer wieder Intellektuelle und Militärs aus Persien nach Nordindien, um dort ihr Glück zu versuchen. Ähnlich wie in ihrer Heimat wollten diese persischen Architekten in ihrem Werk das ideale Verhältnis von Herrscher und Reich zum Ausdruck bringen. Vom Herrscher und von seinem Palast ging eine Ordnung aus, die Stadt und Welt erfüllte. In Europa verkündeten etwa zeitgleich Schlossanlagen wie Versailles eine ähnliche Botschaft. Doch die Moguln trugen diese Ordnung in die Herrschaftsstädte, bezogen nicht nur adlige Herren, sondern auch das gemeine Volk darin ein.

Allerdings war das nur ein Plan. Die Wirklichkeit sah anders aus. Ganz anders als etwa in Chang'an einige Jahrhunderte zuvor ging die zentrale Planung nicht über die wichtigsten Straßen, Tore und Plätze hinaus. Als die Stadt besiedelt wurde, übernahmen die Bewohner schnell die Initiative. Sie bauten selbst die kleineren Straßen nach ihren Bedürfnissen. Reiche Händler und Fürsten errichteten Paläste, um sie herum siedelten sich ihre Bediensteten mit kleineren Häusern oder Hütten an, je nach ihren Möglichkeiten. Die Mächtigen errichteten Moscheen und Tempel. Teils folgten sie der Vorstellung, dass Bauen für die Öffentlichkeit zu den Pflichten des Fürsten gehöre. Teils wollten sie etwas für die Glaubensgemeinschaft tun, der sie selbst angehörten. Es gab natürlich Stadtviertel, in denen sich bestimmte Berufsgruppen, Glaubensgemeinschaften oder soziale Schichten konzentrierten. Aber das ergab sich, änderte sich auch und war nicht Bestandteil herrschaftlichen Reglements.

Shahjahanabad zog viele Menschen an. Ein Zeitgenosse berichtete über Männer aus der Türkei, aus Sansibar, aus Syrien, über Engländer und Holländer. Er sah Menschen aus dem Jemen, aus Arabien und Irak, aus Chorasan, Choresm und Turkestan in Zentralasien, aus China, Tibet und Kaschmir. Wer durch eines der zwei wichtigsten Tore in die Stadt eintrat, befand sich auf einem der beiden Hauptmärkte und dürfte beeindruckt gewesen sein von der Vielfalt der Waren und Menschen. Daneben gab es über die Stadt verteilt kleinere Märkte für spezielle Waren, die ihren Standort immer wieder änderten. Um die 400 000 Einwohner hatte die Stadt in den ersten Jahrzehnten nach ihrer Gründung. Die Einwohnerzahl schwankte allerdings, wenn auch umstritten ist, wie sehr. Ein Zeitgenosse berichtet, dass nur ein Sechstel der Einwohner in Shahjahanabad verblieben sei, als Shah Jahans Sohn Aurangzeb nach 1679 zwanzig Jahre lang in Südindien Krieg führte und seine Hauptstadt nicht besuchte. Forscher sind uneins, wie stark übertrieben das ist. Sicher hat die Residenzstadt unter langen Abwesenheiten des Moguls gelitten. Als nach 1712 politisch schwächere Moguln regierten, die sich aber regelmäßig in Shahjahanabad aufhielten, blühte die Stadt wieder auf.

Das 17. Jahrhundert war insgesamt eine Zeit intensiven Städtewachstums. In Indien hatte es schon sehr lange Städte gegeben. Am Ende der Gupta-Zeit waren Produktion und Lebenswelten zwar zunehmend ländlicher geworden, aber ab dem 12. Jahrhundert hatte sich der Trend zugunsten der Städte umgekehrt. Als sich die Moguln etabliert hatten, erhielt dieser Trend einen kräftigen Schub. Es gab nun viel mehr Städte, und die Städte wurden größer. Um 1670 hatte Lahore, die erste Residenz des Reichsgründers Babur, 700 000 Einwohner, das 200 Kilometer südlich gelegene Agra 800 000. Zum Vergleich: Paris wird um 1700 um 500 000 Einwohner gehabt haben. Noch eine ganze Reihe anderer Städte hatte eine sechsstellige Einwohnerzahl. Daneben gab es viele kleinere Markt- und Verwaltungsorte. Die meisten von ihnen lagen an

Flüssen, die wichtige Verkehrsadern waren, und verknüpften diese mit Handelswegen über Land. Etwas unsichere Berechnungen über die weltweite Verstädterungsrate im 17. Jahrhundert zeigen, dass die Städtedichte Mogul-Indiens wohl höher lag als die Europas, wobei wir natürlich für Indien wie Europa erhebliche regionale Unterschiede ansetzen müssen. Skandinavien oder die Ukraine waren weniger verstädtert als Flandern oder Norditalien, im Gangestal und in Gujarat im Westen sah es anders aus als auf dem Dekkan-Plateau im Süden.

Vom Glanz des 16. und 17. Jahrhunderts

Dass vor allem aus der Zeit Shah Jahans eine Fülle bedeutender Dichtkunst und Architektur überliefert ist, ist kein Zufall. Die erste Hälfte des 17. Jahrhunderts gilt auch ökonomisch als die größte Zeit der Moguln. Sie konnten nun die Früchte einer längeren Zeit relativer Ruhe ernten. Landwirtschaft und Handel erlebten einen Aufschwung. Die Bevölkerung nahm zu und konnte doch ernährt werden. Durch Rodung wurde mehr Land bewirtschaftet, durch ausgeklügelte Bewässerung der Ackerbau intensiviert. Mehr Land wurde vermessen und konnte damit für die Steuererhebung besser eingeschätzt werden. Neben der Landwirtschaft wuchs auch der Textilsektor. Vor allem Stoffe und Tuche aus Baumwolle und Seide wurden gefertigt, die weltweit geschätzt waren.

Weltweite Verbindungen konnten entstehen, weil nicht nur die Moguln, sondern auch die Osmanen und Safawiden ein nun weitgehend muslimisches Gebiet befriedet hatten. Es reichte insgesamt von Ungarn über Herat und Kabul bis nach Bengalen und von Ägypten über Basra und Surat bis nach Südindien. In dem einigermaßen sicheren Handelsraum vermehrten sich die Fern- und Nahkontakte zu Wasser und zu Land. Straßen wurden gebaut oder verbessert, regelmäßige Rasthäuser oder Karawansereien eingerichtet. Professionelle Versiche-

rungsagenturen boten Absicherung gegen Unglücke und Überfälle an.
In der wohl wichtigsten indischen Hafenstadt dieser Zeit, Surat im
westindischen Gujarat, saßen Großhändler mit Handelsverbindungen
bis nach Arabien und Indonesien. Geschickt spielten sie mit den konkurrierenden Interessen der europäischen Handelskompanien und
arabischen Kaufleute. Sie trauten sich sogar, offen Widerstand gegen
Amtsträger des Moguls zu leisten, wenn sie ihre Interessen gefährdet
sahen – und sie hatten Erfolg damit.

Vor diesem Hintergrund ist die Frage müßig, warum sich die Inder
nicht stärker gegen die Europäer gewehrt haben, die ab 1500 mit ihren
Schiffen im Indischen Ozean auftauchten. Angesichts der Handels-
erfolge, angesichts einer Bevölkerung von 150 Millionen und einer
sechsstelligen Zahl an Kavalleristen, die man notfalls aufbieten konnte,
stellten die europäischen Kapitäne, Matrosen, Kaufleute und Missionare in den Augen der großen Mogulherrscher des 16. und 17. Jahrhunderts keine ernstzunehmende Gefahr dar.

Die Moguln hatten wie die Osmanen und Safawiden zeitgleich mit
den Portugiesen und den Spaniern an Bedeutung gewonnen. Für sie
lautete die Frage daher, ob und wie die wachsenden Reiche sich miteinander abstimmen und davon profitieren konnten. Als die Portugiesen den Handel im Indischen Ozean an sich zogen, kam es zu kostspieligen und verlustreichen Kämpfen mit den Osmanen, die im Roten
Meer und im Persischen Golf immer stärker wurden. Die Osmanen
konnten die Portugiesen aus dem Roten Meer heraushalten, mussten
aber akzeptieren, dass diese die Vormacht im Indischen Ozean gewannen. Die Moguln hingegen profitierten eher von den Portugiesen und
später von anderen Europäern wie Holländern und Engländern. Dass
kleinere indische Machthaber vor allem an den südlichen Küsten, die
von den Moguln nicht kontrolliert wurden, Scharmützel gegen die
fremden Seefahrer verloren, die daraufhin feste Handelsplätze einrichteten, war ihnen nicht unlieb. Sie waren daran interessiert, dass der
Seehandel zuverlässig funktionierte. Das konnten die Europäer gewährleisten. Regelmäßig übernahmen sie die wichtigsten indischen

Exportgüter für Europa und deren Kolonien: Textilien und Gewürze. Afrikanische Sklaven in Brasilien haben seit dem 16. Jahrhundert indische Kleidung getragen. Hinzu kamen spezifisch regionale Produkte, in jedem indischen Hafen beziehungsweise jedem europäischen Fort oder Handelsstützpunkt auf indischem Boden waren es andere.

Mithilfe der europäischen Handelsgesellschaften erzielte Indien einen großen Handelsbilanzüberschuss, wie wir heute sagen würden. Die Europäer zahlten mit Pferden, die die Mansabdare für ihre Kavallerie brauchten und die darüber hinaus ein begehrtes Luxusobjekt waren. Sie zahlten auch mit europäischen Waffen. Vor allem aber brachten sie Silber, das aus Japan oder aus den Silberminen der südamerikanischen Anden kam. Ein Subkontinent, der keine eigenen Silbervorkommen hatte, begann, Silberrupien als Währung in Umlauf zu bringen und damit flächendeckend zu handeln! Europäische Reisende sprachen vom Reichtum Indiens und von dem großen «Schlund», in dem Gold und Silber der Welt verschwänden. Dieser Reichtum war freilich höchst ungleich verteilt. Europäische Reisende und einheimische Autoren beschrieben die Armut der Vielen, die von Reis, Hülsenfrüchten und ein wenig Gemüse lebten und sich die Gewürze und die Kleidung nicht leisten konnten, die nach Europa gingen. Die Städte waren nicht nur der Präsentationsort für die Paläste der Reichen, sondern auch Heimat vieler kleiner Leute, die mit sehr einfachen Behausungen zurechtkommen mussten. Aus Shajahanabad wurde berichtet, dass sich in schweren Monsunzeiten die Lehmbauten der Armen einfach auflösten. Obdachlose blieben zurück. In sehr trockenen Jahren stieg die Feuergefahr. 1662 sollen allein in der Hauptstadt 60 000 Menschen bei drei Feuersbrünsten ums Leben gekommen sein. Die Steinbauten der Reichen trotzten in der Regel dem Feuer wie dem Wasser. Freilich, die Armut und das Unglück der Vielen war in Indien wie Europa zu dieser Zeit Normalität.

Souveränität gegenüber äußeren Einflüssen und gleichzeitig Offenheit für sie zeigte sich auch in Religionsfragen. Die muslimischen Eroberer, die mit Babur und dann mit seinem Enkel Akbar nach Indien gekommen waren, mussten mit einer Mehrheit von Hindus aller Art und dann auch mit Anhängern vieler anderer Religionen leben. Eine Islamisierung strebten sie vernünftigerweise nicht an. Die islamische Welt selbst war im Wandel begriffen. Das Jahr 1592, in dem das erste muslimische Jahrtausend endete, war nahe. Endzeitpropheten gewannen Anhänger. Sufis, in Orden organisierte Mystiker, begannen die konkurrierenden Konfessionen (Schiiten, Sunniten) und Rechtsschulen zu überwölben. Die islamischen Reiche reagierten darauf unterschiedlich. Im Osmanischen Reich wurden Schiiten verfolgt, im Safawidenreich hatten es die Sunniten nicht leicht. Auch Akbar, der erste der vier großen Moguln, kam aus muslimischer Tradition und war sich dessen bewusst. Er unternahm selbst Wallfahrten, verrichtete Andachtsübungen und Meditationen. Ausgehend von Sufi-Vorstellungen, war er jedoch offen gegenüber verschiedenen muslimischen Konfessionen und auch gegenüber anderen Religionen. Ab 1570 ließ er an seinem Hof Religionsgespräche führen. Zunächst versammelte er neben Sufis islamische Gelehrte, Prophetennachkommen und weltliche Würdenträger. Später lud er gelegentlich auch Christen, Hindus und Anhänger des Zoroastrismus ein. Jesuiten aus dem portugiesischen Goa, die die Einladung Akbars erhielten, hofften auf eine Bekehrung des Herrschers. Doch die blieb aus, wie überhaupt im 16. Jahrhundert die christliche Mission in Indien durch die Portugiesen weitgehend fehlschlug.

Akbar war weit davon entfernt, sich in ein religiöses Schema einzupassen. Mehr und mehr gewann er die Überzeugung, dass eine «neue» Religion erforderlich sei, die die Fehler des Islams wie die der anderen Religionen vermeiden und ihre Stärken zusammenführen sollte. Er entwickelte eine umfassende Gottesreligion, die vor allem Elemente des Islams und des Hinduismus aufnahm. Er selbst war der gottähnliche weltliche wie religiöse Führer. Die Ausrufung der neuen Religion führte zu einer Rebellion strenggläubiger Muslime, die sich mit afghanischen Clans verbanden, Akbars Halbbruder zum neuen Herrscher ausriefen und von 1580 bis 1582 flächendeckend Anhänger gewannen. Akbar ließ den Aufstand brutal niederschlagen.

Die neue Religion provozierte zwar den Widerstand strenggläubiger Muslime, war aber unter den Eliten durchaus populär. Das mochte mit der Offenheit der hinduistischen Lehren für neue Einflüsse zusammenhängen, mit dem Wandel im Islam oder mit dem Opportunismus derjenigen, die gern Karriere machen wollten. Wichtig für die nichtmuslimische Mehrheit war die religiöse Toleranz, die im Reich Akbars herrschte. Die Sondersteuer für Nichtmuslime wurde abgeschafft. Bei den Fürsten förderte Akbar Heiraten über die Religionsgrenzen hinweg. Er selbst heiratete früh eine Hindu-Prinzessin. Wie das Mansab-System hat auch die souveräne Haltung gegenüber den Religionen eine großräumige Herrschaft leichter gemacht. An dieser Politik hielt auch Akbars Sohn Jahangir fest. Obwohl von außen kommend, sind die Moguln so zu einer indischen Dynastie geworden, deren Herrschaft auch für Hindus attraktiv war. Am Hof waren beide großen und auch kleinere Religionen sowie die neue Gottesreligion vertreten. Die Grenzen zwischen den Religionen waren fließend.

Thronfolgekämpfe und die Macht der Fürsten

Shah Jahan und Aurangzeb, die die beiden letzten Drittel des 17. Jahrhunderts prägten, ließen die neue Gottesreligion hinter sich. Sie setzten auf die islamische Orthodoxie und zielten wieder stärker auf ein muslimisches Reich. Diese Politik verzeichnete durchaus Erfolge. Der Anteil der Muslime an der Bevölkerung stieg, der Islam wurde als Legitimationsquelle von Herrschaft neu erschlossen. Aber diese Politik war auch gefährlich. Denn Aurangzeb ließ auch hinduistische Tempel in Benares und Mathura zerstören, um auf ihren Ruinen Moscheen einzurichten. Er belegte hinduistische Händler mit Sonderzöllen, verbot die Beschäftigung von Hindus in hohen Kanzleiämtern und führte die von Akbar abgeschaffte Kopfsteuer für Nichtmuslime wieder ein. Es kam zu massiven Unruhen. Dabei ging es nicht nur um Religionsfragen, sondern auch um Steuern und Abgaben, um die Anerkennung regionaler Führer und um den Herrschaftsstil Aurangzebs. Die Einheit des Reiches war in Gefahr.

Aurangzeb hat die beiden letzten Jahrzehnte seiner Herrschaft ununterbrochen Kriege im unruhigen Süden des Reiches geführt. Fast alle Feldzüge hat er gewonnen, und nie war der Herrschaftsbereich eines Moguls größer als um 1700. Aber wenn er nach grausamen Kämpfen, Belagerungen und Eroberungen siegreich abzog, brachen Aufstände oft erneut aus. Um Verbündete und gefährlich werdende Aufsteiger bei Laune zu halten, vergab Aurangzeb mehr Mansab-Ränge, als Steuerpfründen zur Verfügung standen. Es mussten Wartelisten geführt werden, das System verlor an Attraktivität und Überzeugungskraft. Im Süden erhoben Aufständische eigene Steuern, die einer kaum verhüllten Schutzgelderpressung gleichkamen. Surat, die große Hafenstadt in Gujarat, wurde mehrfach geplündert. Reiche Kaufleute wurden ruiniert. Welchen Sinn machte die zentrale Herrschaft eines Moguls noch, wenn er Frieden, Sicherheit und damit Wohlstand nicht mehr gewährleisten konnte?

Die Thronfolgefrage war der klassische Moment, in dem interne Spannungen und Risse deutlich wurden. Es gab keine klare Nachfolgeregelung, und weil die Herrscher mehrere Frauen hatten, gab es regelmäßig mehrere Söhne, die Ansprüche erhoben. Manche Forscher behaupten, das habe auch Vorteile gehabt, weil sich im grausamen Wettbewerb auf Leben und Tod der Beste durchsetzte. Aber erstens musste der beste Fighter nicht auch der beste Herrscher sein. Und zweitens konnte sich der Krieg der Söhne mit Problemen des Reiches verbinden und dann bürgerkriegsähnliche Zustände auslösen.

Die Söhne Shah Jahans hatten schon zu seinen Lebzeiten den Kampf begonnen. Ihr Vater war ernstlich krank geworden und die Nachfolgekandidaten fürchteten, ihre Chancen zu verringern, wenn sie bis zu seinem Ende warteten. Zwei Jahre später waren zwei der vier Söhne tot, der dritte auf der Flucht, er starb kurz darauf. Der vierte war Aurangzeb. Jeder der vier hatte Unterstützer unter den Mächtigen des

Reiches gehabt. Aurangzeb hatte zwei seiner Brüder nicht als Macht-
konkurrenten umbringen, sondern als Ketzer hinrichten lassen – sie
seien zu hindufreundlich gewesen. Das verlieh dem nach grausamem
Kampf errungenen Sieg den Segen des Himmels und die Zustimmung
der Rechtgläubigen. Aber es stieß die Hindus und Anhänger anderer
Religionen vor den Kopf. Shah Jahan hat übrigens seine Krankheit
noch ein paar Jahre überlebt. Aurangzeb ließ seinen Vater einsperren,
bis er 1666 im Fort von Agra starb.

Nach Aurangzebs Tod gab es zwei Thronfolgekämpfe innerhalb von
fünf Jahren. Nicht nur Söhne, sondern auch mit ihnen verbundene
Mächtige des Reiches verloren dabei ihr Leben. Danach gelang es keinem Mogul mehr, die Kontrolle über das ganze Reich zurückzugewinnen. Umgekehrt waren auch Mächtige immer weniger daran interessiert, in Delhi zu erscheinen. Viele von ihnen führten bald nicht einmal
mehr Steuern ab. Aus einem Großreich wurde eine Ansammlung vieler kleinerer Reiche, die nur noch den Ehrenvorrang des Moguls in
Delhi anerkannten. Geschont wurde er nicht. Delhi wurde mehrfach
geplündert. 1739 nahm Nadir Shah, der in Persien bereits die Dynastie
der Safawiden beendet hatte, bei seinem Raubzug nach Delhi sogar
den Pfauenthron der Moguln mit. Dieser wurde später Bestandteil persischer Herrschaftsinszenierungen.

Für die Einwohner von Shahjahanabad und Delhi insgesamt war
das 18. Jahrhundert keine sorgenfreie Zeit. Zu viele Plünderungen, zu
viel Unsicherheit. Und dennoch waren die Menschen nicht überall in
Indien existenziell bedroht. Zwar gab es Bürgerkrieg und Anarchie.
Nicht nur in Delhi waren Menschen ihres Lebens nicht mehr sicher, litt
die Ökonomie nachhaltig. Aber es gab auch Regionen, in denen sich
stabile Regionalreiche bildeten, die auf der Grundlage des Mogulsys-
tems zuverlässig organisiert waren. Dort sank der Lebensstandard nicht.

Indien wird Teil des British Empire

Regionalisierung und Regionalkriege waren der Grund dafür, dass die Europäer in der zweiten Hälfte des 18. Jahrhunderts schnell an Bedeutung gewannen. Die zahlenmäßig kleinen, aber waffentechnisch überlegenen europäischen Truppen griffen in Konflikte zwischen den Regionalreichen ein und verbesserten dabei so ganz nebenbei ihre eigene Stellung. Ihnen kam zugute, dass Kaufleute und Händler die einigermaßen zuverlässigen weltweiten Verbindungen nutzen wollten, die vor allem die britische East India Company anbot. Hindus schätzten es, dass die Briten in erster Linie an Handel und Geld interessiert waren und ihre Geschäftspartner, anders als die späten Moguln, nicht nach Religionszugehörigkeit unterschiedlich behandelten. Bei den allermeisten Kämpfen, in die die Briten bis 1859 auf dem indischen Subkontinent verwickelt waren, standen sich daher nicht Inder und Europäer gegenüber. Verschiedene indische Gruppen kämpften gegeneinander, und die Briten, die solche Konflikte je nach Interesse anheizten oder befriedeten, gaben meistens den Ausschlag. Umgekehrt trugen auch Briten und Franzosen nach 1756 auf indischem Boden den Siebenjährigen Krieg aus, unterstützt von unterschiedlichen indischen Gruppen. Mit dem Sieg der Briten im «French and Indian War» war klar, dass sie zukünftig die dominierende europäische Macht auf dem Subkontinent sein würden. In den zurückliegenden drei Jahrhunderten hatten jeweils unterschiedliche Europäer den Handel mit Indien dominiert. Den Portugiesen hatte das 16. Jahrhundert gehört, den Holländern das 17. In den ersten beiden Dritteln des 18. Jahrhunderts hatten Briten und Franzosen konkurriert, nunmehr dominierten die Briten beziehungsweise die in ihrem Auftrag handelnde britische East India Company.

Die Briten nutzten die regionalen Kämpfe und die verschiedenen Interessengegensätze und eroberten um 1760 Bengalen, die östliche Provinz des Mogulreiches, die vor allem wegen ihrer Textilproduktion einträglich war. Der regierende Mogul Shah Alam Bahadur übertrug den Briten 1764 offiziell den Auftrag, die Steuern für ihn einzuziehen. Damit war die East India Company offiziell Amtsträger des Moguls geworden, der natürlich faktisch schon seit Jahrzehnten dort keine Macht mehr ausübte. Die anderen indischen Regionalmächte betrachteten die Briten nun als einen der wichtigen Spieler im indischen Machtpoker. Wechselnde Koalitionen und permanente Kleinkriege waren die Folge. Europäische Abenteurer mit kleinen Truppenverbänden gingen nach Indien, um auf der einen oder der anderen Seite zu kämpfen und dabei ihr Glück zu machen. Auf lange Sicht gewannen die Briten. Mitte des 19. Jahrhunderts beherrschten sie den Subkontinent. Einen Teil regierten sie wie Bengalen direkt. In anderen Regionen blieben indische Fürsten im Amt. Britische Berater lenkten ihre Politik in genehme Bahnen.

Mindestens so folgenreich wie die Herrschaftsübernahme der Briten war für Indien die Industrielle Revolution. Sie begann in Britannien als textilindustrielle Revolution. Spinnen und Weben wurden mechanisiert und in Fabriken konzentriert. Neben Frauen- und Kinderarbeit verbilligten auch sehr lange Arbeitszeiten die Produktion. Dadurch konnten britische Hersteller indische Produzenten nach und nach vom Weltmarkt verdrängen. Ab Anfang des 19. Jahrhunderts waren selbst in Indien britische Textilprodukte billiger als indische. Bengalen exportierte seit den ersten Jahrzehnten des 19. Jahrhunderts nicht mehr Textilien, sondern Baumwolle, Jute und Indigo. Es importierte nicht mehr Pferde, Waffen und Luxusgüter, sondern Textilien und bald auch andere Fertigwaren. Indien wurde entindustrialisiert. Fabrikindustrielle Produktion hatte es allerdings in Indien nicht gegeben, sondern «nur» ein blühendes Textilhandwerk, das nun in eine schwere Krise geriet. Gleichzeitig zahlten die Briten nun ihre Kolonialverwaltung und ihre Exporte aus Indien mit den Steuern, die sie in Indien selbst eintrieben. Es floss nicht mehr europäisches Gold und Silber in den indischen Schlund. Anders herum: Der Subkontinent wurde zur Steuer- und Rohstoffquelle, die Britannien reich machte. Dementsprechend wuchsen nun die Städte, in denen die britische Wirtschaft und Verwaltung

sich konzentrierten: Kalkutta, Madras, Bombay (heute Mumbai). Städte
wie Murshidabad oder Lakhnau (Lucknow), die vom Luxuskonsum
der alten Eliten gelebt hatten, verloren an Bedeutung.

Die britische Herrschaft ist während des großen indischen Auf-
stands 1857/58, der lange als «Meuterei» von Soldaten verharmlost
wurde, noch einmal in große Gefahr geraten. Danach wurde der letzte
Mogul offiziell abgesetzt und ins Exil geschickt. Die East India Company, formal noch immer der Repräsentant der britischen Herrschaft
in Indien, wurde abgeschafft. Indien wurde eine Kronkolonie, der britische Gouverneur trug den Titel «Vizekönig». Die noch existierenden
Fürstenstaaten erhielten eine Bestandsgarantie. Am 1. Mai 1876 nahm
Queen Victoria den Titel «Kaiserin von Indien» an. Gut siebzig Jahre
später, am 15. August 1947, beendeten die Briten ihre Kolonialherrschaft in Indien. Ihre große Zeit hat nicht ganz so lange gedauert wie
die der vier großen Moguln des 16. und 17. Jahrhunderts.

13.
Cap Français

Der revolutionäre Atlantik, 1770 bis 1850

Dass die Briten zwischen 1763 und 1858 die Macht in Indien übernahmen und den Indischen Ozean zum Zentrum ihres Empires machten, war nicht nur eine europäische Erfolgsgeschichte. Es war auch die Folge einer revolutionären Niederlage. Zwischen 1770 und 1830 revoltierten viele Anrainer des Atlantiks und brachten so die europäischen Überseereiche der Frühen Neuzeit an ihr Ende.

Die dreizehn nordamerikanischen Siedlerkolonien läuteten die so-

genannte Atlantische Revolution ein, indem sie ihre Unabhängigkeit
von Großbritannien erklärten, sich zu den Vereinigten Staaten von
Amerika zusammenschlossen und diesen Beschluss in einem Unabhängigkeitskrieg gegen Großbritannien durchsetzten. Wenig später
revolutionierten die Franzosen zunächst ihr Königreich und dann
Europa. In der Karibik, genauer: in Haiti, fand die einzige erfolgreiche
Sklavenrevolution der Weltgeschichte statt. Schließlich zerfielen die
spanische und die portugiesische Herrschaft in Mittel- und Südamerika. Während das portugiesische Lateinamerika unter dem Namen
Brasilien zusammenblieb, bildeten sich aus der Konkursmasse des spanischen Reiches nach blutigen Kämpfen eine ganze Reihe unabhängiger Staaten, von Chile und Argentinien bis Mexiko. Amerika war bis
auf Kanada, ein paar Inseln in der Karibik und die Guyanas nordöstlich von Brasilien für den europäischen Kolonialismus verloren. Mochte
auch die wirtschaftliche Zusammenarbeit in neuen Formen weiterlau-
fen – die seit Kolumbus eingerichteten atlantischen Großreiche waren
Geschichte.

In Europa selbst kollabierten gleichzeitig ehrwürdige Staatsgebilde
wie die Adelsrepublik Venedig oder das Heilige Römische Reich Deutscher Nation unter dem Ansturm der französischen Heere. Als der
Wiener Kongress 1815 den Schlussstrich unter mehr als zwanzig Jahre
erst revolutionärer und dann napoleonischer Kriege zog, war die alt-
europäische Adelswelt nicht mehr zu retten. Die Zukunft gehörte den
verfassungsgebundenen Monarchien, in denen sich allmählich die Beteiligung des Volkes an den politischen Entscheidungen ausweitete.
Am Machthunger der Europäer änderte das freilich nichts. Großbritannien, Frankreich und Russland, und in kleinerem Maßstab auch
Spanien, Portugal, Deutschland und Belgien, verlagerten ihre koloniale Herrschaft im 19. Jahrhundert von Amerika auf Asien und dann
auf Afrika oder bildeten sie dort neu. Die Krönung der britischen
Queen Victoria zur Kaiserin von Indien 1876 war der symbolische
Höhepunkt dieser Machtverschiebung. Seit Beginn des 20. Jahrhunderts knisterte es aber im Gebälk der europäischen Imperien. Nach

dem Zweiten Weltkrieg endete dann die europäische Vorherrschaft in Asien und Afrika, die nach dem Ende der atlantischen Reiche um 1800 aufgebaut worden war.

Die Atlantische Revolution ist damit ebenso bedeutsam wie das Ausgreifen der Spanier und Portugiesen nach Amerika um 1500 und wie die schnelle Erweiterung der muslimischen Großreiche in Asien und Europa seit dem 15. Jahrhundert, die in den Kapiteln «Tenochtitlán und Cuzco» sowie «Shahjahanabad» beschrieben worden sind. Aber es gibt einen wichtigen Unterschied: Den atlantischen Revolutionären ging es nicht um religiöses Heil, sondern um Freiheit und Gleichheit, natürlich verbunden mit ökonomischen Motiven. Daher faszinieren sie bis heute. Die Amerikanische, die Französische, die Haitianische und die Bolivarische (= südamerikanische) Revolution sind positiv besetzte Ereignisse. Mit dem Verweis auf sie können immer noch Nationen geeint, Kriege legitimiert und Wahlen gewonnen werden.

Dabei waren die revolutionären Ereignisse selbst ziemlich unübersichtlich. Die meist elitären Revolutionäre des Anfangs hatten klare und hochfliegende Ziele, die in politischen Philosophien und Programmen des 18. Jahrhunderts gegründet waren. Doch sie wurden vom Eingreifen neuer sozialer Gruppen überrascht. Kleine Leute, Bauern, Habenichtse und Sklaven verfolgten eigene, sehr praktische Ziele, geboren aus der Alltagserfahrung von Unterdrückung und Not. Mit den politischen Idealen der ersten Revolutionäre hatten sie wenig gemeinsam. So ergab sich eine unberechenbare Dynamik. Gemessen an den Zielen des Anfangs waren die Revolutionsergebnisse in den USA, in Frankreich, Haiti und in Südamerika überraschend und auch enttäuschend. Die Jubelrufe kamen erst später, und oft verwiesen sie auf Ideen und Manifeste des Anfangs, die bald unter die Räder geraten waren und erst nachträglich zum Erbe der Revolution erhoben wurden. Wir schauen uns das am – geographisch gesehen – zentralen Ereignis genauer an. Die haitianische Sklavenrevolution in der Karibik ist mit allen anderen Revolutionen verwoben und bietet sich daher als Ausgangspunkt für die Entdeckung des «revolutionären Atlantiks» an.

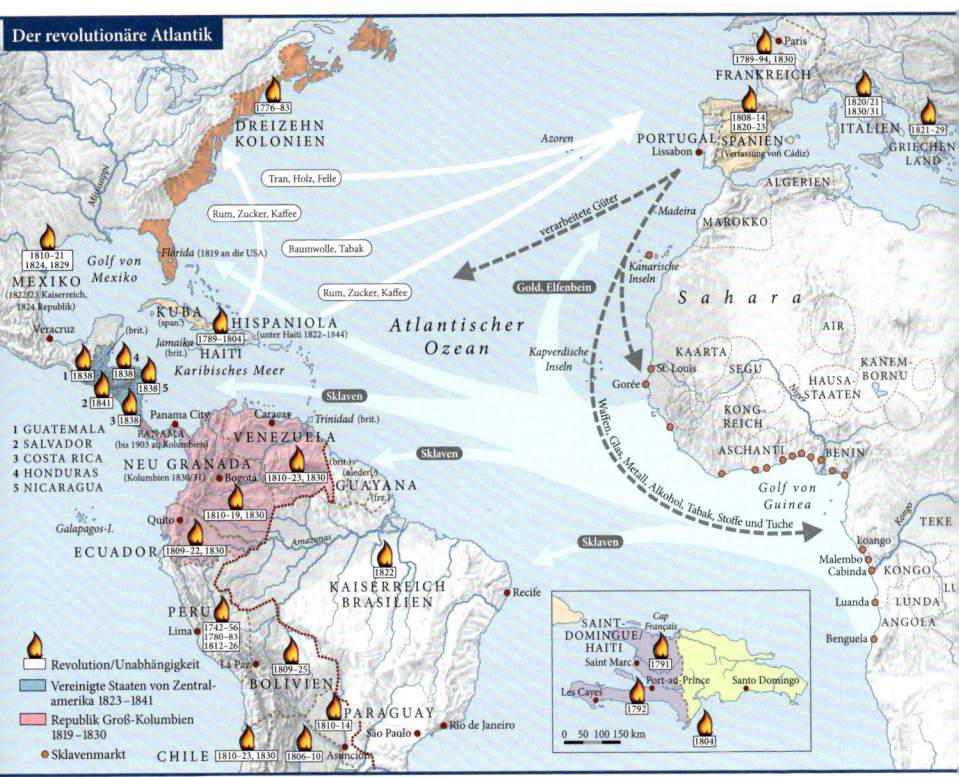

Der revolutionäre Atlantik

Zuvor jedoch müssen wir uns vergegenwärtigen, dass es den Atlantik als Verflechtungsraum im 18. Jahrhundert wirklich gegeben hat. Die Imperien der Briten, Franzosen, Spanier und Portugiesen, ja sogar der Holländer und Dänen erstreckten sich über den Ozean. Verwaltungsbeamte, Siedler und Glücksritter wechselten Wohn- und Arbeitsorte über den Atlantik hinweg. Kolonialwaren wie Kaffee, Zucker, Tabak, Indigo, Holz und Pelze wurden über den Ozean gehandelt, Silberflotten, Sklavenschiffe und Piraten kreuzten ihre Wege. Mit den Waren zirkulierten Bücher und Pamphlete, Nachrichten und Gerüchte. Kulturelle Muster wurden umgeprägt. Das bürgerliche Kaffeehaus trat in europäischen Städten im 18. Jahrhundert an die Seite des Wirtshauses.

In Berlin gab es um 1800 nicht nur elf Gasthöfe erster Klasse, dreizehn Gasthöfe zweiter Klasse und vierzehn Gasthöfe dritter Klasse, ungezählte Wein- und Bierstuben und Gaststätten, sondern auch dreiundfünfzig Kaffeehäuser. In Wien konnte der ernüchterte und koffeinerweckte Vernunftbürger zwischen mehr als siebzig Kaffeehäusern wählen, um neueste Nachrichten zu diskutieren und an einer sich demokratisierenden Öffentlichkeit mitzuwirken. Dass sein Kaffee ein Produkt knochenbrechender Sklavenarbeit war, musste er ja nicht mitbedenken.

Zucker und Kaffee aus der Karibik

Der Großteil des Kaffees, der in Kontinentaleuropa in der zweiten Hälfte des 18. Jahrhunderts getrunken wurde, kam aus Saint Domingue. Diese halbe Insel in der Karibik, die ab 1804 wieder Haiti heißen würde, war der westliche Teil der Insel Santo Domingo, gelegen zwischen Kuba und Jamaica auf der einen und Puerto Rico auf der anderen Seite, seit dem 16. Jahrhundert spanisch besetzt. Im 17. Jahrhundert hatten sich französische Piraten angesiedelt, ohne dass die Spanier sie wirksam vertreiben konnten. 1697 erkannten die Spanier die französische Oberhoheit über den Westen Santo Domingos an. Die Franzosen bezeichneten ihren Besitz seitdem in ihrer Sprache als Saint Domingue. Dann veränderte der Zucker- und Kaffeeboom alles. Große und kleine Pflanzer, Verwaltungsleute und Militärs machten aus dem Territorium von der Größe Belgiens binnen eines Jahrhunderts die wertvollste Kolonie Frankreichs.

Die Zuckerlieferungen nach Europa verzehnfachten sich zwischen 1500 und 1600 und dann noch einmal zwischen 1600 und 1800. Der Grund ist einfach. Koloniale Genusswaren wie Kaffee, Tee und Kakao sind an sich bitter. Ihr steigender Konsum hat dazu geführt, dass um 1800 jährlich 200 000 Tonnen Zucker nach Europa kamen, wo man

traditionell mit Honig oder Sirup süßte. Die Kaffee-, Tee- und Kakaoproduktion trieb die Nachfrage nach Zucker in die Höhe, und umgekehrt. Im 16. Jahrhundert war weißer Zucker noch ein Luxusprodukt
gewesen, das Könige und Fürsten zu monumentalen Tischskulpturen
zusammenfügen ließen, um ihre höfischen Gesellschaften zu beeindrucken. Zweihundert Jahre später war der weiße wie der billigere (!)
braune Zucker ein Genussmittel breiterer Bevölkerungsschichten geworden. Genuss war wichtig. Europäer waren im 18. Jahrhundert bereit, mehr und härter zu arbeiten, um koloniale Genussmittel wie
Kaffee und Zucker, aber auch feineres Brot, besseres Geschirr und
schönere Möbel kaufen zu können. Eine «Revolution des Fleißes»
wurde das genannt. Als infolge der Revolution auf Saint Domingue der
Zuckerpreis in Frankreich stieg, kam es Anfang 1792 in Paris zu Unruhen.

Mit ihren Wünschen nach ein klein wenig Konsumglück schufen die
Menschen in Europa einen schnell wachsenden Markt, auf den Investoren, Pflanzer, Kaufleute und Regierungen reagierten. Neue tropische
Anbaugebiete wurden erschlossen, neben den bereits eingeführten
Anbietern wie Brasilien oder Barbados. Zu ihnen gehörte das Piraten-
nest Saint Domingue. Es produzierte 1710 knappe 1000 Tonnen Zucker,
1789 waren es 64 000 Tonnen. Im selben Jahr lieferte es 60 Prozent des
Kaffees, den die westliche Welt verbrauchte, und der Kaffeehandel
entwickelte sich in den 1770er und 1780er Jahren noch dynamischer als
der Zuckerhandel. Saint Domingue war nun die profitabelste Kolonie
der Welt, das Herzstück des französischen Empires. Die Geschäfte liefen über die Hafenstädte Bordeaux, Nantes, La Rochelle, Le Havre und
Bayonne, wo einige Kaufleute und Investoren richtig reich wurden.
Viele von ihnen besaßen auf der halben Karibikinsel Plantagen, die sie
von Verwaltern betreiben ließen.

Nachdem Frankreich im Siebenjährigen Krieg seine Kolonien Kanada und Louisiana an Großbritannien verloren hatte, konzentrierten
sich die französischen Überseeinvestitionen noch stärker auf Saint
Domingue. Landerschließung und Produktion wurden noch dynami-

scher. In den dreizehn nordamerikanischen Kolonien, die Anfang der 1780er Jahre ihre Unabhängigkeit von Großbritannien errungen hatten, wurde der Kaffeegenuss (statt des verpönten britischen Tees) zu einem patriotischen Statement. So tat sich neben dem europäischen ein weiterer Markt auf. Die Preise stiegen. Pflanzer und französische Kolonialverwaltung begannen sich zu streiten, wie stark die Marktzugänge reguliert werden müssten. Von den großen französischen Atlantikhäfen aus wanderten kleine Leute und Glücksritter mit wenig Kapital nach Saint Domingue aus, um als Kaffeepflanzer ihr Glück zu machen. Nicht alle Hoffnungen erfüllten sich. Die sozialen Gegensätze waren groß.

Erarbeitet wurden alle Reichtümer von afrikanischen Sklaven. 500 000 lebten Ende der 1780er Jahre in Saint Domingue, mehr als zur gleichen Zeit in den jungen USA. Bereits Ende der 1730er, Anfang der 1740er Jahre waren jährlich mehr als 10 000 Sklaven «importiert» worden, zwischen 1760 und 1780 stieg die Zahl auf jährlich knapp 20 000 Sklaven, nach Ende des nordamerikanischen Unabhängigkeitskrieges 1783 waren es jeweils um die 30 000, 1790 schließlich 46 000 Menschen, die nach Saint Domingue verschleppt wurden. Wahrscheinlich hat die Hälfte von ihnen die ersten drei Jahre in Saint Domingue nicht überlebt. Das fremde Klima, die harte Arbeit, die ungewohnte und oft unzureichende Ernährung sowie Krankheiten haben neben der schlechten Behandlung durch «Besitzer» und «Händler» dazu beigetragen. Die Sklaven, die überlebten, verstanden sich nicht einfach als Afrikaner. Sie waren Jolof, Bamana, Ashanti, Aja, Yoruba, Ibo, Bantu und noch mehr. Vom heutigen Mauretanien bis nach Angola hin waren sie zwangsrekrutiert worden, wobei Ende des 18. Jahrhunderts die südlichen Regionen überwogen. Und dann gab es ja auch noch die Minderheit derjenigen, die auf Saint Domingue selbst geboren worden waren. 90 Prozent der Sklaven arbeiteten auf den Feldern, die anderen im Haus, in den Städten und auf Schiffen. Zu ethnischen Unterschieden kamen solche nach Arbeitsfeld, nach Qualifikation, nach Dauer des Aufenthalts auf Saint Domingue oder der jeweiligen

Plantage. Was die Sklaven gemeinsam hatten, war die Erfahrung un-
freier Arbeit und Rechtlosigkeit sowie ihre Religion, das *vaudou*
(engl. *Voodoo*). In diese vielfältige Glaubensrichtung, von den weißen
Herren abschätzig als Hokuspokus und Magie beschrieben, gingen
afrikanische Traditionen und auch christliches Gedankengut ein.

Nur 5 Prozent der Bevölkerung waren Weiße. Die großen Zucker-
plantagenbesitzer bildeten die Oberschicht. Viele von ihnen lebten
allerdings ganz oder überwiegend in Frankreich, andere verstanden
sich als Vertreter eines Familien- oder Unternehmensverbandes mit
Basis in Frankreich. Nur ein kleiner Teil der Zuckerbarone bildete so
etwas wie eine koloniale Elite, gemeinsam mit den Spitzen der Kolonialverwaltung, des Militärs und der Miliz. Trainierte Waffenträger
waren nötig, weil alle karibischen Plantagenkolonien in ständiger Angst
lebten: vor einer Invasion durch eine andere Kolonialmacht und vor
dem Aufstand der Sklaven, auf deren rücksichtsloser Ausbeutung das
gesamte System beruhte.

Zahlenmäßig bedeutender als die Elite der *grands blancs* waren die
vielen *petits blancs:* kleine Kaffeeplantagenbesitzer mit wenigen Sklaven, Handwerker, Händler und Menschen, deren Hoffnungen sich
nicht erfüllt hatten. Hinzu kam eine als «amphibisch» bezeichnete Bevölkerung in den Hafenstädten: Menschen, die mal an Land und mal
auf Schiffen lebten, Matrosen ohne Schiff, kleine Küstenschiffer und
Bootsbesitzer, die Handel und Personenbeförderung zwischen den
großen Überseehäfen und den kleinen Küstenorten übernahmen,
wozu die ozeangängigen Sklaven- und Handelsschiffe nicht geeignet
waren.

Schneller noch als die Gesamtbevölkerung wuchs im 18. Jahrhundert die Zahl der *gens de couleur*, das waren freigelassene Schwarze
oder Abkömmlinge von Verbindungen meist weißer Männer mit afrikanischen Frauen. Um 1790 stellten sie ebenfalls 5 Prozent der Bevölkerung. Einige von ihnen waren erfolgreich, führten kleinere Plantagen, besaßen Sklaven, waren in Handwerk und Handel tätig. Das rief
Neid bei vielen *petits blancs* hervor, die sich rassisch überlegen fühlten

und deshalb den Abstand zu den Aufsteigern bewahren wollten. So stieg die Zahl der Gesetze und Verordnungen, die die *gens de couleur* diskriminieren und von der weißen Bevölkerung trennen sollten. Verbitterung bei den Farbigen war die Folge. Viele von ihnen hatten sich sehr deutlich von der Sklavenmehrheit abgesetzt, um freie, gleichberechtigte Mitglieder einer Kolonialgesellschaft zu werden, in der nur der wirtschaftliche Erfolg, nicht die Hautfarbe zählen sollte. Nun wurde ihnen gerade ihr Erfolg zum Hindernis.

Eigentlich war Saint Domingue in den 1780er Jahren nicht eine Kolonie, sondern mehrere. Drei von West nach Ost laufende Höhenzüge teilten das Land in Ebenen, Berghänge und Gipfel mit mehr als 2000 Metern Höhe. Straßen und Flüsse verliefen in West-Ost-Richtung und verbanden die Plantagen mit dem jeweils nächstgelegenen Handelsplatz. Kontakte über die Berge hinweg gab es kaum. Ein kolonieweites Straßennetz fehlte. Auf die glänzenden Haupthäfen Cap Français im Norden, Saint Marc im Westen und Port-au-Prince sowie Les Cayes im Süden waren die drei Provinzen ausgerichtet. Alles war neu, weil auch die Bevölkerung selbst ja zum überwiegenden Teil erst vor kurzem eingewandert war. Die Erschließung des Landes war von Nord nach Süd, von den Ebenen zu den Berghängen und von der Zucker- zur Kaffeeproduktion hin erfolgt. Die großen, reichen und ertragsstarken Zuckerplantagen lagen in den Ebenen. Sie waren im Norden älter, größer und technisch besser ausgestattet als im Süden. Mit meist kleineren, jüngeren und weniger teuren Kaffeeplantagen wurden die Hügel erschlossen, ebenfalls von Nord nach Süd hin. Der Süden hatte in den 1780er Jahren noch etwas von einer Pionier- und Frontiergesellschaft, der Norden hingegen wirkte gesetzter.

Das zeigt auch ein Vergleich der Hauptorte. Cap Français im Norden soll vor 1789 die reichste französische Stadt außerhalb Europas gewesen sein, mit neunzig Richtern, Rechtsanwälten, Notaren und Gerichtsdienern und mehr als einhundert Juwelieren für nur 15 000 Einwohner: 3500 Weiße, 10 000 Sklaven und 1400 *gens de couleur*. Die Lebenshaltungskosten sollen dreimal so hoch gewesen sein wie in

Europa. Die meisten Häuser waren aus Stein gebaut und zweistöckig. Es gab Theater, Freimaurertempel, Billardsäle, Badehäuser und einen überbordenden Sonntagsmarkt. Nicht nur der Hauptboulevard, auch die meisten Straßen und Gehwege waren befestigt. Die neueste Mode aus Paris wurde hier wenige Monate später mit Stolz gezeigt. Nur wenige Kinder lebten in Cap Français – wer es sich leisten konnte, schickte den Nachwuchs zur Erziehung nach Frankreich.

Dagegen fiel die nominelle Hauptstadt von Saint Domingue etwas ab. Das im Süden gelegene Port-au-Prince hatte seit seiner Gründung 1749 bereits mehrere Erdbeben und einen Großbrand im Geschäftsviertel überstehen müssen. Um 1790 lebten hier gut 6000 Menschen (1800 Weiße, 400 Farbige, 4000 Sklaven). Die meisten Häuser waren aus Holz. Viele Straßen blieben unbefestigt. Der Leiter der Zivilverwaltung (Intendant) und der Militärverwaltung (Gouverneur) verbrachten einen Teil jedes Jahres in Cap Français. In Kriegszeiten wohnten sie ganz in der heimlichen Hauptstadt, weil sie besser zu verteidigen war.

Beide Städte lebten von der Administration, vor allem aber vom Hafen. Wie in anderen karibischen Hafenstädten war ein Gutteil der Geschäfte illegal, aber das wussten eigentlich alle. Ein strengerer französischer Intendant stellte Ende der 1780er Jahre fest, dass die ankommenden Schiffe nur ein Viertel bis die Hälfte der Waren ordentlich versteuert und verzollt hatten. Weil er sich darüber empörte und korrektes Verhalten durchsetzen wollte, heizte er die Revolution an, mit der wir uns gleich beschäftigen. Zeitgenossen fanden die Hafenbehörden von Cap Français selbst für karibische Verhältnisse außergewöhnlich korrupt. Was die Hauptorte von Saint Domingue von anderen karibischen Hafenstädten besonders unterschied, war aber der hohe Anteil an Sklaven und Soldaten. Beide Städte beherbergten ein Regiment von tausend Mann, zum Schutz gegen Angriffe von außen, aber auch zur Machtdemonstration gegenüber den 90 Prozent der Bevölkerung, die Sklaven waren.

Verwobene Revolutionen: In Frankreich ...

Die Haitianische Revolution ist eine ziemlich verworrene Angelegenheit. Um sie besser zu verstehen, müssen wir kurz über den Atlantik zur gleichzeitig ablaufenden Französischen Revolution schauen. Sie ist das Ergebnis des Zusammenspiels dreier revolutionärer Bewegungen. Es gab, erstens, die Verfassungsrevolution der Bürger, die die Ständegesellschaft beiseiteräumte: Für sie steht der «Ballhausschwur» am 20. Juni 1789, mit dem sich der Dritte, der bürgerliche Stand zur Nationalversammlung erklärte und damit kundtat, dass nur er und nicht der Adel, der Klerus oder der König die Nation repräsentiere. Für sie steht auch die Erklärung der Bürger- und Menschenrechte, die bis heute als Errungenschaft der Revolution gilt. Es gab, zweitens, die städtische Volksrevolution der kleinen Leute, die nicht mehr hungern wollten und soziale Gerechtigkeit forderten: Für sie stehen der Sturm auf die Bastille am 14. Juli, an den bis heute der französische Nationalfeiertag erinnert, und der Zug nach Versailles, um den König und die Königin nach Paris zu holen und sie Teil des Volkes werden zu lassen. Und es gab, drittens, die antifeudale Revolution der Bauern: Für sie stehen die Bauernaufstände des Sommers 1789, die unter dem Begriff der großen Furcht *(Grande Peur)* zusammengefasst wurden, und die Nacht des 4. August, in der die feudalen Privilegien der ländlichen Großgrundbesitzer abgeschafft wurden und nur die nackte wirtschaftliche Ungleichheit übrig blieb.

Die drei Revolutionen wirkten zusammen: Ohne bürgerliche Revolution keine Beseitigung der ländlichen Feudalordnung, ohne städtische Volksrevolution keine Akzeptanz für die Selbstermächtigung der Bürger und so weiter. Keine der drei Revolutionen wäre allein erfolgreich gewesen: Bauernaufstände wie städtische Volksrevolution wären wohl gewaltsam niedergeschlagen worden, wenn sie allein geblieben wären, die bürgerliche Revolution wäre ohne den Druck der Straße verpufft. Doch die Revolution als Ganzes war mehr als die

Summe ihrer drei Teile: Ihre Dynamik ergab sich daraus, dass Akteure
in den Straßen von Paris, in den bürgerlichen Versammlungen und auf
den Dörfern einander beobachteten, auf Nachrichten und Gerüchte
vom Handeln der jeweils anderen reagierten und die Erfolge und Miss-
erfolge der jeweils anderen zu nutzen versuchten. Ab Frühjahr 1792
radikalisierte der Krieg die Französische Revolution. Preußen und das
Habsburgerreich schlossen sich zusammen, um die brodelnde Unruhe
im Nachbarland gewaltsam zu beenden und vor allem den französischen König zu retten, dessen Flucht soeben missglückt war. Im Sommer 1792 erklärte der preußische Heerführer, der Herzog von Braunschweig, während des Anmarsches auf Frankreich im Namen seines
Königs und des habsburgischen Kaisers öffentlich,

*dass, wenn das Schloss der Tuilerien gestürmt oder sonst verletzt, wenn
die mindeste Beleidigung dem Könige, der Königin und der ganzen königlichen Familie zugefügt, nicht unmittelbar für ihre Sicherheit, ihr Leben
und ihre Freiheit gesorgt wird, sie eine beispiellose und für alle Zeiten
denkwürdige Rache nehmen und die Stadt Paris einer militärischen Exe-
kution und einem gänzlichen Ruine preisgeben, die Verbrecher selbst aber
dem verdienten Tode überliefern werden.*

Mit dieser Drohung trat der Herzog von Braunschweig eine Welle von
Trotzreaktionen los, die die französische Monarchie unter sich begrub.
Massenmobilisierung für den Kriegsdienst und innere Gewalt radikalisierten sich gegenseitig. Von einer zweiten Revolution ab Sommer
1792 wurde gesprochen. Im Januar 1793 wurde der König hingerichtet.
    Die folgenden achtzehn Monate waren eine Zeit der Aufstände in
den Regionen und der Machtkämpfe in Paris selbst. Sie mündeten ein
in die revolutionäre Diktatur des «Wohlfahrtsausschusses» unter der
Leitung des Juristen Maximilien de Robespierre. In den letzten Wochen
der Terrorherrschaft sind im Juni und Juli 1794 16 594 Menschen dem
staatlich legalisierten Terror zum Opfer gefallen, davon 1376 in Paris.
Nach der Verhaftung und Hinrichtung Robespierres und seiner 105

engsten Anhänger am 28. Juli 1794 flaute der Terror ab. In der zweiten Hälfte der 1790er Jahre herrschte ein instabiles und wenig faszinierendes, aber doch vergleichsweise verlässliches Direktorium. Es kehrte zu den Ideen der Verfassungsrevolution von 1789 zurück, musste sich aber immer wieder gegen den Druck der städtischen Volksrevolution behaupten. 1799 erlag das Direktorium dem Staatsstreich des jungen Revolutionsgenerals Napoleon. Was folgte, war ein disziplinierter und mehr als ein Jahrzehnt lang erstaunlich erfolgreicher Krieg Frankreichs gegen die Mächte des Alten Europa. Er revolutionierte den Kontinent als Ganzes, brachte aber nach dem Zusammenbruch der napoleonischen Kriegsmaschine 1814/15 auch in Frankreich die Monarchie zurück. Der Wiener Kongress von 1815 konnte am Ende eines Vierteljahrhunderts von Revolution und Gewalt in Europa die Zustände des 18. Jahrhunderts nicht wiederherstellen. Die Revolution hatte Europa grundlegend verändert. Doch auch die Ziele der drei Revolutionen des Anfangs erfüllten sich nicht in der Weise, wie die Akteure des Anfangs im Jahr 1789 erhofft hatten.

... und in Saint Domingue

In Saint Domingue verwoben sich ebenfalls mehrere Revolutionen, und auch hier machte ein Krieg die Sache schlimmer. Dass es mehrere Revolutionen gab, war zunächst eine Folge der vielen Unterschiede, die sich aus Geographie, Geschichte und Ökonomie ergeben hatten. Saint Domingue als Ganzes war für alle Akteure wenig greifbar. Sie orientierten sich an den Interessen und Zwängen, die sie hergebracht hatten. Ihr Orientierungsrahmen war ihre Plantage, ihr Dorf, ihr Hauptort, ihre Provinz samt glänzender Hafenstadt. Größere kompakte Gruppen – etwa Bürger, kleine Leute, Bauern – kamen nicht zustande. Zu vielfältig war die Verteilung von Reichtum und Besitz. Zu viele Unterscheidungen nach Beruf, nach Hautfarbe, nach Region oder nach Frei-

heitsgrad wurden im Alltag gemacht. Soziale Rollen waren darüber
hinaus nicht eingeübt. Denn die Mehrheit, Sklaven wie Weiße, war
nicht in der Karibik geboren worden. Der Boom der 1770er und 1780er
Jahre hatte sie auf die eine oder andere Weise hergebracht. Alle Sozial-
beziehungen waren für sie neu. Sklaven und Herren waren sich meistens fremd. Sie sprachen nicht einmal die gleiche Sprache.
    Schließlich machten externe Faktoren die Lage in Saint Domingue
unberechenbar. Das Mutterland Frankreich mit seiner Hauptstadt
Paris sendete zwischen 1789 und 1804 wegen der Verflechtung der dortigen Revolutionen immer wieder andere Botschaften. Botschafter aus
Paris, mal mit, mal ohne Truppen, verfolgten unterschiedliche Ziele
und hatten unterschiedliche Weltanschauungen. Außerdem gab es
ausländische Militärinterventionen: von Spanien, das den anderen Teil
der Insel beherrschte, und von Großbritannien, das zwischen 1793 und
1798 die Hälfte seines verfügbaren Militärpotenzials in der Karibik ein-
setzte und Port-au-Prince besetzt hielt. Beide versuchten, das Kronjuwel
des französischen Empires zu übernehmen. Beide scheiterten zwar,
doch das konnte zum Zeitpunkt ihrer Intervention niemand wissen.
    Die Revolution von Saint Domingue begann 1789 ähnlich wie die
französische Verfassungsrevolution. Auch Argumente der nordamerikanischen Revolutionäre fünfzehn Jahre zuvor wurden aufgegriffen.
Das überrascht nicht, denn die Menschen rund um den Atlantik lasen
Zeitung, hörten Nachrichten von Reisenden, Matrosen und Beamten,
wussten und lernten voneinander. Zu der Ständeversammlung, die
Ludwig XVI. für 1789 nach Versailles berufen hatte und aus der die
Nationalversammlung hervorging, waren keine Abgeordneten der
Kolonien zugelassen worden. Das missfiel den Zuckerbaronen. Gegen
den Willen der kolonialen Administration beriefen die Eliten der drei
Provinzen von Saint Domingue geheime Wahlversammlungen, wähl-
ten Abgeordnete und schickten sie nach Paris. Sie trafen dort auf eine
Organisation der «Absentisten», das waren in Frankreich wohnende
Großinvestoren, die sich selbst als eigentliche Vertreter Saint Do-
mingues betrachteten. Und sie trafen auf «Abolutionisten», Gegner der

Sklaverei, die den karibischen Sklavenhaltern das Recht auf politische Beteiligung aus moralischen Gründen absprachen.

Währenddessen kam es in Saint Domingue zu Konflikten zwischen Kolonialadministration und Pflanzern. François Barbé de Marbois, seit 1785 Chef der Zivilverwaltung, hatte Steuern, Zölle und Finanzen der Kolonie neu geordnet. Damit bedrohte er Korruption und Schattenwirtschaft, von denen rund um die Häfen viele Menschen lebten. Und er wollte massiv in Straßen und Brücken investieren, um die Kontakte zwischen den drei Provinzen der Insel zu verbessern. Aber das kostete die Pflanzer Geld und Sklaven (die sie zum Wegebau abstellen mussten), ohne unmittelbar Nutzen zu bringen. Kurz: Die allermeisten Weißen, an kurzfristigen Gewinnen weit mehr als an langfristiger Entwicklung interessiert, waren sich einig, den Reformer loswerden zu wollen. Es kam zu Unruhen. Aus Cap Français rückte ein bewaffneter Protestzug an, dessen Teilnehmer ausdrücklich mitteilten, für die Sicherheit Barbés nicht garantieren zu können. Der gab im Oktober entnervt auf und segelte von Port-au-Prince aus zurück nach Frankreich. Die Weißen interpretierten das als Parallele zum Sturm auf die Bastille. Das Volk habe gesiegt.

Mit Barbé de Marbois ging allerdings auch die Fähigkeit der Administration verloren, die Kolonie zusammenzuhalten. Seine Gegner hatten jenseits des Ziels, ihn loszuwerden, keine gemeinsamen Interessen. Das Jahr 1790 war gekennzeichnet von Konflikten zwischen dem Militärgouverneur, gewählten Versammlungen der drei Provinzen, die untereinander nicht einig waren, Gemeindeversammlungen und Selbstorganisationen verschiedener Pflanzergruppen. Revolutionäre Nachrichten aus Frankreich trugen nicht dazu bei, die Lage zu beruhigen. Über der Frage, ob auch *gens de couleur* an Wahlen zu beteiligen seien, kam es zu Konflikten, die in Lynchmorden von ärmeren Weißen an Farbigen gipfelten. *Gens de couleur* schlossen sich zusammen und bewaffneten sich. Erste weiße Plantagenbesitzer bildeten Privatarmeen, indem sie ihre Sklaven bewaffneten. Ein Aufstandsversuch, geleitet von dem respektablen farbigen Kaufmann Vincent Ogé, scheiterte im

Herbst 1790 in Cap Français. Die Weißen statuierten ein Exempel und
räderten ihn und seinen Mitverschwörer Jean-Baptiste Chavannes
öffentlich bei lebendigem Leib – eine Strafe, die in Europa wegen ihrer
abstoßenden Brutalität seit langem nicht mehr vollstreckt worden war.
Doch mit zeichenhafter Gewalt war das Land nicht mehr zu befrieden.
Bis Mitte 1791 war die öffentliche Ordnung in weiten Teilen von Saint
Domingue zusammengebrochen. Steuern wurden nicht mehr abge-
führt, Schulden nicht mehr bezahlt oder nur noch mithilfe von Schlä-
gertrupps eingetrieben.

All diese Konflikte hatten sich unter den 10 Prozent der Bevölkerung
abgespielt, die keine Sklaven waren. Unterschiedlichste Interessen führten zu Gruppenbildungen auf lokaler und regionaler Ebene, und die
Gewalt war überall. Im August 1791 nutzten Sklaven der Nordprovinz
die Gelegenheit zum Aufstand. Netzwerkartig organisiert, ohne straff
hierarchische Führung, erzielten sie schnelle Ersterfolge. Sie sammelten schneeballartig Truppen, griffen gezielt Plantagen von Pflanzern
an, die bei ihren Sklaven verhasst gewesen waren, zerstörten deren Zu-
ckermühlen und Zuckerfelder. Widerstand von Sklaven, die ihrem
Herren loyal waren, wurde gebrochen. Militär und Miliz der Weißen
konzentrierten sich auf die Verteidigung von Cap Français und anderen Städten. Pflanzer verschanzten sich in Wehrbauten und bildeten
weitere Privatarmeen. Das Ergebnis war ein blutiges Unentschieden.
Die Sklaven waren nicht in der Lage, die Städte einzunehmen, Militär
und Pflanzer waren zu schwach, um die Fläche zu beherrschen.

Im Dezember 1791 unterbreiteten Vertreter der Sklaven den Weißen
in Cap Français ein Friedensangebot. Dafür forderten sie: General-
amnestie, Schutzmaßnahmen für die auf ihre Plantagen zurückkeh-
renden Sklaven, Freiheit für die Anführer der Revolte und ihre engsten
Vertrauten. Die Weißen schlugen die Chance auf Frieden aus. Sie
glaubten, die Niederlage der Sklaven stehe unmittelbar bevor, und
interpretierten das Angebot als Zeichen der Schwäche. Man könne
nicht «mit Leuten verhandeln, die sich mit der Waffe in der Hand gegen das Gesetz erhoben haben», teilten sie mit. Allenfalls sei man be-

reit, «Gnade gegenüber jenen walten [zu] lassen, die reumütig zu ihren Pflichten zurückkehren». Daraufhin zogen sich die Sklaven in die Berge zurück und gingen zur Guerillataktik über.

Während so im Norden der Aufstand weiter schwelte, spitzten sich im Westen und Süden die Konflikte zwischen ärmeren Weißen und *gens de couleur* zu. Schwarze Warlords, die eigene Privatarmeen gebildet hatten und als Kriegsunternehmer tätig wurden, griffen gegen Bezahlung in die Kämpfe ein. 1792 brachen auch hier Sklavenaufstände aus. Als die Nachricht von der Ausrufung der Republik in Frankreich die Kolonie erreichte, sahen sich viele Weiße mit der Revolution im Bunde und verstanden ihren Kampf gegen die Sklaven als Beitrag zur Durchsetzung der (weißen) Freiheit. Viele Sklaven hingegen solidarisierten sich mit dem König, den sie als ihre Hoffnung gegen das weiße Establishment begriffen.

Dass diese Einschätzungen falsch waren, zeigte sich, als französische Zivilkommissare im September 1792 in Saint Domingue eintrafen. Sie drängten rassistische Pflanzer ins Exil. Viele von ihnen waren ohnehin schon geflohen, unter anderem ins benachbarte Jamaica. Dort forderten sie die Briten zum Eingreifen in den Konflikt auf und versprachen ihnen die Insel im Erfolgsfalle zu übergeben. 1793 besetzten die Briten Port-au-Prince und blieben dort bis 1798. Auch die Spanier griffen von ihrer Inselhälfte aus in die Kämpfe ein, zunächst indem sie Rückzugsraum und Waffen für die revoltierenden Sklaven gewährten, dann aktiv und eigenständiger. Währenddessen setzten die revolutionären Pariser Emissäre auf die Einbindung der revoltierenden Sklaven und der *gens de couleur* in eine neu zu schaffende militärische Ordnungsmacht. Im August 1793 verkündeten die Zivilkommissare die Abschaffung der Sklaverei in der Nordprovinz. Die meisten Weißen verließen nun Cap Français. Dafür zogen Schwarze aus dem Umland in die heimliche Hauptstadt, deren Bausubstanz durch einen Stadtbrand schwer gelitten hatte. Ein halbes Jahr später verkündete der Konvent unter Robespierre in Paris das Ende der Sklaverei für alle französischen Kolonien.

In Saint Domingue gelang es den Zivilkommissaren nicht, die Kämpfe zu beenden. Zu viele Bewaffnete glaubten, sich bei einem Sieg – und sei es auch nur in einer der Regionen – bereichern zu können. In dieser völlig verfahrenen Lage begann der Aufstieg von Toussaint Louverture, dem «schwarzen Napoleon». Er war einer der *gens de couleur* gewesen, ein kleiner Grundbesitzer mit wenigen Sklaven. Er hatte sich der Sklavenrevolte angeschlossen, Truppen in der Nordprovinz befehligt und möglicherweise davon profitiert, dass sein Vater Mitglied einer westafrikanischen Königsfamilie gewesen war, bevor er nach Saint Domingue verschleppt wurde. Zwischen 1794 und 1797 wechselte er mehrfach die Seiten und wusste die verschiedenen Machtgruppen geschickt gegeneinander auszuspielen – bis Frankreich ihn schließlich als Gouverneur von Saint Domingue anerkannte. Es gelang ihm, das Land einigermaßen zu befrieden. Selbst die Invasoren aus Spanien und Großbritannien zogen sich nach Verhandlungen zurück.

Doch es war unklar, was nun werden sollte. Würde der «schwarze Napoleon» sich mit dem Gouverneursposten begnügen? Oder strebte er einen unabhängigen Staat an? Wie aber sollte dieser Staat sich zwischen den sklavenhaltenden und zu verschiedenen europäischen Mächten gehörenden Zuckerinseln der Karibik militärisch und politisch behaupten? Nicht weniger unklar waren die ökonomischen Perspektiven. Viele ehemalige Sklaven hatten mittlerweile Plantagen aufgeteilt. Sie betrieben Ackerbau und Viehzucht auf kleinbetrieblicher Grundlage und in dörflicher Gemeinschaft, möglicherweise in Erinnerung an afrikanische Vorbilder. Auf einer solchen Grundlage konnte aber die Kolonie nicht wieder profitabel werden. Toussaint Louverture wollte die Zucker- und Kaffeeindustrie wieder in Gang bringen. Er lud zu diesem Zweck weiße Investoren ein und verordnete Arbeitszwang, der sich aber von der Sklaverei unterscheiden sollte. Diese Politik hatte durchaus wirtschaftliche Erfolge. Doch natürlich blieb der Gewinn in einem kriegszerstörten Land weit hinter den Zahlen der 1780er Jahre zurück, und natürlich kam es zu Unruhen unter den ehemaligen Sklaven, die nicht in die Plantagenarbeit zurückwollten. Außerdem schwelten Konflikte zwischen ehemaligen Sklaven und *gens de couleur* weiter. Wer sich schon in der weißen Welt vor 1789 behauptet hatte, betrachtete sich oft als geeigneter, das Land zu organisieren.

1802 intervenierte Napoleon militärisch und setzte Toussaint Louverture gefangen, der durch die internen Konflikte deutlich geschwächt war. Louverture starb ein Jahr später in französischer Haft – der Sohn einer westafrikanischen Königsfamilie und Beherrscher einer karibischen Sklavenrepublik wurde im Chateaux de Joux an der Schweizer Grenze begraben. Napoleon wollte an den Boom des vorrevolutionären Kolonialreichs anknüpfen und führte zu diesem Zweck die Sklaverei wieder ein. Als diese Nachricht sich in Saint Domingue verbreitete und die zunächst erfolgreichen französischen Truppen dieses Programm auch durchzusetzen versuchten, kam es zu Aufständen. Die Franzosen reagierten mit äußerster Härte. Der kommandierende General Leclerc schrieb an Napoleon, es werde nichts anderes übrig bleiben, als alle Farbigen, die älter als zwölf Jahre seien, zu töten. Auch wenn das nicht geschah, so gingen doch binnen Monaten zehntausende Tote auf das Konto dieser französischen «Befriedung» mittels extremer Gewalt. Die untereinander nicht einigen Rebellen zahlten in gleicher Münze zurück. Im November 1803 zogen sich die französischen Truppen zurück. Sie hatten zwischen 40 000 und 50 000 Mann verloren, teils durch Krankheiten, teils durch Kriegshandlungen, teils durch individuelle Gewaltaktionen, die den Alltag der Insel prägten.

Am 1. Januar 1804 erklärte Saint Domingue seine Unabhängigkeit. «Haiti» sollte der Staat nun heißen, nach dem Namen, den die indianischen Taino ihrer Insel gegeben hatten, bevor sie auf Kolumbus trafen und binnen einer Generation untergingen. Die Zeit der Weißen war ein für alle Mal vorbei, machte der Namenswechsel deutlich. In den folgenden Monaten wurden die verbliebenen Weißen vertrieben oder umgebracht. Fortdauernde Konflikte zwischen ehemaligen Sklaven und *gens de couleur* führten zur Bildung zweier Staaten auf haitianischem Boden, die erst 1820 wieder vereinigt wurden. Die Plantagenwirtschaft ließ sich trotz vieler Versuche autokratisch regierender Herrscher nicht wiederbeleben. Zu stark war der Wunsch der kleinen Leute, frei und selbständig zu wirtschaften, und dafür auch Kleinstbesitz, Armut und Mangel in Kauf zu nehmen. Zu schwierig war es auch, normale Beziehungen zu den Nachbarinseln aufzunehmen, die im Plantagensystem verblieben und die Insel der Sklavenrevolution auf Abstand hielten.

Wahrscheinlich hat die erfolgreiche Sklavenrevolution Haitis die Sklavenemanzipation im Rest Amerikas eher verlangsamt als beschleunigt. Die geflüchteten Pflanzer aus Saint Domingue verbreiteten auf den anderen Inseln, auf dem südamerikanischen Festland und im sklavenhaltenden Süden der USA die Ansicht, eine Befreiung der Sklaven ziehe Chaos und Gewalt nach sich und ruiniere die Wirtschaft. Cap Français, der glänzende Hauptort der Karibik, hatte seit 1791 seine Geschäftswelt verloren. Port-au-Prince hielt sich besser, vor allem weil die Briten während ihrer Besatzung von 1793 bis 1798 hier Handel trieben. Beide Städte litten unter Kriegszerstörungen und Stadtbränden. Nach 1820 sahen sie völlig anders aus als 1790. Das waren schlechte Nachrichten für die neunzig Richter, Rechtsanwälte, Notare und Gerichtsdiener und die mehr als einhundert Juweliere, die vor 1790 in Cap Français ihr gutes Auskommen gehabt hatten. Für die meisten Schwarzen auf den karibischen Inseln und in Festlandsamerika waren Cap Français und Port-au-Prince jedoch Hoffnungsorte.

Revolutionen in Lateinamerika

Im riesigen spanischen und portugiesischen Herrschaftsbereich Mittel- und Südamerikas wurden die Ereignisse in Saint Domingue aufmerksam beobachtet. Es gab zahlreiche Spannungen dort: zwischen Europaspaniern und Weißen, die in Mittel- und Südamerika geboren waren (Kreolen); zwischen «Patrioten», die eine Politik für die Interessen Amerikas – und nicht Spaniens – forderten, und der kolonialen

Administration; zwischen Weißen, Indios und afrikanischen Sklaven (regional sehr unterschiedlich, je nach Wirtschaftssystem). Die Spannungen waren durch Reformen der spanischen und portugiesischen Regierungen intensiviert worden. Die Kolonien sollten straffer verwaltet werden und mehr Profit bringen, um die Haushaltskassen in Europa aufzufüllen. Das brachte allerdings auch Härten für die bisher weniger behelligten Einwohner der Kolonien. Hinzu kamen Aufstände der Indios. Der selbsternannte Inka Túpac Amaru II. sammelte Getreue in Peru und Bolivien, seine Revolte wurde aber 1780/81 blutig niedergeschlagen. Trotz aller Unzufriedenheit mit den Kolonialregimen waren die Eliten Süd- und Mittelamerikas spätestens 1791 einig: Eine größere Autonomie innerhalb des spanischen Empires oder gar eine Unabhängigkeit musste sorgsam vorbereitet werden. Es galt, eine Revolution der Sklaven und eine Solidarisierung zwischen Sklaven und Indios zu verhindern.

Die lateinamerikanische Revolution begann daher in Europa. 1808 setzte Napoleon das spanische Herrscherhaus gefangen und ernannte seinen Bruder Joseph Bonaparte zum König. Der portugiesische Hof wollte ein ähnliches Schicksal vermeiden und setzte sich per Schiff nach Brasilien ab. In Spanien begann ein Guerillakrieg zwischen französischen Truppen und spanischen Unterstützern auf der einen Seite und regionalen Juntas, die den spanischen Widerstand organisierten, auf der anderen. Diese *Juntas* traten in Cádiz zu den *Cortes*, einer Reichsversammlung, zusammen, an der auch lateinamerikanische Delegierte beteiligt waren. 1812 wurde die Verfassung von Cádiz verabschiedet, die in der ersten Hälfte des 19. Jahrhunderts im Mittelmeerraum und in Lateinamerika großen Einfluss auf revolutionäre Bewegungen und Staatsbildungen hatte. Nach dem Sturz Napoleons kehrte der spanische König Ferdinand VII. auf den Thron zurück, hob zur allgemeinen Enttäuschung die Verfassung wieder auf und regierte wieder als absolutistischer Herrscher.

Weil es in Spanien ab 1808 konkurrierende Regierungen gab, hingen die Kolonialverwaltungen in Lateinamerika gewissermaßen in der

Luft. Wem sollten sie zuarbeiten? Gleichzeitig ergriffen verschiedene
soziale Gruppen die Chance, die in der ungeklärten Machtfrage lag,
und riefen Republiken aus – nicht für das spanische Mittel- und Südamerika insgesamt, sondern für einzelne Provinzen. Der Erfolg war
unterschiedlich. In Argentinien setzten sich kreolische Republiken
durch, in Chile und Peru behielten die Königstreuen die Oberhand.
Nach 1815 schickte Ferdinand VII. Truppen nach Lateinamerika, um
das koloniale Empire zurückzuerobern. Es kam zu langen militärischen Auseinandersetzungen, in denen sich Helden der Geschichte
Lateinamerikas wie Simon Bolívar auszeichneten. Die spanischen Truppen unterlagen. 1820 wagten in Spanien selbst Truppen, die eigentlich
nach Lateinamerika hätten eingeschifft werden sollen, einen Aufstand.
Schließlich gab Ferdinand VII. nach und setzte die Verfassung von
Cádiz wieder in Kraft. Danach war eigentlich klar, dass die spanische
Herrschaft in Amerika zu Ende war. Es blieb nur Kuba, das bald das
Erbe von Saint Domingue antrat. Die Insel wurde zum wichtigsten
Zuckerproduzenten des 19. Jahrhunderts und zur letzten amerikani-
schen Bastion der Sklaverei. Erst in den 1880er Jahren wurde sie dort
abgeschafft.

In Lateinamerika bedeutete das Ende der spanischen Bedrohung
nicht das Ende der Gewalt. Vielmehr brachen nach dem Verschwinden
des gemeinsamen Feindes die alten Konflikte zwischen verschiedenen
Elitengruppen, zwischen Anhängern verschiedener Vorstellungen von
Reich und Nation, zwischen Schwarzen, Indios und Weißen wieder
auf. Kriege, Verfassungskämpfe und Grenzkonflikte innerhalb der
neuen Staaten und zwischen ihnen prägten die erste Hälfte des 19. Jahrhunderts. Mexiko sah zwischen 1824 und 1857 sechzehn Präsidenten
und dreiunddreißig Übergangsregierungen. In Peru hielten Regierungen zwischen 1821 und 1845 durchschnittlich nicht länger als ein Jahr
durch. Aus den Vereinigten Provinzen von Zentralamerika wurden
nach 1839 die Republiken Guatemala, El Salvador, Costa Rica, Hon-
duras und Nicaragua. In vielen Regionen Lateinamerikas gewann das
Militär an Bedeutung. Mächtige große Landbesitzer konnten längere

Zeit die Geschicke einzelner Republiken prägen. Friedlicher gestaltete sich die Veränderung in Brasilien, wo die portugiesische Krone und ein anschließendes brasilianisches Kaiserreich für einen sanfteren Übergang in Richtung brasilianische Nation sorgten.

Der Blick von Saint Domingue oder Haiti auf die Atlantische Revolution ist sicher einseitig. Er betont die soziale Umwälzung, die Bedeutung der Hautfarbe, die Rolle der Gewalt. Von Paris oder Washington aus sehen wir die aufklärerische Seite der Revolution mit Verfassungen und Wahlen und Menschenrechten möglicherweise deutlicher als von Cap Français aus, das nun Cap Haïtien hieß und nach all den Kriegen ausgebrannt war. Doch egal, aus welcher Perspektive: Die Atlantische Revolution hat die Welt verändert. Sehr viele Menschen haben in vielen Kämpfen ihr Leben verloren. Aber das war nicht das Wichtigste. Die kleinen Leute, die Bauern, Handwerker, Arbeiter und Sklaven, hatten neben den Intellektuellen und Großbürgern, manchmal auch gemeinsam mit ihnen in die Geschichte eingegriffen. Imperien waren zerbrochen, Throne gefallen. Der Lauf der Geschichte konnte durch eine Anstrengung der Vielen tatsächlich verändert werden, das war nun deutlich geworden. Und die Kämpfe hatten Mythen geboren: die Nation als stände- und klassenübergreifende Einheit, die Menschen- und Bürgerrechte, der Ruhm großer Feldherren wie Napoleon, Bolívar und Toussaint Louverture. Aus der Erfahrung der revolutionären Jahre von 1770 bis 1830 haben die Europäer, Nord- und Südamerikaner seither geschöpft, wenn es galt, neue Ideen, neue Regime zu begründen. Nicht umsonst betrachten die Franzosen alles, was seit 1789 geschehen ist, als *histoire contemporaine*: Zeitgeschichte, die uns gegenwärtig ist.

14.
Amerika!

Die Amerikanische Revolution, 1770 bis 1800

Als die Haitianische Revolution ausbrach, hatten die dreizehn nordamerikanischen Kolonien gerade begonnen, ihren Sieg langfristig zu
stabilisieren. Zwischen Neuengland und Georgia hatte die Atlantische
Revolution begonnen, die Unabhängigkeitserklärung 1776 war ihr
Fanal gewesen. Der Krieg gegen das Mutterland Großbritannien war
für alle überraschend gekommen, und noch überraschender war der
Sieg. In die Unabhängigkeit waren die Kolonisten mehr oder weniger

hineingestolpert. Bis zur Eskalation der militärischen Konfrontation 1775/76 hatten sich die Kolonisten als Teil der Weltmacht Großbritannien gefühlt. Sie hatten das auch nicht ändern wollen. Die Einwohner von Massachusetts, Virginia, Georgia und den anderen Kolonien pflegten je eigene Wirtschaftsbeziehungen zu London, die sich aus besonderen Ausprägungen von Ackerbau, Viehzucht, Handwerk und Handel ergeben hatten. Dies ging auf die jeweiligen Besiedlungsgeschichten zurück. Unterschiedliche Einwanderergruppen waren in Nordamerika auf unterschiedliche klimatische und geographische Bedingungen und unterschiedliche indianische Kulturen getroffen. Daraus hatten sich ganz eigenständige Überlebensstrategien und somit eigene britisch-nordamerikanische Identitäten entwickelt, und das fanden die Siedler auch gut so. Ein Farmer aus Massachusetts hätte nicht mit einem Pflanzer aus Georgia tauschen mögen – und umgekehrt. Für beide waren Nachrichten aus London wesentlich interessanter als Nachrichten aus der jeweils anderen Kolonie.

Die frühen Siedler der Neuenglandkolonien im Norden rund um Boston waren puritanisch-protestantisch. Ihr Ideal war die christliche, kinderreiche Familie, die ihren eigenen Acker bestellt und Vieh züchtet. Die Kolonien blieben protestantisch und sehr britisch, mit Familienfarmen, starker lokaler Selbstverwaltung und – wegen der Bibellektüre – hohem Alphabetisierungsgrad. Die Mittelatlantikkolonien waren ursprünglich von Skandinaviern und Holländern besiedelt worden, weshalb New York zunächst New Amsterdam hieß. In der Folgezeit wanderten nicht nur Briten, sondern auch Deutsche, Franzosen, Iren und Schotten ein. Sie verdienten ihr Geld mit Familienfarmen, Plantagenwirtschaft, außerdem mit Handwerk und regem Seehandel. Die Mittelatlantikkolonien waren daher religiös, wirtschaftlich und ethnisch vielfältiger als die Neuenglandkolonien, und das gehörte zum Selbstbewusstsein ihrer Bewohner. Ganz im Süden standen Plantagenwirtschaft und der damit verbundene Handel im Vordergrund. Für Georgia, South Carolina, North Carolina und Virginia war die Sklaverei lebenswichtig. Der Landbesitz war viel ungleicher verteilt als in der

Mitte oder gar im neuenglischen Norden. Neben den kleinen Farmern mit höchstens fünf Sklaven gab es die Großgrundbesitzer, die sich auf einer Stufe mit den karibischen Plantagenherren in Saint Domingue oder Jamaica sahen.

Angesichts dieser Unterschiede verwundert es nicht, dass auf dem ersten Kontinentalkongress 1774 von einer amerikanischen Nation keine Rede war. Delegierte aus zwölf Kolonialversammlungen hatten sich in Philadelphia getroffen, aber nur, um den Widerstand zu koordinieren. Jede einzelne Kolonie war zu schwach, um gegen Großbritannien zu bestehen. Der Grund ihrer gemeinsamen Unzufriedenheit mit dem Mutterland: London, durch Kriege hoch verschuldet, straffte die Empire-Strukturen, um den heimischen Haushalt in Ordnung zu bringen. Das war nachzuvollziehen: Der siegreiche, aber teure «French and Indian War» von 1756 bis 1763 hatte den amerikanischen Kolonien die französische Bedrohung vom Hals geschafft. Kanada war nun britisch, und die Gefahr eines Bündnisses indianischer Stämme mit den Franzosen gegen die britischen Siedler bestand nicht mehr. Bevölkerung und Wirtschaftsleistung der Kolonien wuchsen seither schnell. Sie standen nicht mehr länger im Schatten der Karibikinseln, denen sie Lebensmittel und Textilien geliefert hatten. Nun wurden auch in Boston, New York, Philadelphia, Baltimore und Charleston gute Geschäfte gemacht. Da erschien es nur recht und billig, wenn die Kolonisten einen Beitrag zum britischen Schuldenabbau leisteten.

Die Kolonisten ihrerseits verstanden den Sieg gegen Frankreich vor allem als ihren eigenen Sieg. Gestärkt durch den folgenden Wirtschaftsboom und das schnelle Bevölkerungswachstum, erwarteten sie eine Stärkung ihrer kolonialen Selbstverwaltung und eine angemessene Vertretung im britischen Parlament, bevor sie zur Kasse gebeten würden. Daher ihr Schlachtruf: «No taxation without representation!» Das wiederum lehnte das britische Parlament ab. Alle Briten seien durch das Parlament vertreten, unabhängig davon, ob sie an Wahlen teilnähmen oder nicht. Schließlich hätten auch andere Kolonien keine Abge-

ordneten in London, und die Bauern und kleinen Leute hätten in vie-
len Teilen Englands ebenfalls kein Wahlrecht. Der Konflikt zwischen Zentrum und Kolonien betraf nicht nur die
Finanzen. Die britische Krone hatte 1763 den Kamm der Appalachen
als westliche Siedlungsgrenze der Weißen festgelegt, um Frieden mit
den Indianern zu haben und die Truppenstärke reduzieren zu können.
Die Kolonisten hingegen wollten über die Appalachen hinweg im
fruchtbaren Tal des Ohio siedeln und verstanden nicht, warum eine
Regierung im fernen London ohne Konsultation der Siedlerparlamente
Grenzen festlegte, die sie im Fortkommen behinderten. Mit den Indianern würden sie schon fertigwerden.

Der Konflikt wurde an der Zoll- und Steuerfrage in immer neuen
Varianten durchgespielt und verschärfte sich. Ab 1775 wurde er gewaltsam ausgetragen. Parallel lief ein immer radikalerer Krieg der Erklärungen und Pamphlete: Die Kolonisten drohten mit einem völligen
Boykott britischer Waren. Der König erklärte die Kolonisten zu Rebellen. Am 4. Juli 1776 verabschiedete der Kontinentalkongress die Unabhängigkeitserklärung. Alle Menschen seien gleich geschaffen und von
ihrem Schöpfer mit bestimmten unveräußerlichen Rechten ausgestattet, zu denen das Leben, die Freiheit und das Streben nach Glück
gehörten, heißt es einleitend. Dass diese Aussage nicht gut zur fort-
dauernden Sklaverei passen wollte, wurde bereits von Zeitgenossen
bemerkt.

Der Unabhängigkeitskrieg war kein Selbstläufer. Die britischen
Truppen waren besser ausgebildet und besser organisiert. Sie verfügten
über die beste Flotte der Welt und konnten auf die Hilfe vieler Indianergruppen zählen. Außerdem wollten längst nicht alle Kolonisten unabhängig werden. Es gab königstreue Milizen, die in einigen Regionen
für bürgerkriegsähnliche Zustände sorgten. Am Ende des Krieges
sind ca. 100 000 Loyalisten, wie die königstreuen Amerikaner genannt
wurden, nach Kanada ausgewandert oder dorthin vertrieben worden.
Sie haben in einem bislang nur von Franzosen besiedelten Gebiet die
englische Sprache im Alltag überhaupt erst etabliert.

Warum gewannen die «Amerikaner», obwohl die Briten, unterstützt durch Loyalisten und Indianer, stärker waren? Nun, sie mussten unbedingt gewinnen, weil sie Rebellen waren und nicht mehr zurückkonnten. Und sie waren schwer zu schlagen, weil sie überall waren und notfalls zur Guerillataktik übergehen konnten. Vor allem aber gelang es ihnen, den Krieg zu internationalisieren. Frankreich eilte zu Hilfe, auf Rache für die Niederlagen von 1756 bis 1763 in Indien und Nordamerika bedacht. Letztlich wurde der Krieg für die Briten zu lang und zu teuer. Sie willigten in die Unabhängigkeit der dreizehn Kolonien ein und behielten vom nordamerikanischen Halbkontinent nur Kanada. Möglicherweise haben die Briten gehofft, die Kolonisten würden reumütig zurückkehren, wenn sie feststellten, wie teuer es war, sich Märkte zu erobern und die Indianer fernzuhalten. Doch das geschah nicht.

Was würden die dreizehn Kolonien mit ihrer Unabhängigkeit machen? Wie weit würden sie sich von Britannien, von Europa entfernen? Wir verfolgen in diesem Kapitel den Weg der USA durch das 19. Jahrhundert und gewinnen damit einen exponierten Beobachtungspunkt: Im 19. Jahrhundert wurde die moderne Welt geboren, heißt es. Diese grundsätzliche Verwandlung begann nach landläufiger Meinung in Europa, das das 19. Jahrhundert dominiert habe wie kein anderes zuvor und danach. Kurz vor dem Ersten Weltkrieg beherrschte allein Großbritannien mit seinem Empire ein Viertel der Erdoberfläche. Auch die außereuropäischen Herrschaftsgebiete der Franzosen, der Russen, ja sogar der Deutschen, Niederländer, Spanier und Portugiesen waren flächenmäßig größer als die Mutterländer. Doch auch außereuropäische Mächte wie Japan oder die USA bildeten Ende des 19. Jahrhunderts Empires. Was die Wirtschaftsleistung angeht, so zogen die Nordamerikaner vor dem Ersten Weltkrieg an Großbritannien vorbei. Um Gründe, Ausmaß und Dauer der europäischen Weltherrschaft verstehen zu können, ist es sinnvoll, einen außerhalb liegenden und doch mit Europa verbundenen Beobachtungspunkt zu wählen: die Vereinigten Staaten von Amerika.

Nordamerika 1776: Die 13 Kolonien und die indianische Bevölkerung

Cowichan
Cree
Beaver
Dakota
Chipew

Kootenay
Sarcee
Assiniboin

Nisqually
Kalispel
Blood
Blackfoot
Oj

Quinault
Methow
Coeur
Pend O'Orielle

Chenalis
Spokane
D'alene
Piegan
Cree
Mandan

Cowlitz
Palus

Chinook
Wallawalla
Kootenay
Atsina
Arikar

Tillamook
Yakima
Blackfoot
Hidatsa

Siletz
Tenino
Flathead
Crow

Umitilla
Nez Percé
Hunkpapa
Yanktor

Kalapuya
Wailatpu

Sluslaw
Walpapi
Lemni
Teton
Sans Arc
Siou

Tutunti
Klamath

Coos
Karok
Nord-
Gosiute
Snake River
Oglala
Br

Yurok
Paiute
Bannack

Shasta

Wiyot
Modoc
Cheyenne
Ponca

Yuki
Paiute
Schoschonen
On

Wintu
Platte

Washoah
Pawn

Maidu
West-
Gosiute
Kiowa

Patwin
Schoschonen
Arapaho
Cheye

Miwok
Süd-Paiute
Ute

Costanoan Mona
Colorado
Arkansas
Kansa

Esselen
Panamint
Anasazi
Komantschen

Yokuts
Navajo

Salindo
Chemehevi
Pueblo
Jicarilla-
Apachen

Mission
Acoma
Santo
Kiowa
Wic

Serrano
Coyotero
Domingo

Cahuilla
Mojave
Apachen

Diegueno
Faraon
Waco

Cocopa
Mescalero-Apachen
Komantschen
Ki

Tohono
Mimbreno
Llano

O'Odham
Tigua
Tawa

Yaqui
Opato
Apachen

Azteken
Lipan
Apac

Rio Grande
Tarahumara
Karank

Huastec
Coahuilte

Pazifischer
Ozean

Zapotec

Totonac

1 Massachusetts
2 New Hampshire
3 New York
4 Connecticut
5 Rhode Island
6 Pennsylvania
7 New Jersey
8 Delaware
9 Maryland
10 Virginia
11 North Carolina
12 South Carolina
13 Georgia

- - - Britische Proklamationslinie von 1763
- · - · - Heutige Grenze der USA

Der Staat in Amerika und Europa

Die dreizehn unabhängig gewordenen Kolonien hatten sich Verfassungen nach britischem Muster gegeben, wenn auch ohne König: Oberhaus und Unterhaus, gewählter Gouverneur, Grundrechtskataloge. Zusammenarbeiten wollten sie nur in lockerer Form: Ein von den einzelnen Staaten beschickter Kongress sollte einen Staatenbund repräsentieren, der keine Steuern erheben konnte und keine vollziehende Gewalt hatte. Das war aus der Sicht der sehr unterschiedlichen Kolonien sinnvoll, funktionierte aber in der Praxis nicht: Der Staatenbund war bald so gut wie pleite und gegenüber auswärtigen Mächten und militärischen Bedrohungen kaum handlungsfähig, weil Entscheidungen im Delegiertenkongress zeitaufwändig und oft ergebnislos waren.

Zehn Jahre später gelang eine praktikablere Lösung. An der Spitze einer nun geschaffenen Regierung stand der Präsident, der indirekt über Wahlmänner bestimmt wurde. Der Kongress erhielt zwei Kammern: In den Senat entsandte jeder Staat zwei Vertreter, das Repräsentantenhaus wurde durch Direktwahl beschickt, wobei die Wahlkreise etwa gleiche Bevölkerungszahlen haben sollten. So war einerseits die Bevölkerung vertreten, andererseits wurden die kleinen Kolonien (oder jetzt: Staaten) vor der Übermacht der Großen geschützt. Der Bundesstaat erhielt eigene Befugnisse und konnte im Prinzip Steuern und Zölle erheben. Auch dies war noch kein Nationalstaat, sondern eine Zweckgemeinschaft. Aber die hatte nun eine Struktur gewonnen, um finanziell selbständig und außenpolitisch handlungsfähig zu sein. Diese Lösung funktioniert im Großen und Ganzen bis heute.

1791 wurde der Verfassung eine «Bill of Rights» beigegeben, die fundamentale Freiheitsrechte des Einzelnen sicherte, ein deutlicher Hinweis darauf, welches Misstrauen der stärkeren Zentralgewalt immer noch entgegenschlug. Der US-amerikanische Staat kam in den folgenden Jahrzehnten nicht als mächtige Bürokratie, sondern als ein Dienstleister daher. Er agierte auf Zuruf, auf Wunsch derjenigen, die über

Parlamente oder andere Einflusskanäle in der Lage waren, ihn anzusprechen: So organisierte er das Postwesen, er baute Kanäle und Straßen. Die Justiz sorgte für die Anwendbarkeit von Regeln. Aber Menschen konnten auch ohne Staat zurechtkommen. Das unterschied den nordamerikanischen vom kontinentaleuropäischen Staat. Der hatte eine lange Tradition als Steuereintreiber, Heeresorganisator, Rechtspfleger und Wahrer von Religiosität und Kirchentreue. Er war oberhalb der Bevölkerung angesiedelt. Im Alltag und auf den Dörfern kam allerdings auch der europäische Staat erst im 19. Jahrhundert an, als er die Agrarreformen durchsetzte, für regelmäßigen Schulbesuch sorgte und die Armenfürsorge neu regelte. Ganz grundsätzlich unterschiedlich waren die Staatsmodelle also nicht.

Anders als die Haitianische und anders als die europäischen Revolutionen bewirkte die Amerikanische Revolution eine sehr breite Streuung des Wahlrechts, und das dauerhaft. Im revolutionären Frankreich hatte das allgemeine Wahlrecht nur vorübergehend gegolten, dann wurden die Wohlhabenden privilegiert: Nur wer in nennenswertem Maße Steuern bezahlte, sollte mitbestimmen können, hieß es. Eine solche Logik verfing in den USA nicht. Menschen, die Boykotte durchgesetzt, in Milizen gekämpft und ihre königstreuen Nachbarn vertrieben hatten, ließen sich ungern wie Untertanen behandeln. Ab den 1830er Jahren hatten in den Vereinigten Staaten so gut wie alle Männer das gleiche Wahlrecht – Sklaven ausgenommen. Das Wahlrecht wurde auch in Anspruch genommen: 1840 gingen 80 Prozent der Männer tatsächlich zur Wahl. Tag für Tag wurden 300 000 Zeitungen gedruckt – ein politischer Massenmarkt war entstanden, während Preußen und das Habsburgerreich noch nicht einmal Verfassungen hatten und das allgemeine Wahlrecht in ganz Europa nicht mehr war als eine Utopie.

Im Lauf des 19. Jahrhunderts würde sich dieses Phänomen in anderen britischen Siedlerkolonien wie Australien oder Kanada wiederholen: Das allgemeine Wahlrecht wurde früh durchgesetzt, um 1900 auch das Frauenwahlrecht, allerdings schottete man sich rassistisch gegen nichtweiße Bevölkerungsgruppen ab. US-Amerika war insofern

etwas Besonderes, als seine frühe demokratische Entwicklung mit der
etwas späteren europäischen zusammenhing. Europäische Reform-
bewegungen wirkten auf die USA ein, und umgekehrt. Besonders leicht
zirkulierten Ideen im protestantischen und im katholischen Umfeld,
von der Antisklaverei-Bewegung bis zum Kampf gegen den Alkohol.
Das 19. Jahrhundert war in Europa und Nordamerika ein religiöses, ein
christliches Reformjahrhundert. Was Nordamerika von Europa unterschied, war die Vielfalt der religiösen Bekenntnisse und die grundsätzliche religiöse Toleranz.

Einwanderer gegen Sesshafte

Mit der Unabhängigkeit begann die Erschließung des Westens für
Ackerbau, Viehzucht und Plantagenwirtschaft. Siedler überschritten
die von Großbritannien gezogene Appalachengrenze und drängten ins
Ohiotal. Bis 1850 bildete der Mississippi die neue Siedlungsgrenze. Danach wurden die Gebiete jenseits des großen Flusses bis zu den Rocky
Mountains und zum Pazifik von Weißen besiedelt. Die Erschließung
des Kontinents hatte eine außenpolitische Seite: Der Westen gehörte
den jungen USA nicht. Das Gebiet jenseits des Mississippi war 1803 im
«Louisiana Purchase» von Napoleon erworben worden. Florida wurde
1819 von den Spaniern gekauft. Die kämpften, wie wir am Ende des
Kapitels «Cap Français» gesehen haben, um den Erhalt ihres Kolonialreichs, konnten also einen weiteren Kriegsschauplatz im Norden nicht
gebrauchen. Sie nahmen daher gern das Geld, zumal die USA deutlich
gemacht hatten, dass sie Florida ansonsten erobern würden. Das Gebiet der späteren Südweststaaten Texas, New Mexico, Arizona, Utah,
California und Nevada wurde dem jungen Nationalstaat Mexiko in
den 1840er Jahren durch List und Krieg abgenommen. Mexiko verlor
die Hälfte seines Staatsgebietes, das allerdings nur dünn besiedelt war.
Im Nordosten war politischer Druck nötig, um die Briten 1846 zur

Teilung des Oregon-Territoriums (das viel größer war als der heutige US-Staat gleichen Namens) entlang des 49. Breitengrades zu bewegen. Mit den Gebietserwerbungen veränderte sich der internationale Stellenwert der USA. 1776 hatten sie ihre Unabhängigkeit nur durch geschickte Ausnutzung der britisch-französischen Rivalität erreicht. Bis zum Ende der napoleonischen Zeit waren sie Teil des europäischen Mächtespiels gewesen. Von 1812 bis 1814 hatte es sogar noch einen Krieg mit Großbritannien gegeben, in dem letztmals die Existenz der Siedlerrepublik auf dem Spiel stand. Nachdem das spanische Kolonialreich zusammengebrochen war, verkündete Präsident Monroe 1823, dass die USA in Zukunft keine europäischen Kolonialreiche in Amerika mehr dulden würden. Diese «Monroe-Doktrin» mochte zunächst wie eine Emanzipationsbotschaft an die jungen Staaten Lateinamerikas wirken (Amerika den Amerikanern!). Am Ende des Jahrhunderts wurde sie mehr und mehr als Anspruch auf Vorherrschaft verstanden (Amerika den US-Amerikanern!). Die USA traten nun als weltpolitischer Akteur auf, als Vormacht des Doppelkontinents, auf Augenhöhe mit den europäischen Empires, die ihre Macht in Asien und Afrika ausbauten. Sie erwarben selbst Gebiete jenseits des amerikanischen Festlandes: Hawaii wurde annektiert, die Philippinen, Puerto Rico und Guam von den Spaniern übernommen.

Möglich waren Landerschließung und Machtgewinn nur, weil es so viele Menschen gab, die nach Nordamerika kamen, um ihr Glück zu machen. 1790 hatte die junge USA knapp 4 Millionen Einwohner gehabt. Die Zahl verdoppelte sich bis 1815 vor allem aus internen Gründen: hohe Kinderzahl, steigende Lebenserwartung, sinkende Sterblichkeit. Nach dem Ende der napoleonischen Zeit und noch stärker seit den 1840er Jahren gewann die Migration an Bedeutung. Ende der 1820er Jahre wanderten pro Jahr ca. 20 000 Menschen in die USA ein, Ende der 1830er Jahre waren es um die 70 000. Dann explodierten die Zahlen: Ende der 1840er ca. 300 000 pro Jahr, 1854 dann 427 833 Menschen, ein Rekord, der in den Folgejahren nicht mehr übertroffen wurde. Drei Viertel der Einwanderer waren Engländer, Iren und Deut-

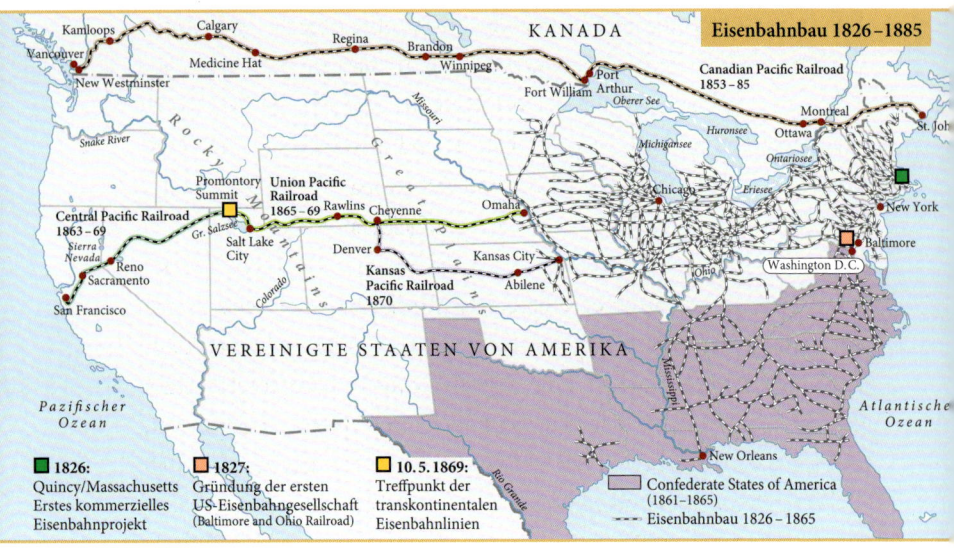

sche. Die Deutschen kamen aus allen Bevölkerungsschichten. Sie siedelten kompakt, gingen auch in Gruppen an die Siedlungsgrenze. Sie gründeten deutsche Kirchen, Zeitungen, Schulen, Turn- und Gesangsvereine. Anders als von manchen befürchtet, sonderten sie sich aber nicht als Nation in der Nation ab. Innerhalb von ein oder zwei Generationen waren sie assimiliert. Nur ihre Namen und die Bierbrauereien blieben. Die meisten Iren waren hingegen Armutsflüchtlinge. Mangels finanzieller Mittel kamen sie oft nicht über die Städte des Ostens hinaus. Sie mussten jede Arbeit annehmen, um zu überleben. Irische Arbeiter spielten bei Unruhen eine wichtige Rolle, kämpften auch gegen freie Schwarze um ihren Rang in den schnell wachsenden Stadtgesellschaften.

Nicht nur Europäer kamen im 19. Jahrhundert in die USA. Über San Francisco reisten chinesische Migranten ein. Viele von ihnen arbeiteten an der transkontinentalen Eisenbahn. Wie in Australien und Neuseeland wurden in den USA bald Gesetze erlassen, die die Zuwanderung aus Asien eindämmen und dann stoppen sollten. Die

Erfahrungen mit der antichinesischen Kontrollgesetzgebung konnten nach der Jahrhundertwende genutzt werden, als die Stimmung in Sachen Zuwanderung insgesamt kippte. Seit Mitte der 1870er Jahre hatten sich die Migrationsströme über den Atlantik verändert. Immer mehr Einwanderer kamen aus Süd-, Südost- und Osteuropa. Auch gegen sie gab es Vorurteile, die zunehmend rassistisch aufgeladen wurden.

Europäer sind im 19. Jahrhundert nicht nur in die USA ausgewandert. Auch Australien und Neuseeland wurden besiedelt, und es gab eine massive Einwanderung von Europäern in Südamerika und Südafrika. Gleichzeitig wuchs auch die Bevölkerung in Europa selbst stark an. Und so gab es Arbeits- und Siedlungsmigration zum Beispiel von Südwestdeutschland die Donau hinab Richtung Balkan, von Galizien Richtung Ruhrgebiet und so weiter. Die Mobilität beiderseits des Atlantiks war hoch.

Der Anteil Europas und der europäischen Siedlerkolonien an der Weltbevölkerung ist im 19. Jahrhundert gestiegen, während Asiens Anteil zwischen 1800 und 1900 wahrscheinlich von 66 Prozent auf 55 Prozent fiel. Die größten Verlierer waren aber nicht die Asiaten, sondern Jäger-und-Sammler-Gesellschaften sowie nomadische Viehhalter weltweit. Sie wurden in nur einem Jahrhundert von Ackerbauern und Viehzüchtern dezimiert, die Gewehre hatten und Armeen mobilisieren konnten, wenn es nötig war. In Australien traf es die Aborigines, in den USA und Argentinien die Indianer beziehungsweise die Indios, in Japan, wie wir noch sehen werden, die Ainu. Im britischen Herrschaftsbereich verdrängten die Weißen die Indigenen mit der Begründung, dass den Sesshaften der Boden zustehe. Sie bebauten, sie kultivierten das Land. «Macht euch die Erde untertan», laute der biblische Auftrag. Genau das täten die Nomaden, Jäger und Sammler nicht, weshalb ihnen das Land nicht gehöre, auf dem sie sich aufhielten. Mit einigem zeitlichen Abstand wirkt das, gelinde gesagt, skurril. Die Mobilen, die aus Europa gekommen waren, behaupteten, sesshaft zu sein, während diejenigen, die seit Jahrhunderten anwesend waren, als mobil bezeichnet und vertrieben wurden.

Egal, woher sie kamen, alle Neuankömmlinge in den jungen USA brauchten und beanspruchten Raum. Es sei der offenkundige Anspruch *(manifest destiny),* die göttliche Mission der Amerikaner, den ihnen geschenkten Kontinent zu besiedeln, Freiheit und Demokratie zu verbreiten, verkündete der Journalist John L. O'Sullivan 1845. Die Bewegung der Vielen in fremdes Territorium war extrem dynamisch und für die Indianer bedrohlich. Die Volkszählung von 1900 dokumentierte, dass nach dem mittlerweile fast dreihundertjährigen gewaltsamen Vordringen von Siedlern und ihren Regierungen nur etwa 240 000 Indianer übrig waren. Viele Sprachen und Kulturen gab es nicht mehr. Die Weißen gingen davon aus, dass die dezimierten und demoralisierten Indigenen demnächst aussterben würden. Sie sahen das als unabänderliches Schicksal. Doch es sollte anders kommen. Im 20. Jahrhundert ist die Zahl der Indianer wieder deutlich gestiegen. Wie die Aborigines in Australien oder die Maori in Neuseeland haben sie sich als widerstandsfähiger und auch anpassungsfähiger erwiesen, als die Weißen angenommen hatten.

Wo Siedler und Indigene aufeinandertrafen, entstand eine Grenzzone zwischen «noch nicht» und «nicht mehr». Rechte und Gewohnheiten waren flexibel. An dieser *frontier* mussten Menschen verschiedener Herkunft und Kultur irgendwie miteinander auskommen, gewaltsam oder friedlich. Der Staat war schwach, auf das Geschick des Einzelnen, seiner Familie, seiner Netzwerke kam es an. Im 18. Jahrhundert war die Frontier ziemlich stabil gewesen. Pelzjäger wanderten vor allem in Kanada zwischen den Welten der Weißen und der Indigenen hin und her. Eine eigene Volksgruppe der Métis hat sich daraus entwickelt, mit einer eigenen Sprache, gebildet aus europäischen und indianischen Elementen. Weil die Frontier des 19. Jahrhunderts auf Ackerbau und nicht mehr auf Jagd und Handel gründete und weil sie sich dynamisch nach Westen verschob, konnte es derartige Zwischengruppen nun nicht mehr geben. Nach wie vor bestand aber das alltägliche Leben an der Siedlungsgrenze nicht nur aus Konflikten, sondern auch aus friedlichem Kontakt und Austausch. Die Geschichten vom «Wilden Westen», von Buffalo Bill, von Cowboys und Indianern, von Winnetou und Old Shatterhand haben die Frontier des späteren 19. Jahrhunderts im Gedächtnis der Amerikaner wie Europäer verankert. Amerikanische Ureigenschaften wie Individualismus, Gleichheit und Demokratie hätten sich in der Frontier-Erfahrung gebildet, hieß es allgemein. Mit dem Ende des Jahrhunderts war der Kampf gegen die Indianer und die Zeit des frei verfügbaren Landes zu Ende. Längst bildeten die schnell wachsenden Städte den Erfahrungsraum der meisten Menschen.

Nord gegen Süd: Der Bürgerkrieg 1861 bis 1865

Nach 1815 waren die Vereinigten Staaten wirtschaftlich ein sehr dynamisches Land. Eine schnell wachsende Zahl von Kanälen, Straßen und bald auch Eisenbahnen verband die Farmer des Westens mit den städtischen Zentren des Ostens und sicherte ihnen Marktchancen. Die Städte des Ostens wuchsen, weil sie sich auf Industrie, Handwerk und Handel konzentrieren konnten. Erste Fabriken produzierten Schuhe und Textilien, aber bald auch Werkzeuge und Maschinen. Der Anteil der Beschäftigten in der Landwirtschaft Neuenglands ging stark zurück. New York wurde zum US-amerikanischen Zentrum des Welthandels.

Im Süden florierten die Baumwollplantagen. Tabak, Reis und Zucker wurden ebenfalls produziert, doch vorherrschend war die Baumwolle. Die aufblühenden englischen Textilfabriken bezogen ihren wichtigsten Rohstoff vor allem aus dem amerikanischen Süden, und sie waren unersättlich. Die Produktion stieg von 73 000 Ballen im Jahr 1800 über 732 000 Ballen im Jahr 1830 auf 4,5 Millionen am Vorabend des Bürgerkriegs. Die Plantagen ließen die mittlerweile ausgelaugten Böden des Südostens hinter sich und zogen westwärts, von Georgia Richtung Texas. Die Zahl der Sklaven in den USA vervierfachte sich, und das trotz eines von den Briten weithin durchgesetzten Einfuhrstopps. Anders als auf den Zuckerrohrplantagen der Karibik arbeiteten auf den amerikanischen Baumwollfeldern Männer und Frauen. Sklaven gründeten Familien, bekamen Nachwuchs. Sie bildeten Religionsgemeinschaften, entwickelten eigene Kulturen. Nur 5 Prozent der Sklaven, die seit Christoph Kolumbus von Afrika nach Amerika verbracht wurden, sind in den nordamerikanischen Kolonien und später in den USA angekommen. Aber nach dem Zusammenbruch von Haiti und anderen Zuckerinseln und dem Verbot des Sklavenhandels waren die USA zum Hauptzentrum der Sklavenwirtschaft geworden. Anders als die meisten Verfassungsväter angenommen hatten, verschwand die Sklaverei nicht. Sie blühte und wurde zum Wesenselement des Südens. Die großen Pflanzer gaben sich mit Palästen und Kutschen den Anschein alteingesessener Adliger. Faktisch waren sie traditionslose, global agierende Agrarkapitalisten, deren Sklaven für den Welttextilmarkt arbeiteten.

Der Norden brauchte die Sklaverei nicht, weil die Industrialisierung wie in Europa über Lohnarbeit lief. Sklaverei erschien unzeitgemäß, international peinlich und war überdies ein Ärgernis für die puritanisch-protestantische Kultur. Im Süden war Sklaverei ein wesentlicher Teil von Wirtschaft und Gesellschaft und folglich nicht verhandelbar. Ein Großteil der innenpolitischen Kämpfe nach 1815 hing mit der Sklavereifrage zusammen: Nach Ansicht des Südens sollte es mindestens ein Gleichgewicht zwischen sklavenhaltenden und sklavenfreien Staaten geben. Das führte bei jeder Neuaufnahme von Staaten in die Union zu Diskussionen. Der Norden suchte nach einem Weg, die international zum Skandal gewordene Sklaverei zu beenden. Er konnte sich nicht durchsetzen, weil in den zentralen Institutionen Südstaatler Schlüsselpositionen besetzten. Aber 1860 wurde mit Abraham Lincoln erstmals ein Präsident aus dem Norden gewählt, der im Süden gar nicht zur Abstimmung gestanden hatte. Daraufhin traten im Winter 1860/61 sieben Südstaaten aus der Union aus und gründeten die Confederate States of America. Lincoln ergriff keine Initiative in der Sklavereifrage, sie war ihm keine Herzensangelegenheit. Er betonte aber, dass die

Union unauflöslich sei und die Sezession daher ungültig. Im April 1861 kam es zu militärischen Auseinandersetzungen, die bislang neutralen Bundesstaaten mussten sich nun für eine Seite entscheiden. Das Land spaltete sich. Ein vierjähriger Bürgerkrieg begann.

Mit einem so langen Krieg hatte niemand gerechnet. Im Norden glaubten viele, dass der bevölkerungsärmere und industriell rückständige Süden einen Krieg nicht lange durchhalten könne. Südstaatler gingen davon aus, dass die Händler in New York und die Industriellen des Nordens die Geschäftseinbußen des Krieges nicht lange ertragen und Lincoln zum Frieden zwingen würden. Nichts von dem traf ein. 620 000 Menschen sind in diesem Bürgerkrieg umgekommen, mehr Amerikaner als in jedem Krieg des 20. Jahrhunderts. Der Süden hatte die besseren Generäle, konnte einen Verteidigungskrieg führen und wusste, dass es um sein Wirtschafts- und Gesellschaftsmodell im Ganzen ging. Vier von fünf Männern haben am Ende im Süden unter Waffen gestanden. Das hat ausgereicht, um wirklich erstaunliche vier Jahre gegen die finanzielle, materielle und zahlenmäßige Übermacht des Nordens durchzuhalten. Doch Lincoln gab nicht nach. Seine Heerführer betrieben am Ende eine Politik der verbrannten Erde und brachen dadurch den letzten Widerstand. Am 9. April 1865 musste der Süden kapitulieren. Fünf Tage später wurde Abraham Lincoln von einem radikalen Südstaatler in Washington erschossen. Die Versöhnung nach dem Krieg war nicht einfach.

Der Bürgerkrieg vollendete die Bildung der amerikanischen Nation, die mit der Unabhängigkeitserklärung begonnen hatte. Die Nation war nun unteilbar, sie war sklavenfrei, sie war auf gemeinsamen Fortschritt ausgerichtet, und sie versammelte sich hinter einer gemeinsamen Fahne, dem Sternenbanner. Für die Sklaven waren die Ergebnisse wenig befriedigend. Anders als die russischen Leibeigenen, die etwa gleichzeitig frei wurden, erhielten sie nur die persönliche Freiheit, nicht aber Land. Eine soziale Umwälzung fand nicht statt. Viele Schwarze gerieten in erneute Abhängigkeit von ihren ehemaligen Herren, weil sie keine andere Beschäftigungsmöglichkeit hatten. Dabei hatte der siegreiche Norden sich als Besatzungsmacht direkt nach Kriegsende durchaus bemüht, die gesellschaftlichen Verhältnisse im Süden neu zu ordnen. «Reconstruction» war das Schlagwort. Immerhin gab es in Politik und Bildungswesen neue Chancen, die die Schwarzen wahrnahmen. Schulen wurden gegründet und genutzt. Mehr als sechshundert Parlamentssitze in den Einzelstaaten gingen an Schwarze. Fünfzehn Afroamerikaner wurden in den US-Kongress gewählt.

Parallel aber etablierte sich der Ku-Klux-Klan, eine gewaltbereite Geheimorganisation zur Aufrechterhaltung der rassistischen Ordnung. Er organisierte den weißen Terror, der eine fünfstellige Zahl an Opfern forderte. Die Kriegsverlierer wollten eine durchgreifende gesellschaftliche Veränderung mit allen Mitteln verhindern. Die weiße Vorherrschaft müsse gewahrt, die «Negerherrschaft» beendet werden, darin waren sich reiche und arme Weiße im Süden einig. Im Norden sank die Bereitschaft, für die Gleichberechtigung der Schwarzen Opfer in Kauf zu nehmen, zumal es den alltäglichen Rassismus dort auch gab. Immerhin sei doch die Sklaverei abgeschafft, hieß es. Mitte der 1870er Jahre gab der Norden seine teure «Reconstruction»-Besatzungsherrschaft im Süden auf. Die weißen Südstaatler stellten ihre Vorherrschaft bis zur Jahrhundertwende durch eine Vielzahl von lokalen und staatlichen Verordnungen, Gesetzen und sogar Verfassungsänderungen wieder her. Die nach Rasse getrennten Schulen wurden in sehr ungleicher Weise gefördert. Mittels Sprach- und Schreibtests und anderer Praktiken, die leicht zu manipulieren waren, wurde den Farbigen das gerade gewonnene Wahlrecht wieder entzogen. Lynchjustiz, kaum je juristisch verfolgt, verschaffte den neuen Regeln Respekt. Anders als auf Kuba und weiteren karibischen Inseln oder in Brasilien, wo die Sklaverei ebenfalls lange Traditionen gehabt hatte, gab es in den USA bis weit über die Mitte des 20. Jahrhunderts hinaus starre Rassenschranken, die Politik und Alltag prägten.

Die wirtschaftliche Entwicklung des Südens wurde durch die rassistische Rolle rückwärts nachhaltig behindert. Das Baumwollgeschäft erlangte seine Bedeutung nicht wieder. Auf dem Weltmarkt hatten

Konkurrenten den Platz der Südstaaten eingenommen und gaben ihn nicht einfach wieder her. Die Preise verfielen. Der vor 1860 so dynamische Süden geriet ins Abseits. Viele der ehemaligen Sklaven wanderten in die neuen Industriezentren des Nordostens ab.

Boom und Big Business

Zwischen Bürgerkriegsende und Jahrhundertwende wurden die USA in rasender Geschwindigkeit von einer Agrar- zu einer Industriegesellschaft. Zunächst Kohlebergbau, Stahlindustrie und Eisenbahnbau, ab den 1880er Jahren auch Chemie und Elektrizität sorgten als Schlüsseltechnologien für ein durchschnittliches jährliches Wirtschaftswachstum von 4 Prozent. Die Zahl der in der Industrie Beschäftigten vervierfachte sich. Die Städte wuchsen schnell. Chicago hatte 1870 300 000 Einwohner, 1900 schon 1,5 Millionen. Seit Mitte der 1880er Jahre gab es elektrische Aufzüge, eine Voraussetzung für den Bau imposanter Hochhäuser. Seit den 1870er Jahren führten New Yorker Wolkenkratzer die Liste der höchsten Gebäude der Welt an – einzige Ausnahme war von 1885 bis 1893 der gigantische Brüsseler Justizpalast, der sich mit seiner großen Kuppel in die Liste hineingemogelt hatte. Um 1900 waren die USA in Bezug auf die Industrieproduktion an Großbritannien vorbeigezogen, dem Ursprungsland der Industriellen Revolution.

Die Industrialisierung hatte zunächst als ein regionales Ereignis begonnen, und zwar mit den Textilfabriken im nordenglischen Lancashire. Dann kamen Dampfmaschinen, deren Kohleversorgung, der dazugehörige Maschinenbau, also auch die Stahlproduktion, schließlich der Eisenbahnbau und so weiter und so weiter. Industriespionage und eigene Erfindungen hatten den englischen Impuls auf den Kontinent getragen. Zunächst in Belgien und Nordfrankreich, dann auch in Deutschland und der Schweiz waren erste Industrialisierungsinseln entstanden. Fabriken bedeuteten Städtewachstum. Städtewachstum

erzeugte neue Nachfrage für die Landwirtschaft. Die Eisenbahn und
etwas später das Dampfschiff sorgten dafür, dass Agrar- wie Industrieprodukte über weite Entfernungen verbreitet werden konnten und
Netze von Austausch und Handel entstanden. Die Niederlande und
Dänemark wurden so zu Industriegesellschaften ohne Industrie: Sie
belieferten den englischen Markt mit Agrarprodukten. Andere Regio-
nen wie der Balkan oder weite Teile Russlands schafften den Anschluss
an das Industriezeitalter zunächst nicht. Die Industriegesellschaften
zeichneten sich durch dauerhaftes Wirtschaftswachstum aus, das alle
Lebensbereiche beeinflusste, auch wenn es regelmäßig Krisen gab.
Selbst die Armen in den west- und mitteleuropäischen Städten lebten
Ende des 19. Jahrhunderts besser als hundert Jahre zuvor. Am anderen
Ende der sozialen Leiter hatten Unternehmerfamilien wie Krupp und
Thyssen in Deutschland einen Reichtum angesammelt, der frühneu-
zeitliche Adelsvermögen in den Schatten stellte.

Die Industrialisierung in den USA begann relativ spät, entwickelte
sich aber dann rasant, weil der ohnehin große Binnenmarkt durch
Migration und Siedlung ständig wuchs. Das Land war durch die Trans-
portrevolution der ersten Jahrhunderthälfte bereits gut erschlossen,
das Eisenbahnnetz wuchs nach 1865 weiter, bis nach 1900 mehr als die
Hälfte aller nutzbaren Schienenkilometer der Welt in den USA verlief.
Die Marktverbindungen liefen über den gesamten Kontinent und darüber hinaus: Cowboys im Südwesten trieben Schlachttiere zu Vieh-
zügen, die zu den großen Schlachthöfen von Chicago fuhren. Von dort
aus wurde das Fleisch mit Kühlwaggons in die boomenden Städte der
Ostküste transportiert. Farmer im Mittleren Westen produzierten Getreide für den europäischen Markt.

Anders als in Europa gab es in den USA keine sozialistische Arbeiter-
bewegung. Warum? Arbeiter zogen selbst Grenzen zwischen verschiedenen Ethnien und Rassen, zwischen Gelernten und Ungelernten,
strebten also nicht nach Vereinigungen. Die hohe Mobilität erschwerte
Streiks, machte es andererseits aber auch leichter, in neue Jobs auszuweichen. Das frühe allgemeine Wahlrecht und das für viele Forderun-

gen offene Zweiparteiensystem boten Möglichkeiten, jenseits radikaler Parteien politisch Stellung zu beziehen. Dass der Staat und die großen Unternehmen Arbeiterorganisationen und vor allem Streiks feindselig gegenüberstanden, trug natürlich auch zur Niederhaltung der Gewerkschaftsbewegung bei.

Die Industrialisierung wurde – wie vieles andere – nach dem Bürgerkrieg zunächst nur wenig staatlich gelenkt. Außerdem lag die Kompetenz in Wirtschaftsfragen bei den Einzelstaaten, auch wenn die Industrialisierung bald staatenübergreifend wirkte. Das machte Steuerung schwierig. Die Zurückhaltung des Staates hat zur Bildung großer Unternehmen, zum Aufbau von Trusts, Kartellen und Holdings geführt, die ganze Produktionsbereiche oder den ganzen Produktionsweg eines Gutes zu kontrollieren versuchten. Einzelne Wirtschaftsmagnaten wie der Eisenbahner Cornelius Vanderbilt, der Stahlbauer Andrew Carnegie oder der Ölmagnat John D. Rockefeller wurden unermesslich reich. Einen Teil ihres Vermögens überführten sie in Stiftungen. Die Vanderbilt University in Nashville, das Carnegie Endowment for International Peace oder die Rockefeller Foundation sind bis heute wirksame Beispiele hierfür. Erst um die Jahrhundertwende griff der Bundesstaat stärker in die Wirtschaft ein.

Großunternehmen, dann auch Kapitalgesellschaften mit Managern statt Eigentümer-Unternehmern sind typisch für die zweite Industrialisierungswelle rund um die Sektoren Maschinenbau, Chemie und Elektrizität. Sie prägte ab den 1880er Jahren die USA und dann auch Deutschland. Die neuen Unternehmen agierten weltweit, erschlossen und kontrollierten Rohstoffquellen, platzierten ihre Produkte in den einträglichsten Märkten. Sie hatten zum Teil engen Kontakt mit Politikern. Zu einer Kontrolle der Politik durch «Big Business» ist es jedoch nicht gekommen.

Die Industrialisierung begann in britischen Regionen, setzte sich auf dem europäischen Kontinent fort und sprang bald auf andere Erdteile über. In den USA war sie in besonderer Weise erfolgreich, weil es dort die nötigen Rohstoffe, den riesigen Binnenmarkt, eine hochmotivierte

und opferbereite Einwandererbevölkerung gab und weil der Staat auf
den Ausbau der Infrastruktur gesetzt hatte. Menschen konnten in der
Industrialisierung ihre große Chance sehen. Sie wurden vom Staat in
Ruhe gelassen. Soziale Härten wurden einfach in Kauf genommen.
Für Eliten anderer Länder, für Menschen in Dänemark, den Niederlanden, Australien, Neuseeland oder auch südamerikanischer Regionen konnte es dagegen durchaus sinnvoll und gewinnbringend
sein, nicht selbst Industrien aufzubauen, sondern den Industrialisie-
rungszentren zuzuliefern. Ähnlich hatten auch die US-Südstaaten-
eliten gehandelt, und sie waren bis zum Bürgerkrieg gut damit gefahren. Als die großen Betriebe der zweiten Industrialisierungswelle um
1900 weltweit expandierten, verknüpften sie Plantagen oder Berg-
werke in Übersee mit Verarbeitungszentren im eigenen Land. So
entstanden Produktionsinseln in Südamerika, Afrika oder Asien. Am
Aufbau außereuropäischer Konkurrenzunternehmen hatten die Groß-
betriebe ebenso wenig Interesse wie ihre Empire-Regierungen. In
Indien und China hat es seit der zweiten Hälfte des 19. Jahrhunderts
eigenständige Industrialisierungsinseln gegeben. Ihre Wirkung in die
Fläche blieb allerdings ebenfalls begrenzt. Japan dagegen schaffte
Ende des 19. Jahrhunderts seine eigene Industrialisierung und wurde
zu einer Weltmacht, die 1905 als erstes nichteuropäisches Land einen
Krieg gegen eine europäische Großmacht, Russland nämlich, gewann.
Der Industrialisierungsvorsprung Europas würde nicht von Dauer
sein.

15.
Hokkaido

Kolonisierung im wilden Norden Japans

Hokkaido ist die nördlichste und zweitgrößte der vier Hauptinseln, die gemeinsam mit mehr als 6800 kleineren Inseln heute Japan ausmachen. Flächenmäßig ist sie ein wenig kleiner als Irland und ein wenig größer als Hispaniola, dessen westlicher Teil Gegenstand des Kapitels «Cap Français» gewesen ist. Im Norden ist Hokkaido durch die La-Pérouse-Wasserstraße von der Halbinsel Sachalin getrennt, die heute zu Russland gehört. Im Nordosten verläuft die Nemuro-Wasserstraße

zwischen Hokkaido und Ostrow Kunaschir, der südlichsten der Kuri-
len-Inseln. Japan beansprucht die Inseln für sich, sie sind aber seit 1945
von der Sowjetunion beziehungsweise Russland besetzt. Im Süden
kann man seit 1988 mit dem Zug durch den Seikan-Tunnel auf die
größte japanische Insel Honshu fahren. Zuvor war eine vierstündige
Schiffspassage erforderlich gewesen. Im Westen verbindet das japanische Meer Hokkaido mit Russland und Ostchina. Im Osten liegt der
nordamerikanische Bundesstaat Oregon – und dazwischen erstrecken
sich 6500 Kilometer Pazifik.

Wirklich zu Japan gehört Hokkaido erst seit 1868. Zuvor hatte der
japanische Staat zwar so etwas wie eine Oberhoheit über Ezo beansprucht, wie die Inseln nördlich von Honshu insgesamt genannt wurden. Es gab auch eine Burg Matsumae ganz im Süden von Hokkaido,
wo das Geschlecht der Matsumae den japanischen Herrschaftsanspruch
aufrechterhielt. In der Praxis trieben die Burgbewohner meistens Handel mit den Ainu, Jägern und Sammlern, die seit Jahrtausenden auf
Hokkaido siedelten. Messer, Reis, Reisbranntwein und Kleidung gingen nach Norden, Lachs und Tierhäute nach Süden. Japanische Gold-
sucher oder Siedler kamen; um 1800 dürfte es erstmals mehr Japaner
als die geschätzten 20 000 Ainu auf Ezo gegeben haben. Wenn die
Japaner sich zu weit vorwagten oder die Interessen der Ainu grob verletzten, kam es zu Aufständen, die unter Führung der Matsumae niedergeschlagen wurden. Kolonisieren wollten die Japaner den wilden
Norden zunächst nicht.

1868 aber erfand sich Japan neu, um gegen die aggressiven Europäer
bestehen zu können: als eine Art zentralistische, national-religiöse
Monarchie, wie wir gleich sehen werden. Diese Neuerfindung wird als
«Meiji-Restauration» bezeichnet. In dem Begriff steckt eine Wendung
nach rückwärts. Gleichzeitig aber gilt 1868 als das japanische 1789, als
Gegenstück zur Französischen Revolution also, als Durchbruch zur
Moderne. Anders als Indien (britische Kolonie), Vietnam (französische Kolonie) oder auch China (von allen europäischen Mächten hart
bedrängt) unterlag Japan dem europäischen Imperialismus nicht. Es

veränderte sich selbst. Der wilde Norden zeigt das an. Ezo wurde in Hokkaido umbenannt, was «Nordmeerregion» bedeutet. Begrifflich war der Norden nun ein Teil Japans. Eine neue Planstadt Sapporo wurde zum Ausgangspunkt der Kolonisation, zunächst landwirtschaftlich, dann durch Schwerindustrie. Die Ainu wurden schnell verdrängt. 1899 erließ die japanische Regierung ein Gesetz, das die «ehemaligen Erdmenschen von Hokkaido» schützen sollte. Ein Bewusstsein für die Ungerechtigkeit der Landnahme gab es hier ebenso wenig wie bei den weißen Amerikanern oder den britischen Siedlern in Australien.

Etwa zeitgleich mit der Umbenennung Ezos in Hokkaido wurden auch andernorts Japans Einflusszonen klarer und ausgreifender definiert. Das Königreich der Ryukyu-Inseln ganz im Süden wurde 1872 Teil Japans. Der Ryukyu-König blieb zunächst als japanischer Gouverneur vor Ort, ging dann aber 1879 ins Exil. Taiwan wurde 1895 japanisch, die Südhälfte Sachalins 1905, Korea 1910. Wo bisher Einflüsse verschiedener Mächte wirksam waren, wurden nun aggressiv Grenzen definiert, Verwaltungen und Infrastrukturen aufgebaut. Japan verhielt sich wie eine europäische Kolonialmacht. Als solche wurde es um 1900 von den Europäern vertraglich anerkannt.

In Ezo/Hokkaido zeigen sich Kosten und Nutzen der einzigartig erfolgreichen Auseinandersetzung eines asiatischen Staates mit der europäischen Herausforderung. Die Besonderheit dieses Beobachtungspunktes müssen wir immer in Rechnung stellen. Hokkaido ist heute noch für japanische Verhältnisse dünn besiedelt, und der Gegensatz zu den südlicheren Regionen war im 17., 18. und 19. Jahrhundert eher größer. Edo, das spätere Tokio, Residenzort des Adels und Machtzentrum der Shogun-Regierung, hatte Ende des 17. Jahrhunderts bereits 1,1 Millionen Einwohner und war die größte Stadt der damaligen Welt. Der zentrale Handelsort Osaka dürfte Mitte des 18. Jahrhunderts gut 400 000 Einwohner gehabt haben, Kyoto, die Stadt des Kaisers, knapp 350 000. Neben diesen drei herausgehobenen Metropolen hatten weitere fünfzig Städte mehr als 10 000 Einwohner. Insgesamt lebten zu Beginn des 18. Jahrhunderts 3,8 Millionen Japaner in Städten, das waren

Japan im 19. Jahrhundert

AMURGEBIET
1858 an Russland
(Vertrag von Aigun)

Amur

Sachalin
bis 1875 russisch
(Vertrag von St. Petersburg)

Ochotskisches Meer

Kurilen

PRÄFEKTUR KARAFUTO
1905 japanische Kolonie
(Vertrag von Portsmouth)

Chabarowsk

MANDSCHUREI
1897–1905
von Russland besetzt
nach 1905 japanisch

MEERESPROVINZ
1860 an Russland (Vertrag von Peking)

Toyohara (Juschno-Sachalinsk)

Ōdomari (Korsakow)

Urup

Iturup

CHINA
japanisch

Wladiwostok

Kunashir

*Ezo /
Hokkaido*

Sapporo

N
NW — NO
W — O
SW — SO
S

Washinoki-Bucht

Esashi • • Hakodate
Matsumae •

Japanisches Meer

Miyako-Bucht

Sado

Sendai

KOREA
bis 1895 chin.
1905 japan. Protektorat
1910–1945 japanisch

Inawashirosee

Oki-In.

Honshu

JAPAN

Kanazawa

Kano

Biwa-See

3776 m

Edo/Tokio
Yokohama

Tsushima-I.

Kobe • Kyoto
• Osaka

Shimoda

Kitakyushu

Sieben Inseln

Shikoku

*Pazifischer
Ozean*

Nagasaki

Kyushu

0   100   200   300 k

12 Prozent der Bevölkerung – außergewöhnlich viel für eine Zeit vor der Industrialisierung. Dagegen war Ezo, das spätere Hokkaido, mit seiner einsamen Burgstadt Matsumae und den 20 000 Ainu für japanische Augen Wildnis. Doch gerade hier, am Rande Japans, wird die rasante Entwicklung eines selbstgenügsamen Staatswesens zu einer imperialen Macht besonders deutlich.

Leben unter den Tokugawa-Shogunen vom 17. bis zum 19. Jahrhundert

Verschaffen wir uns einen kurzen Überblick über die Situation in der Mitte des 19. Jahrhunderts. Seit über zweihundert Jahren wurde Japan von Edo aus regiert. Dort wohnte der Shogun aus der Familie der Tokugawa, die sich in einer Serie von Kriegen gegen andere fürstliche Familien durchgesetzt hatte. Es gab auch einen japanischen Kaiser oder Tenno, nach der nationalen Shinto-Religion Abkömmling der Sonnengöttin und Sinnbild der Einheit und Ewigkeit der Nation. Seine Stadt blieb Kyoto. Seine Bewegungen und seine Kontakte wurden aber vom Shogun vorgeschrieben und kontrolliert. Der Tenno stand für Japan im Ganzen und durfte sich daher nicht in die Spiele der Macht hineinbegeben. Der Shogun in Edo regierte meistens ebenfalls nicht selbst, sondern durch mächtige Personen in seinem Umfeld.

Der größte Teil des Landes stand unter der Herrschaft von rund zweihundertfünfzig Fürsten, die führend in die Kämpfe um die Landesherrschaft verwickelt gewesen waren. Sie regierten in den feudalen Herrschaftsgebieten, aus denen Japan bestand, und sorgten dort für Wirtschaftsförderung, Straßenbau und Militär. Es gab große und kleine, steuerstarke und steuerschwache «Staaten». Entsprechend unterschiedlich waren Ansehen und Macht der Fürsten. Kleidung, Essen und Residenzbau machten das deutlich. Der reiche Fürst von Kaga zum Beispiel, mit einer Burg 300 Kilometer nordwestlich von Edo in

Kanazawa, unterhielt ständig dreitausend Bedienstete in Edo. So zeigte er Macht und Ehrerbietung gleichermaßen. Denn der Shogun verlangte, dass die Fürsten sich jedes zweite Jahr im Zentrum seiner Macht aufhielten. So konnte er sie kontrollieren, versetzen und ihnen notfalls sogar den Fürstenrang ganz entziehen. Die Fürsten ihrerseits verfuhren mit ihren eigenen Vasallen, den Samurai, ähnlich herrisch, wenn sie sich in ihren Heimatburgen aufhielten.

Die städtische und dörfliche Gesellschaft Japans war tief durch konfuzianisches Denken geprägt, das aus China gekommen war, und das wir daher im Kapitel «Chang'an» bereits kennengelernt haben. Vier Stände gliederten die Gesellschaft im Ganzen: Samurai, Bauern, Handwerker und Kaufleute. Es gab auch Menschen ohne Stand. Sie galten als ortlos und nichtswürdig. Die Samurai am oberen Ende der Hierarchie waren aus der Kriegerschicht entstanden und ständisch den Fürsten gleich. Sie durften Waffen tragen und erhielten eine Art monatliches Gehalt, um sich dem Staatsdienst zu widmen. Der bestand im ziemlich friedlichen 17. bis 19. Jahrhundert nicht mehr nur aus soldatischem Leben, sondern zunehmend aus Beamtentätigkeit und Gelehrsamkeit. Die Bauern waren der Theorie nach besonders angesehen, weil sie produktiv waren. Faktisch ruhte die ganze Steuerlast auf ihren Schultern. Ständige Kontrollen und gelegentlich militärische Gewalt waren notwendig, um sie auf dem Land und bei der Arbeit zu halten. Bauern lebten in Dörfern zusammen, die sich selbst organisierten und kollektiv für die Steuern hafteten. Die Steuern wurden nach der Ernte berechnet und in Reis bezahlt. Reis erhielten auch die Samurai als Lohn. Die meisten anderen Ausgaben mussten die Fürsten allerdings mit Geld bezahlen, weshalb sie den Reis auf dem zentralen Markt in Osaka zu Geld machten. Bald entwickelten sich daraus Warentermingeschäfte und Kreditverträge, die den kaufmännischen Stand in eine Schlüsselposition brachten. Das war in der konfuzianischen Theorie nicht vorgesehen, in der die Kaufleute wenig galten, weil sie ja nichts produzierten. Sie wurden daher auch nicht besteuert. Einige Kaufleute wurden reich, ohne Verpflichtungen gegenüber einem Staat zu haben, der ihre

Bedeutung nicht sehen wollte. Kleider-, Benimm- und Bauregeln sollten die wachsende Macht der Kaufleute unsichtbar machen.
Japan war eine «aktengestützte Gesellschaft». Hier wurde Wissen
gesammelt, aufgeschrieben und verbreitet. Der Shogun unterhielt ein
weit gespanntes Agenten- und Informationsnetz. Doch wissensdurstig
waren nicht nur die Fürsten und ihre große Samurai-Bürokratie. Wahrscheinlich konnten Mitte des 19. Jahrhunderts fast die Hälfte der japanischen Männer und 10 Prozent der Frauen lesen. Neunhundert Verleger gab es im 19. Jahrhundert in Edo, je fünfhundert waren es in Kyoto
und Osaka. 1832 wurden in Edo allein achthundert Leihbuchhändler
gezählt – öffentliche Bibliotheken gab es nicht. Es gab einen Markt für
konfuzianische und religiöse Schriften, aber auch für schöne Literatur, Theaterstücke, Reiseführer, Horoskope, für Ranglisten von Schauspielern und Sportlern und natürlich für Werbung. Es gab Lesezirkel
und Informationsnetzwerke sowie wissenschaftliche und künstlerische
Debatten.

Verbreitet wurden Bücher wie andere Waren über ein gut ausgebautes Wegenetz. Fernstraßen waren zunächst angelegt worden, um Truppen schnell bewegen und damit Herrschaft sichern zu können. Bald
aber wurden vor allem Menschen, Güter und Informationen transportiert. Fußgänger konnten im Schutz von Alleebäumen wandern. Nachts
brannten Steinlaternen. Über Flüsse und Schluchten führten Brücken,
andernfalls boten Fähren oder Träger ihre Dienste an. An Wegestationen konnten Pferde und Sänften gemietet werden – Wagenverkehr war
bis 1862 verboten. Außerdem gab es dort Herbergen, Gasthäuser, Badehäuser, Souvenirshops und Bordelle. Angebot und Qualität richteten
sich nach dem Verkehrsaufkommen.

Zum 19. Jahrhundert hin vergrößerte sich die Bedeutung des Gewerbes und erster Industrien. In Osaka überholten Baumwolle und ihre
Produkte im ersten Drittel des 19. Jahrhunderts Reis als wichtigste
Handelsware. Manche Fürsten förderten früh die entstehenden Manufakturen oder bauten Verlagssysteme auf: Waren, zum Beispiel Textilien, wurden irgendwo im Land von armen Bauern oder Pächtern pro-

duziert, der Ankauf der Rohstoffe und der Verkauf der Fertigprodukte erfolgten jedoch von einer Zentrale aus.

Im Gegensatz zum Indien der Mogulzeit hatte sich Japan weitgehend von äußeren Einflüssen abgeschottet. Der Kontakt zu China wurde klein gehalten, weil das Reich der Mitte sich als Zentrum der Welt und Japan als abhängig betrachtete. Das passte nicht zum Selbstverständnis des Shogun und seiner Fürsten. Die Europäer und ihr Christentum wurden im frühen 17. Jahrhundert als Bedrohung der einheitlichen Herrschaft des Shogun und des gottverbundenen Tenno gesehen. Spaniern, Portugiesen und ihren Missionaren wurde daher verboten, japanischen Boden zu betreten. Japanische Christen mussten ihrem Glauben demonstrativ entsagen, indem sie ein Bild des gekreuzigten Christus oder der Jungfrau Maria mit Füßen traten. Sonst drohten Folter oder Tod. Später scheiterten auch Briten und Russen mit Annäherungsversuchen, ihr Interesse war allerdings nicht allzu groß. Nur die Holländer hielten die Verbindung mit dem Shogun. Ihre Kolonie Niederländisch-Indien, das heutige Indonesien, lag südlich der spanischen Philippinen, knapp 4000 Kilometer entfernt. Das war Sicherheitsabstand genug und doch so nah, dass sich Handel noch lohnen konnte. Die Interessen der Niederländer waren überdies rein kommerziell. Deshalb gab es in Nagasaki, einem Hafen im äußersten Südwesten, über den Japan alle Außenbeziehungen abwickelte, neben chinesischen Kaufleuten auch eine holländische Faktorei. Im Hafen war eigens eine künstliche Insel Deshima aufgeschüttet worden, damit die Fremden nicht japanischen Boden betraten. Holland stand in den Augen der Japaner für Europa im Ganzen. Es gab «Hollandwissenschaftler», die sich mit europäischem Wissen befassten, von der Philosophie über die Medizin bis zur Waffentechnik.

Die hochorganisierte und über zweihundert Jahre der Abschottung sehr eigenständig gewordene japanische Gesellschaft geriet im 19. Jahrhundert in Schwierigkeiten. Auf der einen Seite verschuldeten sich viele Fürsten, denn die doppelte Residenzführung, dazu ihre Beiträge zu Wegebau, Wirtschaftsförderung und Rüstung verschlangen Unsummen. Auf der anderen Seite wuchsen vor allem in den stadtnahen Dörfern die sozialen Unterschiede. Die Steuerlast war hoch. Geschickt oder skrupellos wirtschaftende Bauern kauften das Land derjenigen, die weniger erfolgreich und daher in Not geraten waren. Auch an anderen Stellen passte das ständische Modell nicht mehr zur Wirklichkeit. Gut situierte Kaufleute und auch Samurai, die mit ihnen zusammenarbeiteten, ließen sich nicht mehr einfügen. Andere Samurai verarmten, weil Fürsten ihren Unterhaltsverpflichtungen nicht nachkamen. Zwischen 1730 und 1850 stagnierte die Bevölkerungszahl – ganz anders als in Europa zur gleichen Zeit. Missernten trugen das ihre dazu bei. Verschiedene Shogunate verordneten Einfachheit und eine stärkere Konzentration auf die Landwirtschaft als Mittel gegen die Krise. Das war nicht wirklich hilfreich.

Die Barbaren kommen

In dieser insgesamt schwierigen Situation beobachteten Japaner immer mehr europäische Schiffe am Horizont und machten sich Sorgen. Kommerzielle Walfänger landeten in den 1820er Jahren, hartgesottene Gesellen, die zur gleichen Zeit auch in Neuseeland Ärger machten. Der Shogun befahl, sie zu vertreiben, sie notfalls gefangen zu nehmen oder zu erschießen. Schwieriger war es, mit den Interessen der fremden Staaten umzugehen. Die Russen verstärkten die Aktivitäten in ihrem «fernen Osten». Die US-Amerikaner entdeckten den Pazifik als möglichen Wirtschaftsraum der Zukunft. Die Briten zeigten von 1839 bis 1842 im ersten Opiumkrieg mit China, dass sie am Nordwestpazifik lebhaft interessiert waren. Denn Japan verfügte über Kohle, den Treibstoff für das Verkehrsmittel der Zukunft: das Dampfschiff. Seine Häfen waren sehr praktische Bunkerplätze für Nahrungsmittel und Brennstoffe. Und die hoch entwickelte Bevölkerung ließ attraktive Handelsgewinne erwarten. Nur: die Japaner wollten weder handeln noch bunkern.

Zwischen 1854 und 1869 erzwangen daher zunächst die USA, dann Russland und die anderen europäischen Mächte unter Androhung militärischer Gewalt die Öffnung japanischer Häfen für europäische Schiffe. Die Shogun-Regierung willigte nach langem Zögern ein, weil sie nicht glaubte, dass militärische Gegenwehr sinnvoll wäre. Bilaterale Verträge regelten nun den Handel, wobei die Fremden die Ein- und Ausfuhrzölle festlegten und sich damit nach Belieben Vorteile verschaffen konnten. Ausländer durften sich in den geöffneten Häfen aufhalten und ihre Religion frei ausüben. Die Verträge enthielten auch Meistbegünstigungsklauseln. Gute Verhandlungsergebnisse eines fremden Staates kamen automatisch allen zugute. «Ungleiche Verträge» waren das, und so wurden sie bald auch genannt. In der Folge begannen die Japaner, Rohseide, Seidenraupeneier, Tee, Pflanzenöl, Meeresprodukte, Kupfer und Steinkohle zu exportieren, während Zucker, Metalle, Waffen, Kriegsschiffe und Maschinen ins Land kamen. Weil der Kurs zwischen Silber und Gold in Japan deutlich von den Kursen im Westen beziehungsweise in den USA abwich, floss massenweise Silber nach Japan, während Gold das Land verließ. Münzverschlechterung und Inflation waren die Folgen. Der Preis für das Grundnahrungsmittel Reis stieg zwischen 1859 und 1867 um das Achtfache.

«Verehrt den Tenno! Vertreibt die Barbaren!» So lautete der Schlachtruf derjenigen, die gegen die Öffnungspolitik des Shogun opponierten. Dieser habe den Forderungen der Europäer und Amerikaner, der Barbaren also, viel zu leicht nachgegeben. Er habe den Kaiser nicht befragt, der doch Einheit und Stolz der Nation verkörpere. Japanisch sei es, das Beste aus fremden Kulturen auszuwählen, es mit dem Eigenen zu verschmelzen und es dadurch zu vollenden. Stattdessen habe der Shogun das Land einfach verramscht. Die 1860er Jahre waren eine Zeit erbitterter, teils militärisch ausgetragener Kämpfe um den richtigen Weg und um die Macht. Es war ein Kampf der Fürsten untereinander, teils mit, teils gegen den Shogun. Es war ein letztes Mal ein Kampf der Samurai. Bauern, Handwerker und Kaufleute wurden eher am Rande in die Auseinandersetzungen hineingezogen. Weil niemand den lauernden fremden Mächten einen Anlass zum Eingreifen liefern wollte, wurde der Krieg gewissermaßen mit angezogener Handbremse geführt. Die kampflose Übergabe der Burg Edo begründete der Befehlshaber damit, man habe «nicht an den eigenen Vorteil gedacht, damit es uns nicht erging wie Indien oder China». Knapp 10 000 Soldaten und 3000 Zivilisten sind in diesem Bürgerkrieg umgekommen. Am Ende stand im Januar 1868 ein vom Tenno legitimierter Staatsstreich gegen den Shogun. Der dankte ab. Seine letzten Getreuen zogen sich in den Nordosten zurück und riefen die Republik Ezo auf Hokkaido aus. Doch das blieb eine Episode. Im Juni 1869 fiel als letzte Bastion die Stadt Hakodate knapp 70 Kilometer nordöstlich vom alten Fürstensitz Matsumae. Die Zeit der Tokugawa-Shogune war zu Ende.

Die Meiji-Restauration ab 1868

Die neuen Machthaber wollten die japanische Unabhängigkeit wiederherstellen und die ungleichen Verträge loswerden. Um dieses Ziel zu erreichen, rückte der Tenno wieder ins Zentrum der Macht, gestützt von der neu belebten Shinto-Nationalreligion. Der Tenno war leicht beeinflussbar, weil 1868 erst fünfzehn Jahre alt. Er zog von Kyoto nach Edo. Die Burg des Shogun wurde sein Wohnsitz. Seine sorgfältig ausgewählte Regierungsdevise «Meiji» (erleuchtete Herrschaft) gab dem Umbruch seinen Namen. Edo wurde umbenannt in Tokio (östliche Hauptstadt), um die Erinnerung an die Stadt des Shogun zu tilgen. Vielleicht spielte auch das Vorbild China eine Rolle, wo es eine nördliche und eine südliche Hauptstadt gab, vielleicht sollte auch den Menschen im Norden und Osten Japans ein Angebot gemacht werden. Dort hatten die letzten Bastionen des Shogun gelegen. Die meisten der neuen Machthaber kamen aus dem Süden und Westen.

Ein starker Tenno, die Wiederbelebung der Nationalreligion und die Rückgewinnung der nationalen Selbständigkeit – das waren die gemeinsamen Ideale einer Gruppe jüngerer Leute, meist zwischen dreißig und vierzig Jahre alt, die zur Elite des neuen Systems wurden. Sie kamen als Samurai oder Fürsten aus dem alten System, suchten nun aber nach neuen Wegen. Mit Ablehnung des Fremden allein würde es nicht gehen, dessen waren sie sich bald bewusst. Die 1870er und 1880er Jahre waren gekennzeichnet von tiefgreifenden Reformen und vom Streit darum. Welches war der richtige Weg zur Wiedererlangung nationaler Stärke und Unabhängigkeit? Von 1871 bis 1873 reiste eine große und hochrangig besetzte japanische Delegation durch Europa und die USA. Sie wollte die ungleichen Verträge neu verhandeln und das Erfolgsrezept der Fremden ergründen. Die Verträge blieben, wie sie waren. Europäer und Amerikaner behaupteten, die Japaner seien nicht weit genug entwickelt, um Gleichheit fordern zu können. Aber nebenbei sammelten die Delegierten wertvolle Informationen. Wie funktionierten Bürokratien, Armeen, Parlamente, Fabriken, Schulen, Gefängnisse, Kranken- und Armenhäuser? Verfassungs- und Verwaltungsfragen wurden bis in die 1890er Jahre mit europäischen Experten erörtert, Industriebetriebe mithilfe teuer bezahlter westlicher Berater auf- und umgebaut, die Westler dann sobald wie möglich durch Einheimische ersetzt. Das Ziel war nicht Imitation, sondern Einpassung in japanische Verhältnisse, um wieder konkurrenzfähig zu sein: ökonomisch, militärisch und politisch.

Bis 1890 hatte sich Japan tiefgreifend gewandelt. An die Stelle des Fürstenstaates war ein Zentralstaat mit siebenundvierzig Präfekturen getreten. Die oft verschuldeten Fürsten erhielten eine Abfindung, ebenso wie ihre Samurai. Deren Vorrecht, Waffen zu tragen und die Landesverteidigung zu organisieren, ging verloren. Eine Armee von Wehrpflichtigen nach preußischem Vorbild wurde geschaffen. Bald konnte Japan im Ernstfall eine halbe Million Soldaten mobilisieren. An die Stelle der vier Stände trat eine in Adel und Bürgertum gegliederte Staatsbürgernation. 1875 wurden alle Japaner verpflichtet, einen Familiennamen anzunehmen – bis dahin ein Vorrang der Samurai. Die allgemeine Schulpflicht wurde eingeführt. Das Heer und die Marine wurden modernisiert und hochgerüstet. Staatseisenbahn-, Telegrafen- und Telefonnetz wurden aufgebaut. Eine Landreform machte den Boden zur Ware. An die Stelle der bisherigen Erntesteuer trat eine Steuer auf Grund und Boden. Diese Steuer war verlässlich und berechenbar, verschob aber das Risiko bei Missernten auf die Bauern. Sie wurde zur Haupteinnahmequelle des Meiji-Staates und half, die vielen Reformen zu finanzieren. Eine Verfassung betonte 1889 in den ersten sechzehn Artikeln die Ewigkeit und Allmacht des Kaisers, schränkte sie danach aber durch ein Parlament ein. 1890 wählten 450 000 Japaner, die mindestens fünfundzwanzig Jahre alt waren und fünfzehn Yen direkte Steuern zahlten, erstmals ein japanisches Unterhaus. Im Oberhaus saßen erbliche und vom Tenno ernannte Mitglieder. Das Parlament wurde schnell ein Zentrum der politischen Debatte. Entscheidungen fielen allerdings oft außerhalb seiner Räumlichkeiten, bei Treffen einer Gruppe mächtiger Männer aus der Meiji-Elite, den Genro.

Das waren atemberaubende Reformen, und sie riefen Widerstand hervor. Fürsten wollten nicht entmachtet werden, Samurai ihre Vorrechte nicht verlieren, Bauern ihre Kinder nicht zur Schule oder in die Armee schicken. Doch die verschiedenen Widerstände bündelten sich nicht und konnten daher überwunden werden. Außerdem waren die Reformen ummantelt von Bildern der Kontinuität. Der Tenno und die Shinto-Religion symbolisierten, dass das Neue eigentlich das ganz Alte und Bewährte war. Die neuen Machthaber kamen selbst aus dem alten System und konnten integrierend wirken. Und weil die Industrialisierung bald anlief, und zwar auf der Grundlage der Strukturen des frühen und mittleren 19. Jahrhunderts, mit japanischem Kapital, mit japanischem Personal und Know-how, nur anfangs von europäischen Experten unterstützt, gab es das stolze Gefühl, es geschafft zu haben – anders als die Chinesen und Inder, die in einem kolonialen oder doch halb kolonialen Status verblieben.

Ziele und Grenzen der Meiji-Reformen wurden im wilden Norden Japans deutlich. Für Ezo oder Hokkaido, wie die Insel jetzt hieß, wurde eine Kolonialisierungsbehörde gegründet. Viel Geld floss in den nächsten Jahren in die Entwicklung der Insel. Einerseits sollten die Europäer sehen, dass Japan selbst zivilisieren und Ordnung schaffen könne. Andererseits galt es, möglichen Eroberungswünschen der Russen zuvorzukommen. Das gesamte nutzbare Land wurde verstaatlicht und preisgünstig an siedlungswillige Japaner abgegeben. Samurai wurden gezielt angeworben, einerseits, um Unruhepotenzial im Zentrum Japans loszuwerden, andererseits, um wehrhaft gegen die Ainu zu sein, die von ihren Jagd- und Siedlungsplätzen vertrieben wurden. Amerikanische Agrarexperten wurden ins Land geholt. Sie blieben nicht lang, und ihre Erfolge sind umstritten. Immerhin aber geht die Gründung des Sapporo Agricultural College, Keimzelle der heutigen Hokkaido University, auf sie zurück. Die Bemühungen um Siedler waren nur begrenzt erfolgreich. Anfang der 1870er Jahre kamen 10 000 Japaner jährlich, am Ende des Jahrzehnts, als die Bedingungen verbessert wurden, waren es 50 000. Nicht alle blieben. Als Kohle gefunden wurde, entwickelte sich eine Schwerindustrie auf Hokkaido. Knapp zweihundert Kohlegruben gab es kurz vor dem Zweiten Weltkrieg. Die letzte von ihnen wurde 2002 geschlossen.

Anfang der 1880er Jahre beschloss die japanische Regierung, die chronisch im Minus steckende Kolonialisierungsbehörde Hokkaidos zu privatisieren. Der Direktor verkaufte große Teile des Besitzes zu einem Spottpreis an einen alten Kumpel und handelte dabei im Einvernehmen mit den zuständigen Regierungspolitikern. Als der Verkauf und seine skandalösen Bedingungen öffentlich wurden, hagelte es Kritik. Der Verkauf musste rückgängig gemacht werden. Die Opposition forderte, über solche Projekte nur noch im Parlament zu entscheiden, um derartige Mauscheleien in Zukunft zu verhindern. Die politische Öffentlichkeit funktionierte.

Die Meiji-Restauration, so zeigt das Beispiel Hokkaido, war kein durchkalkulierter Sprung nach vorn. Die neuen Machthaber waren entschlossen, Japan wieder auf Augenhöhe mit den Europäern zu bringen, und sie nahmen dafür viel Geld in die Hand. Aber nicht alle Ideen funktionierten, und nicht alle ausländischen Experten waren gut.

Manche der zukunftsweisenden Reformen ergaben sich erst im politischen Streit. Die Meiji-Oligarchie war nicht selbstlos und wirtschaftete durchaus auch in die eigene Tasche. Sie behauptete, Japan aus der Starre der Shogun-Regierung befreit und modernisiert zu haben. In Wirklichkeit beruhten ihre Erfolge auch auf Strukturen, die seit dem 17. Jahrhundert entwickelt worden waren. Europäische und amerikanische Entwicklungstheoretiker sollten im 20. Jahrhundert behaupten, Japan habe es in vorbildlicher Weise geschafft, eine traditionelle Gesellschaft innerhalb einer Generation zu modernisieren, mit Entschlossenheit und viel Geld für Landwirtschaft und Schwerindustrie. Doch das war ein Irrtum. Japan war weder «traditionell» noch «modern». Wichtiger als Gegensätze waren Übergänge, Beschleunigungen und Neuanfänge, die als Wiederkehr des Alten maskiert wurden. Sie ermöglichten es Japan, gegen Ende des 19. Jahrhunderts einigermaßen überraschend als Empire auf die Weltbühne zu treten.

Auf Augenhöhe: Das japanische Empire

Empires und Nationalstaaten waren am Ende des 19. Jahrhunderts weltweit die dominierenden Organisationsformen von Macht. Im Kapitel «Kilwa» haben wir gesehen, dass es ganz andere Formen der Organisation von Macht gegeben hat. Doch für Stadtstaaten, Dorfallianzen oder Zusammenschlüsse nomadischer Gruppen blieb nur noch Platz in Regenwäldern, Eis- und Sandwüsten. Ansonsten dominierten Nationalstaaten und Empires, unter deren Dach freilich ältere Formen sozialer Organisation fortleben konnten.

Empires sind größer als Nationalstaaten. Sie sind auch bunter, weil viele Sprachen und Kulturen in ihnen beheimatet sind und fortleben können. Sie sind autoritär, weil es keine innere Logik des Dazugehörens gibt. Menschen und Länder werden in der Regel nicht Teil eines Empires, weil sie es richtig und wichtig finden, sondern weil sie unter-

332   Hokkaido

worfen werden. Die Eliten im Zentrum versuchen aber regelmäßig, ihr Reich nicht nur mit der Macht der Waffen zusammenzuhalten, sondern einheitsstiftende Ideen zu entwickeln. Von *romanitas* redeten die Römer, von *britishness* die Engländer, Waliser und Schotten. Fast immer behaupteten die Eliten im Zentrum, sie würden die Menschen da draußen zivilisieren, kultivieren und insgesamt glücklicher machen, notfalls auch gegen deren Willen. Gleichzeitig nutzten die Eliten des Zentrums die Ressourcen der eroberten Gebiete aus.

Empires dominierten das 19. Jahrhundert. Nationalstaaten gab es auch. Aber es waren nicht viele. Sie lagen fast ausschließlich in Europa und Amerika. Aus europäischer Perspektive gab es vor allem Nationalstaaten mit dazugehörigen Empires: Großbritannien mit seinem weltgrößten Kolonialreich, zu dem Indien und die Siedlerkolonien Kanada, Südafrika, Australien und Neuseeland gehörten; Frankreich mit seinen Besitzungen vor allem in Nordafrika und Indochina; Russland mit Zentralasien, Sibirien und (bis 1867) Alaska; die Niederlande mit ihrer hochprofitablen Kolonie, die nach 1945 Indonesien heißen würde. Deutschland kam spät mit seinen Kolonien in Afrika und blieb als Empire nachrangig und kurzlebig. Österreich-Ungarn war ein Sonderfall mit zwei Nationen und abhängigen Gebieten, die ausschließlich in Europa lagen.

Aus asiatischer Perspektive waren Empires der historische Normalfall. China war seit vielen Jahrhunderten ein Empire, das Osmanische Reich ebenso, Dschingis Khans Mongolenherrschaft, das Safawidenreich und das Mogulreich waren Empires gewesen. Neu aus asiatischer Perspektive war, dass die Zentren der Empires des 19. Jahrhunderts außerhalb Asiens lagen: in London, Paris, Sankt Petersburg und Amsterdam. Nur das chinesische Empire hielt stand, auch wenn es weitgehende Zugeständnisse an die Europäer machen musste. Japan war neben Siam, dem späteren Thailand, der einzige unabhängige Nationalstaat Asiens. Während Siam vorsichtig taktierend den Eroberungswünschen der Engländer und Franzosen widerstand und ein eigenständiges Königreich blieb, machte sich Japan Ende des 19. Jahrhunderts auf, ein Nationalstaat mit Empire nach europäischem Muster zu werden. Beharrlich hatten die Japaner zunächst daran gearbeitet, die ungleichen Verträge loszuwerden. Nachdem es eine Verfassung, ein Parlament und auch ein Gesetzbuch gab und die Industrialisierung lief, konnten die Europäer nicht mehr behaupten, Japan politisch oder wirtschaftlich entwickeln zu müssen. Großbritannien erkannte zuerst die Chance, die in einer partnerschaftlichen Anerkennung Japans lag. Als Bündnispartner konnte es die Ambitionen vor allem der Russen im Nordwestpazifik bremsen und die Geschäfte der Briten billiger besorgen als die Briten selbst. 1895 gab es einen neuen Handelsvertrag zwischen Japan und Großbritannien. Die anderen Europäer und die USA folgten. Japan wurde in den 1890er Jahren in Asien zum gleichberechtigten Rivalen der Europäer. Sein Blick richtete sich auf Korea, das es aus der engen Anbindung an China lösen wollte. Darüber kam es 1894/95 zum Krieg. Japan gewann, zwar nicht Korea, aber Taiwan und die chinesische Liaodong-Halbinsel, ein erster Festlandsanker für koloniale Ziele in China. Doch Russland, Frankreich und Deutschland schritten ein, und Tokio musste die Halbinsel zurückgeben. Russland pachtete sie daraufhin. Japan fühlte sich um die Früchte des Sieges betrogen und von den Europäern erneut verletzend behandelt. Mit den Briten, die an der Intervention nicht teilgenommen hatten, schlossen sie 1902 einen Vertrag, in dem Japan erstmals als gleichrangige Macht außen- und militärpolitische Absprachen traf.

Gestärkt durch diese Abmachung verfolgte Japan seine Interessen in Korea und auch China nun mit mehr Nachdruck. Die Folge war ein Krieg mit Russland 1904/05, den die Japaner nach erbitterten Kämpfen gewannen – eine Sensation für die internationale Öffentlichkeit. Ein deutscher Kriegsbeobachter sprach von der «Götterdämmerung Europas». Unter den kolonisierten Völkern Asiens brach Jubel aus. Japan habe gezeigt, dass die Asiaten in der Lage seien, sich selbst zu befreien. Doch für Japan ging es nicht um die Freiheit Asiens, sondern um den eigenen Machtzuwachs. Russland musste die Südhälfte der Insel Sacha-

Das Japanische Empire 1942

lin (nördlich von Hokkaido) und die Halbinsel Liaodong abtreten. Es gab die Kontrolle über die Südmandschurische Eisenbahn an Japan ab und erkannte dessen besondere Interessen in Korea an. Für die japanische Öffentlichkeit war das zu wenig. Eine Million Soldaten war mobi-

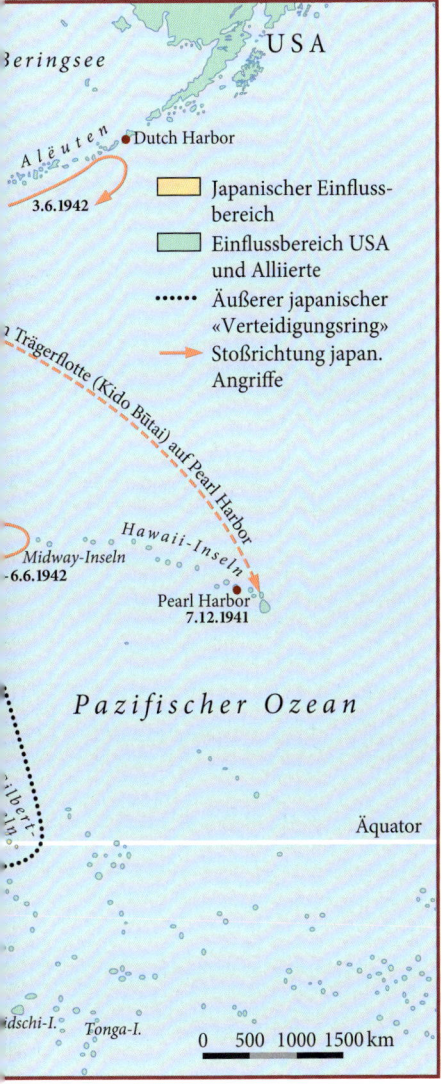

Japanischer Einflussbereich

Einflussbereich USA und Alliierte

Äußerer japanischer «Verteidigungsring»

Stoßrichtung japan. Angriffe

USA

Beringsee

Aleuten • Dutch Harbor

3.6.1942

Trägerflotte (Kido Būtai) auf Pearl Harbor

Hawaii-Inseln

Midway-Inseln
-6.6.1942

Pearl Harbor
7.12.1941

Pazifischer Ozean

Äquator

dschi-I. Tonga-I.

0 500 1000 1500 km

lisiert worden, fast 100 000 waren gestorben – da erschien der Friedensschluss als zu milde. Eine innenpolitische Krise brach aus. Immerhin machte es der Ausgleich mit Russland möglich, dass Japan 1910 Korea besetzte und nun dauerhaft in der Mandschurei nördlich von Korea präsent war. Diese Erfolge machten Eindruck. In den USA, in Australien und Kanada begann man von der «Gelben Gefahr» zu sprechen. Umgekehrt konstruierte Japan eine «Weiße Gefahr» aus Kolonialismus und christlicher Mission, gegen die man sich offensiv zur Wehr setzen müsse. Mit außenpolitischer Wachsamkeit müsse der kulturelle Rückbezug auf das Eigene einhergehen: auf die Shinto-Religion, den Tenno und die konfuzianischen Grundwerte.

Der Erste Weltkrieg war für Japan weniger bedeutsam als die Kriege 1894/95 und 1904/05. In Absprache mit den Briten wurden die deutschen Besitzungen in China sowie die deutschen Südsee-Inseln nördlich des Äquators erobert. Der Krieg war ein Konjunkturprogramm, weil die Rüstungsindustrie für den europäischen Kriegsschauplatz produzierte und die asiatischen Märkte den Japanern offenstanden. Bis Mitte der 1920er

Jahre wurde Japan zu einer industrialisierten und demokratischen Gesellschaft. Unter dem Eindruck wirtschaftlicher Krisen von 1927 bis 1932 setzte sich dann ein extremer Nationalismus durch, der die japanische Nation, geeint und idealisiert in Tenno und Shinto, über alles setzte. Das Militär übernahm Anfang der 1930er Jahre die Initiative, von der Politik kaum noch gebändigt. Es nutzte Krisen in Korea und der Mandschurei, um einen japanischen Vasallenstaat im Norden Chinas zu schaffen, der international aber nicht anerkannt wurde. Japan trat aus dem Völkerbund aus, der nach dem Ersten Weltkrieg gegründet worden war, um für die Zukunft internationale Streitfragen weltweit friedlich zu regeln. 1936 schloss Japan einen Vertrag mit dem national-sozialistischen Deutschland, Italien gesellte sich dazu. Die drei «Achsenmächte» waren sich einig im Antikommunismus, in der Idee von der Überlegenheit des je eigenen Volkes, im Wunsch nach Krieg und Expansion. Anders als in Deutschland spielte der Antisemitismus für Japan keine Rolle. Es gab allerdings einen «Antisinismus», die Verachtung gegenüber allem Chinesischen, mithilfe dessen sich gewaltsame Übergriffe in der Mandschurei und später auch in anderen Teilen Chinas rechtfertigen ließen. Anders als Italien oder Deutschland hatte Japan keinen «Duce» oder «Führer». Der Tenno blieb im Hintergrund, die Politiker auf der Bühne übertrafen sich im Nationalismus. 1937 brach der Chinesisch-Japanische Krieg aus, in dem das Militär große Erfolge feierte. 1940 verkündete Japan das Ziel, durch Vertreibung der europäischen Kolonialherren aus Asien den Weltfrieden zu erreichen. Zunächst solle eine großostasiatische Wohlstandssphäre geschaffen werden. Dieses Ziel war Anfang 1942 erreicht, nachdem die Briten in Singapur und die Amerikaner in Pearl Harbor geschlagen worden waren. Ein riesiges Herrschaftsgebiet war entstanden. Es reichte von der Mandschurei bis knapp vor Nordaustralien, von Burma bis zu den Marshall-Inseln.

Doch das japanische Militär hatte seine Kräfte überdehnt. Von den asiatischen Völkern war keine Unterstützung zu erwarten. Die Japaner behaupteten zwar, sie hätten sie vom Joch der weißen Kolonialherren

erlöst, doch die angeblich Befreiten empfanden die japanische Herrschaft als drückend und nahmen keine Verbesserung gegenüber der
europäischen Herrschaft wahr. Die Japaner zwangen europäische, nordamerikanische, australische und neuseeländische Kriegsgefangene zur
Arbeit beim Eisenbahnbau und bei anderen Großprojekten. Die Un-
rechtsherrschaft der europäischen Kolonialherren über die Asiaten
wurde damit umgekehrt: Nun waren Europäer die Zwangsarbeiter.
Doch asiatischen Gefangenen erging es nicht besser. Die japanische
Vision von einer großen ostasiatischen Sphäre des Wohlstands konnte
auf diese Weise nicht überzeugen. Bis heute ist die finstere Erinnerung
an die japanische Besatzung in China und Korea lebendig.

Ab März 1942 wendete sich das Kriegsglück. Japan erlitt eine Serie
von Niederlagen gegen die US-Amerikaner, die sich von der Katastrophe in Pearl Harbor erholt hatten. Ab Oktober 1944 startete die
US-Luftwaffe Angriffe auf japanische Städte, die bald in Trümmern
lagen. Im April 1945 begann ein erbitterter Kampf um Okinawa, die
wichtigste der Ryukyu-Inseln. US-Bodentruppen hatten Japan erreicht.
Die Sowjetunion kündigte ihre Neutralität auf und ging zum Angriff
über. Schnell gingen Sachalin und die Kurilen verloren. Hokkaido
blieb den Japanern.

Am 6. August 1945 vernichtete die erste zu kriegerischen Zwecken
eingesetzte Atombombe die Stadt Hiroshima. Am 9. August wurde
Nagasaki, die Stadt der Holländerfaktorei in der Zeit der Shogune,
durch eine weitere Atombombe zerstört. Am 14. August kapitulierte
Japan. Die Amerikaner hatten zuvor eingewilligt, dass das System der
Kaiserherrschaft erhalten bleiben könne. Am 15. August unterrichtete
der Tenno selbst in seiner ersten Rundfunkansprache die Bevölkerung
vom Ende des Krieges. Der Gott hatte gesprochen. Das japanische
Empire war zu Ende.

16.
Berlin

Der Newcomer unter den Städten

Berlin war um 1800 der Emporkömmling unter den europäischen
Städten. Nur Sankt Petersburg, das wir im nächsten Kapitel kennenlernen werden, war im 18. Jahrhundert noch schneller gewachsen. Aber
Sankt Petersburg war die Hauptstadt des riesigen Russischen Reiches
und lag verkehrsgünstig an der Ostsee. Berlin hingegen war der Hauptort Brandenburg-Preußens, einer Ansammlung unzusammenhängen-
der Territorien zwischen Wesel am Rhein und Königsberg an der

Pregel. Reich war es nur an Soldaten. Berlin lag mitten in der branden-
burgischen Sandwüste. Leidgeprüfte Reisende haben immer wieder
beklagt, dass keine festen Chausseen, sondern nur unebene Fahrwege
hindurchführten, die Kopf- und Gliederschmerzen bei den Postkut-
schenpassagieren verursachten. Während in Wien der Kaiser des Heiligen Römischen Reiches den reichen und hohen Adel um sich scharte,
der die Stadt mit immer neuen und prächtigeren Palais, Parks, Kirchen
und Grabmälern ausstattete, war Berlin eine Schöpfung des preußischen Königs. Adel und Bürgertum waren zu schwach, um die Stadt zu
prägen. 40 Prozent des Bodens der Stadt gehörten dem König, und die
preußischen Könige waren die wichtigsten Bauherren des 18. Jahrhunderts. Doch wenn sie ganze Straßenzüge ansehnlich gestalteten, mussten sie, anders als die reichen Wiener Adelsfamilien, sparsam sein.
Reisende des 18. Jahrhunderts beschrieben die irritierenden Folgen:

Nicht blos Gesimser, sondern Trophäen, Armaturen und allerley Arten
architectonischer Verzierungen von Bas- und Hautreliefs, erheben die
gemeinsten Bürgerhäuser äusserlich zum Range der Palläste. Ich brauche
nun wohl kaum hinzuzusetzen, daß dieser Putz der Gebäude nichts weiter
als Gips ist. … Diese Schminke fällt nun freilich mit der Zeit ab, und dann
werden die Häuser eben so häßlich, als sie vorhin schön waren.

Ein anderer Reisender staunte, was hinter einer Fassade zum Vor-
schein kam, die aufgrund der marmorgleichen Gipsverzierung zunächst «wie die Wohnung eines Fermier General», also eines märchenhaft reichen französischen Steuerpächters, anmutete:

Auf einmal öffnet sich im untern Stock ein Fenster, und da stellt dir ein
Schuhflicker einen neuversohlten Stiefel vor die Nase, um auf dem Ge-
simse die Schwärze eintrocknen zu lassen. Du fängst an, über dies Rätsel
Betrachtungen zu machen, und siehe da, da geht dir im zweiten Stock ein
anderes Fenster auf, wo ein Hosenflicker dir ein paar neugefärbte Bein-
kleider zum beliebigen Schau vor die Augen hängt … Hast du noch nicht

der Erläuterungen genug, so schwingt dir endlich aus dem dritten Stock jemand das Tischtuch über dem Kopf aus und da fällt nichts heraus, als die Haut von einigen Erdäpfeln.

Der preußische König Friedrich II., der Große, versuchte, Künstler und Literaten aus Paris an seinen Hof zu holen. Doch das, so klagte sein mit dieser Aufgabe betrauter Agent, sei schwierig. Berlin sei aus Pariser Perspektive arm und randständig. Die preußischen Angebote seien nicht konkurrenzfähig.

Die Neigung, die französische Literaten zu Paris gefasst haben, ist so groß, sie sind so zufrieden mit den Annehmlichkeiten, die sie dort zu haben glauben, dass es sogar schwierig ist, mittelmäßige Leute da herauszubekommen. … Heutzutage ist in Frankreich jeder von der Schöngeisterei befallen, und … Finanziers wie Herzöge möchten in dem Ruf stehen, dass sie bei sich Gelehrte empfangen.

Der Vergleich mit Paris, Wien oder Sankt Petersburg wird den Verhältnissen des 18. Jahrhunderts nicht ganz gerecht. Berlin war nach rasantem Wachstum um 1800 mit 170 000 Einwohnern immerhin die zweitgrößte Stadt des Heiligen Römischen Reiches Deutscher Nation geworden, nach Wien, der mit 230 000 Einwohnern viertgrößten Stadt Europas. An der europäischen Spitze lag London mit 900 000 Einwohnern – beinahe so viele, wie die chinesische Kaiserstadt Chang'an 1100 (!) Jahre zuvor gehabt hatte. Jeder zehnte Brite lebte in seiner Hauptstadt. Es folgte Paris mit 550 000 Einwohnern – nur jeder vierzigste Franzose lebte dort. Im Heiligen Römischen Reich wohnte überhaupt nur ein Fünftel der Bevölkerung in Städten. Davon gab es viele: Geschätzt werden 2400 bis 2500, die allerdings sehr unterschiedlich groß und bedeutsam waren. Weil das Heilige Römische Reich Ende des 18. Jahrhunderts aus mehr als 300 selbständigen Territorien und über 1400 Reichsritterschaften bestand, waren viele Städte Hauptstädte, mit herrschaftlichen und Verwaltungsgebäuden sowie einer kleinen Armee.

Die Reichsstadt Zell am Hamersbach in Baden gehörte dazu, Werden bei Essen im Rheinland mit seiner Reichsabtei, der Bischofssitz Münster in Westfalen und natürlich Berlin und Wien. Im 18. Jahrhundert wurden die Staaten stärker, Herrscher bauten ihre Verwaltung aus und demonstrierten ihre Macht durch Schlösser und Gärten. Daher wuchsen vor allem die Residenz- und Verwaltungszentren der größeren deutschen Staaten: Dresden, München, Braunschweig und eben Berlin. Nur wenige Handels- und Gewerborte wie Frankfurt am Main, Leipzig und vor allem Hamburg konnten da mithalten.

Preußen, Habsburg und die Revolution von 1848

Das Heilige Römische Reich Deutscher Nation war seit dem späten Mittelalter ein Rechts- und Friedensraum gewesen, der im Idealfall die Untertanen vor landesherrlicher Willkür schützte, die kleinen Territorien vor der Macht der Großen, die Einzelstaaten vor dem Kaiser. Das Reich hatte osmanischen Heeren mehrfach erfolgreich Widerstand geleistet. Seit Wien 1683 die letzte große osmanische Belagerung überstanden hatte, gewannen christliche Heere unter der Führung des Kaisers Land in Ungarn zurück. Das stärkte die Macht der Habsburger, einer österreichischen Dynastie, die seit den Zeiten Luthers und Kolumbus' fast durchgehend den Wahlkaiser des Reiches gestellt hatte. Ihre neu erworbenen Gebiete gehörten nicht zum Reich. Habsburg schob sich gewissermaßen aus dem Reich heraus und nach Südosteuropa hinein. Auch andere Fürsten drängten über die Reichsgrenzen. Die sächsischen Wettiner wurden Könige von Polen, die hannoverschen Welfen Könige von England. Die Berliner Hohenzollern herrschten auch in Preußen, das nicht zum Reichsverband gehörte, und erhielten 1701 für dieses Territorium den Königstitel.

Damit überschritten die Mächtigen den Rechts- und Friedensraum des Heiligen Römischen Reiches Deutscher Nation und brachten das

Reich und vor allem seine schwächeren Mitglieder in Gefahr. Der rasante Aufstieg Berlins und Preußens insgesamt war ein prominenter Teil dieser Entwicklung. Der brandenburgisch-preußische Herrscher Friedrich III. wurde 1701 König und nannte sich seitdem Friedrich I. Sein Sohn und Nachfolger Friedrich Wilhelm I. begann, die preußischen Staaten administrativ zu vereinheitlichen und finanziell wie militärisch neu aufzustellen. Sein Sohn und Nachfolger Friedrich II. empfand den Rechts- und Friedensrahmen des Reiches als zu eng. Er nutzte Armee und Staatsschatz seines Vaters, um Preußen in die erste Reihe der europäischen Staaten zu befördern. In drei Kriegen sicherte sich Preußen die reiche habsburgische Provinz Schlesien. Das war ein klarer Rechtsbruch und bedeutete nichts Gutes für die vielen Kleinen im Reich. Wenn schon das Habsburgerreich vor dem Ehrgeiz und dem Machthunger der Mittelmächtigen nicht mehr sicher war, wie sollten sich dann erst Zell am Hamersbach, die Reichsabtei Werden und das Bistum Münster vor dem Zugriff der Mächtigen schützen? Wenige Jahrzehnte später teilten Preußen, das Habsburgerreich und Russland das traditionsreiche Königreich Polen unter sich auf. Es verschwand einfach von der Landkarte, weil die Mächtigen sich an einen Tisch setzten und ihre Probleme lösten. Die Kleinen wurden nicht gefragt.

Nicht nur militärisch, sondern auch wirtschaftlich, politisch und kulturell strebte der preußische König Friedrich II. Ebenbürtigkeit mit den Habsburgern und damit einen Rang in der ersten Reihe Europas an. Dass vieles noch unfertig wirkte, haben die Berliner Reiseberichte und der Brief des Pariser Agenten eben gezeigt. Aber Preußen war in seinem Aufstieg auch ein Phänomen: geschichtslos und daher auch rücksichtslos, modern, aufs Ganze gehend. Der letzte und entscheidende der drei schlesischen Kriege war zugleich der Siebenjährige Krieg (1756–1763), in dem Friedrich II. – welthistorisch betrachtet – die Geschäfte Englands auf dem Kontinent besorgte. Denn gestützt nur von Hilfsgeldern aus Großbritannien – das zeitgleich den «French and Indian War» führte, wie wir im Kapitel «Amerika!» gesehen haben –, trat der preußische König den Heeren Russlands, des Kaisers und des

Das Heilige Römische Reich 1789

O s t s e e

Rügen
Stralsund
r-
n e r n

Kolberg

Bütow

(bis 1793 poln.)
Danzig
Elbing Ermland

KGR. PREUSSEN

Ostpreußen

Westpreußen
(bis 1772 poln.)

Marienwerder

e r i n
Stettin
Neustrelitz

Stargard

Bromberg

Netze

Oder

Thorn
(bis 1793 poln.)

Bug

sm. Brandenburg

■ Berlin

Frankfurt

Schwiebus

Gnesen

Posen

KGR. POLEN

Płock

Warschau

tenberg

Cottbus

Glogau

Kalisch

Weichsel

Torgau
fsm. Sachsen

Görlitz

Schlesien

Breslau

Schweidnitz

Petrikau

Tschenstochau

Kielce

ißen

Dresden

Leitmeritz

Königgrätz

Eger

Elbe

Neiße Neiße
Glatz

Oder

Cosel

Beuthen

Österr.-
Schlesien

Troppau

Teschen

Krakau

GALIZIEN
(bis 1772 poln.)

Weichsel

KGR. BÖHMEN

Prag

Pilsen

Moldau

Olmütz

Mgft. Mähren

Brünn

March

Trentschin

Kremnitz

Schemnitz

Neumarkt

Waag

Leutschau

Neudorf

ell

Budweis

Hst.
Passau
sm. Passau
rn

Erzhzm. Österreich

Linz

ob der Enns

unter der Enns

Wien ■

Preßburg

Gran

Donau

Gran
Ofen ● Pest

Erlau

Salzburg

Neusiedler See

Raab

Salzburg

Hzm. Steiermark

Neumarkt

Graz

Steinamanger

KGR. UNGARN

Hzm. Kärnten

Klagenfurt

Marburg

Drau

Mur

Plattensee

Fünfkirchen

Theiß

ine

Görz

Laibach

Save

Agram

Hzm. Krain

Triest

Adria

uileja

Esseg

Peterwardein

0   50   100 km

Reiches sowie Frankreichs entgegen. Am Ende erzielte er ein ehren-
volles Unentschieden. Dass der Krieg allein in Europa 500 000 Tote
gefordert hat, ist die Kehrseite des preußischen Erfolgs.

Aus der Atlantischen Revolution, die wir im Kapitel «Cap Français»
verfolgt haben, ging Preußen gestärkt hervor. Warum? Das Alte Reich
war Napoleon nicht gewachsen und ging unter. Die Kleinen des Reiches wurden konsequenterweise von den Großen gefressen. Reichsritterschaften, Reichsstädte und Reichsabteien wurden Teile größerer
Einheiten. Zell am Hamersbach wurde badisch. Werden bei Essen und
Münster in Westfalen wurden preußisch, weil Preußen Westfalen und
das Rheinland insgesamt bekam, um das unruhige Frankreich von
Norden her in Schach halten zu können.

Die Nachfolge des Alten Reiches trat 1815 der Deutsche Bund an.
Das habsburgische Österreich war seine Vormacht, doch Preußen war
nun beinahe gleich wichtig. Neben den beiden Großen gehörten sieben mittlere Staaten dem Bund an: Bayern, Sachsen, Hannover, Würt-
temberg, Baden, Hessen-Darmstadt und Kurhessen. Daneben hatten
sich immerhin dreißig Kleine mit Glück und Geschick durch die Wirren der Revolutionszeit gerettet: Schwarzburg-Rudolstadt und Schwarz-
burg-Sondershausen in Thüringen waren darunter, Anhalt-Köthen,
Anhalt-Dessau und Anhalt-Bernburg im heutigen Sachsen-Anhalt,
aber auch die freien Reichsstädte Bremen, Frankfurt, Hamburg und
Lübeck. Die Mitgliedsstaaten des Deutschen Bundes blieben souverän.
Preußen und Österreich verfügten weiterhin über große Territorien,
die nicht zum Reich gehörten. Umgekehrt waren die Könige Englands,
Dänemarks und der Niederlande Mitglieder des Deutschen Bundes,
weil sie die Mitgliedsstaaten Hannover, Holstein und Lauenburg sowie
Luxemburg und Limburg beherrschten.

Der Bund stand vor großen Herausforderungen. Die Atlantische
Revolution hatte die nationale, die demokratische und die soziale Frage
auf die Tagesordnung gesetzt, und alle drei Fragen hingen zusammen.
Die Idee der «Nation» hatte sich in den Napoleonischen Kriegen als
enorm erfolgreiches Instrument zur Mobilisierung der Bevölkerungen

und als gute Propagandawaffe erwiesen. Was aber sollte die Nation sein? Nicht nur von einer deutschen oder französischen, auch von einer österreichischen, preußischen, badischen oder bayerischen Nation war die Rede. In den Gebieten, die die Habsburger den Osmanen oder Polen abgenommen hatten, meldeten sich kroatische, ungarische, tschechische, polnische Nationalismen. Wahrscheinlich haben Menschen kaum Probleme damit gehabt, sich gleichzeitig als stolze Bewohner von Zell am Hamersbach, als Badener und als Deutsche zu fühlen. Aber das Bekenntnis zur Nation war nicht folgenlos. Nach außen grenzte und wertete es oft auch ab. Das konnte Konflikte zur Folge haben. Nach innen ebnete das Bekenntnis ein. Weil Menschen der Nation als Menschen angehörten, konnten sie politische Vertretung durch Wahlen fordern und nach der Legitimation des Herrschers fragen. Sie konnten auch fragen, wie viel soziale Ungleichheit sich mit dem Gemeinschaftsgedanken der Nation vertrug. Waren nicht alle in gleicher Weise Zeller, Badener oder Deutsche?

Die demokratische Frage wurde drängender, weil sie von Studenten und Intellektuellen einerseits, von gestandenen Kaufleuten und einflussreichen Industriellen andererseits immer lauter formuliert wurde – gegen die Vormacht des Adels und des Militärs, deren Zeit vorbei schien. Die soziale Frage wurde drängender, weil Revolutionen und Reformen in vielen deutschen Staaten den Wirtschaftsliberalismus gestärkt hatten. Der Boden wurde zur Ware. Die kollektiv genutzten Ackerflächen wurden privatisiert. In vielen Städten wurde Gewerbefreiheit durchgesetzt. Das entfesselte die Marktkräfte, nahm aber auch vielen kleinen Leuten das bisschen soziale Sicherheit, das sie in gemeinschaftlich verfassten Dörfern, Handwerkszünften oder Großhaushalten gehabt hatten. Parallel wuchs seit der Mitte des 18. Jahrhunderts die Bevölkerung, zunächst gleichmäßig in Stadt und Land, bevor nach 1850 das Städtewachstum sich beschleunigte und die Welt der Bauern zurückblieb. In den Dörfern lebten viele kleine Leute vom Nebengewerbe: Webstühle, Spinnräder, Werkzeug zur Herstellung von Spielwaren standen in Häusern und Hütten. Doch diese Produktions-

zweige bekamen ab den 1830er Jahren die Konkurrenz der anlaufenden
Industrialisierung zu spüren. Soziales Elend auf dem Land war die
Folge. Im schlesischen Weberaufstand rebellierten 1844 Familienväter,
die nicht länger ertragen wollten, dass ihre Familien bei angestreng-
tester Arbeit auch von Frauen und Kindern kaum genug zum Leben
hatten.

Im Februar 1848 brach in Paris zum dritten Mal in sechzig Jahren
die Revolution aus. Anders aber als 1789 oder 1830 griff sie diesmal
sofort auf Deutschland über, und zwar in charakteristisch gebroche-
ner Weise. Sie war eine soziale Revolution der kleinen Leute in den
Städten und auf dem Land. Die wollten Gerechtigkeit, Linderung der
Not und Rechtsgleichheit. Sie war eine Revolution der Bürger. Die
wollten Mitsprache in politischen Dingen und einen parlamentarisch
unterfütterten Staat für die deutsche Nation im Ganzen. Sie war eine
Ansammlung regionaler Revolutionen: Baden, Frankfurt, Schwarzburg-Rudolstadt, Wien und Berlin hatten unterschiedliche Revolu-
tionsgeschichten.

In Berlin und Wien war die Revolution besonders gewaltsam. Hier
flammten revolutionäre Kämpfe wiederholt auf, und letztlich wurde
die Revolution in Wien wie in Berlin verloren. Das Habsburgerreich
und Preußen waren die einzigen Staaten des Deutschen Bundes, die
keine Verfassungen hatten. Deshalb war der revolutionäre Bruch hier
besonders stark, deshalb auch war es schwieriger, die revolutionäre
Bewegung zu kanalisieren. In beiden Städten gab es eine breite Schicht
unruhiger kleiner Leute. Für die Regierungen in Berlin und Wien
stand viel auf dem Spiel: Es war völlig unklar, wie die Vormachtstellun-
gen des Deutschen Bundes in den deutschen Nationalstaat passen sollten, den die bürgerlichen Revolutionäre anstrebten. Das Habsburgerreich geriet zusätzlich durch nationale Revolutionsbewegungen vor
allem in Norditalien und Ungarn in Schwierigkeiten. Würde das Reich
zerfallen, wenn man die nationalen Wünsche der Italiener, Ungarn
und Deutschen akzeptierte? Die deutsche Nationalversammlung, das
revolutionäre Nationalparlament, tagte in Frankfurt am Main. Dort

hatte bislang der Gesandtenkongress des Deutschen Bundes getagt, an dessen Stelle sich Parlament und Regierung setzen wollten. Aber würden Wien und Berlin sich einfach vom Revolutionsparlament beiseitedrängen lassen?

Die Revolution von 1848 ist im Ganzen gescheitert. Der deutsche Nationalstaat ist damals nicht entstanden, der italienische und ungarische ebenfalls nicht. In Frankreich wurde die soziale Revolution im Sommer 1848 in Paris blutig niedergeschlagen, dafür nahm man tausende Tote in Kauf. Die politische Revolution mündete binnen dreier Jahre in das Kaisertum Napoleons III., eines Neffen des großen Napoleon, der Europa zwischen 1796 und 1815 in Atem gehalten hatte. In Preußen, Österreich und den deutschen Mittel- und Kleinstaaten kehrten die Monarchen in Hauptstädte und Schlösser zurück, die manche von ihnen in den revolutionären Hochphasen verlassen hatten. In Frankfurt tagte wieder der Gesandtenkongress des Deutschen Bundes, nachdem die revolutionäre deutsche Nationalversammlung im Frühjahr 1849 unter dem Druck der wiedererstarkten Regierungen der Einzelstaaten zerbrochen war.

Bismarck und das deutsche Kaiserreich

Doch die Revolution blieb nicht ohne Folgen. Die kurze Blüte von Zeitungen, Zeitschriften, Flugblättern und Pamphleten, von Vereinen und Verbänden hatte viele Menschen in West- und Mitteleuropa politisch sensibilisiert. Parteiungen hatten den Grundstein für spätere Parteien gelegt, von den Konservativen über die Liberalen bis zu den Demokraten, aus deren Mitte sich später die Sozialisten entwickelten. Religiöse und soziale Organisationen (der Katholiken, der Protestanten, der Landwirte etc.) wollten politisch mitreden – in vielen europäischen Ländern gab es am Jahrhundertende konfessionelle, landwirtschaftliche oder Arbeiterparteien. Die nationale Frage stand auf der Tagesordnung. Vor allem im deutsch geprägten Mitteleuropa war ihre Bedeutung unübersehbar – aber es war völlig unklar, wie sie gelöst werden sollte. Die Wiederbelebung des Deutschen Bundes überzeugte niemanden. Was aber waren die Alternativen? Ein demokratisches Reich unter Ausschaltung der regionalen Könige, Fürsten und Herren – von Preußen bis Schwarzburg-Rudolstadt? Das wäre nur mit einer neuen sozialen Volksrevolution möglich gewesen, gegen die etablierten Gewalten und ihre Militärs. Sehr blutig wäre das geworden, und das Ergebnis wahrscheinlich für Bürger und Bauern unerträglich. Außerdem: Wie weit hätte diese Revolution reichen sollen? Der Nationaldichter Ernst Moritz Arndt sah deutsches Vaterland, «so weit die deutsche Zunge klingt» – aber das war ungenau. Weite Teile Mittel- und Südeuropas waren mehrsprachig, nicht nur, weil es deutsche Dörfer neben ungarischen, kroatischen, italienischen oder russischen Dörfern gab, sondern auch, weil viele Menschen mehrsprachig waren und mit dem Gedanken, einer Nation anzugehören, wenig anfangen konnten. Sollten sie alle zum Deutschsein bekehrt werden?

Die Lösung, die zwischen 1866 und 1871 gefunden wurde, war die militärisch erzwungene Teilung der deutschen Nation: Preußen bildete ein «Deutsches Reich», das vorgab, Nachfolger des Heiligen Römischen Reiches Deutscher Nation zu sein. Doch die Nachfahren des angestammten Herrscherhauses der Habsburger waren mitsamt ihrer Reichsmetropole Wien gar nicht Teil des neuen Staates. Das Habsburgerreich schied nach dem verlorenen Krieg gegen Preußen 1866 aus der Nation aus. Die Deutschen der Habsburgermonarchie wurden zur Minderheit im eigenen Reich. Um die Situation beherrschbar zu machen, einigten sie sich mit den Ungarn, deren nationale Revolution sie 1848/49 noch bitter bekämpft hatten, auf eine Teilung der Macht: Österreich-Ungarn wurde geboren. Die beiden Hauptnationen versuchten in den folgenden Jahrzehnten, die Völker ihrer Reichsteile dazu zu bewegen, den Führungsanspruch der Deutschen beziehungsweise Ungarn hinzunehmen. Das gelang nicht besonders gut, immerhin aber blieb es in der Doppelmonarchie ruhig. Kaiser Franz

Joseph I. mit seiner sagenhaft langen Regierungszeit von 1848 bis 1916 sowie das gemeinsame Militär bildeten Symbole der Einheit in einem sehr vielgestaltigen Staatswesen. Es war äußerst schwierig, in Zeiten des aufstrebenden Nationalismus einen Ausgleich zwischen den vielen «Völkern» zu finden. Hinzu kam, dass sehr viele Einwohner mehrere Sprachen beherrschten und wahrscheinlich nicht gewusst hätten, welchem «Volk» sie sich zuordnen sollen. Außerdem siedelten viele der ethnischen Gruppen zu wesentlichen Teilen außerhalb des Habsburgerreiches (die Deutschen in Deutschland, die Polen in Russland und Deutschland, die Italiener in Italien etc.).

Erstaunlicherweise hat das Habsburgerreich bis 1914 überlebt und danach auch noch einen vierjährigen Weltkrieg einigermaßen geschlossen durchgekämpft. Erst 1918 brach es erschöpft auseinander. Einige der Nationen konnten Nationalstaaten bilden: Polen, Ungarn, Rumänien. Neue Nationengemeinschaften entstanden: die Tschechoslowakei vereinigte die Tschechen und Slowaken, Jugoslawien wurde zum Staat der Serben, Kroaten und Slowenen. Andere Ethnien und Gemeinschaften wurden nicht als Nationen anerkannt. Sie mussten sich neuen Herren zuordnen. Viele Menschen mussten endgültig und trotz Mehrsprachigkeit entscheiden, ob sie Kroaten, Serben, Ungarn, Ukrainer oder Polen sein wollten. Die Deutschen des Habsburgerreiches stellten bei den Siegermächten den Antrag, zukünftig (wieder) zum Deutschen Reich gehören zu dürfen. Nachdem das Vielvölkerreich zerfallen war, schien dies die vernünftigste Lösung zu sein. Doch die Siegermächte lehnten ab, weil sie das Deutsche Reich nicht stärken wollten. So wurde Österreich geboren.

Weiter nördlich war nach 1866 zunächst der Norddeutsche Bund und dann, in der nationalen Aufwallung des preußischen Krieges gegen Frankreich, das Deutsche Reich entstanden. Seine Hauptstadt war nicht eine der alten Kaiser- und Herrschaftsstädte wie Frankfurt, Regensburg oder Aachen, sondern der Newcomer Berlin im sandigen Nirgendwo des deutschen Nordostens. Aus dem preußischen König Wilhelm I. wurde 1871 der erste deutsche Kaiser. Ihn umgaben nicht mehr traditionsreiche west- und süddeutsche Adelsfamilien, sondern Angehörige des preußischen Militäradels.

Die dominierende politische Figur des neuen Reiches war Otto von Bismarck, «der schärfste und letzte Bolzen der Reaktion von Gottes Gnaden», wie eine liberale Zeitung schrieb. Seine Winkelzüge irritierten alle. Bismarck hatte das liberale preußische Parlament bekämpft und sich gleichzeitig politisch und militärisch in nationaler Sache engagiert – eine für Liberale wie Konservative ebenso überraschende wie verwirrende Kombination. Nach seinen Erfolgen im Deutsch-Dänischen (1864) und im Preußisch-Deutschen Krieg (1866) hatten sich immer mehr Liberale entschieden, für ihr Projekt einer Reichsgründung mit Bismarck zusammenzuarbeiten. Um die liberale Ausgestaltung wollte man sich später kümmern. Gleichzeitig hatten sich traditionsbewusste Konservative von Bismarck abgewandt, den sie als Revolutionär empfanden. Das deutsche Kaiserreich von 1871 war daher ein merkwürdiges Zwischenwesen: Es hatte das liberalste Wahlrecht Europas (Allgemeines Männerwahlrecht), aber das Parlament konnte die Regierung nicht bestimmen. Der Ministerpräsident war nicht ihm, sondern nur seinem Kaiser verantwortlich. Die Verfassung war kaum mehr als ein karger Rahmen, der nun ausgefüllt werden musste. Die Nationalliberalen machten sich mit Feuereifer an die Arbeit, sorgten für eine einheitliche liberale Wirtschaftsverfassung, für mehr Rechtsstaatlichkeit, für mehr Selbstverwaltung in den Kommunen. Gemeinsam mit Bismarck betrieben sie den Kulturkampf, der die katholische Kirche für das Reich gefügig machen sollte.

Für Europa bedeutete die deutsche Nationaleinigung einen tiefen Einschnitt. Sicher, auch die italienischen Staaten waren zwischen 1859 und 1871 zu einem Nationalstaat geworden. In den kommenden Jahren würde der Nationalgedanke auch auf dem Balkan zu staatlichen Neubildungen und in den Großreichen Russland und Österreich-Ungarn zu Schwierigkeiten führen. Insofern war es nicht überraschend, dass auch die Deutschen einen Nationalstaat wollten. Doch im Ergebnis war aus dem seit dem 17. Jahrhundert passiven Raum in der Mitte

Europas wieder ein potenziell aggressives Machtzentrum geworden. Eine wirtschaftliche, militärische und politische Machtmaschine, mit einem siegesgewohnten Heer und einem selbstbewussten Kanzler. Frankreich war im Krieg von 1870/71 gedemütigt worden. Elsass-Lothringen war zu Deutschland gekommen. Großbritannien machte deutlich, dass es weitere Machtdemonstrationen nicht dulden werde. Mitte der 1870er Jahre steuerte Bismarck daher außenpolitisch von Expansion auf Beharrung um. Der Kriegs- und Gewaltkanzler gab sich nun als ehrlicher Makler Europas, der keine eigenen Interessen verfolgte, sondern den Frieden für den Kontinent bewahren wollte. Dafür verzichtete er auf eine deutsche Beteiligung an der Aufteilung der Welt im Zeitalter des Imperialismus, die wir am Ende des Kapitels «Hokkaido» verfolgt haben. Infolgedessen blieb das deutsche Kolonialreich klein: Togo und Kamerun im Westen Afrikas gehörten dazu, Namibia im Südwesten und das heutige Tansania im Osten Afrikas. Hinzu kamen Inseln und Inselteile in der Südsee. Das war wenig bedeutender Streubesitz, jedenfalls verglichen mit den riesigen Flächen des verfeindeten Nachbarn Frankreich in Afrika, von Großbritannien gar nicht zu reden. Innenpolitisch verabschiedete sich Bismarck von den Liberalen, unter dem Eindruck einer schweren Wirtschafts- und auch Agrarkrise und auch, weil der gemeinsame Kulturkampf weitgehend gescheitert war. Gestützt auf das Vertrauen seines Kaisers, suchte er neue Verbündete bei den Konservativen, dem katholischen Zentrum und regierungsnahen Liberalen. An die Stelle des Kampfes gegen die Katholiken trat der Kampf gegen die Sozialdemokratie. Die liberale Partei zerbrach unter dem Bismarck'schen Druck. Insofern ist das liberale Projekt Reichsgründung unvollendet geblieben. Doch seine Folgen waren enorm, wie sich um die Jahrhundertwende zeigen sollte.

Laboratorium der Moderne

Berlin, der Newcomer des 18. Jahrhunderts, verkörperte um 1900 die moderne Zeit, ähnlich wie London und New York. Es war hell, schnell, laut, dreckig und voller Baustellen. Berlin sei, schrieb Mark Twain 1892, «eine neue Stadt, die neueste, die ich je gesehen habe ... Die Hauptmasse der Stadt macht den Eindruck, als sei sie vorige Woche erbaut worden.» Berlins Bevölkerung hatte sich zwischen 1871 und 1905 mehr als verdoppelt und betrug nun gut zwei Millionen. Vorstädte wie Charlottenburg, Lichtenberg, Rixdorf/Neukölln, Schöneberg und Wilmersdorf waren in rasender Geschwindigkeit zu Großstädten mit mehr als 100 000 Einwohnern geworden. Erst 1920 wurden sie mit der Kernstadt zu Groß-Berlin vereinigt, das dann 3,9 Millionen Einwohner hatte.

Berlin war nicht nur die Hauptstadt des Reiches und seines größten Bundesstaates Preußen, der Sitz des kaiserlichen Hofes, seiner Regierung und der Verwaltung. Hier saßen auch AEG und Siemens, die das Produkt der Industriemoderne um 1900 schlechthin verkörperten: Elektrizität. Elektrische Straßenbahnen revolutionierten den Verkehr, elektrisches Licht machte in den Städten die Nacht zum Tage, Elektrizität machte Motoren unabhängig von Dampfmaschinen. Elektrizität war einer der drei Leitsektoren der dritten Welle der Industriellen Revolution, neben Chemie und Maschinenbau. Auch die mit mehr als 10 000 Beschäftigten (1907) größte Maschinenbaufirma Deutschlands, Borsig, hatte hier ihren Sitz. Wie schon um 1800 stand Berlin für traditionslose Modernität. Doch die Dynamik ging nicht mehr vom Herrscher aus. Kaiser Wilhelm II. war um 1900 noch jung, voller Tatendrang, fasziniert von Technik, Autos und Uniformen, aber oft ohne rechtes Ziel. Er verkörperte zwar die Unruhe der Hauptstadt, aber er verursachte sie nicht. Im Gegenteil: Die Dynamik von Wirtschaft und Gesellschaft setzte Politik, Herrschaft und Kultur unter Druck. Und das galt nicht nur für die Hauptstadt. Denn Berlin war zwar besonders, aber nicht einzigartig.

Deutschland insgesamt hatte seit Mitte des Jahrhunderts und dann mit verstärkter Geschwindigkeit seit den frühen 1890er Jahren den Weg vom Agrar- zum Industriestaat angetreten. Die industrielle Produktion hatte sich zwischen 1870 und 1913 versechsfacht. Nur noch ein Drittel der Erwerbstätigen arbeitete 1913 in der Landwirtschaft. In Industrie, Bauwesen und Handwerk hingegen waren mittlerweile 37,8 Prozent beschäftigt. Mit den Industrien wuchsen die Städte: 1871 hatte es acht Städte mit mehr als 100 000 Einwohnern in Deutschland gegeben, 1920 waren es achtundvierzig. Das junge Reich war ein Agrarstaat mit Industrialisierungsinseln gewesen, nun galten das östliche Preußen, das ländliche Bayern, die Eifel und der Hunsrück als rückständig und drohten von Wirtschaftswachstum und intellektueller Entwicklung der Städte abgehängt zu werden. Ländliche Regionen verloren an Bevölkerung. Der Arbeitskräftehunger der Industrie und die Faszination der neuen Städte ließen auch die Auswanderungswellen von Deutschen nach Nordamerika abebben. Das Reich wurde selbst Einwanderungsland: Aus Galizien und dem Westen des Russischen Reiches kamen Polen als Saisonarbeiter auf die Felder oder als Bergleute ins Ruhrgebiet. Italiener verdingten sich in Süd- und Südwestdeutschland.

Natürlich waren die Städte kein Paradies. Die Wohnungen waren oft klein und überbelegt. Im Berliner Wedding hatten 55 Prozent nur ein Zimmer. 1910 gab es noch 20 000 Kellerwohnungen in der Hauptstadt. Die Arbeitszeiten waren lang, die Arbeitsbedingungen ungesund. Sicherheit vor Krankheit und Unfall gab es erst Schritt für Schritt mit den Sozialversicherungsgesetzen der 1880er Jahre. Aber für die meisten Zuwanderer war das Leben immerhin besser als in ihren Hütten oder in Kammern über Pferdeställen auf dem Land. Außerdem verbesserten sich die Lebensbedingungen der Arbeiter seit den 1890er Jahren erheblich. Noch größere Wohlstandsgewinne verzeichneten freilich diejenigen, denen Industriebetriebe gehörten oder die dort neuerdings als Manager angestellt waren. Zwischen Arm und Reich wurden die Unterschiede eher größer.

Wie wir im Kapitel «Amerika!» gesehen haben, gab es Industrialisierung natürlich nicht nur in Deutschland. Deutschland war jedoch speziell: spät, aber schnell. Es hatte die Rolle des «Laboratoriums der Moderne» von Großbritannien übernommen. Das galt im Wortsinne, denn die neuen Industriesektoren Chemie, Elektro- und Maschinenbau brauchten Fachkräfte und Ideen: Universitäten, Technische Universitäten und Hochschulen boomten, Großforschungseinrichtungen entstanden. In den Jahren 1901 bis 1914 gingen vier Nobelpreise für Literatur nach Deutschland, fünf für Chemie, fünf für Physik und vier für Medizin. Es galt auch im übertragenen Sinn, denn in Berlin und andernorts wurde das Neue ausprobiert, ausgereizt, ausgehalten und ausdiskutiert. Literatur, Musik und bildende Kunst verließen die gewohnten Wege. Immer neue künstlerische und philosophische Strömungen versuchten sich an einer neuen Sicht auf die flüchtige Welt. Gleichzeitig begann der Aufstieg einer neuen Massenkultur: 1914 gab es 2450 Kinos in Deutschland mit insgesamt einer Million Sitzplätzen. Fußballspiele, Boxkämpfe und Radrennen wurden zu Großereignissen. Gegen die Avantgarden und gegen die Massenkultur richtete sich die konservative Kritik: Über die ungesunden Städte, die zunehmenden Laster, den abnehmenden Kirchgang und die rückläufige Geburtenzahl wurde geklagt, der Niedergang des Reiches beschworen.

Eine Reihe von Intellektuellen sah in den Juden die Verkörperung aller Gefahren der Moderne: sie seien ohne Vaterland, ohne Grund und Boden, ohne eigentliche Überzeugung und könnten genau deswegen alle Lebensbereiche durchdringen. Das war natürlich Unsinn. Aber es gab einen Markt für Menschen, die einfache Erklärungen und Sündenböcke für die Unsicherheiten dieser Zeit anboten.

Die deutsche Politik hatte große Schwierigkeiten, das Laboratorium der Moderne zu beherrschen. Reichsteilung und preußische Reichsgründung von 1866 und 1871 waren in spannungsvoller Zusammenarbeit zwischen Bismarck und den Liberalen erfolgt. Die Reichsverfassung hatte viele Entscheidungen auf die Zukunft verschoben. Militärs, preußische Großgrundbesitzer, wirtschaftsliberale Industrielle und nationalliberale Bürger hatten unter dieser Zukunft ganz Unterschiedliches verstanden. Im Reichstag wurden nun die unterschiedlichsten, oft unversöhnlichen Zukunftsentwürfe debattiert. Eine Verpflichtung, sich zu einigen, gab es nicht, denn das Parlament war an der Regierungsbildung nicht beteiligt. Der Reichskanzler wurde vom Kaiser ernannt und suchte sich Mehrheiten von Fall zu Fall. Mehrfach löste der Kaiser, meist auf Wunsch des Kanzlers, das Parlament auf, wenn es sich unbotmäßig zeigte. Viele Zeitungen, bald mit hohen Auflagen und eifriger Leserschaft, trugen die politischen Ideen und Konflikte bis in die Arbeiterwohnungen des Ruhrgebiets und die mecklenburgischen Tagelöhnerhäuschen hinein.

Nach der Thronbesteigung des jungen Kaisers Wilhelm II. 1888, der Entlassung des mittlerweile greisen Reichskanzlers Bismarck 1890 und der Durchsetzung der industriellen Hochmoderne um 1900 veränderte eine neue Art von Massenpolitik die Szene in Berlin. Im politisch linken Spektrum etablierten sich die Sozialdemokraten. Bismarck hatte sie mit dem Sozialistengesetz nicht vernichten können. Obwohl die etablierten Parteien sie konsequent ausgegrenzt und allerlei Tricks bei Reichstagswahlen angewendet hatten, wurden sie 1912 zur stärksten Fraktion im Reichstag. Politisch rechts setzten nationale und wirtschaftliche Interessenverbände mit Massenanhang die konservativen Parteien unter Druck. Dazwischen verloren die verschiedenen liberalen Parteien immer mehr an Stimmen. Für den Reichskanzler wurde es zunehmend schwieriger, Mehrheiten zu organisieren. Am linken wie am rechten Rand des politischen Spektrums wurde das politische System im Ganzen abgelehnt: sozialistische Revolution beziehungsweise antiparlamentarischer Putsch als ganz grundsätzliche Alternative zum täglichen Durchwursteln!

Quer durch das politische Spektrum aber wuchs der Stolz auf die Nation, auf das seit der Reichsgründung Erreichte. Selbst in der Sozialdemokratie waren viele der Ansicht, dass der wirtschaftliche Erfolg

und die kulturellen Höchstleistungen in der Weltpolitik nicht angemessen sichtbar würden. Bismarcks weltpolitische Zurückhaltung erschien nicht mehr zeitgemäß. Nationale Größe war eines der wenigen
Themen, die breite Mehrheiten im Reichstag und im Land erzeugen
konnten. 1897 verkündete Reichskanzler Bernhard von Bülow unter
lautem Beifall im Reichstag:

*Die Zeiten, wo der Deutsche dem einen seiner Nachbarn die Erde über-
ließ, dem anderen das Meer und sich selbst den Himmel reservierte, wo
die reine Doktrin thront – diese Zeiten sind vorüber … Wir wollen niemand in den Schatten stellen, aber wir verlangen auch unseren Platz an
der Sonne.*

Doch die Welt war bereits aufgeteilt. Ehrgeizige deutsche Bestrebun-
gen konnten nur noch auf Kosten anderer Europäer gehen. Deutschland baute eine Schlachtflotte. Großbritannien, von den USA und
Deutschland mittlerweile überholte Industriemacht, aber noch Herr-
scherin der Weltmeere und Zentrum des weitaus größten Empires
der Erde, sollte kooperieren und möglicherweise bald teilen lernen.
Die Flotte war populär. Der Kaiser hielt begeisternde Reden. Jungen
trugen Matrosenanzüge. Der Deutsche Flottenverein hatte mehr als
eine Million Mitglieder.

Seit den späten 1890er Jahren kriselte es in der europäischen Politik.
Immer wieder zeigte sich die Spannung zwischen dem bestehenden
internationalen Mächtesystem und der sich verändernden Bedeutung
der zugeordneten Staaten. Meistens war Deutschland der Unruhe-
stifter, weil seine Politiker nach Möglichkeiten suchten, ihre Macht
auszuweiten, und dabei von den Nationalisten im Innern unterstützt,
ja vorwärtsgetrieben wurden. Immer wieder gelang es, in Konferenzen
und Krisentreffen einen Ausgleich zu finden. Glaubte man dem britischen Publizisten Norman Angell, war das kein Zufall. Die internationalen Verflechtungen, schrieb er 1910, seien so stark geworden, dass
niemand sich einen Krieg leisten könne – «kleinere» Konflikte wie den

Russisch-Japanischen Krieg oder koloniale Massaker der Europäer ausgenommen. Der Präsident der Stanford University, David Starr Jordan,
pflichtete noch 1913 bei:

> *Der große Krieg in Europa, der ewig droht, wird nie kommen. Die Ban-*
> *kiers werden nicht das Geld für solch einen Krieg auftreiben, die Industrie*
> *wird ihn nicht in Gang halten, die Staatsmänner können es nicht. Es wird*
> *keinen großen Krieg geben.*

Er sollte sich irren.

Weltkriege und Bürgerkriege, 1912 bis 1945

Gut dreißig Jahre später war Berlin zerstört. Wolfgang Leonhard, der
am 2. Mai 1945 als vierundzwanzigjähriger Jungfunktionär aus Moskau
kam, erinnert sich:

> *Es war ein infernalisches Bild … Brände, Trümmer, umherirrende hung-*
> *rige Menschen in zerfetzten Kleidern. … Lange Reihen von Menschen, die*
> *geduldig vor Pumpen standen, um einen Eimer Wasser zu erhalten. Alle*
> *sahen schrecklich müde, hungrig, abgespannt und zerfetzt aus.*

In der Berliner Innenstadt war mehr als die Hälfte des Wohnraums
zerstört. Die Versorgungs- und Verkehrseinrichtungen funktionierten
nicht mehr: kein Wasser, kein Gas, keine Elektrizität, keine Zeitungen,
kein Rundfunk, keine Postzustellung. Luftangriffe, Kriegshandlungen
am Boden und Selbstzerstörung durch fanatische Nazis waren der
Grund dafür.

Wieder einmal war Berlin kein Einzelfall. Zwischen Leningrad,
Moskau und Stalingrad auf der einen und der Bretagne und der Nor-
mandie auf der anderen Seite Europas hatte der Zweite Weltkrieg Tod

und Zerstörung hinterlassen. Ehrwürdige Städte wie Warschau, Königsberg oder Köln lagen in Trümmern. London und andere britische Städte hatten unter deutschen Luftangriffen gelitten. Aber der Krieg war nicht in Europa geblieben: Wenige Wochen später löschten in Japan zwei US-amerikanische Atombomben Hiroshima und Nagasaki aus, wie wir im Kapitel «Hokkaido» gesehen haben. Das war das Ende des Pazifikkriegs, der in eine riesige Region vom heutigen Myanmar bis nach Hawaii, von der Mandschurei bis nach Neuguinea und Nordaustralien Zerstörung und Tod gebracht hatte. Auch wenn Zahlenangaben schwierig sind, haben wahrscheinlich mehr als 60 Millionen Menschen während des Zweiten Weltkriegs ihr Leben verloren. Weitere rund 20 Millionen Menschen sind vertrieben oder verschleppt worden.

Doch 1945 war nur das schlimme Ende einer langen Zeit der Kriege und Katastrophen, die im Jahr der optimistischen Prognose von David Starr Jordan bereits begonnen hatte. Die jungen Nationen Südosteuropas hatten 1912 die osmanische Herrschaft kriegerisch abgeschüttelt (Erster Balkankrieg) und waren direkt danach in einen Konflikt über die Beute geraten (Zweiter Balkankrieg). Beide Kriege wurden mit großer Härte geführt, die Zivilbevölkerung wurde nicht geschont. Um neue Grenzen zu legitimieren, gab es Vertreibungen, die zum traurigen Kennzeichen der nächsten dreißig Jahre in Europa werden sollten. Der Erste Weltkrieg begann 1914 als eine Art dritter Balkankrieg, griff sofort auf ganz Europa über und war bald ein Weltkrieg. Gekämpft wurde nämlich auch in den europäischen Kolonien. Außerdem wurden Kolonialsoldaten in Europa eingesetzt. Die Zahl der Opfer betrug knapp 9 Millionen unter den Militärs und knapp 6 Millionen in der Zivilbevölkerung. In Westeuropa kehrte nach der Kapitulation der Mittelmächte Deutschland und Österreich-Ungarn Frieden ein. In Deutschland wechselten sich bis 1923 Friedensphasen mit bürgerkriegsähnlichen Zuständen ab. In Russland tobte ein Bürgerkrieg mit wahrscheinlich 7 bis 8 Millionen Toten. In Südosteuropa und Kleinasien war das Auseinanderbrechen des Osmanischen Reiches bis 1922 von brutalen Bürger-

kriegen mit einer Vielzahl von Parteien und Fronten begleitet. Deutschland und die neuen Staaten Ostmitteleuropas, die großenteils aus der
Konkursmasse des zerbrochenen Habsburgerreichs stammten, wurden
demokratisch und meistens Republiken (die deutsche Variante war die
«Weimarer Republik» 1918 bis 1933). Doch sie blieben instabil. Bis Mitte
der 1930er Jahre waren die meisten Republiken zu autoritären oder
faschistischen Regimen übergegangen, die die Gewalt nun von oben
ins Innere der Gesellschaft trugen. In Spanien brach 1936 ein Bürgerkrieg aus, der das Land verwüstete und bis 1940 knapp 300 000 Tote
forderte.

Wie konnte das passieren? Warum zerstörte Europa in der ersten
Hälfte des 20. Jahrhunderts sich selbst, nachdem es im 19. Jahrhundert
die Welt wie nie zuvor und nie danach beherrscht hatte? Und wie hatte
David Starr Jordan sich so irren können? Der Schlüssel zur Beantwor-
tung dieser Fragen liegt in Berlin.

Der Erste Weltkrieg war die Folge eines katastrophal fehlgeschla-
genen europäischen Krisenmanagements. Dass der österreichische
Thronfolger Franz Ferdinand und seine Frau am 28. Juni 1914 von ser-
bischen Attentätern in Sarajewo ermordet wurden, war sicher nicht
schön. Aber die europäische Diplomatie hatte seit den 1890er Jahren
schon weit schwierigere Probleme gemeistert und würde auch dieses
Problem lösen, dachte man weithin. Aber da war der Ehrgeiz der Deutschen und Österreicher, diese Gelegenheit zu entscheidenden diplomatischen Geländegewinnen zu nutzen. Die Österreicher sahen seit
den Balkankriegen ihre Südgrenze in Gefahr. Sie wollten die unruhigen Serben ins Unrecht setzen, von ihren Beschützern, den Russen,
trennen und militärisch unschädlich machen. Die Deutschen fühlten
sich in ihrem Streben nach einer angemessenen weltpolitischen Rolle
von den großen Drei, den Briten, Franzosen und Russen, zurückgedrängt. Sie wollten die Gelegenheit nutzen, einen Keil zwischen die
großen Drei zu treiben. Dann hätten in Zukunft ihre Forderungen auf
Weltgeltung vielleicht mehr Aussicht auf Erfolg.

Erst Ende Juli 1914 dämmerte den Verantwortlichen in Berlin und

Wien, aber auch in London, Sankt Petersburg und Paris allmählich, dass diese Krise aus dem Ruder zu laufen drohte. Doch es gelang ihnen nicht mehr, die Eigendynamik der Ereignisse zu stoppen. Erstens misstrauten die Verantwortlichen einander zutiefst. Zweitens wurden Kriegswarnungen nach einem Jahrhundert weitgehenden Friedens nicht ernst genommen. Drittens war es vor allem für Deutschland, Österreich-Ungarn und Russland verführerisch, den Nationalismus der Vielen zur Stabilisierung der un- oder halbdemokratischen Reiche zu nutzen. Da konnten Krisen und – so wurde optimistisch angenommen – begrenzte oder kurze Kriege auch eine Chance sein.

Die beiden gängigsten Erklärungen für den Ausbruch des Ersten Weltkriegs stimmen daher nur halb: Deutschland trug nicht die Alleinschuld, wie im Versailler Friedensvertrag 1919 zur Begründung von Entschädigungsleistungen festgehalten wurde, war immerhin aber hauptverantwortlich. Zwar wollte im Juli 1914 in Berlin kaum jemand den Krieg, aber er wurde als unwahrscheinliche Möglichkeit in Kauf genommen. Und: Europas Politiker sind nicht hineingeschlittert, wie der damalige britische Schatzkanzler und spätere Premier David Lloyd George in seinen Memoiren schrieb. Sie haben bewusst Entscheidungen getroffen und wussten um das Risiko des Krieges. Aber im Sommer 1914 waren sie von der Hektik und der Eigendynamik der Ereignisse überfordert. Auch David Starr Jordan lag mit seiner Prognose nur halb daneben. Denn die allermeisten Banker und Industriellen wollten wirklich keinen Krieg. Nur spielte das im Juli 1914 keine Rolle. Die Politik agierte viel eigenständiger und kraftvoller, als Jordan angenommen hatte. Den Staatsmännern aller beteiligten Länder ist es unter Nutzung des Nationalismus der Massen, der Leistungsfähigkeit von Industrie und Arbeiterschaft, durch politische Taktik und brutalen Zwang gelungen, den Krieg bis zur völligen Erschöpfung aller Beteiligten 1917/18 in Gang zu halten.

Nach den Gewaltorgien des Ersten Weltkriegs hatten Menschen in jedem Winkel Europas diese Gewalt zu spüren bekommen: marschierende Massen, Tötungsmaschinen, erste Bombenflieger. Die Großreiche Russland und Österreich-Ungarn waren zusammengebrochen. Alle Könige und Fürsten in Deutschland hatten abgedankt. In weiten Teilen Mittel- und Osteuropas gelang es nicht, die Gewalt im Innern der Gesellschaften niederzuhalten. Die Wirtschaft schaffte den Übergang in die Friedenszeit nur mühsam und fand nicht zur Dynamik der Vorkriegszeit zurück. Die Zukunft, so dachten spätestens in der Weltwirtschaftskrise ab 1929 Viele, liege nicht im stotternden Kapitalismus und in den wankenden Demokratien. Die schienen irgendwie zum blauäugigen Liberalismus des nun ganz unwirklich friedlich erscheinenden 19. Jahrhunderts zu gehören. Die Zukunft schien den Sowjetkommunisten um Stalin und den italienischen Faschisten um Mussolini zu gehören. Eine radikal andere Moderne, ohne Liberalität, Menschenwürde, Gleichheit und Gnade, zog auf.

Die deutsche Variante des Faschismus zeichnete sich durch ihren rassistischen Antisemitismus aus. Die christlich begründete Ablehnung des Judentums hatte eine lange Tradition, und der alltägliche Antisemitismus war im 19. Jahrhundert weit verbreitet. Nun aber verbanden die deutschen Nationalsozialisten beides mit rassistischem Gedankengut, «wissenschaftlicher» Begründung und nackter Gewalt. An die Macht gekommen ist der Nationalsozialismus in Deutschland nicht aus eigener Kraft. Autoritäre Konservative hielten die Weimarer Demokratie auf dem Höhepunkt der Weltwirtschaftskrise 1932/33 für gescheitert. Sie wollten sie überwinden und meinten, die Hitler-Bewegung, wie sie sie nannten, in ihren Dienst stellen zu können. Doch einmal installiert, zerstörten Reichskanzler Adolf Hitler und seine Bewegung nicht nur die demokratietreuen Sozialdemokraten und Liberalen sowie ihre Todfeinde, die Kommunisten, sondern auch die Konservativen und das deutsche Parteiensystem insgesamt. An seine Stelle trat eine auf «den Führer» ausgerichtete, in sich aber sehr dynamische und wenig berechenbare Herrschaft. Sie nutzte Rechtsstaat und Verwaltung aus, war aber im Zweifelsfall in der Lage, sich durchzusetzen. Besonders oft war das nicht nötig, denn die Begeisterung für den neuen Staat war bei Eliten und breiteren Bevölkerungsschichten groß.

Europa, Nordafrika und der Nahe Osten während des Zweiten Weltkriegs, 1941/42

1936 marschierte die deutsche Armee in das Rheinland ein, das seit dem Vertrag von Versailles entmilitarisiert war. Im selben Jahr fanden die Olympischen Spiele in Berlin statt. 1938 zogen deutsche Truppen in Wien ein. Die Westmächte ließen Hitler gewähren. England und Frankreich wollten knapp zwanzig Jahre nach dem Ersten Weltkrieg keinen neuen Konflikt riskieren. Außerdem schien Hitler nur Fehler des Versailler Vertrages zu korrigieren. Truppen sollten sich im eigenen Land frei bewegen können, das war ja verständlich. Und die Vereinigung der Deutschen des Habsburgerreiches mit denen des Preußisch-Deutschen Reiches hätte man besser schon nach dem Zusammenbruch Österreich-Ungarns 1918 genehmigt, hieß es. In Deutschland ist Hitler wohl nie populärer gewesen als 1936 und 1938. Die Ehre des Landes sei wiederhergestellt, wurde gesagt. Der Bruch von 1866 sei geheilt, die Nation vollendet. Nun könne man sich zurücklehnen. Doch Ruhe war kein möglicher Zustand für die nationalsozialistische Bewegung. 1939 brach Hitler den Zweiten Weltkrieg vom Zaun. Dem Einmarsch in Österreich waren weitere militärische Gewaltakte gefolgt. Als am 1. September 1939 der Angriff auf Polen begann, entschlossen sich die Westmächte zum Widerstand. In den ersten beiden Jahren erlitten sie Niederlage auf Niederlage. Im Frühsommer 1941 hielt nur noch England stand. Dann griff das Deutsche Reich die Sowjetunion an, mit der es sich 1939 noch verbündet hatte, um Polen aufzuteilen und die Westmächte in Schach zu halten. Im Dezember 1941 erklärte Hitler den USA den Krieg. Im Winter 1942/43 wurde deutlich, dass Deutschland seine Kräfte überdehnt hatte: Beim Versuch, bis in den Kaukasus vorzustoßen, erlitt die Wehrmacht in Stalingrad erstmals eine wirklich schwere Niederlage.

Der Krieg im Osten war ein totaler Krieg. Wehrmacht und SS führten ihn wie einen riesigen Kolonial- und Vernichtungskrieg. Noch vor Beginn des Russlandfeldzuges hatte der Befehlshaber der Panzergruppe 4, Generaloberst Erich Hoepner, folgenden Befehl erlassen:

Der Krieg gegen Russland ist ein wesentlicher Abschnitt im Daseinskampf des deutschen Volkes. Es ist der alte Kampf der Germanen gegen das Slawentum, die Verteidigung europäischer Kultur gegen moskowitisch-asiatische Überschwemmung, die Abwehr des jüdischen Bolschewismus. Dieser Kampf muss die Zertrümmerung des heutigen Russland zum Ziele haben und deshalb mit unerhörter Härte geführt werden. Jede Kampfhandlung muss in Anlage und Durchführung von dem eisernen Willen zur erbarmungslosen, völligen Vernichtung des Feindes geleitet sein. Insbesondere gibt es keine Schonung für die Träger des heutigen russisch-bolschewistischen Systems.

Parallel dazu radikalisierte sich der Antisemitismus: Erst wurden die Juden diskriminiert und ausgegrenzt. Die meisten von ihnen hatten

sich seit Generationen als Deutsche verstanden, hatten im Ersten Weltkrieg gekämpft, genossen als Kaufleute, Ärzte, Wissenschaftler oder
Künstler hohes Ansehen. Die Ausgrenzung wurde räumlich, Ghettos
entstanden. Doch die meisten der anderen Deutschen sahen weg,
suchten ihren Vorteil, machten mit. Dann begann die Deportation in
den Osten, in manchen eroberten oder besetzten Gebieten auch ohne
vorherige Ghettoisierung. Es folgte der Massenmord. Bis Jahresende
1941 ermordeten SS-Einsatzgruppen hinter der vorrückenden Front
ca. 500 000 jüdische Männer, Frauen und Kinder. 1942 begann der
industrialisierte Massenmord in Gaskammern. Auch durch Zwangsarbeit, willkürliche Tötungen und unmenschliche Behandlung kamen
zahllose Juden, Sinti und Roma, Homosexuelle und Regimegegner
ums Leben.

Während Deutschland alle Reputation als Kulturnation verlor, betraf der Krieg zunehmend die deutsche Zivilbevölkerung. Die Städte
konnten nicht mehr effektiv vor Bombenangriffen der Briten und
US-Amerikaner geschützt werden. Langsam schwand der Rückhalt
der Nazi-Bewegung. Doch der Massenmord lief weiter, ja, er wurde
durch den Bau von Vernichtungslagern noch ausgeweitet. Mindestens
5,7 Millionen Juden wurden bis 1945 umgebracht. Als sowjetische
Truppen 1945 Berlin eroberten, war Deutschland nicht nur materiell
am Boden. Alliierte Soldaten, die Konzentrationslager befreiten, hatten Unvorstellbares gesehen. Die deutsche Nation hatte den größten
Krieg der Weltgeschichte ausgelöst und unfassbare Menschheitsverbrechen begangen.

Teilung und Vereinigung: Die Berliner Mauer

Die zweite Hälfte des 20. Jahrhunderts passt ebenso wenig zu seiner
ersten Hälfte, wie die erste Hälfte des 20. Jahrhunderts zum 19. Jahrhundert passt. Die Gewaltorgien der Jahre 1914 bis 1945 waren 1913

nicht vorhersehbar, und der fast ununterbrochene Boom der Jahre 1945 bis 1975 ließ sich aus dem zerstörten Berlin des Jahres 1945 auch nicht prognostizieren. Überraschend schnell wurden die Deutschen wieder in die Weltgemeinschaft eingegliedert. Deren Zentren lagen nun fern der alten Metropolen Berlin, Wien, Paris oder London. Die Kraftfelder der Wirtschaftswunderjahre, die auf Französisch *Les Trente Glorieuses* heißen und auf Englisch *Golden Age*, waren auf Washington und Moskau ausgerichtet. Daneben spielte auch New York als Sitz der Vereinten Nationen eine Rolle, wie wir im letzten Kapitel «Die Welt» noch sehen werden. Die Westeuropäer organisierten sich in der Europäischen Wirtschaftsgemeinschaft. Neben Frankreich, Italien, Belgien, den Niederlanden und Luxemburg war auch Westdeutschland beteiligt. Großbritannien kam in den frühen 1970er Jahren hinzu, Spanien und Portugal am Ende dieses Jahrzehnts.

Den Rahmen für politische Gestaltungsmöglichkeiten der Europäer gab der Kalte Krieg vor, der bald nach 1945 an die Stelle der heißen Kriege von 1914 bis 1945 trat. Die Sowjetunion (Warschauer Pakt) und die USA (NATO) bildeten internationale Verteidigungsbündnisse, organisierten sozialistische beziehungsweise kapitalistische Wirtschaftsräume. In beiden Blöcken gab es Abweichler, auch Risse und Sprünge. Der Kalte Krieg wechselte die Temperatur. Es gab wirkliche politische Eiszeiten in den 1950er und frühen 1960er Jahren, dann noch einmal in den späten 1970er und frühen 1980er Jahren. Es gab auch Zeiten der «Entspannung», wie es hieß, mit dem Höhepunkt der Konferenz für Sicherheit und Zusammenarbeit in Europa (KSZE), deren Schlussakte 1975 von fünfunddreißig Staaten aus Ost und West unterzeichnet wurde. Die Reichweite des Kalten Krieges jenseits von Europa und Nordamerika ist umstritten. Afrikanische, asiatische, süd- und mittelamerikanische Staaten ordneten sich den Blöcken zu oder versuchten als «Blockfreie» einen eigenen Weg. Ihre Handlungsmöglichkeiten sind dabei größer gewesen, als der Begriff «Kalter Krieg» vermuten lässt. Wir werden das im Kapitel «Volta-See» bemerken.

Die politische Geographie Deutschlands im Allgemeinen und Berlins im Besonderen hängt eng mit dem Kalten Krieg zusammen. Nach dem Zusammenbruch des Deutschen Reiches war der Großteil des Landes in Besatzungszonen der Siegermächte aufgeteilt worden. Der Osten wurde direkt unter polnische beziehungsweise russische Verwaltung gestellt. Mit der Verhärtung der Fronten im Kalten Krieg schlossen sich die drei Westzonen zur Bundesrepublik Deutschland (BRD) zusammen. Die Ostzone näherte sich als Deutsche Demokratische Republik (DDR) auch wirtschaftlich und gesellschaftlich der Sowjetunion an. In Berlin wiederholte sich diese Entwicklung im Kleinen, weil die Hauptstadt ebenfalls in vier Besatzungszonen aufgeteilt worden war. Um die Abwanderung Richtung Westzonen und später Westdeutschland zu stoppen, riegelten Sowjetunion und DDR-Führung ihren Teil Deutschlands und Berlins immer strikter vom Westen ab. 1961 bauten sie schließlich die berühmte Berliner Mauer. Deren Fall 1989 markierte nicht nur ein unverhofftes Glücksmoment für die Deutschen, sondern auch das Ende des Kalten Krieges, das wir im Kapitel «Sankt Petersburg» beobachten werden. 1990 traten die Länder der DDR der Bundesrepublik bei. 1991 beschloss der Bundestag, der seit 1949 im lauschigen Bonn am Rhein getagt hatte, mitsamt der Bundesregierung nach Berlin zurückzukehren. Berlin wurde erneut zum Newcomer.

Berlin ist seit dem 18. Jahrhundert immer wieder ein Seismograph für das gewesen, was die Zeitgenossen als «modern» verstanden haben. Schlüsselbegriffe der europäischen Geschichte wie Nation, Stand, Klasse, Demokratie und Diktatur haben die Stadt geprägt und sind bis heute in den Museen und Repräsentationsgebäuden ablesbar. Mit seinem rasanten Aufstieg im 18. und 19. Jahrhundert, seiner materiellen wie wertbezogenen (Selbst-)Zerstörung von 1914 bis 1945 und seiner eher symbolischen Bedeutung nach 1945 bildet Berlin in zugespitzter Weise europäische Geschichte ab.

17.
Sankt Petersburg

Wie sieht die sozialistische Zukunft aus?

Auf die grundstürzenden Veränderungen des 19. Jahrhunderts haben Menschen mit neuen Ideen zu einem guten Leben und zur Ordnung der Gesellschaft reagiert. Utopien früherer Zeiten hatten sich auf das Jenseits und sein Paradies beziehungsweise die Hölle bezogen oder auch auf Inseln irgendwo in noch nicht entdeckten Teilen der Erde. Seit Captain Cook war klar, dass es keine großen unbekannten Erdteile mehr gab. Die atlantischen Revolutionen hatten gezeigt, dass große Veränderun-

gen auch im Hier und Jetzt möglich waren. Die Industrielle Revolution
hatte eine neue Gesellschaft und eine neue Wirtschaft herbeigeführt, mit
neuen Städten, neuen Industrien, neuem Reichtum und neuem Elend.
Auf diese Revolutionen antworteten sozialistische und kommunistische Utopien. Sie skizzierten eine Gesellschaft, in der die Ausbeutung
des Menschen durch den Menschen ein Ende haben sollte, die Güter
gerecht verteilt würden und Herrschaft verschwände. Das könnte von
der Gegenwart aus tatsächlich erreicht werden, durch revolutionäres
Handeln. Und zwar in erster Linie durch die Proletarier, diejenigen also,
deren einziges Kapital ihre Arbeitskraft war. Karl Marx und Friedrich
Engels brachten in einer Auftragsarbeit für den Bund der Kommunisten
im Winter 1847/48 den Auftrag der Geschichte selbst auf den Punkt:
«Proletarier aller Länder, vereinigt Euch!», hieß es am Ende des Kommunistischen Manifests. Der Beginn war nicht weniger eindringlich:

Ein Gespenst geht um in Europa – das Gespenst des Kommunismus ... Es
ist hohe Zeit, daß die Kommunisten ihre Anschauungsweise, ihre Zwecke,
ihre Tendenzen vor der ganzen Welt offen darlegen und dem Märchen
vom Gespenst des Kommunismus ein Manifest der Partei selbst entgegen-
stellen.

Nun ist der Bund der Kommunisten in London 1847/48 nur eine von
vielen Organisationen von Intellektuellen und Arbeitern in Europa
gewesen, die eine neue und für immer gerechtere Gesellschaft schaffen
wollten. Und die Sozialisten und Kommunisten waren nur eine von
mehreren Richtungen, die nach Antworten auf die sozialen Fragen der
Zeit suchten. Doch Karl Marx und Friedrich Engels sollten mit ihren
Schriften in der zweiten Jahrhunderthälfte eine prominente Position
gewinnen, über den kurzlebigen Bund der Kommunisten hinaus. Ihre
Lehren entfalteten eine außergewöhnliche Sprengkraft. Sie versahen
ihre Utopie mit einer Erklärung des bisherigen Weltgeschehens, die
ihren Anhängern die Überzeugung vermittelte, mit der Geschichte
selbst im Bunde zu sein. Die Geschichte sei eine Abfolge von Klassen-

kämpfen und laufe notwendig auf die finale Auseinandersetzung zwischen reichem Bürgertum und Arbeiterschaft zu. Nach dem Sieg des Proletariats werde jeder nach seinen Fähigkeiten und Bedürfnissen an den Früchten menschlicher Arbeit teilhaben können. Die Wahrheit der sozialistischen Lehre schien also historisch belegbar. Das entsprach dem wissenschaftlichen Fortschrittsglauben, der das 19. Jahrhundert in Europa charakterisierte.

Im letzten Jahrhundertdrittel bildeten sich linke und radikal linke Parteien in den europäischen Nationalstaaten und den europäischen Siedlerkolonien. Manchmal gewann eine von ihnen – wie die SPD in Deutschland – deutlich die Oberhand. Häufig aber standen – wie in Frankreich – Parteien von Anarchisten, radikalen Gewerkschaftern und Sozialisten nebeneinander und kämpften nicht nur gegen die herrschenden Verhältnisse, sondern auch gegeneinander. Kurz vor dem Ersten Weltkrieg waren sozialistische Parteien in Frankreich, Deutschland, Großbritannien und Australien so stark geworden, dass sie in den Parlamenten nicht mehr übergangen werden konnten. In manchen Städten und Regionen regierten sie bereits.

Doch konnte die sozialistische oder kommunistische Gesellschaft der Zukunft allmählich in den Parlamenten entwickelt werden, wie die Sozialisten meinten? Brauchte man dazu nicht eine neue Revolution? Musste nicht die Herrschaft der Bourgeoisie zerschlagen und eine Diktatur des Proletariats errichtet werden, um dann den Kommunismus zu etablieren?

Die Antwort auf diese Fragen spaltete Sozialisten und Kommunisten. Aber für alle war es eine wirkliche Überraschung, dass am Ende des Ersten Weltkriegs nur eine erfolgreiche proletarische Revolution stattfand, und die ausgerechnet in Russland. Russland galt als Hort der Reaktion. Alle Statistiken wiesen aus, dass es ein Agrarland war. Nur ein geringer Teil der Bevölkerung konnte lesen und schreiben, die Industrialisierung war kaum angelaufen. Wo sollten da die revolutionären Proletarier herkommen? Und wo war das wohlhabende Bürgertum, das es zu überwinden galt?

Die Stadt des Zaren

Zentrum der Russischen Revolution war Sankt Petersburg, die Stadt des Zaren. Peter der Große hatte sie Anfang des 18. Jahrhunderts im äußersten Nordwesten seines Reiches gegründet, an der Mündung des Flusses Newa in die Ostsee. Das Gebiet hatte er zuvor im Großen Nordischen Krieg den Schweden abgetrotzt. Nun sollte der Handel zwischen Russland und Europa über die Ostsee gestärkt werden. «Gleichzeitig sollen Waren aus Persien und Indien umgeschlagen werden», hieß es in einer russischen Zeitung im Jahr 1703. Immerhin war der Hafen mehr als zweihundert Tage im Jahr eisfrei – einen solchen Hafen hatte Russland noch nicht. Sankt Petersburg wurde bald Militärstützpunkt und dann auch Hauptstadt des wachsenden Russischen Reiches. Unter äußerst schwierigen Bedingungen wurden Festungswerke, Paläste, Häuser, Straßen und Kanäle in die Newa-Sümpfe eingebracht. Zehntausende von Zwangsarbeitern und Leibeigenen kamen ums Leben. 1712 mussten der russische Hof und die Regierungsbehörden von Moskau nach Sankt Petersburg umziehen, ab 1714 wurden Adlige gezwungen, prachtvolle Stadthäuser in Sankt Petersburg zu bauen und dort auch zu wohnen.

Die Zaren des 18. und 19. Jahrhunderts haben an der Hauptstadt Sankt Petersburg festgehalten, obwohl das Reich sich stärker nach Süden und Osten ausdehnte als nach Westen. Zwar bekam Russland durch die mehrfachen Teilungen Polens gegen Ende des 18. Jahrhunderts Gelände im Westen hinzu, Preußen und die Habsburger wurden zu direkten Nachbarn des Zarenreiches. Doch die eigentliche Expansionsrichtung verlief in Richtung Schwarzes Meer und Zentralasien. Im Kapitel «Shidebaj» haben wir gesehen, wie die Zarin Katharina II. mit dem Krim-Khanat eines der letzten Überbleibsel des Mongolenreiches beseitigte. 1867 verkauften die Russen Alaska an die USA und umschrieben damit die Grenzen ihres Interesses im Osten: nicht über den Pazifik hinaus. Der Süden und Osten des Reiches wurde als Kolonie verstanden, die entwickelt und zugunsten des europäischen Kernlandes genutzt werden müsse. Bereits vor Cooks Forschungsreisen in den Pazifik, mit denen dieses Buch begann, gab es wissenschaftliche Expeditionen nach Sibirien. Auch in Sachen Wissenschaft und Entdeckungen wollte Russland Teil Europas sein. Zar Alexander I. besiegte 1812 die *Grande armée* Napoleons und verfolgte anschließend den französischen Imperator bis nach Paris. Auf dem Wiener Kongress trat er als Retter Europas auf.

Sankt Petersburg war Russlands Fenster nach Westen, nach Europa. Die Stadt blühte nicht nur, weil hier der Adel, der Zarenhof und das Militär saßen, sondern auch wegen des Handels über die Ostsee hinweg und seit Ende des 19. Jahrhunderts auch dank der Industrialisierung. Sankt Petersburg war mehr als die fixe Idee eines Herrschers: 500 000 Einwohner hatte die Stadt 1850 gehabt, 1913 waren es 2,2 Millionen. Die meisten von ihnen lebten in schnell wachsenden Vorstädten, die sich um Industriebetriebe bildeten. Die Stadtplanung kam nicht nach, der Wohnungsbau auch nicht. Neu hinzuziehende Familien mieteten Zimmerecken, nicht Wohnungen, oder bauten Bretterbuden in der Nähe ihres Arbeitsplatzes. Sie bauten auf diese Weise ihre dörfliche Welt in eine rasch wachsende Stadt hinein, die in ihren Elendsquartieren weder Elektrizität noch Wasserversorgung oder Abwasserentsorgung bot. Insofern hatte es durchaus eine Logik, dass in Sankt Petersburg Arbeiterunruhen ausbrachen.

Aber Sankt Petersburg war nicht typisch für das Russische Reich im Ganzen. Neben Moskau war es die einzige Millionenstadt in einem unfassbar großen Gebiet. Flächenmäßig war Russland mehr als doppelt so groß wie die USA. Nur das British Empire einschließlich aller Kolonien war um 1900 größer. Heute beträgt die Zeitverschiebung zwischen Sankt Petersburg oder Moskau und dem Pazifikhafen Wladiwostok sieben Stunden. Mit der Transsibirischen Eisenbahn, die 1900 noch im Bau war, hätte man die Strecke zwischen Moskau und Wladiwostok in einer Woche zurücklegen sollen. Tatsächlich mussten die Züge aufgrund technischer Schwierigkeiten erheblich langsamer fahren als geplant, so dass ein Zugreisender vor dem Ersten Weltkrieg vom einen Ende des Reiches an das andere auch einmal vier bis sechs Wochen unterwegs sein konnte. Nachrichten waren seit der Erfindung des Telegraphen wesentlich schneller.

Zwischen Sankt Petersburg und Wladiwostok lagen sehr unterschiedliche Welten. Teile Sibiriens und Zentralasiens waren kaum oder gar nicht besiedelt. Aber auch jenseits dieser menschenfeindlichen Regionen war die Bevölkerungsdichte niedrig, verglichen mit europäischen Standards. Die meisten Menschen lebten in Dörfern und waren Bauern. Sie verstanden sich als Untertanen eines weit entfernten Zaren. Die Volkszählung von 1897 erfasste mehr als 130 Sprachen, wobei knapp die Hälfte der Bevölkerung Russisch beherrschte. 70 Prozent der Bevölkerung waren russisch-orthodoxe Christen, knapp 12 Prozent Muslime, 9 Prozent Katholiken, 4 Prozent Juden, knapp 3 Prozent Protestanten, hinzu kamen zahlreiche regional bedeutsame, aufs Ganze aber wenig zählende religiöse Gruppen. Die Gesellschaft setzte sich statistisch aus vier Ständen zusammen: Adel (um 1900 ca. 1,5 Prozent), Klerus (0,5 Prozent), Städter (11 Prozent) und Bauern (77 Prozent). Aber diese Zuordnung ist nicht sehr aussagekräftig: Der Adel war eine Mischung aus sehr wenigen Superreichen, einigen Wohlhabenden, zahlreichen Menschen, die auskömmlich leben konnten, und vielen Habenichtsen. Arbeiter blieben für die Statistik Bauern, wenn sie die Verbindung zu ihrer Dorfgemeinde nicht abgebrochen hatten. Etwa 10 Prozent der Bevölkerung wurden als «Sondergruppen» gar nicht in die ständische Gliederung einbezogen. Dazu gehörten Kosaken, Juden, Ausländer und «Fremdstämmige».

Ein Land mit riesigen Entfernungen und schlechter Infrastruktur, mit in Nord-Süd-Richtung verlaufenden, schwer berechenbaren Flüssen, mit nur sehr wenigen verlässlich angelegten Straßen (die gewöhnlichen Wege versanken am Ende und am Anfang der Frostperiode im Schlamm) – Russland war eigentlich unregierbar. Die Zaren versuchten es dennoch. Russland war eine Autokratie, der Zar bis zur Revolution von 1905 nicht an eine Verfassung, sondern nur an sein Gewissen und die göttlichen Gesetze gebunden. Die Zaren und Zarinnen regierten erstaunlich erfolgreich, weil sie auf einen Staatsapparat jenseits der Hauptstadt weitgehend verzichteten und stattdessen die Bevölkerung selbst in ihren Dienst nahmen. Sie regierten mittels Erlassen, die sie in das Reich hinaussandten. Umgesetzt wurde so ein Ukas durch den Adel, der bis zur Bauernbefreiung 1861 das Land besaß und sozusagen die Bürokratie war. Die bäuerliche Dorfgemeinde organisierte die Bewirtschaftung des Landes und stellte die Soldaten. Sie bestand aus Leibeigenen, die ohne die Erlaubnis «ihres» Adligen oder des Stellvertreters des Zaren (mehr als die Hälfte der Leibeigenen «gehörte» Mitte des 19. Jahrhunderts dem Zaren und nicht dem Adel) das Dorf nicht verlassen durften. Sie konnten mitsamt ihrem Land und sogar ohne das Land verkauft werden.

Die Leibeigenschaft wurde in den 1860er Jahren aufgehoben. Etwas verspätet nahm Russland an einem Prozess teil, der seit dem 18. Jahrhundert Europa von West nach Ost und von Nord nach Süd durchzog: Die Bauern wurden aus ihren herrschaftlichen Bindungen befreit, das Land wurde zwischen ihnen und den (nun ehemaligen) adligen Oberherren aufgeteilt. Das bedeutete eine gewaltige Umwälzung in der Landwirtschaft. Hinzu kam die Industrialisierung, die außer Sankt Petersburg und Moskau noch weitere Regionen betraf. Russland veränderte sich von innen heraus. Die zaristische Herrschaftsstruktur hielt damit nicht Schritt.

Und dann kam das Wendejahr 1905: Russland verlor einen Krieg gegen Japan, wie wir schon im Kapitel «Hokkaido» gesehen haben. Eine europäische Großmacht unterlag einer asiatischen, vermerkten die Zeitungen erstaunt. In Sankt Petersburg brach eine erste Revolution aus. Der Zar musste Wahlen zu einer Volksvertretung und eine Verfassung zugestehen. Beide funktionierten nicht gut und wurden mehrfach verändert. Doch immerhin war das Riesenreich in Bewegung. Seine Dynamik passte allerdings schlecht zu den Prognosen, die Marx und Engels Jahrzehnte zuvor gemacht hatten. Unglücklicherweise passte sie auch schlecht zu den Staats- und Gesellschaftsmodellen, die in West-

und Mitteleuropa entwickelt worden waren, um die dortigen politischen, wirtschaftlichen und sozialen Veränderungen zu meistern.

Kurz vor dem Ersten Weltkrieg finden wir in Sankt Petersburg und Moskau ganz verschiedene politische Gruppen: sozialistische und kommunistische Parteiungen, die einen gesellschaftlichen Umsturz teils gewaltsam, teils friedlich und schrittweise herbeiführen wollten; Westler, die eine Übernahme deutscher, britischer oder französischer Staats- und Demokratievorstellungen forderten; aber auch Traditionalisten, die das Heil in einer Rückbesinnung auf das eigentlich Russische sahen, was auch immer das sein mochte. Jede Gruppe konnte sich auf ein Russland berufen, das es wirklich gab: auf die zunehmende Zahl der Arbeiter in den Großstädten, auf das entstehende Bürgertum und den sich reformierenden Adel, auf das russische Dorf und die aus der Leibeigenschaft und der Dorfgemeinde sich lösenden Bauern. Keine Gruppe schien eine Lösung für das Ganze zu haben. Einigkeit bestand nur darin, dass die Zeiten der Zarenherrschaft vorbei waren. So wie bisher konnte es nicht weitergehen.

Petrograd 1917/18: Weltkrieg und Weltrevolution

Auch in Russland haben daher viele Vertreter der Eliten den Ausbruch des Ersten Weltkriegs als Befreiung empfunden. Immerhin gab es nun einen gemeinsamen Feind, gegen den man vereint angehen konnte. Die Hauptstadt wurde in Petrograd umbenannt, weil Sankt Petersburg zu deutsch klang. In Moskau gab es antideutsche Pogrome. Doch die Begeisterung für den Krieg gegen die Germanen und ihre Helfer währte nicht lang. Auf kurze Anfangserfolge in Ostpreußen und Galizien folgten zahlreiche Niederlagen. Bis Anfang 1917 waren 1,7 Millionen Soldaten gestorben, 8 Millionen verwundet, 2,5 Millionen gefangen genommen worden. Die Menschen in den großen Städten litten ebenfalls Not. Nahrung und Kleidung fehlten. Zwar war auch in Frankreich, Österreich-Ungarn und Deutschland der Winter 1916/17 hart, die Versorgungslage schlecht, gab es öffentliche Unzufriedenheit, Streiks und Demonstrationen. Aber nur in Russland war die Kampffähigkeit der Truppe ernsthaft gefährdet. Im Februar 1917 brach erneut die Revolution aus.

Am Anfang stand eine Demonstration von Petrograder Textilarbeiterinnen anlässlich des Internationalen Frauentags. Das war der Auftakt zu weiteren Protesten politischer Art, die sich lawinenartig ausbreiteten. Am 25. Februar 1917 herrschte Generalstreik in Petrograd. Das Militär der Hauptstadt weigerte sich einzugreifen. Am 27. Februar trat die Regierung zurück. Am 3. März dankte der Zar ab: Es fand sich keine Militäreinheit mehr, die seine Herrschaft zu verteidigen bereit war. Aus der Duma, dem Vorkriegsparlament, heraus wurde eine neue Regierung gebildet. Daneben bildeten sich Sowjets, Räte der Arbeiter. Duma und Sowjets blockierten sich gegenseitig. Mehrere Umsturzversuche scheiterten. Abseits der Hauptstädte organisierten Menschen sich selbst, nachdem das Hochgefühl der Revolution verflogen war und aus Petrograd keine Direktiven mehr kamen. Die Bauern verteilten das Land ihrer Gutsbesitzer. Die Nationen am Rande des Reiches verselbständigten sich: Die Ukraine verkündete im Juni 1917 ihre Autonomie, die Weißrussen, Esten, Letten, Krimtartaren und Kasachen meldeten Ansprüche an.

In dieser Situation gewannen im Sowjet der Hauptstadt unter den verschiedenen sozialistischen Gruppen die Bolschewiki um Trotzki und Lenin rasch an Bedeutung. Sie waren radikal und entschlossen, und sie behaupteten, die Forderungen der Bauern nach Land, die der Arbeiter nach Selbstbestimmung und die der Soldaten nach Frieden umgehend erfüllen zu wollen. Am 25. und 26. Oktober besetzten bolschewistische Arbeiter und Soldaten die wichtigsten Punkte der Stadt und stürmten das ehemalige Winterpalais des Zaren, in dem nun die Regierung saß. Dem erstaunten Allrussischen Kongress der Arbeiter- und Soldatendeputierten, zu dem Vertreter aus allen Teilen des Riesenreiches in Petrograd zusammengekommen waren, erklärten sie, dass die Macht auf ihn übergegangen sei, die Bolschewiki aber diese Macht ausüben würden. Das war ein Putsch. Die meisten Einwohner der Hauptstadt, seit dem Frühjahr an Aufmärsche, Schießereien und hochmütige Deklarationen gewöhnt, bemerkten ihn nicht einmal. Doch dieser Putsch wurde zur Revolution, weil Lenin und Trotzki die Macht nutzten und binnen weniger Jahre Russland umkrempelten.

Die Bolschewiki glaubten daran, die Vorhut der von Marx und Engels vorhergesagten Weltrevolution zu sein. Diese beginne am Ende des Weltkrieges, mit dem die Bourgeoisie im Endstadium ihrer Herrschaft sich selbst zerstöre. Die Bolschewiki erfüllten ihrer eigenen Ansicht nach den Auftrag der Geschichte und der Wissenschaft, indem sie schnellstmöglich die Macht ergriffen, alle Widerstände überwanden, die Rückständigkeit Russlands beseitigten und so den Export ihrer Revolution in die Welt möglich machten. Dass sie dazu über Mehrheiten hinweggingen und Gewalt anwendeten, sei nur konsequent und – auf längere Sicht gesehen – auch human. Die Diktatur des Proletariats sei eine Notwendigkeit des Übergangs zum Kommunismus. Um ihre historisch notwendige Aufgabe zu erfüllen, müsse sie total sein.

Der Allrussische Sowjetkongress forderte umgehend einen Frieden ohne Annexionen und Kontributionen sowie das Selbstbestimmungsrecht der Völker. Er legalisierte und erweiterte die von den Bauern bereits vorgenommene Umverteilung des Bodens, indem er den gesamten Grundbesitz von Personen, Staat und Kirchen zur Neuverteilung einzog. Der vom Sowjetkongress eingesetzte bolschewistische «Rat der Volkskommissare» verkündete weitere grundstürzende Beschlüsse. Das Beamtentum und die Dienstgrade in der Armee wurden abgeschafft, die Fabriken unter die Kontrolle von Arbeiterkomitees gestellt. An die Stelle der Gerichte traten Revolutionstribunale. Die Revolution gewann überall im Land schnell Anhänger. Zu lange hatte die Hängepartie nach der Abdankung des Zaren gedauert, zu verhasst war der Krieg, zu groß der Wunsch nach dem durchgreifend Neuen.

Am 15. Dezember trat ein Waffenstillstand mit Österreich-Ungarn und dem Deutschen Reich in Kraft. Russland verließ die Koalition mit den Westmächten Frankreich und Großbritannien. Am 13. März 1918 folgte der Friede von Brest-Litowsk. Die Deutschen nutzten das faktische Auseinanderfallen der russischen Armee zu einem Siegfrieden, der die meisten Geländegewinne der Zaren seit Gründung Sankt Petersburgs zunichtemachte. Die Bolschewiki akzeptierten die deutsche Zumutung, weil ihnen angesichts der militärischen Kräfteverhältnisse nichts anderes übrig blieb, weil der Frieden im Land populär war und weil ihrer Ansicht nach die Weltrevolution ohnehin unmittelbar bevorstand.

Schlimmer als der demütigende Friedensschluss, schlimmer auch als die Desintegration am Rand des Reiches war die Auflösung von innen her, weil sie das revolutionäre Ziel infrage stellte. Bereits im Frühjahr 1918 brach der Bürgerkrieg los. Anhänger sozialistischer Gruppen, die die Politik der Bolschewiki ablehnten, bewaffneten sich. Frustrierte Arbeiter, die in den revolutionären Wirren des Winters 1917/18 ihren Arbeitsplatz verloren hatten, wollten ihren Anteil. Bauern protestierten gewaltsam gegen zu hohe Getreideablieferungen. Anhänger der Zarenherrschaft versuchten, das Rad zurückzudrehen. Reguläre Militäreinheiten, die sich der Revolution nicht anschließen wollten, suchten Verbündete. Verbände der neuen Nationalstaaten am Rand des zerbröselnden Imperiums nutzten die Gelegenheit, um für sie günstigere Grenzziehungen zu Russland zu erkämpfen. Von außen intervenierten Briten und Franzosen, US-Amerikaner und Japaner mit Geld, Waffen und Truppen. Die junge revolutionäre Räterepublik war tödlich bedroht, kaum dass sie zu existieren begonnen hatte.

Erst 1921 hatten die Bolschewiki ihre Macht behauptet – weil sie bedenkenlos Gewalt einsetzten, weil ihre Gegner uneins waren, aber auch, weil viele Arbeiter und Bauern eine Revolution unterstützten, die immerhin den Frieden gebracht und das Land neu verteilt hatte. Lenin bekämpfte auf einem Parteikongress in Moskau erfolgreich jede Abweichung von seiner Linie und verbot für die Zukunft Fraktionsbildungen. Aber er regierte ein verwüstetes Land. Wahrscheinlich sind im Bürgerkrieg 7 bis 8 Millionen Menschen umgekommen. Dem Bür-

Sowjetunion (UdSSR) 1922–1932

SCHWEDEN

Ostsee

FINNLAND

Prag
Berlin
Stockholm
Wien
Warschau
Riga
Helsinki
Murmansk
Budapest
Kaunas
Tallinn
Karelische ASSR
Barentssee
POLEN
Pskow
Petrograd (1914–1924)
(1924–1991 Leningrad)
Karase
Lemberg
Minsk
Witebsk
Archangelsk
Weiß-
russische
SSR
Smolensk
RUMÄ-
NIEN
Schitomir
Gomel
Twer
(Kalinin)
Wologda
1918
rum.
Kiew
Orjol
Tula
Iwanowo
Autonomes Gebiet der Komi
Ukrainische
SSR
Odessa
Cherson
Poltawa
Kursk
Moskau
ASSR
der Krim
Dnjepr
Charkow
Nishni Nowgorod (Gorki)
Sewastopol
Woronesch
Tambow
Wjatka
RUSSISCHE SOZIALISTISCH
Schwarzes
Meer
Kertsch
Rostow
Lugansk
Pensa
Kasan
Perm
Tatarische
ASSR
Krasnodar
Saratow
Jekaterinburg (Swerdlowsk)
Maikop
Zarizyn
(Stalingrad)
Wolga
Samara
Ufa
Tscheljabinsk
Tjumen
Suchumi
Stawropol
AG der
Kalmücken
Uralsk
Baschkirische
ASSR
Tobol
Batumi
Astrachan
Orenburg
Orsk
Petropawlowsk
TÜRKEI
Tiflis
Grosny
Ural
Omsk
Jerewan
Machatschkala
Kasachische ASSR
(bis 1925 Kirgisische ASSR)
Nowonikolajewsk
(Nowosibirsk)
Baku
Karaganda
Barnaul
Nowoku
Chakassi
AC
Kaspisches
Meer
Krasnowodsk
Aralsee
Semipalatinsk
Oirotisches
AG
Turkmenische
SSR
(Sowjet.
VR
Choresm)
Chiwa
(Ausgliederung
1932 aus
Kasach. ASSR)
Ak-Metschet
(Ksyl-Orda)
Balchaschsee
Teheran
Aschchabad
Syr Darja
PERSIEN
Usbekische
SSR
Buchara
Samarkand
Taschkent
Pischpek (Frunse)
CHINA
Kuschka
Amu Darja
Kokand
Alma-Ata
AFGHANISTAN
Duschanbe
Kirgisische ASSR
Ürümqi
Kabul
Tadschikische
SSR

1 Moldauische ASSR
2 Tschuwaschische ASSR
3 ASSR der Wolgadeutschen
4 AG der Karatschajewo-
  Tscherkessen
5 Kabardinisch-Balkarisches AG

0   300   600   900 km

AG: Autonomes Gebiet
SSR: Sozialist. Sowjetrepublik
ASSR: Autonome Sozialistische
Sowjetrepublik

Rostow
Astrachan

AG der
Kalmücken
(4.11.1920)

Stawropol

Daghestanische
ASSR
(12.3.1922)

Sotschi

Suchumi

4

5

6

Grosnyj

7

13

Kaspisches
Meer

8

10

9

11 Tiflis

Transkaukasische SFSR
(12.3.1922)

Trabzon

(1920/21
türk.)

12
Eriwan

Kars

15

16

Baku

TÜRKEI

Nachitschewan
14

0   100   200 km

IRAN

DERATIVE SOWJETREPUBLIK

Lena

Jakutische ASSR

Jakutsk

Magadan

Ochotsk

Ochotskisches
Meer

Sachalin
(von 1920 bis 1925
von Japan okkupiert)

nojarsk

Lena

Burjat-
Mongolische
ASSR

Baikalsee

Komsomolsk

Irkutsk

Werchneudinsk

Tschita

Blagoweschtschensk

Amur

Chabarowsk

Hokkaido

Ulaanbaatar

MONGOLISCHE
VOLKSREPUBLIK

Mandschurei

Charbin

CHINA

Wladiwostok

Japanisches
Meer

JAPAN

5 Gorski ASSR   12 Armenische SSR
7 Tschetschenisches AG 13 Daghestanische ASSR
8 Abchasische ASSR   14 AG Nachitschewan
9 Adscharische ASSR   15 AG der Berg-Karabachen
10 Süd-Ossetisches AG   16 Aserbaidschanische SSR
11 Georgische SSR

gerkrieg folgten Hungersnöte, die weitere 5 Millionen Tote forderten.
Zwei Millionen Menschen verließen das Land. Etwa 7 Millionen
elternlose und obdachlose Kinder und Jugendliche bildeten in ihrer
Not Banden, lebten vom Müll der anderen oder versorgten sich durch
Bettelei und Kleinkriminalität. Die Bevölkerung von Petrograd war
von über 2 Millionen auf knapp 700 000 gesunken. Viele Einwohner
hatten in den Unruhen ihr Leben verloren. Weit mehr aber kehrten in
die Dorfgemeinde zurück, aus der sie einst gekommen waren. Dort gab
es wenigstens etwas zu essen.

Selbst die treuesten Anhänger der Revolution zweifelten am Kurs.
Im März 1921 revoltierten die Matrosen in Kronstadt, der Petrograd
vorgelagerten Marinebasis. Sie waren radikale Unterstützer der Oktoberrevolution gewesen. Der Aufstand wurde mit Luftunterstützung
zusammengeschossen. Mehr als zweitausend Aufständische wurden
hingerichtet. Sie seien Konterrevolutionäre gewesen, hieß es.

Ein wichtiger Grund für die Unzufriedenheit der Vielen war das
Scheitern der kommunistischen Wirtschaftspolitik. Vom ersten Tag der
Revolution an setzten die Bolschewiki auf das Ende der bürgerlichen
Marktwirtschaft, auf Arbeiterselbstverwaltung und zentrale Planung.
Das war marxistisch konsequent, funktionierte aber nicht gut. Die bürgerlichen Experten konnten nicht einfach ersetzt werden, die Wirren
des Bürgerkrieges erschwerten ökonomische Planung, und das, was
noch planbar war, wurde vorrangig zur Versorgung von Trotzkis Roter
Armee eingesetzt. Um den ökonomischen Kollaps zu verhindern,
wurde 1921 die «Neue ökonomische Politik» (NEP) ausgerufen. Dabei
handelte es sich um ein Bündel von Maßnahmen, die auf lokaler und
kleinbetrieblicher Ebene Marktwirtschaft und Kapitalismus erlaubten,
um die Planwirtschaft im Ganzen zu unterstützen: eine revolutionäre
Atempause. Die russische Ökonomie erreichte 1925/26 wieder das Vor-
kriegsniveau.

Das sowjetische Russland bemühte sich nun, wieder Teil der internationalen Ordnung zu werden. Die Oktoberrevolution war ganz
offensichtlich nicht der Anfang vom Ende des Kapitalismus gewesen,

und die Weltrevolution war ausgeblieben. 1927 beschloss der 15. Parteitag daher, den «Aufbau des Sozialismus in einem Lande» zu versuchen,
ohne auf die Weltrevolution zu warten. Intellektuelle in Europa und
Nordamerika schauten fasziniert auf das Experiment eines kommunistischen Staates. Er erlebte in Literatur, Musik und Film eine kulturelle
Blüte, bevor Stalinismus und sozialistischer Realismus öde Eintönig-
keit verbreiteten. Arbeiter überall in der Welt waren stolz darauf, dass
es einen Ort gab, an dem ihresgleichen die Macht hatten. Manche
brachten dem sowjetischen Experiment eine fast religiöse Verehrung
entgegen.

Mittlerweile war aus Petrograd Leningrad geworden. Lenin war 1924
gestorben. Die neue Hauptstadt Moskau bekam seinen Leichnam und
baute ein Mausoleum, einen Ort sozialistischer Heiligenverehrung.
Die alte Hauptstadt bekam seinen Namen. Lenins Nachfolger wurde
überraschenderweise nicht sein Weggefährte und Bürgerkriegsheld
Leo Trotzki, sondern Josef Wissarionowitsch Dschugaschwili, der unter dem Pseudonym Stalin («Der Stählerne») bekannt geworden war.
Ideologisch flexibel und geschickt im Umgang mit der Macht, räumte
Stalin bis Ende der 1920er Jahre alle Konkurrenten aus dem Weg und
etablierte sich als Alleinherrscher.

Stalin, die Moderne und der Terror

Zwischen der zweiten Hälfte der 1920er Jahre, als Stalin seinen Führungsanspruch durchsetzte, und seinem Tod 1953 wurde die Sowjetunion zur Weltmacht. Der Außenseiter der Weltgemeinschaft von
einst war dem kapitalistischen Westen ebenbürtig geworden, wie die
USA wenige Jahre später anerkennen würden. Die Sowjetunion hatte
die Hauptlast des Vernichtungskrieges getragen, den das nationalsozialistische Deutschland ihr aufgezwungen hatte, und am Ende gesiegt. Vor neuen Angriffen schützte sie eine Reihe von Satellitenstaa-

ten, von Polen und der Tschechoslowakei bis nach Bulgarien. Die Sowjetunion hatte die Revolution zwar nicht in die ganze Welt, immerhin aber nach China, Korea, Vietnam, Albanien und Jugoslawien exportieren können. Ihr real existierender Sozialismus wurde ein attraktives Modell für die neuen Staaten Asiens und Afrikas, die sich gerade aus den Kolonialreichen lösten. Das alles könnte eine Erfolgsgeschichte genannt werden, wäre es nicht mit einem so extrem hohen Maß an Menschenleben und Leid erkauft worden. Und den Keim des späteren Untergangs trug es schon in sich.

Wenn es einen rationalen Kern des Stalinismus gibt, dann bestand er darin, eine sozialistische Version der modernen Industriegesellschaft, wie sie sich Ende des 19. Jahrhunderts in Westeuropa und den USA herausgebildet hatte, mit größtmöglicher Geschwindigkeit im rückständigen Russland durchzusetzen. Der «Aufbau des Sozialismus in einem Land», den der 15. Parteitag 1927 beschlossen hatte, sollte erfolgreich abgeschlossen sein, bevor die kapitalistischen Mächte Zeit fänden, das Experiment zu beenden. Wie im Krieg, aus dem die Sowjetunion hervorgegangen war und dessen Erfahrungen ihre Führungsschicht prägte, lag die Führung dieses Unternehmens in den Händen weniger Personen, am Ende in den Händen eines einzigen Menschen. Die Gesellschaft wurde ständig kriegsähnlich mobilisiert, um das überlebenswichtige Ziel zu erreichen. Das zentrale Mittel, Einheitlichkeit herzustellen und Hindernisse beiseitezuräumen, war rücksichtslose Gewalt.

Zwei Vorhaben standen im Zentrum des Unternehmens: die Kollektivierung der Landwirtschaft und die Schwerindustrialisierung. Die Bauern hatten sich mit der Revolution verbunden, weil sie das Land gewonnen hatten. Doch für die forcierte Industrialisierung reichten ihre Erzeugnisse nicht aus. Daher sollten sie ihr Land nun in angeblich rationeller arbeitende Kolchosen einbringen, dort als Kollektiv wirtschaften und so die hohen Nahrungsmittelmengen produzieren, die die entstehenden Industriezentren brauchten. Das leuchtete vielen Dörflern nicht ein. Sie wichen dem Druck aus der Zentrale auf vielfältige Weise aus. Die Zentrale reagierte mit Gewalt und Zwang. Bauern wurden ermordet oder zu Zwangsarbeit verurteilt. Das Saatgut für das kommende Jahr wurde konfisziert, wenn die Quoten für das gegenwärtige Jahr nicht erfüllt worden waren. Die Folge war eine Hungersnot, mitten in den Kornkammern des Russischen Reiches: Zu Beginn der 1930er Jahre fielen ihr fünf bis acht Millionen Menschen zum Opfer. Anfang 1933 ließ Stalin die Haupthungergebiete abriegeln, um eine Flucht der Menschen zu verhindern und so die Versorgungskrise regional zu begrenzen.

Die Industrialisierung wurde mithilfe von Fünfjahresplänen vorangetrieben, die alle verfügbaren Kräfte auf den Bau von Staudämmen, Kraftwerken, Stahlwerken, Traktoren- und Automobilfabriken und anderen Schwerindustriekomplexen konzentrierten. Um die Rohstoffgewinnung in den unwirtlichen Gebieten des Nordens und Sibiriens zu ermöglichen, wurden dort Arbeitslager für Regimegegner errichtet. Der Theorie nach sollten sie durch gemeinnützige Arbeit für den Sozialismus gewonnen werden. 1930 gab es bereits 300 000 Häftlinge dieser Art, 1934 waren es 500 000. Viele von ihnen kamen ums Leben.

Der Terror erfasste in der zweiten Hälfte der dreißiger Jahre die Gesellschaft insgesamt. In rational nur noch schwer nachvollziehbarer Weise benutzten Stalin und seine Gefolgsleute Gewalt, um die Bevölkerung gefügig zu machen und vor Unzufriedenheit und Aufruhr sicher zu sein. Immer neue und immer abstrusere Verschwörungen wurden aufgedeckt. Die angeblichen Verschwörer gestanden nach Folter die erstaunlichsten Verbrechen, priesen Stalin dafür, dass er sie auf den Pfad der Wahrheit zurückgeführt habe, und wurden mit Verbannung oder Tod bestraft. Um die Suche nach Verrätern und Saboteuren zu beschleunigen, wurden für einzelne Regionen Zielzahlen von zu Entlarvenden und zu Bestrafenden vorgegeben. Schon aus Angst, selbst in die Mühlen des Terrors zu geraten, wurden die Vorgaben irgendwie erfüllt. Die Partei erklärte Denunzianten zu Helden. Die Menschen misstrauten einander.

Wahrscheinlich sind allein 1937 und 1938, in den beiden schlimmsten Terrorjahren, mehr als drei Millionen Menschen verhaftet worden. Knapp 700 000 wurden aus politischen Gründen hingerichtet, weitere knapp 700 000 aus politischen Gründen zu Gefängnis, Lager oder Verbannung verurteilt. Die Rote Armee verlor den Großteil ihrer Führung, mehr als zwei Drittel der Mitglieder des Zentralkomitees kamen um, mehr als die Hälfte der 1966 Delegierten des 17. Parteitags von 1934 ebenfalls. Im November 1938 stoppte Stalin den Terror abrupt. Er hinterließ eine tief traumatisierte Gesellschaft.

Neben Zwangskollektivierung, gewaltsamer Industrialisierung und Terror waren die 1930er Jahre aber auch eine Zeit der Massenvergnügungen, des Sports, der Feiertage und Besäufnisse. In Moskau wurde der Gorki-Park eröffnet, Vorbild vieler späterer Freizeitparks der Sowjetunion. Menschen waren auch stolz auf das, was geleistet worden war, auf Maschinen, Fahrzeuge und Gebäude, die den weltweiten Vergleich nicht scheuen mussten. In Moskau verkündete eine Metro mit kathedralengleich ausgestalteten Bahnhöfen das nun erreichte Weltniveau. Wie genau die Welt jenseits der Sowjetunion aussah, wussten nur die wenigsten. Der Traum von der sozialistischen Gesellschaft der Zukunft, die angesichts einer Welt voller Feinde nur über große Opfer erreichbar war, er wirkte fort.

Die Leningrader Blockade 1941 bis 1944

Am 22. Juni 1941 überfiel die deutsche Wehrmacht die Sowjetunion. Stalin hatte trotz gegenteiliger Spionageerkenntnisse nicht an die Kriegsgefahr glauben wollen und auf den Nichtangriffspakt mit Hitler aus dem Sommer 1939 vertraut. Der Pakt hatte der Sowjetunion immerhin die östliche Hälfte Polens eingebracht. Nun wurde der frontnahe Teil der Roten Armee überrannt. Es rächte sich, dass der Großteil der Armeeführung in den Jahren zuvor dem Terror zum Opfer gefallen war. Im September standen deutsche Truppen vor Moskau und vor

Leningrad. Doch sie konnten die Rote Armee nicht im Ganzen besiegen, die immer neue Soldaten aushob und materielle Unterstützung von Großbritannien und den USA erhielt.

Den Krieg gegen Russland haben die Deutschen jenseits aller zivilisatorischen Standards geführt, die seit der Mitte des 19. Jahrhunderts mithilfe des Roten Kreuzes entwickelt worden waren. Kriegsgefangene wurden zur Zwangsarbeit herangezogen und nicht ausreichend verpflegt, nur wenig mehr als ein Drittel haben diese Behandlung überlebt. Die Zivilbevölkerung wurde rassisch sortiert und teils in die Kriegsmaschinerie einbezogen, teils vertrieben, teils umgebracht. Deutschland betrachtete den eroberten Osten als Kolonie. Sie müsse im Dienste des Deutschen Reiches ausgebeutet und im großen Stil umgestaltet werden, ohne Rücksicht auf die als minderwertig klassifizierte Bevölkerung. Besonders schlimm traf es Leningrad. Hitler entschied im September 1941, die Stadt nicht zu erobern, um ihre Bevölkerung nicht versorgen zu müssen. Stattdessen blockierte er sie und schnitt sie von der Lebensmittelzufuhr ab. Im Winter 1941/42 sank die Temperatur dort auf minus 40 Grad. Es gab keine Lebensmittelvorräte mehr. Heizung und Strom fielen aus. Die Wasserleitungen froren ein. Es müssen sich unvorstellbare Szenen abgespielt haben, von denen wir in vereinzelt überlieferten Tagebüchern lesen können.

Die Blockade Leningrads dauerte neunhundert Tage, bis zum Januar 1944. Ab dem Winter 1942/43 gelang es, über den zugefrorenen Ladogasee und später über einen freigekämpften kleinen Korridor zumindest einige wenige Ressourcen in die Stadt zu bringen, die das Überleben möglich machten. Wahrscheinlich sind eine Million Menschen während der Blockade umgekommen. Die Belagerung Leningrads und der Durchhaltewille seiner Bevölkerung bilden ein Kernelement der sowjetischen und russischen Erinnerung an den Zweiten Weltkrieg, neben dem Sieg bei Stalingrad. Dort war im Winter 1942/43 der deutsche Ausgriff auf den Kaukasus gescheitert. Anfang Februar 1943 ergab sich die von sowjetischer Gegenwehr und dem Winter zermürbte 6. Armee der Deutschen. Sie hatte 150 000 Mann durch Kälte und

Kampfhandlungen verloren. Auf russischer Seite sind rund eine halbe
Million Soldaten ums Leben gekommen. Während die Blockade
Leningrads für das Leid und den Überlebenswillen der sowjetischen
Bevölkerung steht, war Stalingrad der Wendepunkt des Krieges im
Ganzen. Angesichts der deutschen Grausamkeit waren die sowjetischen Soldaten nach der Kriegswende 1942/43 auf ihrem Vormarsch nach Westen
wenig geneigt, ihrerseits die Zivilbevölkerung zu schonen. Sie standen
unter ungeheurem Druck, denn Stalin hatte 1942 Rückzüge verboten
und Schützen im Rücken der kämpfenden Truppe postiert, die das
Verbot auch durchsetzten. Polizeikräfte im Innern der Truppe verfolgten unnachsichtig alles, was nach Desertion oder Verrat aussah. Nach
ungeheuren Opfern hissten Rotarmisten im April 1945 die Rote Fahne
auf dem Reichstag in Berlin.

Die Sowjetunion hat die Hauptlast des Zweiten Weltkrieges getragen. Die Gesamtzahl der Todesopfer ist bis heute umstritten. Wahrscheinlich sind mehr als 20 Millionen Menschen umgekommen. Pro-
zentual haben nur der Kriegsverursacher Deutschland und Polen
einen ähnlichen Bevölkerungsverlust erlitten, während Großbritannien und die USA erheblich geringere Opferzahlen zu beklagen hatten.
Dort blieb der Erste Weltkrieg der Große Krieg des 20. Jahrhunderts,
während in der Sowjetunion und Deutschland die Erinnerung an den
Zweiten Weltkrieg die an den Ersten Krieg überdeckte.

Dass auf den heißen Krieg ziemlich unmittelbar der Kalte Krieg
folgte, die Anti-Hitler-Koalition also den Tod des deutschen Diktators
nicht lang überlebte, war wohl eher eine Folge gegenseitiger Missverständnisse als eines gezielt herbeigeführten Bruchs. Stalin verlangte
umfangreiche deutsche Reparationen, um sein geschundenes Land
wiederaufzubauen. Nach der Erfahrung von 1941 hatte er ein extremes
Sicherheitsbedürfnis, das er durch einen Kranz von Satellitenstaaten
am westlichen Rand der Sowjetunion und auch in Asien befriedigen
wollte. Die Westmächte interpretierten das als Versuch, die Weltrevolution zu exportieren, und hielten dagegen. Anfang der 1950er Jahre

wurde im Koreakrieg die neue Konfliktlinie sichtbar. Im geteilten Deutschland und im geteilten Berlin mit der 1961 gebauten Mauer fand sie ihren sichtbarsten Ausdruck. Paradoxerweise waren die Deutschen auch Profiteure der Konfrontation. Schneller, als nach ihren unfassbaren Menschheitsverbrechen zu erwarten war, wurden sie in die neuen Bündnissysteme Warschauer Pakt und NATO aufgenommen und wieder Teil politischer und gesellschaftlicher Zirkel.

Der real existierende Sozialismus

Stalin starb 1953. Die Sowjetunion stand unter Schock, weil es keine Nachfolgeregelung gab und ein Leben ohne den alles überstrahlenden und überschattenden Diktator unvorstellbar schien. In den Nachfolgekämpfen setzte sich Nikita Chruschtschow durch. Er machte Stalins Verbrechen zu einem Thema des 20. Parteitags 1956 und entließ die Hälfte der Häftlinge. Vollständig konnte seine Distanzierung nicht sein, weil er wie alle anderen Sowjetführer in der Stalinzeit Karriere gemacht hatte und damit Teil des Terrorapparats gewesen war. Chruschtschow erlaubte eine Zeitlang größere Freiheiten in Kunst und Kultur. Er war der erste Sowjetführer, der volkstümlich war, mit Menschen auf der Straße reden konnte. Chruschtschow war aber auch impulsiv und konnte sich gelegentlich in Rage reden. Bei einem Auftritt vor der UN-Generalversammlung 1960 hieb er in jäh aufflammendem Zorn mit seinem Schuh auf das Rednerpult ein. Derartige Ausbrüche irritierten viele. Dass er die aufständischen Ungarn 1956 mit militärischer Gewalt in den Kreis der Satellitenstaaten zurückzwang und Widerstände in Polen gewaltsam brach, kostete ihn viele Sympathien.

Die sowjetische Wirtschaft hatte in der Stalinzeit einen großen Sprung nach vorn gemacht. Mit der Entwicklung von Atombombe und Wasserstoffbombe, mit dem Abschuss des ersten Satelliten ins All (noch vor den USA) hatte sie bewiesen, dass sie mit den Konkurrenten

im Kalten Krieg gleichgezogen hatte. Daher war Chruschtschow von
der Überlegenheit seiner Gesellschaftsordnung ehrlich überzeugt. Er
reiste in die USA und nach Asien, er verkündete die «friedliche Koexis-
tenz» des kommunistischen mit dem kapitalistischen System, weil er
sicher war, den Westen zu überholen und binnen einer Generation die
Weltrevolution durch Augenschein und Überzeugung herbeizuführen.
Doch gleichzeitig erlahmte die Dynamik des Sowjetsystems. Chruschtschow hätte das wissen können, wenn er die Zahlen ernst genommen
hätte, die ihm seine Mitarbeiter präsentierten. Neue Felder der Wirtschaft jenseits von Schwerindustrie und Atomtechnik erforderten neue
Techniken und Verfahrensweisen. Mit den bewährten sowjetischen
Planungsmustern war dies nicht zu bewältigen. Zum brutalen Zwang
der Stalinzeit wollte niemand zurück, und wahrscheinlich hätte auch
er nicht geholfen. In der Führung der Sowjetunion mehrten sich die
Zweifel, ob Chruschtschow die Verhältnisse noch angemessen ein-
schätzte.

Im Jahr 1964 entmachteten die Kollegen aus der obersten Parteiführung ihren
Generalsekretär. Immerhin wurde Chruschtschow nicht ermordet wie
so viele geschasste sowjetische Führungskräfte vor ihm. Die stalinisti-
schen Methoden gehörten wirklich der Vergangenheit an. Der Stil-
wechsel erlaubte es Chruschtschow, nach seiner Entmachtung Blumen
zu züchten, eine Autobiographie zu schreiben, sie außer Landes zu
schaffen, in einem westlichen Verlag zu veröffentlichen und 1971 eines
natürlichen Todes zu sterben.

Chruschtschow war der letzte Sowjetführer, der offensiv den baldi-
gen Sieg des Kommunismus verkündete und die sowjetische Politik auf
diesen Sieg ausrichtete. Von nun an würde es nur noch um Konkur-
renzfähigkeit gehen, und ab den 1980er Jahren ums Überleben. Während die Perspektiven der Sowjetunion sich allmählich verdüsterten,
gewann sie allerdings international deutlich an Einfluss. Zahlreiche
junge Staaten in Afrika und Asien, die das britische und französische
Empire mehr oder weniger friedlich verließen, orientierten sich am sozialistischen Gesellschaftsmodell. Sie wollten schnell Anschluss an die

Industriemoderne gewinnen. Und sie wollten sich von den ehemaligen Kolonialmächten absetzen, die zum westlichen Bündnis gehörten.

Auf Chruschtschow folgte Leonid Breschnew, der vorsichtig war, sich beraten ließ und als Teil einer Führungsriege auftrat. Routine hielt Einzug, das Leben wurde für alle berechenbarer. Es gab Wohnungen und ein Recht auf Privatheit. Die Parteikader wurden nicht mehr ausgewechselt, die Verantwortungsträger alterten miteinander. Zeitzeugen behaupten in Interviews, die 1960er und 1970er Jahre seien die glücklichste Zeit der Sowjetunion gewesen. Die Menschen verhielten sich loyal zu einer Regierung, die soziale Sicherheit und Wohlstand gewährte. Die Regierung tolerierte – ohne es offiziell zuzugeben – Schattenwirtschaft, Korruption, Nebenjobs und Privatisieren, weil die offiziell unantastbare Planwirtschaft ohne derlei Schleichwege und Selbsthilfenetze nicht funktionierte.

Natürlich gab es auch die Abweichler, die mit der Politik unzufrieden waren, die Mitsprache und Menschenrechte einforderten. Doch sie waren wenige und blieben es auch. Regimekritiker wurden verfolgt. Erschießungen waren aber selten geworden, Massenhinrichtungen wie in der Stalinzeit gab es nicht mehr. Die Lager hatten weniger Insassen. Alternativ wurden Dissidenten nun in die Psychiatrie gesteckt, was nicht unbedingt besser war. Nach den KSZE-Vereinbarungen von Helsinki 1975 brachten Dissidenten im Ostblock ihre Regierungen in Verlegenheit, indem sie sich auf Menschenrechtsvereinbarungen beriefen, die die Ostblockführer in Helsinki unterschrieben hatten. Andere Dissidenten wendeten die Geschichtsbilder und Utopien von Karl Marx, mit denen dieses Kapitel begann, gegen die Funktionärsprivilegien und Alltagsroutinen des real existierenden Sozialismus. Was sollte aus dem Sozialismus werden, nachdem die Perspektive auf eine herrschaftsfreie Gesellschaft verloren gegangen war?

Bereits Ende der 1960er Jahre hatte Breschnew festgestellt, dass die Produktivität von Industrie und Landwirtschaft mit jedem neuen Fünfjahresplan weniger stieg. Gleichzeitig nahm die Fähigkeit zu technologischer Innovation ab. Den Computern und dem beginnenden

IT-Sektor des Westens hatte der Osten nichts entgegenzusetzen. Wohlstand für die Vielen war immer schwerer zu finanzieren. Es war ein Glück, dass mit der Ölkrise von 1973 die Preise für Öl und Gas explodierten. Die Sowjetunion konnte beides exportieren und so den allmählich in Schieflage geratenden Staatshaushalt ausgleichen. Dennoch: Der große Spurt, den die Sowjetunion während des Stalinismus hingelegt hatte, war zu Ende. Der Abstand zum Westen nahm wieder zu. Ende der 1970er Jahre war Breschnew ein alter, tablettensüchtiger und kaum noch arbeitsfähiger Mann, der um die wachsenden Probleme des real existierenden Sozialismus wusste, sie aber nicht mehr lösen konnte. Die mit ihm alternde Führungsriege ernannte nach seinem Tod noch zwei Nachfolger, die beide nach kurzer Regierungszeit verstarben. Dann kam Gorbatschow.

Überwältigter Reformer: Gorbatschow

Michail Gorbatschow war mit vierundfünfzig Jahren vergleichsweise jung, konnte reden, diskutieren, wusste sich zu kleiden und hatte eine schöne und intelligente Frau. Er war das genaue Gegenteil dessen, was man sich im Westen unter einem sowjetischen Politiker vorstellte. Und er handelte auch so. In den nicht einmal sieben Jahren seiner Regierung ab 1985 endete der Kalte Krieg (wofür symbolisch der Fall der Berliner Mauer und die Wiedervereinigung Deutschlands stehen), löste sich der Warschauer Pakt auf, zerfiel die Sowjetunion. Nichts davon hat Gorbatschow gewollt. Ihm ging es darum, die «Stagnation» der letzten Breschnew-Jahre zu beenden und sein Land wieder zukunftsfähig zu machen. Dafür hatte er ein Reformprogramm entwickelt, das um die Begriffe «Glasnost» (Offenheit), «Perestroika» (Umgestaltung) und «Zurück zu Lenin» kreiste. Doch dieses Programm löste eine Dynamik aus, die er immer weniger im Griff hatte und die ihn schließlich selbst hinwegfegte. Für viele Menschen in Deutschland und den

osteuropäischen Satellitenstaaten und auch für die Dissidenten der
Sowjetunion ging mit dieser Entwicklung ein Traum in Erfüllung.
Die meisten Russen sehen das anders. Für sie hat Gorbatschow die
sowjetische Weltmacht ruiniert, für die seit 1917 so viele Opfer gebracht worden waren. Er hat die mit Millionen Toten bezahlten Gebietsgewinne des Zweiten Weltkriegs ohne Gegenleistung an den Westen verschenkt. Die Loyalität der Menschen mit dem System während
der Breschnew-Ära war gebrochen. Sicherheit und Wohlstand gingen
verloren, die weitverzweigten Selbsthilfenetze fielen in den wilden
1990er Jahren der Privatisierung zum Opfer. Erst unter Wladimir Putin
hat sich wieder Stabilität eingestellt. Dafür sind zwar erneut die politischen Rechte eingeschränkt, aber wie in den 1960er und 1970er Jahren empfindet das nur ein kleinerer Teil der Bevölkerung als Skandal.

Leningrad heißt nach einer Volksabstimmung 1991 wieder Sankt
Petersburg. Der Versuch, die sozialistische Utopie mit Gewalt zur Gänze
in die Realität zu überführen, ist beendet. Auch die sozialistischen Utopien der asiatischen und afrikanischen Staaten, die sich in den 1960er
Jahren an Russland orientiert hatten, sind anderen Zielsetzungen gewi-
chen. Die Arbeiterparteien und Sozialdemokratien des Westens halten
am Ziel einer gerechteren und menschenfreundlicheren Gesellschaft
fest. Ob die Utopien des 19. Jahrhunderts für ihren politischen Alltag
eine Bedeutung haben, ist unsicher. Russland aber steht wie um 1900
vor der Herausforderung, einen eigenen Weg in die Zukunft zu entwickeln, weil die Probleme des Landes weder mit den Instrumenten
des Westens noch mit dem Verweis auf die eigene Tradition, noch mit
Glück verheißenden sozialistischen Utopien zu lösen sind.

18.
Der Volta-See

«Golden Age»: Ghana startet durch

Der Volta-See ist der größte menschengemachte See der Erde. Er bedeckt ein Neuntel der Fläche des westafrikanischen Staates Ghana, der knapp nördlich des Äquators liegt. «Goldküste» hatte die Kolonie zwischen Togo und Nigeria auf der einen und der Elfenbeinküste auf der anderen Seite geheißen, bevor sie unabhängig wurde. Mit dem neuen Namen Ghana sollte an ein altes afrikanisches Großreich angeknüpft werden, das wir im Kapitel «Kilwa» kennengelernt haben. Im Norden grenzt Ghana an Burkina Faso, das «Land der Aufrichtigen», wie es seit einem Militärputsch 1983 heißt. Vorher war dessen kolonialer Name «Obervolta» gewesen, das Land am Oberlauf des Volta also, des Flusses, der den riesigen Stausee speist und ihm seinen Namen gibt.

Der Volta-See ist in den frühen 1960er Jahren aufgestaut worden. Der Staudamm ist nur einer von vielen, die in der weltweiten Planungs- und Großbaueuphorie der Boomjahre nach dem Zweiten Weltkrieg gebaut worden sind. Das Volta-Projekt war ziemlich groß für ein ziemlich kleines Land. 739 Dörfer mit 80 000 Menschen mussten umgesiedelt werden, damals mehr als ein Prozent der Bevölkerung. Andererseits war es nur eines – wenn auch das größte – von vielen kostspieligen Entwicklungsprojekten dieser Jahre. Ghana wollte in die Zukunft springen. Im Einklang mit damals angesagten Wirtschaftstheorien und mit Blick auf das Beispiel Sowjetunion sollte das Staudammprojekt den *take-off* einleiten. Wie ein Flugzeug mit hohem Maschineneinsatz den Boden verlässt, um steil in den Himmel aufzusteigen und dort selbständig zu gleiten, so sollte Ghana gemäß den Ideen des amerikanischen Wirtschaftstheoretikers Walt Whitman Rostow die vormoderne Agrarwelt verlassen, um sich sicher in der Zeit der Stahlwerke und Maschinenfabriken zu bewegen. Für eine kurze Zeit musste dazu ein hoher Einsatz erbracht werden.

Weder Ghana noch seine Nachbarn hatten Verwendung für die Strommengen, die der Volta-Staudamm produzierte. An den Staudamm wurde daher eine stromfressende Aluminiumfabrik angegliedert, die Rohmaterial, das man aber importieren musste, verarbeiten und dann das fertige Aluminium exportieren sollte. Für diesen Handel wurde zusätzlich ein Überseehafen gebaut. Nichts davon war durchfinanziert oder rentabel. Doch darum ging es auch nicht. Elektrizität, Schwerindustrie und Hafen sollten gemeinsam die Industrialisierung anstoßen, so wie der erste Dominostein eine unaufhaltsame Kettenreaktion anstoßen kann. Die niedrigen Strompreise würden weitere Investoren anlocken. An die Aluminiumfabrik würden Weiterverarbeitungsbetriebe andocken. Die würden viele Ideen für neue Indus-

trien und Dienstleister anregen. Es würde Arbeitsplätze in den an-
wachsenden Städten geben, qualifizierte Arbeit für die Schüler, die in
den vielen, gerade neu gebauten Schulen und der neuen Landesuniver-
sität ausgebildet wurden. Dann würden Steuern fließen. Das erste ent-
kolonialisierte Land Afrikas südlich der Sahara würde seinen ehemaligen britischen Kolonialherren auf Augenhöhe begegnen können.

Um zu verhindern, dass nach dem Ende der Kolonialzeit die großen
internationalen Wirtschaftskonzerne übermächtigen Einfluss gewinnen würden, musste Ghana schnell in die Moderne springen. Andere
Länder hätten dreihundert Jahre Zeit für diesen Weg gehabt, schrieb
Ghanas erster Präsident Kwame Nkrumah. «Uns muss das in einer
Generation gelingen, wenn wir überleben wollen.» Weil die Zeit so
knapp war, nahm die erste Regierung Ghanas die Sache selbst in die
Hand. Bestehende große und größere Wirtschaftsunternehmen wurden
verstaatlicht, neue Industriebetriebe wurden entworfen und gebaut,
die Landwirtschaft unterlag einer straffen Planung. Am 22. Januar 1966
weihte Kwame Nkrumah den Volta-Staudamm feierlich ein. Nicht
einmal einen Monat später wurde der Präsident durch einen Militärputsch gestürzt.

Der Volta-See und der Aufstieg und Fall des Kwame Nkrumah stehen für eine Geschichte des 20. Jahrhunderts aus der Sicht des globalen
Südens. Dort hatten die beiden Weltkriege und der Kalte Krieg eine
völlig andere Bedeutung als im globalen Norden. Sie waren Teil der
Geschichte von Kolonialisierung und Entkolonialisierung und der damit verbundenen Pläne, Hoffnungen, Enttäuschungen und Opfer. Die
Zahl der Kolonien weltweit ist im 20. Jahrhundert von 163 (1913) über
68 (1965) auf 33 (1995) gesunken, während die Zahl der international
anerkannten souveränen Staaten von 32 (1919) über 82 (1957) auf 193 um
das Jahr 2000 gestiegen ist. Die politische Landkarte Ozeaniens, Asiens
und Afrikas hat sich nach dem Zweiten Weltkrieg völlig verändert.
Wirtschaft, soziale Verhältnisse und Lebenswelten der Menschen haben
sich mit den Landkarten gewandelt, immer in Auseinandersetzung mit
den Kolonialmächten des Nordens. Im tropischen Afrika gab es die

Boomjahre des 20. Jahrhunderts bis zum Ölpreisschock der siebziger
Jahre auch. Doch der Kontrast zwischen hochfliegenden Plänen und
ökonomischer Krise war viel krasser als in Europa und Nordamerika.

«Wind of Change»: Die Kolonien in Afrika werden unabhängig

Die Dekolonialisierung des britischen und französischen Afrika südlich der Sahara in den 1950er und 1960er Jahren ist eine von sechs
Dekolonialisierungswellen der Neueren Geschichte. Die erste Welle
haben wir in den Kapiteln «Cap Français» und «Amerika!» kennengelernt: das weitgehende Ende der amerikanischen Kolonialreiche
Englands, Frankreichs und Spaniens um 1800.

Die zweite Welle ist lang gezogen und gemächlich: Die britischen
Siedlerkolonien Kanada, Australien und Neuseeland wurden zwischen
1867 und 1967 allmählich selbständig. In den Augen vor allem der Briten sollte sie das Beispiel geben für die Gestaltung der Dekolonisation
im Ganzen: ein über Generationen laufender Prozess der Übergabe
von Verantwortung, während der kulturelle und wirtschaftliche Einfluss blieb. Doch so ist es nicht gekommen.

Die dritte Welle haben wir kurz am Ende des Kapitels «Shajahanabad» und im Kapitel «Hokkaido» gesehen: den Untergang des britischen, niederländischen und französischen Kolonialreichs in Asien
direkt nach dem Zweiten Weltkrieg. Von Indonesien bis nach Sri Lanka,
Indien und Pakistan entstand eine neue Staatenwelt. Nach dem Zusammenbruch Japans, das sich während des Krieges in den europäischen Kolonialgebieten breitgemacht hatte, wollten die Europäer ihre
Kolonien zurück. Sie mussten aber feststellen, dass sich dort mittlerweile nationale Befreiungsbewegungen gebildet hatten. Es kam zu
militärischen Konflikten, in denen die Europäer unterlagen oder wegen
zu hoher Kosten aufgaben.

Etwa zeitgleich setzte die vierte Welle der Entkolonialisierung ein,

Afrika nach dem Ende der Kolonialzeit

von Nordafrika bis nach Westasien. Bis Anfang der 1960er Jahre entstanden zwischen Marokko und Afghanistan unabhängige Staaten.
Dieser Prozess ist sehr konfliktreich gewesen. Es waren vertrackte Probleme zu lösen: Juden und Araber mussten zusammen in Palästina
leben. Die Franzosen mussten sich von Algerien trennen, das sie schon
zum Bestandteil Frankreichs erklärt und in Departements aufgeteilt
hatten. Wir schauen uns das nachher im Kapitel «Kairo» an.
    Am Beginn der fünften Welle stand die Unabhängigkeit Ghanas 1957.
Drei Jahre später, 1960, sind gleich achtzehn neue Staaten in Afrika
entstanden. Der britische Premier Harold Macmillan verkündete am
Beginn einer einmonatigen Afrikareise am 10. Januar 1960 in Accra:
«Der Wind des Wandels [wind of change] weht durch diesen Kontinent.» Der Wunsch der Afrikaner nach nationaler Selbständigkeit sei
ein politisches Faktum. Ziel der britischen Politik müsse es sein, den
Wandel zu gestalten, nicht, ihn zu verhindern. Anders als in der dritten und vierten Welle ist es während der fünften Welle in Afrika fast
immer gelungen, Übergänge auszuhandeln und den Machtwechsel
friedlich zu gestalten. Nur die Belgier sind aus dem Kongo regelrecht
geflüchtet.
    Die sechste und letzte Welle der Entkolonialisierung ist vielfältig
gebrochen. Es geht um die aus verschiedenen Gründen übrig Gebliebe-
nen: die portugiesischen Kolonien Guinea-Bissau, Angola und Mosambik, die weißen Siedlerkolonien Rhodesien und Südafrika. Sie sind
zwischen 1974 und 1994 in afrikanische Hände übergegangen. Mit dem
Zusammenbruch der Sowjetunion 1991 sind in Zentralasien Kasachstan, Kirgisien, Tadschikistan, Usbekistan, Turkmenistan und im Kaukasus Georgien, Armenien und Aserbaidschan unabhängig geworden.
Seither, eigentlich aber schon seit Ende der fünften Welle, ist Kolonialismus ein politischer Kampfbegriff und ein Schimpfwort.
    Die fünfte Entkolonialisierungswelle, um die es in diesem Kapitel
hauptsächlich geht, umfasst einen kompakten Raum – Afrika südlich
der Sahara – beinahe im Ganzen. Sie wurde mit den europäischen
Kolonialmächten schrittweise verhandelt. Außerdem fand sie in einem

sehr günstigen Umfeld statt: Die Weltöffentlichkeit, vertreten in der Generalversammlung der Vereinten Nationen in New York, begrüßte neue Staaten und gestaltete Übergänge. Und die beiden Supermächte USA und Sowjetunion wollten als Konkurrenten im Kalten Krieg die neuen Staaten für sich gewinnen und machten ihnen daher Angebote. Der Wirtschaftsboom der 1950er und 1960er Jahre bot allen Beteiligten finanzielle Spielräume. Es herrschte Aufbruchsstimmung.

Briten und Franzosen kanalisierten den «Wind of Change» in unterschiedlicher Weise. Die Briten bevorzugten Einzellösungen. Jede Kolonie sollte ihren Weg mit dem Gouverneur und dem Colonial Office in London aushandeln. Am Ende sollte eine Gemeinschaft unabhängiger Staaten mit britischen Werten und britischen Lösungen für politische, wirtschaftliche und gesellschaftliche Probleme stehen: das Commonwealth of Nations. Die Franzosen favorisierten dagegen eine zentral gedachte Gesamtlösung. Sie wollten die afrikanischen Eliten so französisch machen, dass sie aus freien Stücken in einer um Paris kreisenden eigenen Welt bleiben würden. Es gab schwarzafrikanische Minister in französischen Kabinetten nach 1945. Parteipolitische Auseinandersetzungen in Paris spiegelten sich in den Kolonien wider. Und bis heute schreitet Frankreich trotz formaler Loslösung der ehemaligen Kolonien militärisch im Französisch sprechenden Afrika ein, wenn es Probleme gibt. Es kann dabei auf die Zustimmung lokaler Eliten bauen.

Unter den britischen Besitzungen in Afrika lassen sich westafrikanische, ostafrikanische und südafrikanische Wege unterscheiden. In Ostafrika gab es eine deutliche schwarze Bevölkerungsmehrheit, aber auch viele weiße Siedler. In Uganda, Tansania und Kenia lebten außerdem viele Inder. Das führte zu schwierigen Aushandlungsprozessen und auch zu Gewalt im Moment der Unabhängigkeit. In Westafrika gab es außer in den wenigen Küstenstädten kaum Europäer. In Südafrika wiederum hatte sich eine Siedlerkolonie gebildet, die verfassungsmäßig Australien, Neuseeland und Kanada gleichgestellt war, aber eine schwarze Bevölkerungsmehrheit hatte. Um diesem Dilemma zu entkommen, hatten die Weißen nach 1948 das Apartheidsystem errichtet, das getrennte Lebensweisen für Weiße, Inder und Afrikaner festschrieb, aber die Schwarzen diskriminierte und nur den Weißen Vorteile brachte. Bis 1990 hielt dieses System durch, bevor es zu einem verhandelten Übergang zu einem demokratischen Staat zunächst unter dem ersten gewählten Präsidenten Nelson Mandela kam. Weiter nördlich ließen sich die weißen Siedler Rhodesiens vom Apartheidsystem inspirieren. Sie errichteten ihre eigene weiße Republik, die erst nach langem Bürgerkrieg 1980 der schwarzen Mehrheitsbevölkerung übergeben wurde. Seither heißt sie Simbabwe, in Erinnerung an die fünfhundert Jahre zuvor untergegangene große Stadt Simbabwe und ihr Reich, die wir im Kapitel «Kilwa» kennengelernt haben.

Als Kwame Nkrumah und seine britischen Verhandlungspartner eine maßgeschneiderte Lösung für die Goldküste suchten, hatten alle vor Augen, wie die Entkolonialisierung in Südostasien, in Indien, in Palästina oder Algerien abgelaufen war. Sie wussten um die Schwäche Großbritanniens und die Interessen der Amerikaner und Sowjets. Und sie kannten die besondere Stellung der Goldküste in Westafrika: Sie war nicht die größte Kolonie – das war Nigeria –, aber sie war vergleichsweise wohlhabend, und die inneren Konflikte schienen steuerbar. Die Goldküste konnte es schaffen.

Die britische Musterkolonie

Schon seit Ende des 19. Jahrhunderts war die Goldküste die britische Musterkolonie in Westafrika gewesen. Zwei Drittel des weltweit vermarkteten Kakaos wurden hier angebaut, nicht von weißen Großgrundbesitzern, sondern von afrikanischen Bauern. Das Land hatte seit dem 19. Jahrhundert und damit schon vor der Kolonialisierung aktiv am Welthandel teilgenommen. Zunächst wurde Kautschuk exportiert. Dann wurde die Goldküste das Kakaoland, so wie ein Jahrhundert zuvor Saint Domingue das Zucker- und Kaffeeland gewesen war.

Doch zwischen den beiden gab es bedeutende Unterschiede. Erstens hatte die Goldküste keine weißen Pflanzer oder Siedler. Produktion und Vermarktung bis zur Küste lagen in den Händen der Afrikaner, wobei auch libanesische und syrische Händler eine Rolle spielten. Zweitens gab es keine Sklavenarbeit. Familien- oder Lohnarbeit war die Regel. Drittens wurden Kriege zwischen den europäischen Mächten nicht in Westafrika ausgetragen. Europäisches Militär und Verwaltung blieben klein, die Afrikaner organisierten den Alltag der Kolonie selbst. Viertens war der Beitrag der Europäer zur Kakaowirtschaft insgesamt gering. Die Dynamik ging von den Bauern und Händlern aus. Die Kolonialverwaltung hat nur einen Teil der Profite abgeschöpft. Den Ausbau der Kakaoproduktion hat sie eher unabsichtlich durch den Bau von Bahnstrecken ins Hinterland gefördert. Die Eisenbahn war geplant worden, um das zweite wichtige Exportgut der Goldküste befördern zu können: Gold, das im Bergbau gewonnen wurde. Doch faktisch erschlossen die Bahnen vor allem neue Regionen für den Kakaoanbau, weil nun der Transport leichter und billiger wurde.

Afrikanische Produktion und afrikanischer Handel von Kautschuk, Kakao und Gold haben die Goldküste verändert. An der Küste entstanden Handelspunkte: Zum alten Zentrum Cape Coast kamen Sekondi und die neue Residenz der Briten, Accra, hinzu, beides Endpunkte der Inlandseisenbahnen und daher Verkehrs-, Handels- und Verwaltungszentren in einem. An der Küste lebten immer mehr Menschen nicht mehr von der Landwirtschaft. Weiter im Landesinnern verlangten die Kakaobauern klare Landrechte: Kakaobäume brauchen mehrere Jahre, bis sie erstmals Früchte tragen, da ist es gut, bei der Bepflanzung zu wissen, dass das Land zur Zeit der Ernte noch in gleichen Händen ist. In den Goldminen forderten die Arbeiter höhere Löhne und bessere Arbeitsbedingungen.

Kakaobauern und Minenarbeiter haben die Strukturen der afrikanischen Gemeinwesen verändert. Die waren eigentlich elastisch genug, um das abzufangen. Doch die Briten hatten inzwischen die Stellung der Häuptlinge in den Dörfern gestärkt, um mit ganz wenig europä-

ischem Personal große Regionen beherrschen zu können. In Nord-
nigeria gab es um 1900 nur einen britischen Verwaltungsbeamten auf
100 000 Einwohner, in Sierra Leone waren es fünf auf mehr als eine
Million Einwohner. Die Gouverneure der britischen Kolonien beriefen
Häuptlinge, «Chiefs», in ihre Beratungsgremien, die zwischen britischer Weltherrschaft und lokalen Problemen vermitteln sollten. Doch
diese als traditionell beschriebenen, tatsächlich aber neuen Strukturen
passten nicht gut zu den Ansprüchen selbstbewusster Kakaobauern,
Minen- und Transportarbeiter sowie Händler und Geschäftsleute. Sie
bildeten Selbstorganisationen: Gewerkschaften, Bauernverbände, Händ-
lerorganisationen. Auch die Chiefs selbst konnten sich ihrer Macht
nicht sicher sein. Nach 1900 kam es immer häufiger zu Häuptlings-
absetzungen.

Zu solchen Spannungen kamen weitere Konflikte: Das Christentum
expandierte mit europäischen Missionaren von den Küsten aus. Der
Islam hatte schon seit dem späten 18. Jahrhundert vom Binnenland
her seine Anhängerschaft vergrößert. Zwischen beide Buchreligionen
gerieten die afrikanischen Religionen. Sie nahmen sowohl christliche
als auch muslimische Elemente auf beziehungsweise interpretierten
die Weltreligionen eigensinnig. Mit der christlichen Mission kamen
die Schulen. Lesen und schreiben lernen: das bedeutete europäische
Bildung in europäischen Sprachen und mit europäischen Inhalten.
Neue Horizonte und Aufstiegschancen ergaben sich, die bis in briti
sche und nordamerikanische Hochschulen und dann in die Kolonialverwaltung führen konnten. Zwischen denjenigen, die lesen konnten
und auf sozialen Aufstieg hofften, und denjenigen, die beim Wissen
der Dörfer blieben, taten sich Gräben auf.

Im Ersten Weltkrieg kämpften 25 000 Soldaten aus Britisch-West-
afrika. Außerdem kam eine größere, aber nicht genau bekannte Zahl
an Trägern zum Einsatz. Was sie dort erlebten – Weiße lagen in Schüt-
zengräben im Dreck, massakrierten sich gegenseitig und brachen alle
zivilisatorischen Standards, die sie in Afrika vermitteln wollten –, trug
wahrscheinlich zur wachsenden Ablehnung der Kolonialherrschaft

bei. Zudem tolerierten die Weißen nun keinen Widerstand mehr und richteten die afrikanische Wirtschaft auf Kriegsbedürfnisse aus. Als sich der Zugriff nach Kriegsende lockerte, gab es eine Reihe von Streiks im Bergbau und bei der Eisenbahn. Eine lebhafte afrikanische Presse diskutierte die «Afrikanisierung» der wachsenden Verwaltung. Bauern organisierten Proteste und Boykotts, weil die Kakaopreise Ende 1920 zusammenbrachen. Sie sollten erst in den 1950er Jahren wieder die Höchststände der Jahre 1919/20 erreichen.

In allen westafrikanischen Kolonien experimentierten die britischen Gouverneure in den 1920er Jahren mit Parlamenten. In der Regel wurde ein Teil der Abgeordneten von denjenigen gewählt, die die meisten Steuern zahlten (und in der Regel in den Küstenstädten wohnten), während der Rest von Häuptlingsversammlungen bestimmt wurde (die ihre Machtbasis im Binnenland hatten). Die Parlamente konnten beraten, nicht entscheiden. Das befriedigte niemanden so recht, wirkte vorläufig und war eine Lösung für den Übergang.

Die Weltwirtschaftskrise ab 1929 traf die Goldküste hart. Noch einmal fielen die Kakaopreise, die Löhne der Minen- und Transportarbeiter wurden gekürzt. Um den extrem schwankenden Kakaopreis berechenbarer zu machen und den Einfluss multinationaler Konzerne zu reduzieren, wurde nach langen Debatten 1939 ein koloniales «Marketing Board» eingeführt. Es organisierte die Kakaovermarktung für die Bauern, sollte dadurch deren Position auf dem Markt verbessern und verlässlichere Preise garantieren. Zunächst ist das gelungen. Doch zwanzig Jahre später sollte dieses Board in den turbulenten Jahren des ersten Präsidenten Kwame Nkrumah eine verhängnisvolle Rolle spielen.

Aufstieg und Fall des Kwame Nkrumah

Die Goldküste war Mitte des 20. Jahrhunderts eine von vielen Spannungen durchzogene, sehr dynamische Gesellschaft. Viele Afrikaner und sehr wenige Europäer suchten und fanden ihre Chancen im Zusammenhang mit Weltmärkten und ausbaufähigen politischen Strukturen. Vor diesem Hintergrund ist es wirklich erstaunlich, dass europäische und amerikanische Wirtschaftstheoretiker der 1950er Jahre die Goldküste wie alle anderen afrikanischen Kolonien unter dem Begriff «vormodern» oder «traditionell» zusammenfassten und als Heilmittel für ihre Schwächen einen von außen herbeigeführten Industrialisierungsschub nach englischem, amerikanischem oder sowjetischem Muster empfahlen. Etwas weniger erstaunlich ist, dass Afrikaner diese Geschichte glaubten. Die afrikanischen Unabhängigkeitspolitiker teilten in der Regel den intellektuellen Horizont ihrer Kolonialherren. Die meisten von ihnen hatten christliche Missionsschulen besucht und waren dann an britische, französische oder US-amerikanische Universitäten gegangen.

Auch Kwame Nkrumah (Jahrgang 1909), der erste Staatschef von Ghana, hatte zunächst eine Missionsschule besucht, war dann 1926 an ein Lehrerseminar in Accra gegangen, 1930 Lehrer und 1931 Direktor einer katholischen Junior School in Aksima geworden – mit zweiundzwanzig Jahren. Vier Jahre später ging er in die USA, um zu studieren. Verwandte bezahlten die Schiffspassage, sein Studentenleben finanzierte er durch Jobs als Tellerwäscher und Dienstbote. Nkrumah erwarb Bachelor-Grade in Wirtschaft, in Soziologie und in Theologie und einen Master in Education. Er las und studierte alles, was ihm in die Hände fiel. Er engagierte sich in der panafrikanischen Bewegung, die Intellektuelle aus den USA, der Karibik und Westafrika zusammenführte. Sie diskutierten über das Wesen des afrikanischen Menschen, die Rassengesetze und den Alltagsrassismus in den USA und der Karibik sowie den Kolonialismus in Westafrika. Nkrumah hielt Vorträge,

erregte erstes Aufsehen. Nach Ende des Zweiten Weltkriegs ging er
nach London, um dort seine Dissertation voranzubringen und näher
an den politischen Entwicklungen im British Empire zu sein. Er sog
sozialistisches Gedankengut auf und verband es geschickt mit dem
Panafrikanismus. 1947 kehrte Nkrumah nach Ghana zurück.
Eingeladen hatten ihn die Herren der United Gold Coast Convention. Die Händler und Geschäftsleute der Küstenstädte suchten für ihre
politische Plattform einen Generalsekretär. Sie wollten mehr Selbständigkeit: einerseits gegenüber der Kolonialverwaltung, andererseits gegenüber den Häuptlingen des Binnenlandes. Das ferne Ziel am Horizont war politische Selbständigkeit, und die Chancen hierfür standen
gut. Die Kakaopreise stiegen. Die Geschäfte florierten. Gouverneur
Alan Burns hatte 1946 eine neue Verfassung erlassen, die den Afrikanern größere politische Rechte einräumte. Dahinter stand ein Strate-
giewechsel im Colonial Office in London. Konfrontiert mit dem Ende
der Kolonialherrschaft in Indien (dritte Dekolonialisierungswelle) und
ganz unsicheren Perspektiven für Westasien (vierte Dekolonialisierungswelle), plante London erstmals detailliert die Zukunft der afrikanischen Kolonien. Wie Frankreich hatte Großbritannien ein neuarti-
ges afrikanisches Empire vor Augen. Es sollte Entschädigung sein für
den Übergang der Weltmachtstellung an die USA und die Sowjetunion. Es sollte zeigen, dass die Briten das Ziel der Entwicklung ernst
nahmen. Der britische Teil Afrikas sollte binnen einer oder zweier
Generationen unabhängig werden und doch britisch bleiben. Denn die
Afrikaner, so dachten die Briten, würden honorieren, dass die Briten
Eisenbahnen und Schulen gebaut hatten, dass ihre demokratischen
Institutionen vorbildlich waren.

Weder die Briten noch die politischen Eliten der United Gold Coast
Convention hatten allerdings die Stimmung im Land richtig eingeschätzt. Sie war schlechter als die wirtschaftliche Lage. Eine erste Generation von Schulabsolventen langweilte sich in den Städten. Diese
«Verandah Boys» wollten nicht mehr aufs Land zurück, fanden aber in
den Städten keine angemessenen Jobs. Veteranen des Zweiten Welt-

kriegs verlangten bessere Entschädigung für ihre Entbehrungen. Kakaobauern revoltierten gegen ihr Marketing Board, weil es sie zwang, massenweise Bäume abzusägen, die von einem Virus befallen waren. Die
Board-Direktoren sahen keine andere Möglichkeit, das Virus auszu-
rotten. Die Bauern hingegen wollten befallene Bäume nutzen, solange
es ging, weil ihr Geld in den Bäumen steckte.

Kwame Nkrumah sammelte die Unzufriedenen unter dem Slogan
«Self-Government Now!». Das war genial. Die Unzufriedenen konnten
glauben, alles werde besser, wenn erst die Afrikaner – und zwar die
richtigen – an den Schalthebeln der Macht säßen. Nkrumah entfaltete
als Generalsekretär der United Gold Coast Convention hektische Be-
triebsamkeit. Er predigte Sozialismus und Panafrikanismus, verwies
auf seine Erfahrungen in den USA und in Großbritannien. Er fand
Zugang zu den kleinen Leuten, den Jungen, den Zukurzgekommenen,
denjenigen, die sich weder durch die Briten noch durch die Häuptlinge, noch durch die Geschäftsleute der Küste vertreten sahen. Die
elitären Convention-Herren sahen ihren Generalsekretär aus dem
Ruder laufen und versuchten, ihn zu entmachten. Nkrumah gründete
daraufhin seine eigene Partei, die Convention People's Party. Er drohte
dem Gouverneur mit gewaltlosem Widerstand nach indischem Vorbild, sollte seine Forderung «Self-Government Now!» nicht umgehend
und vollständig verwirklicht werden. Selbständigkeit könne nicht das
Ergebnis von Entwicklung sein, wie die Briten behaupteten. Selbständigkeit sei die Voraussetzung von Entwicklung und müsse ihr vorange-
hen. Nkrumah wurde angeklagt und landete 1950 im Gefängnis. Er gab
damit einen idealen Märtyrer für die Wahlkampagne der Convention
People's Party 1951 ab. Die Partei gewann triumphal, Nkrumah wurde
aus dem Gefängnis entlassen und zum Premierminister ernannt. Fünf
Jahre zuvor war er noch in London Kohlelastern hinterhergelaufen,
um Heizmaterial für sein bitterkaltes Zimmer aufzusammeln.

Die neue Regierung hatte Geld. Es gab Rücklagen aus der Vergangenheit. Vor allem aber stieg der Kakaopreis schnell an. Das Marketing
Board gab den Preisanstieg nicht an die Bauern weiter, so dass mehr als

die Hälfte des Verkaufspreises in den Kassen der Regierung landete.
Gemeinsam mit dem britischen Gouverneur Arden-Clarke, der seinem Premier immer größeren Spielraum gewährte, legte Nkrumah ein inneres Modernisierungsprogramm auf: Straßen, Schienen, Häfen, Wasserversorgung, Schulen, Gesundheitseinrichtungen wurden gebaut. Die Zahl der Schüler in Grund- und Mittelschulen verdoppelte sich zwischen 1951 und 1957. Vergleichbare Programme gab es wenig später auch in anderen jungen afrikanischen Staaten: Investitionen in Bildung, Gesundheit und Infrastruktur kennzeichneten die 1960er Jahre in Afrika. Mit größerer Intensität setzten die jungen Staaten Pläne um, die die französischen und britischen Empire-Planer direkt nach 1945 entworfen hatten. Auch die Pläne für den Volta-Staudamm hatten schon lange in der Schublade gelegen. Jetzt setzte Nkrumah seinen ganzen politischen Willen ein, um dieses Symbolprojekt zu verwirklichen.

Nkrumah und seine Partei gewannen 1954 erneut die absolute Mehrheit. Doch es zeigten sich auch Schwierigkeiten. Die Kakaobauern fühlten sich um ihre Erträge betrogen. Die Chiefs des Binnenlandes, von den Briten als Garanten von Stabilität und Tradition hochgeschätzt, fühlten sich von Nkrumah und seinen «Verandah Boys» übergangen. Die gewaltigen staatlichen Investitionen kämen vorrangig den Küstenregionen zugute, klagten Bauern und Häuptlinge, und die hätten zu den Einnahmen nichts beigetragen. Es gab erste Vorwürfe wegen Bereicherung und Korruption. Nkrumah reagierte darauf gar nicht oder wurde unduldsam. Bauern und Häuptlinge seien unsolidarisch. Die Bereicherungsvorwürfe würden von Verrätern erhoben, die den Afrikanern ihren Erfolg nicht gönnten.

1957 wurde die Goldküste als erstes afrikanisches Land südlich der Sahara unabhängig und hieß von nun an Ghana. Trotz der bereits sichtbaren Schwierigkeiten herrschte allgemeine Freude. Nkrumah hielt eine Rede, in der er seine Landsleute aufforderte, ihre Gewohnheiten und Denkweisen zu ändern.

Wir sind nicht mehr ein kolonisiertes, sondern ein freies und unabhängiges Volk. Wir wollen daraus eine Nation machen, die von jeder Nation der Welt respektiert wird ... Wir können der Welt beweisen, dass der Afrikaner, wenn man ihm die Chance gibt, der Welt zeigen wird, dass er jemand ist. Wir sind erwacht. Wir werden nicht mehr schlafen. Heute und von heute an gibt es einen neuen Afrikaner in der Welt. Unsere Unabhängigkeit ist bedeutungslos, solange sie nicht verbunden wird mit der völligen Freiheit Afrikas.

Es ist heute schwer vorstellbar, mit wie viel Hoffnung, ja Begeisterung der Aufstieg von Kwame Nkrumah in Afrika begleitet wurde. In Westeuropa waren die 1950er Jahre eine Zeit alter Männer: Winston Churchill (Jahrgang 1874) regierte von 1951 bis 1955 in Großbritannien, Charles de Gaulle (Jahrgang 1890) regierte von 1944 bis 1946 und von 1959 bis 1969 in Frankreich und war zwischendurch die Graue Eminenz der französischen Politik. Konrad Adenauer (Jahrgang 1876) regierte von 1949 bis 1963 in Westdeutschland, Dwight David Eisenhower (Jahrgang 1890) war von 1953 bis 1961 Präsident der USA. Es war die Hochzeit des Kalten Krieges, mit Stalin-Noten, Ungarnaufstand und Berlinkrisen. Afrika südlich der Sahara hingegen war nicht kalt und grau, sondern jung, bunt und voller Optimismus. Kwame Nkrumah verkörperte ihn. Sein Land würde die Tür zur Zukunft ganz Afrikas aufstoßen.

Bei den Treffen der Staatschefs des British Commonwealth of Nations saß ein Schwarzafrikaner gleichberechtigt am Tisch. Aber als der ghanaische Finanzminister Gbedemah im selben Jahr in den USA über Kredite für den Volta-See verhandeln wollte, wurde er in einem Café nicht bedient, weil er Farbiger war. Die Presse berichtete darüber, die USA waren blamiert. Gbedemah erhielt zur Entschädigung einen Termin beim Vizepräsidenten Richard Nixon und günstige Bedingungen für den Staudammkredit. Parallel hatte er auch in Moskau wegen Unterstützung nachgefragt. Nkrumah und seine Leute versuchten in den späten 1950er Jahren, das große Spiel zu spielen. Der Premier gab sich auf der internationalen Bühne als die Hoffnung und das Gewissen Afrikas, warb in New York, Washington und Moskau für afrikanische Unabhängigkeit und afrikanische Einheit. Seine Minister versuchten, den Wettstreit der Großmächte im Kalten Krieg zu nutzen, um das Beste für Ghana herauszuholen. Wer Ghana auf seiner Seite habe, habe das schwarze Afrika.

Parallel dazu wurde in Ghana selbst das Projekt Zukunft durchgedrückt. Widerstände wies man immer autoritärer zurück. Nkrumah wurde Präsident, Wahlen gab es nicht mehr. Die Unabhängigkeit der Justiz ging verloren. Oppositionelle wanderten ins Gefängnis. Regionalparteien wurden verboten, die Opposition aus dem Binnenland auf diese Weise mundtot gemacht. Die Presseberichterstattung war eingeschränkt. Die Medien der Convention People's Party hingegen ließen ihren «unsterblichen» Präsidenten hochleben. Nkrumah redete von goldenen Aussichten. Doch es mehrten sich die Zweifel, ob er die Realität außerhalb seines Amtssitzes noch zur Kenntnis nahm. Die Rücklagen des Landes und die Erlöse aus dem Kakaoboom wurden in kostspielige Industrieprojekte wie den Volta-See gesteckt. Aber der positive Dominoeffekt, den die Wirtschaftstheoretiker vorhergesagt hatten, trat nicht ein; anderen afrikanischen Ländern ging es ähnlich. Dafür wurden Menschen aus dem persönlichen Umfeld Nkrumahs auffallend schnell reich. Dann brachen die Kakaopreise ein. Mitte der 1960er Jahre war Ghana pleite. Auch das sollte sich in anderen afrikanischen Ländern in vielen, manchmal milderen Varianten wiederholen. Verpflichtungen aus den Boomjahren konnten vor allem nach der Ölkrise von 1973 nicht mehr bedient werden. Die meisten der jungen afrikanischen Staaten verschuldeten sich. Die Weltwirtschaft verlor das Interesse an Afrika. Der Hoffnungskontinent der späten 1950er und frühen 1960er Jahre wurde zur Krisenregion.

Das wirtschaftliche Scheitern des Zukunftsprojekts Ghana ist also mehr als ein persönliches Versagen Nkrumahs. Und auch sein persönliches Versagen ist nicht untypisch. Afrikanische Unabhängigkeitspolitiker wie er verstanden mehr von Philosophie, Soziologie und Politik-

wissenschaften als von praktischer Wirtschaft vor Ort. Vom Alltag des
Regierens wussten sie nichts. Als europäisch oder nordamerikanisch
erzogene und ausgebildete Intellektuelle regierten sie Länder, die sie
kaum in ihrer Tiefe kannten. Wenn ihre Politik fehlschlug, dann nicht,
weil sie zu afrikanisch, sondern weil sie zu europäisch-nordamerika-
nisch war und daher zur afrikanischen Situation der 1950er Jahre nicht
gut passte. Hinzu kam ein Herrschaftsproblem. Unabhängigkeitspolitiker wie Nkrumah hatten ihre Macht gewonnen, weil sie sich im
Wettstreit afrikanischer Intellektueller in turbulent-optimistischen
Aufbruchsjahren durchgesetzt hatten. Ihr Aufstieg war atemberau-
bend. Doch ihre Macht war nicht durch Parteiapparate oder weit aus-
greifende Beziehungsnetzwerke gesichert. Sie griffen daher zu anderen
Machterhaltungsmitteln: Gegner wurden bedroht, Unterstützer belohnt. Die eigene Herrschaft wurde so glanzvoll wie möglich in Szene
gesetzt.

Mitte der 1960er Jahre war Nkrumah auch innerhalb Afrikas iso-
liert. Seine panafrikanischen Visionen stießen vor allem bei den frank-
reichnahen Staatschefs auf Widerstand. Seine sozialistischen Visionen
entfalteten kaum noch Faszination, weil ihr Scheitern im eigenen Land
immer deutlicher wurde. Während einer seiner zahlreichen Auslands-
reisen wurde Kwame Nkrumah im Februar 1966 gestürzt. Er befand
sich im Flugzeug nach Peking, als Truppen aus dem Norden die strategisch wichtigen Punkte der Hauptstadt Accra besetzten. Jenseits der
Präsidentengarde gab es keinen Widerstand, weder in Accra noch
sonst wo in Ghana. Der Anführer der Rebellen, Oberst E. K. Kotoka,
begann seine Radioansprache mit den Worten: «Der Mythos, der
Nkrumah umgab, ist gebrochen.» Die Chinesen, besser informiert als
ihr Gast, bereiteten Nkrumah freundlicherweise noch einen ordent-
lichen Staatsempfang. Dann nahmen sie den Ahnungslosen zur Seite
und berichteten ihm, dass seine Zeit vorbei war. Nkrumah ging nach
Guinea ins Exil. 1972 starb er an Krebs.

Nach dem Boom

Ghana hat nach Nkrumah demokratische und diktatorische Herrschaft erlebt. Immer waren die finanziellen Mittel knapp. Die goldenen
Zeiten der 1950er Jahre kamen nicht zurück. Die Rohstoffe, von deren
Verkauf das Land nach dem Scheitern der hochfliegenden Industriali-
sierungspläne leben musste, haben im Vergleich zu Industrieproduk-
ten nie wieder den früheren Wert besessen. Immerhin kann bis heute
Elektrizität exportiert werden. Der Damm am Volta-See funktioniert.
Am See gibt es Fischerei und Tourismus. In den Unterwasserwäldern,
die durch die Flutung des Voltatales entstanden sind, ernten Spezial-
taucher tropisches Hartholz. Der große See hat allerdings auch afrika-
typische Krankheiten gebracht, die früher am fließenden Volta nur
eine geringe Rolle gespielt haben: die Fieberkrankheit Malaria und die
gefürchtete Wurmkrankheit Bilharziose, die ohne Schnecken als Zwi-
schenwirte nicht möglich wäre.

Die stärksten Auswirkungen auf die jüngere Geschichte Ghanas hatte
die Militärdiktatur des halb schottischen, halb ghanaischen Flieger-
leutnants Jerry John Rawlings von 1981 bis 1992. Sein Programm war
sozialistisch, doch musste er bald feststellen, dass die Sowjetunion
nicht mehr in der Lage war, befreundeten Regimen finanziell beizu-
stehen. Ideologisch flexibel und pragmatisch verordnete er seinem
Land daraufhin eine wirtschaftsliberale Rosskur mit Unterstützung des
Internationalen Währungsfonds, die in der zweiten Hälfte der 1980er
Jahre Erfolge vorzuweisen hatte. Das war insofern untypisch, als die
allermeisten afrikanischen Länder zwischen den späten 1970er und
den frühen 1990er Jahren Wirtschaftskrisen aushalten mussten, die sogar deutlich schlimmer waren als in den Industrienationen. 1992 kehrte
Ghana zur Demokratie zurück. Rawlings wurde zweimal zum Präsidenten gewählt, trat aber im Jahr 2000, der Verfassung entsprechend,
nicht mehr zur Wiederwahl an. Dass seine Partei bei den Wahlen in die
Opposition geschickt wurde, hat er akzeptiert.

Seit den 1960er Jahren haben viele Ghanaer ihr Land verlassen. Zunächst exportierte das Land Lehrer, Rechtsanwälte und Verwaltungsbeamte, die anderen Exkolonien im Unabhängigkeitsprozess zur Seite stehen sollten. Dann gingen die vielen, die angesichts nicht enden wollender Wirtschaftskrisen die Hoffnung auf Besserung verloren hatten. Wahrscheinlich haben allein zwischen 1974 und 1981 zwei Millionen Ghanaer ihr Land verlassen. Viele gingen in die Nachbarländer. Nigeria hat Anfang der 1980er eine Million Ghanaer wieder vertrieben. Aber auch in London, Amsterdam, Hamburg und New York gibt es seit den 1980ern eine sichtbare ghanaische Minderheit. Die Moderne, die Kwame Nkrumah mithilfe des Volta-Sees aus dem Boden stampfen wollte, liegt für sie weit weg von Afrika.

19.
Kairo

Megacity des 21. Jahrhunderts

Kairo ist neben Lagos in Nigeria die bevölkerungsreichste Stadt Afrikas. Für 2010 wurden 12 bis 20 Millionen Einwohner geschätzt; genau
weiß das niemand, weil nicht alle Wohnviertel legal sind und keine
Statistik die ständige Zuwanderung, Abwanderung und binnenstädti-
sche Migration erfassen kann. Nun war Kairo bereits im 14. Jahrhundert mit etwa 300 000 Einwohnern größer als jede europäische Stadt
dieser Zeit (Byzanz ausgenommen). Doch das Wachstum der zweiten

Hälfte des 20. Jahrhunderts – 2,5 Millionen Einwohner 1950, 7,3 Millionen 1980, vielleicht 18 Millionen 2016 – ist historisch außergewöhnlich. Es ist Teil der Entwicklung von Megacitys, die das Leben vieler Menschen in den letzten fünfzig Jahren außerhalb Europas prägen. Mehr als 8 Prozent der Weltbevölkerung lebten 2016 in Städten mit mehr als 10 Millionen Einwohnern. Die Metropole Tokio ist mit knapp 38 Millionen Einwohnern am größten. Es folgt Jakarta in Indonesien mit 31 Millionen – die Bevölkerung Skandinaviens und des Baltikums gemeinsam in einer Stadt! Delhi in Indien liegt mit knapp 26 Millionen auf dem dritten Platz, gefolgt von Seoul in Südkorea mit knapp 24 Millionen. Der größte europäische Metropolraum ist Moskau mit 16,6 Millionen (weltweit Platz 15), gefolgt von Paris mit knapp 11 Millionen (weltweit Platz 30).

Erstmals in der Geschichte der Menschheit lebt am Beginn des 21. Jahrhunderts die Mehrheit der Menschen in Städten. Die Attraktivität der Städte wurde im 19. Jahrhundert vor allem in Europa und den USA sichtbar und als Ergebnis der Industrialisierung verstanden. Nach 1945 wurde sie ein weltweiter Trend, unabhängig vom Grad der Industrialisierung. Nach Angaben der Weltbank lebten 2015 89 Prozent der Australier in Städten, 87 Prozent der Gabuner, 86 Prozent der Brasilianer, 84 Prozent der Finnen und 83 Prozent der Einwohner Saudi-Arabiens. Auch Nationen, mit denen wir Natur, Weite und Wildnis verbinden, leben lieber städtisch. In Ägypten beträgt der Urbanisierungsgrad nur 43 Prozent, weil es neben Kairo nur eine weitere Millionenstadt gibt: Alexandria am Mittelmeer mit etwas mehr als 4 Millionen Einwohnern.

Von abgeschiedenem ländlichem Leben kann man aber auch jenseits der beiden Städte in Ägypten nicht mehr sprechen. Das belegen Satellitenbilder Afrikas bei Nacht. Sie zeigen im Nordosten des Kontinents ein einzigartiges, leuchtendes Band: den Nil, die Lebensader Ägyptens. Bevor der Fluss sein Delta erreicht, um über mehrere Arme ins Mittelmeer zu fließen, endet das Lichtband mit einem leuchtenden Fleck: Kairo. Richtung Süden erlischt das Licht in Assuan, wo die Briten um 1900 und der ägyptische Nationalstaat in den 1960er Jahren Stauseen errichtet haben. Die ägyptische Bevölkerung konzentriert sich bis heute in einem wenige Kilometer breiten Streifen entlang der Nilufer. Weiter westlich macht die libysche Wüste das Leben schwer, weiter östlich die arabische Wüste. Ägypten ist heute zwar dreimal so groß wie Deutschland. Aber nur 4 Prozent der Fläche sind bewohnt. Hier leben 88 Millionen Ägypter. 1950 waren es nur 21 Millionen.

Seit der Antike schon war der Nil bis Assuan schiffbar. Hier verlief eine Handelsroute, über die Güter und Sklaven Afrikas nach Europa und Westasien transportiert wurden. Vor allem aber lieferte der Nil Wasser und fruchtbares Schwemmland, die Ackerbau in der Wüste möglich machten. Die jährliche Nilflut wurde mit Spannung – und seit der Zeit der Pharaonen auch mit Nilometern – beobachtet. Wasser und Schlamm wurden in ausgeklügelten Verfahren gesammelt und auf die Felder ausgebracht. Das wüstenartige Ägypten konnte so zur Kornkammer des Römischen und später des Osmanischen Reiches werden. Doch wenn die Flut zu schwach war, kam es zu gefährlichen Hungersnöten. War die Flut zu stark, wurden die Bewässerungsanlagen und die Felder zerstört. Die Briten ließen Ende des 19. Jahrhunderts im großen Stil Baumwolle anbauen, die extrem viel Wasser benötigt. Um die Bewässerung zu sichern, bauten sie 1900 den ersten Staudamm bei Assuan. Die Ägypter selbst haben in der Planungs- und Großbaueuphorie der 1960er Jahre einen viel größeren Staudamm errichtet. Seitdem gibt es keine Nilfluten mehr. Der Wasserstand des Stausees verändert sich zwar, doch das Wasser wird gleichmäßig Richtung Kairo weitergeleitet. Der Flusslauf ist ganzjährig reguliert. In Kairo sind frühere Überflutungsgebiete mittlerweile besiedelt worden.

Handel und Bewässerungswirtschaft haben in Ägypten schon zur Zeit der Pharaonen für Arbeitsteilung und soziale Hierarchien gesorgt. Die Kaufleute und die Herren der Felder lebten meistens in den Städten. Hier waren die prächtigen Gotteshäuser, Paläste und Gärten, die Stiftungen, die Lehranstalten, die Märkte. Die Bauern trugen die Last von Arbeit und Steuern, kontrolliert von staatlichen Aufsehern und

Organisatoren, geschröpft von Steuereintreibern und Steuerpächtern. Weil der Wohlstand aller auf der Arbeit der Bauern beruhte, gab es Kontrollen und Aufstände. Immer neue Edikte sollten die Flucht der Bauern vor zu viel Arbeit und zu hohen Steuern verhindern. Der Gegensatz zwischen Stadt und Land, zwischen Arm und Reich, zwischen Macht und Ohnmacht hat eine lange Tradition in Ägypten. Genauso alt ist aber auch die Milderung der Gegensätze durch Netzwerke und Patronage. Der heutige Raum Kairo ist seit römischer Zeit besiedelt. Seitdem wurden immer neue Stadtzentren entwickelt, die die bestehenden Siedlungen ergänzten, nicht ersetzten. Im letzten Drittel des 19. Jahrhunderts entstand eine neue «europäische» Stadt mit anhängenden Villenvierteln. Hier gab es Wasser- und Gasversorgung, während das nun alt und eng wirkende bisherige Zentrum verfiel. In der Modernisierungsbegeisterung nach dem Zweiten Weltkrieg wurde nicht nur der Assuan-Staudamm errichtet, sondern auch ein riesiges Stadtviertel: Madinat Nasr («Stadt des Sieges»), 250 Quadratkilometer groß. Seit dem Jahr 2000 entsteht New Cairo in der Wüste weit östlich des Zentrums. Es soll bis zu fünf Millionen Menschen aufnehmen können. Wie in Shahjahanabad, Chang'an, Berlin oder Sankt Petersburg ist auch in Kairo Stadtgeschichte mit der Geschichte von Herrschaft insgesamt verbunden.

Die europäische Stadt des späten 19. Jahrhunderts ist Ausdruck dafür, dass Kairo, Ägypten und der arabische Raum insgesamt unter starken europäischen Einfluss gerieten, obwohl formal die Herrschaft der Osmanen oder einheimischer Emire, Sultane oder Könige fortbestand. Auch der ägyptische Khedive konnte ohne Zustimmung eines britischen Generalkonsuls nicht mehr agieren. Nach dem Ersten Weltkrieg teilten die europäischen Sieger Großbritannien und Frankreich den arabischen Raum unter sich auf, gegen den Widerstand weiter Teile der arabischen Bevölkerung, die auf Unabhängigkeit gehofft hatten. Offiziell sollten die Europäer im Auftrag des Völkerbundes die Araber politisch erziehen und auf die Unabhängigkeit vorbereiten. Doch an derart edle Motive mochten die arabischen Eliten nicht mehr glauben. Zwar hatten viele von ihnen europäische Denkarten und Gepflogenheiten aufgenommen und von (land-)wirtschaftlichen Neuerungen der Europäer durchaus profitiert. Manche waren dadurch erst reich geworden, an Geld und an Einfluss. Doch nun wollten sie ihre Zukunft selbst in die Hand nehmen. Sie mussten dabei mit dem Widerstand der Europäer rechnen. Und auch die kleinen Leute im eigenen Land schätzten die Segnungen der europäischen Zivilisation weniger und trauten den einheimischen Eliten aus leidvoller Erfahrung nicht.

Gegen die europäische Vorherrschaft richteten sich daher intellektuelle Strömungen und Volksbewegungen, die – ineinander verschlungen und auch gegeneinander wirkend – die arabische Geschichte bis heute prägen: islamische, arabische, nationale. Wenn wir sie von Ägypten und Kairo aus genauer anschauen, sind wir an einem herausgehobenen und doch beispielhaften Ort. Kairo ist die einzige Megacity der arabischen Welt und damit ein Raum, in dem sich Konflikte und Konfliktlösungen verdichten. Außerdem überschneiden sich in Ägypten die drei großen Räume der arabischen Welt: (1) das von den europäischen Kolonialherren tief geprägte Nordafrika von Marokko bis zum Roten Meer, (2) die vom Ölreichtum grundlegend veränderte Arabische Halbinsel und (3) der Raum zwischen Palästina und dem Persischen Golf, den wir im Kapitel «Babylon» als Fruchtbaren Halbmond der frühen westasiatischen Hochkulturen kennengelernt haben. Nicht zufällig ist Kairo – der Ort, an dem sich all diese Einflüsse kreuzen – seit 1945 fast durchgehend Sitz der Arabischen Liga gewesen, der Selbstorganisation der arabischen Staaten.

Die arabische Welt

Wenn es stimmt, dass Arabien der Raum ist, in dem Arabisch gesprochen wird, dann gibt es Arabien in seiner heutigen Ausdehnung erst
seit der islamischen Zeit. Denn das Arabische hat sich als Sprache des
Korans mit dem Islam verbreitet und ältere Sprachen wie das Aramäische, in dem sich Jesus mit seinen Jüngern unterhalten hatte, allmählich verdrängt. Dabei haben sich regionale Unterschiede ergeben. Dialekte entfernten sich weit voneinander. Menschen aus Bagdad, Kairo,
Mekka oder Marrakesch konnten sich um 1800 auch nicht besser
verstehen als Oberbayern und Friesen oder Venezianer und Neapolita-
ner. Das Hocharabische blieb als Sprache der Religion und der klassischen Texte erhalten, kam aber im Alltag kaum mehr vor. Seit dem
19. Jahrhundert bemühten sich Intellektuelle, das Hocharabische wieder zu stärken. Anders als in Europa konzentrierte aber keine politische Macht ihre Anstrengung darauf, über Schulen und Behörden eine
einheitliche Nationalsprache gegen die Dialekte durchzusetzen. Um
1800 dürften 2,5 Prozent der Italiener so etwas wie das heutige Italie-
nisch gesprochen haben und 10 Prozent der Franzosen das heutige
Französisch. Dann kam der italienische beziehungsweise französische
Nationalstaat und setzte seine Sprache in Schulen und Verwaltungen,
im Militär, in der Politik und den Medien durch. In der arabischen
Welt hingegen gaben die Kolonialmächte mit ihren Herrschaftsspra-
chen Englisch und Französisch den Ton an. Die neuen einheimischen
Eliten passten sich an. Die kleinen Leute entwickelten ihre Dialekte im
Alltag weiter. Daher haben auch die antikolonialen Bewegungen des
20. Jahrhunderts die Sprache der arabischen Nation nicht zu ihrem
zentralen Thema gemacht. Weil aber Schulbildung in Hocharabisch
stattfand, Zeitungen in Hocharabisch gedruckt wurden, Radio und
Fernsehen in Hocharabisch sendeten und weil seit den 1980er Jahren
der Islam und damit auch «seine» Sprache wieder an Bedeutung gewann, ist das Hocharabische heute weit präsenter als vor einhundert

Jahren. Die Dialekte werden zunehmend als Varianten der einen gemeinsamen Sprache gesehen. Das Arabische wird als einigendes Band,
als Ausdruck einer gemeinsamen Kultur verstanden.

Wenn wir die arabische Welt als Sprachraum verstehen, gehören die
Türkei und der Iran nicht dazu. Das Türkische hat sich seit dem 11. Jahrhundert in Anatolien verbreitet und ist dann mit den Osmanen um
1500 mächtig geworden. Mit dem Zusammenbruch des Osmanischen
Reiches nach dem Ersten Weltkrieg ist es zur Sprache des neuen Nationalstaates Türkei geworden. Anders als im arabischen Fall hat es in der
Türkei einen Staat gegeben, der mit aller Macht «seine» Sprache durchsetzte: Türkisch sollte von arabischen und persischen Einflüssen gerei-
nigt und in lateinischen Buchstaben geschrieben werden. Türkisch
sollte Einheitlichkeit und Modernität demonstrieren.

Persisch hingegen wird in arabischen Schriftzeichen notiert, ein Ergebnis des Kontakts mit der Sprache des Korans. Anders als das Aramäische und viele andere Sprachen der Region ist das Persische nicht mit
dem Siegeszug des Islams verschwunden. Als Herrschaftssprache des
vorislamischen Sassanidenreiches, das bereits mit den Römern konkurriert hatte, besaß es mächtige Fürsprecher und intellektuelle Ver-
fechter. Das Persische nahm arabische Einflüsse wie die Schriftzeichen
auf. Begriffe aus dem Arabischen sowie später aus dem Türkischen und
noch später aus europäischen Sprachen wurden «persisiert». Das Persische ist so zur wichtigsten Sprache zwischen dem Iran und Indien
geworden. Persisch war die Herrschaftssprache des indischen Mogulreiches, das wir im Kapitel «Shahjahanabad» kennengelernt haben.
Das Persische baute Brücken zwischen der arabischen Ursprungswelt
des Islams und seinen süd- und südostasiatischen Verbreitungsgebie-
ten bis hin zum heutigen Indonesien.

Die arabische Welt geht also im Norden und im Osten einigermaßen
fließend in die türkische und die persischen Welt über. Im Westen und
im Süden hingegen scheint sie durch Meere (Atlantik, Golf von Aden,
Persisches Meer) und Wüsten (Sahara) klar begrenzt. Im Kapitel
«Kilwa» haben wir allerdings gesehen, dass es auch jenseits der Wüsten

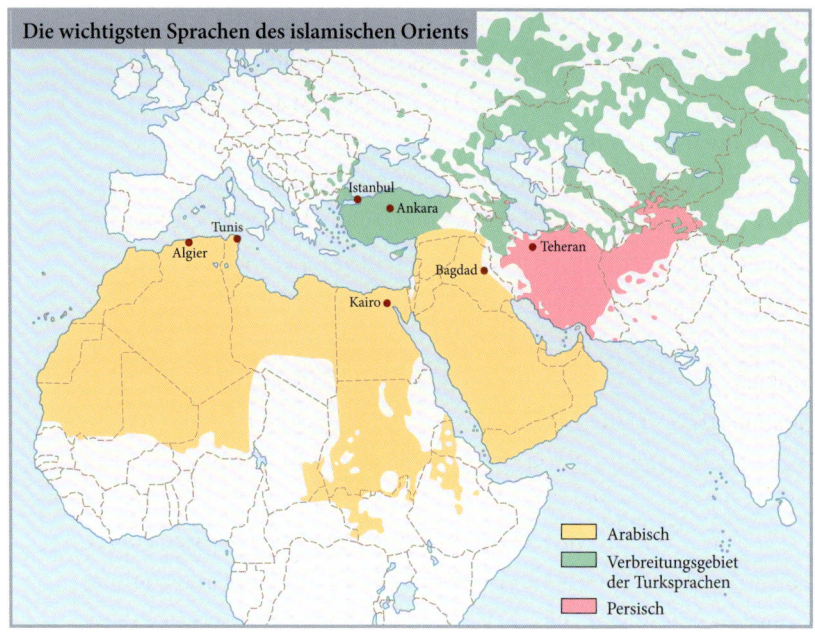

Die wichtigsten Sprachen des islamischen Orients

und Meere im Süden arabische Einflüsse gab. Heute gehören die Komoren zur Arabischen Liga, eine Inselgruppe im Indischen Ozean zwischen Madagaskar und Mosambik. Hier spielten im 18. und 19. Jahrhundert arabische Seefahrer und Siedler eine wichtige Rolle. Der arabische Raum war und ist in seiner Größe variabel und in seinen Inhalten veränderbar.

Die Europäer haben den arabischen Raum tiefgreifend verändert, genauso wie sie es in Indien oder Ghana getan haben. Sie haben Eisenbahnen, Straßen, Häfen, Kanäle gebaut, zu ihrem eher kurzfristigen Nutzen natürlich, aber mit dauerhaften Folgen für die Region. Am nachhaltigsten hat der Suezkanal zwischen dem Roten Meer und dem Mittelmeer gewirkt. Seit 1869 ersparte der Kanal den Europäern den weiten Weg um Afrika herum, wenn sie nach Indien, China oder Südostasien unterwegs waren. Für das rund um den Indischen Ozean sich drehende British Empire war der Kanal die Lebensader schlechthin.

Alle erdenklichen diplomatischen und militärischen Mittel wurden aufgewendet, um ihn zu sichern. Häfen und Militärlager entstanden entlang der Schiffspassage. Die Anrainer mussten sich dem Empire beugen oder wurden unterworfen. Der ägyptische Khedive wurde in britische Abhängigkeit gezwungen, um den Kanal zu sichern.

Politisch arbeiteten die Europäer mit den einheimischen Eliten zusammen, um möglichst billig und effektiv Herrschaft auszuüben. Europäische Siedlung in großem Stil gab es nur in Algerien. Ökonomisch setzten die Kolonialherren auf die Landwirtschaft. Industrieprodukte wollten sie selber herstellen und selber verkaufen. Die ägyptischen Textilbetriebe gerieten daher mit dem Machtgewinn der Briten in die Krise – eine Parallele zu Bengalen in Indien. Dafür förderten die Briten die Produktion von landwirtschaftlichen Exportgütern wie Baumwolle. Davon wiederum profitierten in Ägypten wie im indischen Bengalen die Eliten, die vom Land lebten. Die Bauern setzten technische Neuerungen um, wie den ersten Assuan-Staudamm und die an ihm hängenden Bewässerungssysteme. Aber an ihrer Abhängigkeit und Armut änderte sich wenig.

Am Anfang des 20. Jahrhunderts begann ein neues Exportprodukt die Verhältnisse in der arabischen Welt umzuformen: Erdöl. Die Chemieindustrie, Schlüsselsektor der dritten Industriellen Revolution, arbeitete mit Erdöl. Vor allem aber funktionierten die Mobilitätsmaschinen des 20. Jahrhunderts nur mit Erdöl: Schiffe und Autos, dann auch Flugzeuge. Bereits vor dem Ersten Weltkrieg stellten die Briten ihre Kriegsflotte von Kohle auf Erdöl um. In den 1920ern begann zunächst in den USA, dann auch in Europa der Siegeszug des Automobils. Nach dem Zweiten Weltkrieg verdrängte das Öl die Kohle in immer mehr Bereichen.

Die ersten Ölquellen waren im Kaukasus und in den USA entdeckt worden. Kurz vor dem Ersten Weltkrieg wurde Öl im südlichen Iran gefunden. Nach dem Ersten Weltkrieg zeichnete sich allmählich der Ölreichtum der arabischen Region insgesamt ab. Briten und Amerikaner haben den Zugang zum Öl zu einem zentralen Bestandteil ihrer

internationalen Politik gemacht, bis heute. Britische und amerikanische
Konzerne haben die Ölfelder ausgebeutet, zunächst ohne die Förder-
länder wirklich an ihren Gewinnen zu beteiligen. Als der Iran 1951 versuchte, die Ölförderung zu verstaatlichen, intervenierten Großbritannien und die USA. Eine internationale Krise war die Folge. Doch bald
änderten sich die Machtverhältnisse. 1960 wurde die Organisation
erdölexportierender Staaten, OPEC, gegründet. Der Irak, Kuweit und
Saudi-Arabien verstaatlichten die Erdölindustrie, ohne von den alten
Großmächten gehindert worden zu sein.

Weil das Erdöl ungleichmäßig verteilt ist, hat es die Machtverhältnisse auch im arabischen Raum verändert. Die sehr dünn besiedelte
Arabische Halbinsel war bis 1900 vor allem wegen der heiligen Stätten
des Islams in Mekka und Medina bedeutend gewesen. Ägypten hatte
die heiligen Stätten zeitweise überwacht, weil die Verhältnisse auf der
Arabischen Halbinsel zu instabil waren. Zwischen 1902 und 1932 eroberte Ibn Sa'ud, Nachfahre einer mächtigen und mit radikalen kon-
servativ-islamischen Predigern verbündeten Familie, ebenso geschickt
wie gewaltsam große Teile der Halbinsel. Anschließend ernannte er
sich selbst zum Herrscher eines neuen Königreichs Saudi-Arabien. Als
dort in großem Stil Öl gefunden wurde, wurden die Vertreter des radi-
kalkonservativen Islams zusammen mit den Saudis reich und mächtig – die intellektuellen Kreise in den Städten Ägyptens oder Persiens
fanden das ebenso überraschend wie merkwürdig.

Auch andere für die arabische Geschichte eher unbedeutende Regionen sind durch den Erdölreichtum kometenhaft aufgestiegen: die
Vereinigten Arabischen Emirate gehören dazu, Kuweit, Bahrain, Katar.
Hier sind vor allem seit den 1970er Jahren funkelnagelneue Städte ent-
standen. Oft kann die einheimische Bevölkerung von den Einnahmen
des Ölgeschäfts leben, ohne arbeiten zu müssen, während Gastarbeiter
aus anderen Teilen Arabiens oder dem indischen Subkontinent alle
Arbeiten verrichten. Das Armenhaus der Arabischen Halbinsel ist der
Jemen mit seiner traditionsreichen Hauptstadt Sanaa und dem Hafen
Aden, der durch den Suezkanal aufstieg. Weil im Jemen sehr wenig Öl

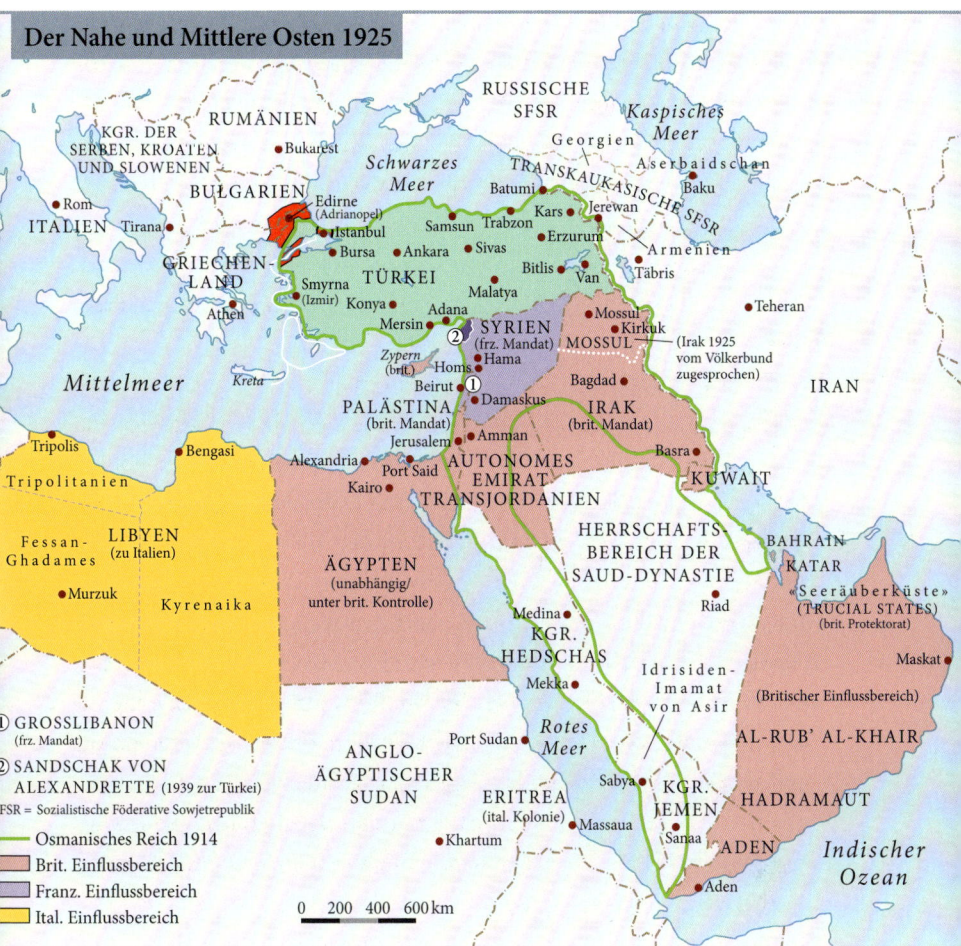

Der Nahe und Mittlere Osten 1925

ITALIEN • Rom • Tirana

KGR. DER SERBEN, KROATEN UND SLOWENEN

RUMÄNIEN • Bukarest

BULGARIEN

GRIECHEN-LAND • Athen

Edirne (Adrianopel) Istanbul Bursa

Schwarzes Meer

RUSSISCHE SFSR

Georgien Kaspisches Meer

TRANSKAUKASISCHE SFSR

Batumi Kars Jerewan Baku Aserbaidschan

Samsun Trabzon Erzurum Armenien Täbris

Smyrna (Izmir) Ankara Sivas Bitlis Van

TÜRKEI

Konya Malatya

Mersin Adana ②

Zypern (brit.)

Mittelmeer

Kreta

Beirut ① Homs Hama Damaskus

SYRIEN (frz. Mandat)

Mossul Kirkuk

MOSSUL

(Irak 1925 vom Völkerbund zugesprochen)

Bagdad

IRAK (brit. Mandat)

Teheran

IRAN

PALÄSTINA (brit. Mandat)

Jerusalem Amman

Alexandria Port Said Kairo

AUTONOMES EMIRAT TRANSJORDANIEN

Basra

KUWAIT

Tripolis Bengasi

Tripolitanien

Fessan-Ghadames

LIBYEN (zu Italien)

• Murzuk

Kyrenaika

ÄGYPTEN (unabhängig/unter brit. Kontrolle)

HERRSCHAFTS-BEREICH DER SAUD-DYNASTIE

Riad

BAHRAIN KATAR

«Seeräuberküste» (TRUCIAL STATES) (brit. Protektorat)

Medina

KGR. HEDSCHAS

Mekka

Idrisiden-Imamat von Asir

Maskat

(Britischer Einflussbereich)

AL-RUB' AL-KHAIR

HADRAMAUT

ANGLO-ÄGYPTISCHER SUDAN

Port Sudan

Rotes Meer

Sabya

• Khartum

ERITREA (ital. Kolonie)

Massaua

KGR. JEMEN Sanaa

ADEN

Aden

Indischer Ozean

① GROSSLIBANON (frz. Mandat)
② SANDSCHAK VON ALEXANDRETTE (1939 zur Türkei)
FSR = Sozialistische Föderative Sowjetrepublik

— Osmanisches Reich 1914
▢ Brit. Einflussbereich
▢ Franz. Einflussbereich
▢ Ital. Einflussbereich

0 200 400 600 km

gefunden worden ist, hat er eine vom Rest der Halbinsel abweichende gewaltsame Geschichte von Teilung, Wiedervereinigung und erneuter Spaltung erlebt, bei gleichbleibend miserablen Lebensbedingungen.

Jenseits der Arabischen Halbinsel hat das Öl ebenfalls ungleiche Bedingungen geschaffen. Zunächst konzentrierte sich die Aufmerksamkeit auf das Öl am Persischen Golf. Der Iran und der Irak waren daher weltpolitisch umkämpft und bleiben es bis heute. In Libyen und Algerien wurden reiche Ölfunde gemacht, in Ägypten und Syrien jedoch nicht. Beide Länder verstehen sich als Zentren der arabischen Welt und verfügen mit Damaskus und Kairo über traditionsreiche Hauptstädte mit Metropolcharakter. Im Vergleich zu den Ölstaaten der Arabischen Halbinsel haben sie sich aber materiell sehr bescheiden müssen.

Streit um Palästina

Über alle ökonomischen und religiösen Differenzen hinweg war die arabische Welt bis in die 1970er Jahre einig in der Ablehnung des Staates Israel. Dieser war 1948 auf Beschluss der UNO gebildet worden, als Ergebnis eines halben Jahrhunderts mehr oder weniger intensiver jüdischer Besiedlung mitten in der arabischen Welt. 1896 hatte der österreichisch-ungarische Journalist Theodor Herzl in dem Buch *Der Judenstaat* die Frage behandelt, wie die Juden mit dem grassierenden Nationalismus und Antisemitismus in Russland, Frankreich, Deutschland und seinen teils beleidigenden, teils lebensgefährlichen Attacken umgehen sollten. Seine Lösung (nicht ganz neu): Die Juden sollten selbst eine Nation wie alle anderen Nationen mit einem eigenen Staat werden. Am besten gründe man diesen Staat dort, wo die Juden einmal heimisch gewesen waren: in Palästina. Jerusalem, der heilige Ort der Juden, das biblische Zion, solle hier und jetzt zum Zentrum eines ganz weltlichen Staates der Juden werden. Die «Zionisten» wollten ihn schaffen und dabei zeigen, dass die Juden nicht nur Händler und Intellektuelle, sondern auch Handwerker, Bauern und Fabrikarbeiter sein konnten. Der Zionismus hatte von Anfang an sehr unterschiedliche Facetten: Es gab die Linken, die einen Musterstaat mit Arbeiterselbstverwaltung und Kooperativen anstrebten. Es gab die Nationalreligiösen, die das historische Recht der Juden auf Palästina aus der Bibel herleiteten. Es gab die Vielen, die den Zionismus nutzten, um europäischen Verfolgungen zu entkommen und unbehelligt leben zu können. Es gab auch die Ultraorthodoxen, die die jüdische Staatsbildung strikt ablehnten, weil es nicht angehe, dem erwarteten Erlöser vorzugreifen. Zu Zeiten Herzls hatte Palästina nur eine kleine, meist fromme jüdische Minderheit, vor allem in Jerusalem. Sie lebte mit christlichen und muslimischen Arabern unter osmanischer Herrschaft ziemlich friedlich zusammen und verschwendete an eine Staatsbildung auf jüdischer Grundlage keinen Gedanken. Teile Palästinas waren zwar dünn besiedelt, aber keineswegs menschenleer oder herrenlos, wie manche Propagandisten der jüdischen Staatsbildung glauben machen wollten. Jüdische Siedler mussten Land kaufen und taten das auch, unterstützt durch jüdische Organisationen. Siedler kamen in Wellen, hervorgerufen zunächst durch Judenverfolgungen in Russland. In den 1920er Jahren nahm die jüdische Besiedlung Dimensionen an, die den Arabern Sorgen bereiteten und einen arabischen Nationalismus hervorriefen, der sich gegen die Zionisten richtete. Gleichzeitig verkauften Araber allerdings weiter Land an Juden, arbeiteten Juden, Christen und Muslime vor Ort weiter zusammen, trotz wachsender Spannungen.

Die Briten, seit dem Ersten Weltkrieg als Herren an die Stelle der Osmanen getreten, agierten schwankend: Während des Krieges hatten sie unter dem Druck der Ereignisse den verschiedenen Parteien Versprechungen gemacht, die sich nicht vereinbaren ließen. Während des Zweiten Weltkriegs würden sie das erneut tun und damit die Konflikte anheizen. Dazwischen bemühten sie sich um allseitige Mäßigung. Von Juden wie Arabern, insbesondere von den Hardlinern beider Seiten, wurden sie als schwach und unzuverlässig wahrgenommen.

Seit Anfang der 1930er Jahre nahm die jüdische Einwanderung noch einmal zu. Deutsche Juden auf der Flucht vor dem Nationalsozialismus bildeten eine immer größere Gruppe. Die Konflikte in Palästina entluden sich schließlich im arabischen Aufstand von 1936 bis 1939. Die Briten drosselten die jüdische Einwanderung, während in Deutschland der Holocaust begann. Juden organisierten illegale Einwanderung. In Palästina selbst wurden mal Araber, mal Juden aus gemischten Dör-

fern vertrieben. Terroristische Gruppen beider Seiten kämpften gegeneinander und gegen die Briten. 1948 gaben die Briten entnervt ihre
Mandatsherrschaft an die Vereinten Nationen ab. Die teilten das Land
in jüdische und arabische Gebiete mit jeweils eigener Staatlichkeit. Die
arabischen Nachbarn revoltierten ebenso wie die arabischen Bewohner jüdischer Territorien. Der Krieg war kurz und endete mit einer
Niederlage der Araber. Israel verband die ihm zugesprochenen Territorien und weitete sie aus, auf Kosten bisher arabischer Gebiete. Es kam
zu weiteren Vertreibungen. Außerhalb Palästinas gerieten Juden in
arabischen Städten unter Druck. Die meisten Juden Kairos – mehrere
Zehntausend hatten dort seit langem gelebt – flüchteten in den 1940er
und 1950er Jahren vor gewaltsamen Übergriffen. Flucht und Vertreibung, die seit den Balkankriegen 1912 die europäische Geschichte des
20. Jahrhunderts gekennzeichnet hatten, setzten sich in der arabischen
Welt fort.

Nasser, die arabische Nation und die Moderne

Im Kampf gegen den entstehenden Staat Israel, im Ringen mit den
europäischen Kolonialmächten, in Konflikten zwischen Eliten und
kleinen Leuten, im Clinch mit den Ölkonzernen gewannen nach dem
Zweiten Weltkrieg die arabischen Nationen ihre Identität. Ihre kon-
fliktreiche Trennung aus den britischen und französischen Kolonialreichen war Teil der vierten von sechs Entkolonialisierungswellen, die
wir im Kapitel «Volta-See» angeschaut haben. Die blutigste Trennung
geschah in Algerien, wo 1930 mehr als 800 000 Franzosen lebten, während 100 000 Algerier in Frankreich arbeiteten. Das Land war bereits
in Departements aufgeteilt und als Teil des französischen Mutterlandes
definiert worden. Der Unabhängigkeitskrieg hatte hier bürgerkriegsähnliche Züge und wirkte stark nach Frankreich hinein. Die spektaku-
lärste Geschichte schrieb Ägypten, mit Aufstieg und Fall von Gamal

'Abd an-Nasir (in Europa bekannt unter dem Namen Nasser), der sein Land revolutionieren wollte, um eine moderne und siegreiche arabische Nation zu formen. Nasser war im Militär aufgestiegen, das in vielen arabischen Staaten nach dem Zweiten Weltkrieg ausgebaut wurde. Das Militär stand für Technik, Modernität, Unabhängigkeit, nationalen Stolz und die Möglichkeit, ohne Geld und einflussreiche Freunde, allein durch Leistung und Mut, nach oben zu kommen. Viele arabische Politiker der zweiten Hälfte des 20. Jahrhunderts kamen aus der unteren Mittelschicht und hätten ohne die Aufstiegsschleuse Militär ihre herausgehobene Stellung nicht erreichen können. In ihren Gesellschaften erzeugte das zunächst Bewunderung. Das Militär machte Revolutionen, aber es war auch selbst revolutionär: sozial, technisch und politisch.

Nasser errang die Macht 1952 nach einem Putsch «freier Offiziere». Er beendete so das «liberale Zeitalter» Ägyptens – das war die Zeit seit 1919, in der zwischen der schwächer werdenden britischen Kolonialmacht, dem frei gewählten, oft zerstrittenen Parlament und dem Khediven, der sich jetzt «König» nannte, die Karten neu verteilt wurden. Kulturelle und politische Debatten wurden mit Engagement in einer weitgehend freien Presse geführt. Europäische Kleidung und Verhaltensstandards setzten sich im Alltag durch. Auf den ersten Blick war das eine schöne Zeit. Doch die Bevölkerung in den ärmeren Stadtvierteln Kairos und Alexandrias sowie in den Dörfern am Nil wurde davon kaum erreicht. Diese Menschen kämpften gegen Unsicherheit und Armut mithilfe von immer besser funktionierenden islamischen Netzwerken und hofften auf eine Zukunft ohne Briten und ohne die alten Eliten. Ihre Interessen vertraten ganz bodenständige radikale Gruppen wie die Muslimbruderschaft, die Jungägyptische Vereinigung oder die kommunistische Bewegung.

Nasser war einer der kleinen Leute, und das verschaffte ihm von Anfang an breite Unterstützung. Nasser war jung, Jahrgang 1918, zum Zeitpunkt des Putsches also vierunddreißig Jahre alt. Er hatte außenpolitisch Erfolg: 1954 versprachen die Briten, bis 1956 ihre Truppen aus

Ägypten abzuziehen. 1956 verstaatlichte Nasser den Suezkanal. Die daraufhin eingeleitete Militäroffensive der Briten und Franzosen im Verein mit den Israelis wurde von den neuen Großmächten USA und UdSSR gestoppt. Wie wir schon bei Ghana gesehen haben, unterstützten sie die Unabhängigkeitsbewegungen, um die jungen Staaten auf ihre Seite der Front des Kalten Krieges zu ziehen. Die ehemaligen Kolonialmächte mussten zurückstecken: eine Blamage für Briten und Franzosen und ein enormer Prestigegewinn für Nasser selbst, der nun als Sprecher der jungen freien Nationen Afrikas und Asiens auftrat. Der große Assuan-Staudamm wurde gebaut. Wie Kwame Nkrumah in Ghana nutzte Nasser die Konkurrenz der Weltmächte, um günstige Kredite zu erhalten. Wie in Ghana sollte ein staatlicher Investitions- und Technisierungsschub das Land auf Augenhöhe mit den Europäern an der anderen Seite des Mittelmeers bringen. Eine Bodenreform entmachtete die alten Eliten und gab nutzbares Land in die Hände der Vielen. Ausländische Unternehmen und Landbesitz wurden verstaatlicht. Nach den Juden, den Briten und Franzosen verließen nun viele andere Europäer das Land. Ägypten wurde ägyptischer. An die Stelle der alten Eliten traten Vertreter des Militärs und der kleinen Leute: Menschen, die Arabisch sprachen (und nicht Englisch), nie im Ausland gewesen waren, aber die Nöte der Bevölkerung kannten.

Wie in Ghana aber funktionierten die Stahlwerke und andere, oft viel zu aufwändige Industrieprojekte, die die Moderne herbeizwingen sollten, nicht gut. Wie Nkrumah wurde Nasser zunehmend intolerant, verbot politische Parteien, nahm immer stärkeren Einfluss auf Presse, Kunst und Kultur. Korruption und Vetternwirtschaft wurden sichtbar. Weil Nasser als charismatischer Sprecher seines Volkes auftrat, wurde ihm vieles verziehen. Zu seiner persönlichen Katastrophe wurde die Niederlage im Sechstagekrieg mit Israel 1967. Nasser war als Führer der ägyptischen wie der arabischen Nation aufgetreten. 1958 hatte er sogar eine «Vereinigte Arabische Republik» mit Syrien gegründet, die zur Keimzelle eines vereinigten arabischen Reiches werden sollte – und 1961 nach einem Putsch des syrischen Militärs scheiterte. 1967 ließ Nasser die Spannungen mit Israel eskalieren, schmiedete eine Koalition mit den anderen Frontstaaten Syrien und Jordanien. Doch der jüdische Staat siegte auf der ganzen Linie, eroberte die ägyptische Sinai-Halbinsel, die jordanische Westbank und Ostjerusalem sowie die syrischen Golanhöhen. Nasser war auf seinem ureigensten Feld entzaubert: dem des Militärs und der nationalen Ehre. Sein Ruf in der arabischen Welt schwand dahin.

Im eigenen Land blieb er beliebt, obwohl die hohen Kriegskosten zu Lasten der ohnehin schwächelnden Wirtschafts- und Sozialreformen gingen. Nasser musste das Land wirtschaftlich öffnen und finanzielle Hilfe von den Saudis akzeptieren, die er für hinterwäldlerisch, weil islamisch-radikal hielt. Aber sie waren reich, und anders als zehn Jahre zuvor beim Assuan-Staudamm konnte Nasser es sich nicht mehr leisten, wählerisch zu sein. Am 28. September 1970 starb der Staatspräsident an einem Herzinfarkt. An seiner Beerdigung nahm ein so großer Anteil der Bevölkerung seines Landes teil wie nie zuvor in der Weltgeschichte (so behauptete jedenfalls das Guinness-Buch der Rekorde). Doch vor ihm war bereits seine faszinierende Idee einer arabisch-sozialistischen Modernisierungsdiktatur gestorben. Die Hoffnungen der «Dritten Welt», jenseits des Kolonialismus und der neuen Supermächte einen eigenen Weg in die Zukunft zu finden, verblassten.

Die Mischung aus charismatischer Führung, ägyptischem und arabischem Nationalismus und einem Sozialismus der kleinen Leute hatte Nasser einzigartig gemacht. Dass jemand über das Militär aufstieg und auf Kosten der alten, mit dem Kolonialsystem verbandelten Eliten putschte, kam hingegen in der arabischen Welt häufiger vor. In Syrien und dem Irak verschränkten sich seit den 1960er Jahren militärisches Führertum und die Zugehörigkeit zur Ba'th-Partei. Das war ein nationalarabischer sozialistischer Geheimbund, der sich nach erfolgreichem Putsch in eine Art Staatspartei wandelte. In beiden Staaten entstanden vom Militär dominierte arabisch-nationale Diktaturen, die eine Modernisierung mit allen Mitteln erzwingen wollten. Wie in Ägypten scheiterten auch hier die nachkolonialen Hoffnungen. Und

der arabische Weg zum Sozialismus wurde auch in Syrien und dem
Irak nicht gefunden. Nur Diktaturen blieben übrig. Die Bevölkerung
sah mit Schrecken, dass die eigenen Leute aus Militär und Volksbewegungen am Projekt Moderne ebenso gescheitert waren wie die alten
Eliten zuvor. Die Europäer hatten sich bereits als wenig hilfreich erwiesen. Nach dem Versagen von Panarabismus, europäischer und sozialistischer Moderne blieb die älteste und grundlegendste aller gemeinsamen Hoffnungen übrig: der Islam.

Der Islam ist die Lösung?

Der Islam hat sich, von der gemeinsamen Grundlage des Korans ausgehend, wie das Christentum sehr unterschiedlich ausgeprägt. Bereits
in frühislamischer Zeit bildeten sich die Grundrichtungen der Sunniten (im arabischen Raum vorherrschend) und Schiiten (im Iran und
im Süden des Irak sowie in wenigen Regionen am Persischen Golf),
später kamen kleinere Glaubensgemeinschaften hinzu. Unterschiedliche Formen der Religionsausübung florierten, darunter auch die mys-
tisch-asketische der Sufis. Eine allgemein akzeptierte Lehrautorität gab
es nicht, wohl aber anerkannte Autoritäten in Glaubensfragen. Unter
ihnen ragt seit dem späten 19. Jahrhundert die Azhar-Universität in
Kairo hervor, die für den sunnitischen Islam einen Führungsanspruch
erheben kann.

Vielleicht stärker als das Christentum hat der Islam eine lange Tradition des Zusammenlebens mit anderen Religionen: Schon der Prophet
Mohammed hatte akzeptiert, dass Unterworfene bei ihren christlichen
oder jüdischen Glaubensüberzeugungen blieben. Es gab steuerliche
Unterschiede, die wir im Kapitel «Shahjahanabad» gesehen haben. Es
gab auch gewaltsame Übergriffe in Notzeiten, im Allgemeinen aber
herrschte doch Toleranz. So konnte in Ägypten das koptische Christentum überleben, eine seit dem 5. Jahrhundert von der Mehrheitslehre

des Christentums abweichende Gruppe. Sie entkam, im muslimischen Ägypten gewissermaßen eingekapselt, der sonst wahrscheinlichen «Bekehrung» zum «wahren» christlichen Glauben. Mitte des 19. Jahrhunderts waren 7 bis 8 Prozent der ägyptischen Bevölkerung Christen, die meisten davon Kopten.

In den späten 1950er Jahren war der Islam in der arabischen Welt wenig eigenständig. Nasser berief sich gelegentlich auf ihn, um dem arabischen Sozialismus eine Basis zu geben. Auf der Arabischen Halbinsel sollte der Islam die außenpolitische Hinwendung zu den USA decken. Alle Aussagen muslimischer Autoritäten standen in dem Verdacht, eigentlich politisch motiviert zu sein. Doch neben diesem offiziellen Islam gab es den Islam der kleinen Leute. Und dessen Bedeutung wuchs. Er war der Glaube der Nichteuropäer, der Nichteliten, der Nichtrevolutionäre. Er kam nicht als gelehrte Theologie daher, sondern als praktischer Alltagsglaube, mit Ritualen, Bruderschaften und wohltätigen Netzwerken. Er ersetzte den Sozialstaat und den politischen Gesprächsraum, beides Dinge, die weder die Europäer noch die alten Eliten, noch die arabischen Revolutionäre geliefert hatten.

«Der Islam ist die Lösung», lautete die einigermaßen naive Formel der Muslimbruderschaft. Doch die erwies sich seit dem Sechstagekrieg und dem Ende der Nasser-Hoffnungen als sehr wirksam. Jenseits des Nationalstaates, jenseits internationaler Machtverhältnisse, jenseits des politischen Systems überhaupt liege im Koran und im daraus erwachsenden islamischen Denken ein Schatz bereit. Er werde der gebeutelten arabischen Welt einen neuen Weg in die Zukunft weisen. Jeder könne ihn heben. Seit den 1970er Jahren trugen auch in den ägyptischen Städten immer mehr Frauen wieder Kopftuch oder Schleier. Eine selbstbewusste Islamisierung des Alltags begann. Es wurde modern, zum Freitagsgebet in die Moschee zu gehen. Stolz zeigten die kleinen Leute ihr neues Selbstverständnis: brüderlich-konservativ. In der rasch wachsenden ägyptischen Bevölkerung wurden immer mehr Menschen vom Staat nicht mehr erreicht, auch solche, die eine gute Schul-, ja Universitätsausbildung genossen hatten und nun ihren Platz

in der Welt suchten. Viele von ihnen fanden wirklich, dass der Islam
die Lösung sei. Manche aber wurden radikal, exklusiv, wendeten sich
gegen alles Nichtmuslimische.

Ende der 1970er Jahre begann sich die Macht der Radikalen zu zeigen. 1979 stürzte eine muslimische Revolution im Iran das von den
USA geförderte Regime des Shah Reza Pahlewi. Im selben Jahr mar-
schierten sowjetische Truppen in Afghanistan ein, um eine kommunistische Regierung zu stützen. In Zeiten des Ost-West-Gegensatzes
unterstützten daraufhin die USA finanziell und mit Waffen die wir-
kungsvollsten Gegner der Sowjets: junge islamische Gotteskrieger. Sie
kamen nicht nur aus Afghanistan und Pakistan, sondern bald auch aus
der arabischen Welt. Saudi-Arabien, traditionell mit radikalislamischen Lehren verbündet und gleichzeitig treuer Allianzpartner der
USA, spielte eine Schlüsselrolle. Die Gotteskrieger zwangen die Sowjetunion in einen langwierigen Guerillakrieg, den sie nicht gewinnen
konnte. 1981 ermordeten Islamisten Anwar as-Sadat, den Nachfolger
Nassers in Ägypten. In Palästina trat 1987 die islamistische Hamas-
Bewegung auf, auch sie bruderschaftlich organisiert. Dieses Netzwerk
ist ebenfalls unter dem Eindruck der seit 1967 andauernden israeli-
schen Besatzung radikal und fundamentalistisch geworden.

Drei Golfkriege und das andauernde Palästina-Problem haben die
Radikalisierung weiter angeheizt. 1980 überzog Saddam Hussein, ira-
kischer Staatspräsident und ein später und übler Vertreter arabischer
Militar- und Entwicklungsdiktaturen, den Iran mit Krieg. Er baute
darauf, dass die Islamische Revolution seinen Nachbarn geschwächt
habe. Trotz Unterstützung durch die USA, die Golfstaaten und auch
Ägypten gelang der Sieg nicht. Der Iran glich waffentechnische Nach-
teile durch den islamischen Eifer seiner Soldaten aus und hielt durch,
von Syrien, Libyen und dem Südjemen unterstützt. Ein Waffenstillstand 1988 bestätigte im Wesentlichen die Vorkriegsgrenzen. Das war
der Erste Golfkrieg.

Um die horrenden Kriegsschulden zu bezahlen, überfiel Saddam
Hussein 1990 seinen kleinen Nachbarn Kuwait, unter dessen sandigem

Boden 20 Prozent der Ölreserven am Persischen Golf vermutet wurden. Diesmal war die arabische Welt mit wenigen Ausnahmen einig in der Verurteilung des Angriffs. Fast geschlossen trat sie einer Befreiungsaktion für Kuweit bei, die von den Vereinten Nationen legitimiert und von den USA angeführt wurde. Das war der Zweite Golfkrieg 1990/91, der mit einer vollständigen Niederlage Saddam Husseins endete, ihm aber die Macht im Irak selbst beließ.

Dass amerikanische Truppen auf Bitten Saudi-Arabiens und mit Zustimmung führender Geistlicher im Land der heiligen Stätten Mekka und Medina stationiert wurden, empörte die Radikalen. Osama bin Laden entschied sich, sein friedliches Leben als Bauunternehmer zu beenden und im Untergrund gegen die Ungläubigen zu kämpfen. Zahlreiche Terroranschläge weltweit gehen auf sein Konto. Der blutige Höhepunkt: Flugzeuge flogen am 11. September 2001 direkt in die Twin Towers des World Trade Center in New York und brachten sie zum Einsturz. «Nine Eleven» veranlasste die USA zu Kriegen gegen Afghanistan und 2003 erneut gegen den Irak (das war der Dritte Golfkrieg). Beide Kriege gewannen sie offiziell. Saddam Hussein wurde gestürzt. Doch es gelang nicht mehr, die Länder zu befrieden.

Inzwischen nämlich hatte sich die Szene der radikalen Islamisten entscheidend verändert. In neuartiger Auslegung des Islams, gegen die Tradition und die anerkannten islamischen Autoritäten, propagierten einige seit den späten 1970er Jahren das Selbstopfer als Kampfmittel, als verdienstvolle Ausformung des Dschihad, des Eifers für die Sache Gottes. Selbstmordanschläge wurden zur heiligen Handlung. Zunächst wurde der Libanon zum bevorzugten Ort des Opfers, dann Israel. Einige arabische Staaten hatten mittlerweile ihren Frieden mit Israel gemacht, zunächst – und gegen den Widerstand aller anderen – Ägypten 1977, dann Jordanien 1994. Auch der dritte Frontstaat Syrien war nicht mehr bereit zu kämpfen. Die Palästinenser sahen sich alleingelassen und in den von Israel seit 1967 besetzten Gebieten Gaza und Westbank ohne Perspektive. Ihre traditionelle Vertretung, die Palästinensische Befreiungsorganisation PLO unter Jassir Arafat, eher arabisch und sozialistisch als islamisch, konzentrierte sich auf Anerkennung in der arabischen Welt und der UNO. Informell suchte auch sie den Frieden mit Israel. 1995 schien er nahe, doch der Friedensprozess brach 2000 zusammen, auch weil die Angst auf beiden Seiten vor dem Aufschwung radikaler Friedensgegner zu groß war. Der israelische Ministerpräsident Yitzhak Rabin wurde von einem radikalen Juden ermordet.

Viele junge Palästinenser wandten sich den radikalislamischen Netzwerken der Hamas zu, die ihnen Versprechungen für ihre Zukunft und ihr Seelenheil machte. Vielleicht spielte dabei auch eine Rolle, dass Israel und vor allem Jerusalem heiliger Boden ist. Muslime, Christen und Juden verehren hier ihren Gott an zentralen Orten, die teils, wie Felsendom und Klagemauer, buchstäblich aufeinanderstehen. Da ist viel Anlass, aber wenig Platz für Kompromisse. Mehr als einhundert junge Muslime sprengten sich 2000 bis 2003 in Israel in die Luft. Die meisten ihrer Opfer waren Businsassen und Cafébesucher. Unterschiede zwischen Militär und Zivilbevölkerung wurden nicht mehr gemacht. Israel baute eine Mauer. Die Palästinenser vor allem im Gazastreifen sind seither ohne Perspektive gefangen, auch in ihrer eigenen Radikalität.

Von Israel beziehungsweise Palästina aus hat das Selbstmordattentat seinen Weg in die arabische Welt genommen. Es wurde zunächst in den Kriegsgebieten Afghanistans und des Irak zur Waffe. Die meisten Opfer sind Muslime, weil der Reinheitsanspruch der Radikalen sich mittlerweile vor allem gegen andere islamische Glaubensrichtungen richtet: Alle, die dem unbedingten Islamverständnis der Radikalen nicht folgen wollen, gelten als Ungläubige.

2011 lief eine revolutionäre Welle durch die arabische Welt, die als «Arabischer Frühling» bezeichnet wurde. An ihrem Anfang stand die Selbstverbrennung des tunesischen Markthändlers Mohamed Bouazizi. Kein Attentat also, sondern die Verzweiflungstat eines jungen Nichtradikalen. Sie wurde zum Fanal für die junge, über Handys und Facebook vernetzte Generation, die die korrupten Diktaturen und

Monarchien der arabischen Welt nicht mehr ertragen wollte. Im Radi-
kalislamismus sah sie aber auch keine Lösung. Phantasievolle Proteste
und Demonstrationen, von den neuen Medien in Echtzeit verbreitet,
stürzten Staatschefs in Tunesien, Libyen, Ägypten und im Jemen und
brachten andere in höchste Bedrängnis. Doch nur in Tunesien gelang
der Übergang in eine einigermaßen demokratische Struktur. In den
übrigen Ländern erwiesen sich die Revolutionäre als zu schwach. Gegen die widerstreitenden Kräfte von konservativem Islam, radikalem
Islamismus und Militär konnten sie keine neue Staatlichkeit durchsetzen. In Libyen und Syrien kam es zu Bürgerkriegen, die sich schnell
radikalisierten. Westeuropäer, US-Amerikaner und Russen griffen ein.
Doch schnelle Siege waren unmöglich. Die Radikalen reagierten mit
Selbstmordanschlägen in Europa und den USA. Dort identifizierten
manche den Terrorismus der Radikalen mit dem Islam insgesamt, was
die Konflikte weiter anheizte.

Die arabische Welt ist durch ein dramatisches 20. Jahrhundert voller
fehlgeschlagener Hoffnungen gegangen. Auch deswegen gibt es hier
am Beginn des 21. Jahrhunderts zahlreiche Gewalträume, in denen die
staatliche Autorität verloren ist. Daneben finden sich aber auch ganz
andere Räume: die Ölmonarchien der Arabischen Halbinsel oder die
am Rande stehenden, aber einflussreichen «Verwandten» Türkei und
Iran. Und es gibt die Megacity Kairo als Teil der jungen weltweiten
städtischen Kultur des 21. Jahrhunderts. Die mörderische Radikalisierung islamistischer junger Männer (und zunehmend auch Frauen)
ist hier weniger wichtig als die große Frage danach, wie eine schnell
wachsende junge Bevölkerung vom Staat erreicht und für den Staat
gewonnen werden kann.

20.
Die Welt

Die globale Megacity

Dass arabische Revolutionäre und islamische Terroristen überregional, ja weltweit vernetzt sind, ist typisch für das beginnende 21. Jahrhundert. Seit den 1990er Jahren spielen die Wörter «global» und «Globalisierung» eine wichtige Rolle. Karten zeigen die Zunahme weltweiter Vernetzungen: mehr Flugreisende, mehr Schiffsverkehr, mehr Stromtrassen, mehr Facebook-Nutzer an immer mehr Orten. Die ganze Welt scheint zu einem Dorf zu werden, in dem alle mit allen vernetzt sind und an allen Gütern und Gefahren teilhaben. Ein zweiter Blick auf die Karten zeigt jedoch, dass wir ungleich vernetzt sind. In Europa landen deutlich mehr Flugzeuge als in Afrika, obwohl Afrika größer ist und mehr Einwohner hat. US-Amerikaner verbrauchen pro Kopf zwanzigmal, Deutsche knapp elfmal so viel Strom wie Menschen in Ghana. Für die weltweite Handelsschifffahrt sind die Häfen des Indischen Ozeans heute weniger wichtig als die des Atlantiks oder des Pazifiks. Wir sind also kein globales Dorf. Das weltweite Beziehungsnetz hat dünne und dicke Fäden, kleine und große Löcher. Der Teppich, um das Bild vom Anfang dieses Buches aufzunehmen, ist ganz ungleich gewebt. Anders als im 19. und 20. Jahrhundert ist es im 21. Jahrhundert nicht mehr das Zentrum Europa, auf das die Fäden zulaufen.

Nun hat es Vernetzungen ungleicher Art, wie wir gesehen haben, schon lange gegeben, bevor Europa im 19. Jahrhundert die Fäden in die Hand bekam: Nomaden und Sesshafte haben in allen Erdteilen – mit Ausnahme Australiens – einigermaßen stabile Handelsverbindungen aufgebaut, die nur manchmal in Feldzügen und Kriegen zusammenbrachen. Kaufleute aus Assur im Zweistromland haben vor viertausend Jahren mit Eselskarawanen Handel zwischen Tadschikistan, Usbekistan, Afghanistan, Iran, Babylonien und dem Mittelmeer betrieben. Über den Indischen Ozean wurden vor zweitausend Jahren Waren verschifft, die aus China, Indien, Arabien, Ostafrika und dem Mittelmeerraum stammten. Rund um das Mittelmeer, im indischen und im chinesischen Raum, in Mittel- und in Südamerika gab es große Reiche. Der Frieden nach den mongolischen Eroberungen ermöglichte im 13. und frühen 14. Jahrhundert Fernhandel über Land zwischen Europa und China. Der Islam verband Menschen zwischen Indonesien und Gibraltar miteinander. Die Inka verknüpften vor fünfhundert Jahren das geographisch und kulturell so vielfältige östliche Südamerika durch ihre Infrastruktur (etwa Straßen) und ihre Herrschaft. Über den Atlantik zirkulierten zwischen 1500 und 1800 Menschen und Waren. Alle diese Vernetzungen haben eine Zeitlang Bestand gehabt und das Leben vieler Menschen beeinflusst. Sie wurden dann schwächer oder gewaltsam beendet und durch neue Netze ersetzt. Werden wir im 21. Jahrhundert wieder in einer Welt mit vielen Zentren auf vielen Kontinenten leben, die mal mehr und mal weniger miteinander in Verbindung stehen? Kehren wir zu einer Ordnung zurück, die die Welt geprägt hat, bevor Europa im 19. Jahrhundert die Vorherrschaft gewann, bevor es von 1914 bis 1945 in Gewaltexzessen versank und bevor die Welt nach 1945 in eine erste (kapitalistische), eine zweite (sozialistische) und eine dritte (zu entwickelnde) Welt geteilt wurde? Wird die Welt wieder ungeordneter und unübersichtlicher, weil verschiedene Zentren von Herrschaft, Handel und Gewalt neu entstehen oder wieder vergehen?

Das 21. Jahrhundert unterscheidet sich von früheren Epochen durch die gesteigerten Möglichkeiten in Herrschaft und Militär, in Wirtschaft, Gesellschaft und Kultur. Mehrere technische Revolutionen haben Werkzeuge bereitgestellt, die alles um 1800 Dagewesene in den Schatten stellen. Wir verfügen über Nahrungsmittel und Medizin, um alle Menschen weltweit in Frieden alt werden zu lassen, bevor sie sterben. Wir können nahezu alle denkbaren Dinge produzieren, transportieren, kaufen und verkaufen. Wir können ohne Zeitverzögerung weltweit miteinander kommunizieren. Wir können das Weltklima ändern. Wir können alle Menschen dieser Erde oder einen Teil davon innerhalb weniger Sekunden vernichten. Doch nicht alle können die gesteigerten Möglichkeiten in gleicher Weise nutzen. Wir leben nicht in einem globalen Dorf, wo alle alles teilen. Wir schauen aber auch nicht mehr auf eine unbegreiflich große Welt mit geheimnisvollen Nischen und weißen Flecken. Wir sind der multipolaren Welt vor dem 19. Jahrhundert sehr ähnlich und doch ganz anders als sie. Wie vor zweihundertfünfzig Jahren gibt es keinen dominierenden Erdteil und keinen dominierenden Ort. Aber anders als zu Zeiten von Captain Cook gibt es auch keine Unabhängigkeit und Abgeschiedenheit mehr. Menschen können sich weltweit beobachten. Wir können jeden Punkt der Erde selbst erreichen, wenn wir es wirklich wollen. Wir sind verbunden, wenn auch in ungleicher Weise, und wo wir es nicht sind, könnten wir es zumindest sein. Wir leben in einer globalen Megacity.

In den Zentren dieser globalen Megacity gibt es funkelnde Architektur, gut ausgebaute Flughäfen, Straßen, Straßenbahnen und Häfen. Es gibt Schulen, Krankenhäuser und Stromversorgung, Regierung, Verwaltung und eine Polizei, die für Sicherheit sorgt. Jenseits der Zentren gibt es weniger von alledem. In den Slums unserer weltweiten Megacity gibt es so gut wie nichts von dem, was das Leben in den Zentren lebenswert macht. Internetbasierte soziale Netzwerke und Nachrichten mögen überall sein und dafür sorgen, dass wir alle wissen könnten, wie es in den Zentren und an den Rändern aussieht. Doch der Welthandel ist nicht überall, und da, wo er ist, wirkt er sich ungleich auf die Menschen aus: Einigen wenigen geht es sehr gut, viele andere werden ins Elend gestürzt. Der Kakao der ghanaischen Bauern jenseits des Volta-Sees ist heute viel weniger wert als in den 1950er Jahren, verglichen mit den teuren Industriegütern, die aus anderen Ländern eingeführt werden müssen. Hilfe aus den Zentren erreicht die Slums selten und unzuverlässig. Wo die Ordnung zusammenbricht und es keine politische Führung, keine Verwaltung, keine Polizei, keine staatlichen Schulen mehr gibt, müssen Menschen ihr Zusammenleben und ihre Sicherheit selbst organisieren – oder umziehen. Gegen solche Umzüge sichern sich die Menschen in den Zentren ab: Sie errichten unüberwindbare Grenzen mit Zäunen, Toren und Wachen.

Im Wissen darum, dass die Ungleichheit zwischen den Menschen immer größer wird, obwohl es zugleich immer bessere technische und medizinische Möglichkeiten für ein gutes Leben gibt, hat es seit dem 19. Jahrhundert Versuche gegeben, die Welt zum Wohle aller besser zu machen. Einige haben versucht, das Glück möglichst vieler Menschen durch eine Diktatur zu erzwingen. Doch am Ende haben solche Versuche noch mehr furchtbare Opfer gefordert, wie wir gesehen haben. Daneben gab es auch Versuche, durch Verhandlung und Organisation die Welt allmählich und Schritt für Schritt zu einem friedlicheren, zu einem lebenswerteren Ort zu machen. Das ist durch Zusammenarbeit zwischen Staaten geschehen und durch gemeinsame Initiativen vieler Menschen.

Die Organisationen, die die Zusammenarbeit zwischen den Staaten regeln, werden Regierungsorganisationen genannt (Intergovernmental Organizations = IGOs). Dazu gehören etwa die Vereinten Nationen (United Nations = UN). Daneben gibt es die nichtstaatlichen Organisationen (Non-Governmental Organizations = NGOs). Dazu gehören Organisationen wie Amnesty International oder Greenpeace, in denen sich jeder engagieren kann. Außerdem spielen mächtige Organisationen eine Rolle, die nicht von den Regierungen ausgehen, die aber auch nicht jedem offenstehen. Sie werden «nichtstaatliche Akteure» genannt (Non-State Actors = NSAs). Ein Beispiel dafür ist die «Bill and Melinda Gates Foundation», eine milliardenschwere Stiftung des Microsoft-Gründers und Multimilliardärs Bill Gates. Um staatliche und nichtstaatliche Politik für die Zukunft der Welt wird es im letzten Kapitel dieser Weltgeschichte gehen.

Das internationale 19. Jahrhundert:
Vom Wiener Kongress zum Olympischen Komitee

Der Wiener Kongress 1814/15 war die Geburtsstunde einer neuen Art staatenübergreifender Politik. In der Französischen Revolution und den nachfolgenden Kriegen in Europa waren rund fünf Millionen Menschen umgekommen. Opfer von Hunger und Krankheiten jenseits der Schlachtfelder sind dabei noch gar nicht mitgerechnet. Der Zeitgenosse Friedrich Gentz sprach von dem «grausamsten Weltkrieg, der je die Gesellschaft erschütterte und auseinanderriss». Daher suchten fünf große Mächte Europas nach einem dauerhaften Frieden: England, Österreich, Preußen, Russland und auch Frankreich, das nach der Abdankung Napoleons trotz seiner Niederlage bald wieder gleichberechtigt am Verhandlungstisch saß. Der Wiener Kongress hatte einen schlechten Ruf als vor allem gesellschaftliche Veranstaltung, als «tanzender Kongress», weil die zahlreichen Bälle viele Besucher anlockten. Prostituierte waren gut beschäftigt, das Habsburgerreich stürzte sich in Schulden. Doch aus den vielseitigen Verhandlungen entwickelte sich die Idee eines «europäischen Konzerts». Die großen Fünf übernahmen gemeinsam Verantwortung. In zunächst häufigen, dann nur noch selten einberufenen Konferenzen und in Absprachen außerhalb der Konferenzen regelten sie europäische Fragen. Das war keine gute Nachricht für die kleineren Staaten. Revolutionäre Bewegungen in Italien und Spanien wurden Anfang der 1820er Jahre blutig niedergeschlagen. Aber immerhin sicherte der Wiener Kongress langfristig den Frieden in Europa. Größere Kriege hat es nur in den 1850er (Krimkrieg) und den 1860er Jahren (Kriege rund um die italienische und deutsche Nationaleinigung) gegeben. Sie blieben aber kurze Auseinandersetzungen zwischen wenigen Mächten. Jenseits von Europa galt das Friedensgebot jedoch nicht. Mit asiatischen und afrikanischen Gegnern gingen die europäischen Kolonialmächte immer rücksichtsloser um. Zu einer gewaltsamen Auseinandersetzung zwischen den großen europäischen Fünf selbst sollte es erst einhundert Jahre nach dem Wiener Kongress wieder kommen – im Ersten Weltkrieg. Die Folgen waren noch verheerender als in den Kriegen zwischen der Französischen Revolution und dem Wiener Kongress in den Jahren 1789 bis 1815.

Das «europäische Konzert» konnte Veränderungen in der inneren Struktur der Großen aushalten: Frankreich wechselte 1830 die Monarchie aus, war von 1848 bis 1851 eine Republik, von 1852 bis 1870 ein Kaiserreich und dann wieder eine Republik, ohne dass seine Verhandlungsfähigkeit litt. Preußen wurde 1871 Teil des Deutschen Reiches. Das Kaiserreich Österreich wurde 1867 zur Kaiserlichen und königlichen (k. und k.) Monarchie Österreich-Ungarn. Im letzten Drittel des 19. Jahrhunderts nahmen die inneren Spannungen zu, weil die Weltmachtinteressen der Großen auf ihre europäische Politik zurückwirkten. Aus dem europäischen Konzert wurde ein Gleichgewicht, dann die

Konkurrenz der Mächte. Trotzdem waren um 1900 noch Kompromisse in einer ganzen Reihe von verwickelten Streitfragen möglich. 1899 und 1907 gab es außerdem zwei Friedenskonferenzen in Den Haag, die das inzwischen gewohnheitsmäßig eingeübte Völkerrecht bekräftigten und Teile davon in Abkommen festhielten. Der Erste Weltkrieg war die eine Ausnahme von der Regel, dass die Großen Europas ihre Konflikte friedlich über Verhandlungen austrugen – aber diese eine Ausnahme reichte, um das ganze System zum Einsturz zu bringen.

Der Wiener Kongress hatte sich auch um Fragen jenseits der eigentlichen Friedenssicherung gekümmert. Es gab auch Ansätze zu einer staatenübergreifenden Politik für staatenübergreifende Probleme. Auf Druck der britischen Bewegung gegen die Sklaverei verurteilte der Kongress den Sklavenhandel. Die Schifffahrt auf dem Rhein wurde internationaler Kontrolle unterstellt. Die Einzelheiten sollten in einem Vertrag geregelt werden, der sogenannten Rheinschifffahrtsakte, zu deren Erarbeitung eine Kommission eingesetzt wurde. Die «Zentralkommission für die Rheinschifffahrt» besteht bis heute und ist die älteste internationale Organisation weltweit.

Das Thema Flussschifffahrt weist auf ein wichtiges Motiv für internationale Zusammenarbeit im Verlauf des 19. Jahrhunderts hin: grenzübergreifende Verkehrs- und Kommunikationswege. Im 18. Jahrhundert hatten europäische Staaten im großen Stil damit begonnen, Flüsse schiffbar zu machen und Kanäle zu bauen. Weil die Flüsse sich nicht an Grenzen hielten, gab es internationalen Regelungsbedarf nicht nur am Rhein, sondern auch an der Donau. Die technischen Erfindungen des 19. Jahrhunderts vergrößerten die Chancen, sorgten aber auch für neue Herausforderungen: Eisenbahnen brauchten einheitliche Schienenmaße, Fahrpläne und damit auch einheitliche Zeitmessungen. Dampfschiffe brauchten Stationen, um Kohle zu laden. Telegrafen brauchten Kabel und einheitliche Technik. Telefone waren ebenfalls auf Kabel und einheitliche Standards angewiesen. Für all das wurden internationale Organisationen geschaffen. Sie hielten in Europa und darüber hinaus ein Netz aus Verkehr und Kommunikation funktions-

fähig. Wie sehr die neuen Möglichkeiten für Handel, Reisen und Welt-
erfahrung Menschen faszinierten, zeigt der große Erfolg des Romans
von Jules Verne *In achtzig Tagen um die Welt.*

Der Wiener Kongress hatte sich mit dem Thema Sklaverei auch um
die Bereiche Menschenrechte und humanitäre Hilfe gekümmert, für
die sich im 19. Jahrhundert immer mehr Menschen verantwortlich
fühlten. 1863 wurde das Rote Kreuz gegründet, ein Hilfsverein zur Unterstützung Verwundeter im Krieg. Es gab internationale Konferenzen
und Organisationen zur Vermeidung von Seuchen, zur Gesundheits-
fürsorge, zum Arbeiterschutz, zur Armenhilfe. 1910 wurde in Brüssel
eigens ein Büro gegründet, das einen Überblick über die immer zahl-
reicher werdenden internationalen Organisationen bieten sollte, das
«Office Central des Associations Internationales». 1912 erschien die
erste Ausgabe der Zeitschrift *La vie internationale* (Das internationale
Leben): Neben die internationale Politik war, so glaubten die Heraus-
geber der Zeitschrift, eine internationale Gesellschaft getreten. Sie
reichte über die frühen nichtstaatlichen Organisationen weit hinaus:
Es gab internationale Zusammenschlüsse der Arbeiter und ihrer Gewerkschaften, der Kirchen und ihrer Missionswerke. 1894 gründete
sich das Internationale Olympische Komitee, 1904 die FIFA, der Welt-
fußballverband. Im wirtschaftlichen Bereich blieben die internationalen Handelshäuser mit weitverzweigten Familienverbindungen wichtig. Seit Mitte des 19. Jahrhunderts kamen Konzerne wie Krupp oder
Rockefellers Standard Oil Company hinzu, die weltweit auf Rohstoff-
und Produktmärkten tätig waren.

Zum Treffpunkt dieser internationalen Gesellschaft wurden die
Weltausstellungen. 1851 eröffnete Queen Victoria die erste Ausstellung
in London. Das zentrale Ausstellungsgebäude war ein sensationeller
Glaspalast, der Crystal Palace im Hyde Park. Er wurde nach Ausstel-
lungsende in den Stadtteil Lewisham versetzt und machte so viel Eindruck, dass der gesamte Stadtteil seinen Namen zu tragen begann.
Doch 1936 brannte der Palast vollständig ab. Nur der Name des Stadt-
teils und sein Fußballclub Crystal Palace F. C. erinnern noch an ihn.

Weltausstellungen fanden seit 1851 regelmäßig statt. Sie waren wie schon die erste Ausstellung von atemberaubenden Bauleistungen geprägt. 1889 wurde der Eiffelturm als Teil der Weltausstellung in Paris gebaut. Aufsehenerregende Erfindungen und Ingenieurleistungen zogen ein internationales Publikum an. Veranstaltungsorte waren die Metropolen West- und Mitteleuropas sowie Nordamerikas: London, Paris, Wien, Brüssel, Amsterdam, New York, Philadelphia, St. Louis etc. Zwar gab es 1879, 1880 und 1888 drei Weltausstellungen in Australien, doch ansonsten fanden bis 1969 alle Ausstellungen in Europa und in Nordamerika statt. 1970 war das japanische Osaka an der Reihe. Die Weltausstellung 2017 fand in Kasachstan statt, und 2020 ist mit den Vereinigten Arabischen Emiraten erstmals ein arabisches Land vorgesehen.

Weltausstellungen waren von Anfang an gesellschaftliche Anlässe: Geschäftsleute, Künstler, Wissenschaftler und andere VIPs aus aller Welt trafen sich. Internationale Organisationen nutzten die Gelegenheit zu Kongressen. Neue Organisationen wurden im Schatten von Weltausstellungen gegründet. Die Olympischen Spiele 1900 (Paris) und 1904 (St. Louis) wurden am Rande von Weltausstellungen ausgetragen. Eine internationale Zivilgesellschaft kam zusammen. Sie diskutierte aktuelle Fragen der Wirtschaft und Gesellschaft und feierte sich auch selbst. Im Jahrhundert Europas war das eine weiße, männliche, adlig-bürgerliche Veranstaltung. Aber schon vor 1914 begannen nicht nur Vertreter der britischen Siedlerkolonien Kanada, Australien und Neuseeland, sondern auch japanische und indische Intellektuelle eine Rolle zu spielen. Frauen tauchten nun als Repräsentantinnen neuer internationaler Frauenorganisationen auf und nahmen auch Führungsrollen in den nichtstaatlichen Organisationen ein. Die Friedensaktivistin Bertha von Suttner erhielt 1905 als erste Frau den Friedensnobelpreis.

Das schnelle Wachstum internationaler Kontakte ist als «erste Globalisierung» bezeichnet worden. Hoffnungsfrohe Gelehrte, die international Kontakte pflegten, hielten nach 1900 einen großen Krieg in

Zukunft für unmöglich. Das war, wie wir im Kapitel «Berlin» gesehen haben, ein Irrtum. Der große deutsche Soziologe Max Weber zum Beispiel besuchte 1904 die Weltausstellung in St. Louis, verband damit eine dreimonatige USA-Reise, hielt Vorträge, schaute sich um und kehrte fasziniert zurück. Doch er wurde so wie viele andere dadurch kein Weltbürger, sondern blieb ein Deutscher, der die deutsche Weltpolitik unterstützte. Im Weltkrieg stand Weber, wie die allermeisten Arbeiter, Unternehmer, Wissenschaftler und Intellektuellen der Welt, loyal zu seiner Nation.

Weltregierung Völkerbund, 1919 bis 1946

Die Beendigung des Ersten Weltkriegs war eine ebenso schwierige Aufgabe wie die Beendigung der Napoleonischen Kriege einhundert Jahre zuvor. Das war den Verantwortlichen der Siegermächte, vor allem der USA, Großbritanniens und Frankreichs, bewusst. Deswegen hatten sie bereits vor Kriegsende historische Studien zum Wiener Kongress in Auftrag gegeben, um nach Vorbildern für ihre kommenden Verhandlungen in Versailles bei Paris zu suchen. Aber Versailles war nicht Wien. Es wurde weniger getanzt und mehr geredet und geschrieben. Die internationale Öffentlichkeit spielte in den demokratisch verfassten Siegerstaaten eine viel wichtigere Rolle. Dies mussten Politiker bei ihren Überlegungen berücksichtigen. Es veränderte den Spielraum, etwa für den Umgang mit den Besiegten. Weitaus mehr Staaten waren beteiligt: Ostmitteleuropäische Länder von Polen bis Griechenland unterschrieben den Versailler Vertrag ebenso wie mittel- und südamerikanische Staaten von Guatemala bis Peru. Die britischen Kolonien Australien, Kanada und Indien beteiligten sich aktiv an den Beratungen. Japan war als Großmacht anerkannt. Der US-amerikanische Kongress weigerte sich allerdings 1920, den Vertrag zu ratifizieren. Das war ein schwerer Schlag für den amerikanischen Präsidenten Wilson. Sein

Vierzehn-Punkte-Plan, die Vision einer gerechteren Weltordnung, basierend auf dem Selbstbestimmungsrecht der Völker und gipfelnd in der Idee eines allgemeinen Verbandes der Nationen, hatte den Kriegseintritt der USA 1917 legitimiert. Der Plan hatte die Versailler Verhandlungen geprägt. Er führte zur Gründung des «Völkerbundes», der das Erbe des «Europäischen Konzerts» antrat, es nun aber globalisierte, organisierte und verrechtlichte. Was aber war dieser Bund ohne das mächtigste Land der Erde wert?

Anders als in Wien 1815 waren in Versailles 1918/19 nicht alle Mächtigen beteiligt. Die Deutschen durften als vermeintliche Hauptverursacher des Krieges nicht mitverhandeln. Sie traten dem Völkerbund erst 1926 bei. Die junge Sowjetunion galt nicht als Staat, sondern als revolutionäre Absage an die Staatenwelt überhaupt. Sie kam erst 1934 unter Stalin dazu. Da waren das mittlerweile nationalsozialistische Deutschland und das nationalistische Japan bereits wieder ausgetreten. Italien verließ den Völkerbund 1937. Die große Idee der Weltregierung litt darunter, dass sie auf den Willen aller Beteiligten angewiesen war, zu regieren und sich regieren zu lassen.

Der Völkerbund wurde daher oft als eine idealistische Kopfgeburt betrachtet, die an ihrem malerischen Hauptsitz Genf viel Zeit und Geld verbrannte, ohne allzu viel Nutzen zu stiften. Doch das ist falsch. Natürlich folgte auf den Ersten Weltkrieg zwanzig Jahre später ein Zweiter Weltkrieg. Der Völkerbund konnte also seine Hauptaufgabe, durch Beratungen der Völker dauerhaft den Frieden zu sichern, nicht erfüllen. Aber es ist fraglich, ob ein anders organisierter Bund Hitler, Mussolini und die japanischen Hypernationalisten aufgehalten hätte. Außerdem hatte der Völkerbund bei aller Machtlosigkeit in den 1920er Jahren eine wichtige Aufgabe bei der praktischen Umsetzung des Versailler Vertrags. Er hat für die Aussöhnung der deutschen Weimarer Republik mit ihren ehemaligen westlichen Kriegsgegnern Frankreich und Großbritannien einen Rahmen geboten. Er hat erste Schritte zur Entkolonialisierung vor allem Asiens und Nordafrikas koordiniert – und zwar besser, als die Nationalisten in den jungen Nationalstaaten

später behaupet haben. Vor allem aber hat der Völkerbund die Aufgabe, eine Art Weltregierung zu organisieren, die sich schon auf dem
Wiener Kongress 1815 abgezeichnet hatte, in die Hand genommen.
Und er hat den NGOs eine Heimat geboten, deren Zahl seit der zweiten Hälfte des 19. Jahrhunderts und vor allem seit 1900 rasch gewachsen war. Zum Völkerbund gehörte die International Labour Organization,
kurz ILO, die Normen für Arbeitsrecht und Arbeiterschutz entwickelte. Hierzu gab es oft idealistische Vorarbeiten aus der Vorkriegszeit, die nun in harten Verhandlungen umsetzbar gemacht oder verworfen wurden. Ein Hochkommissar für Flüchtlingsfragen kümmerte
sich um Rechtssicherheit für die zahlreichen Entwurzelten in Europa.
Hochkommissar Fridtjof Nansen erhielt den Nobelpreis für seinen
«Nansen-Pass», einen Ausweis, der Staatenlosen und Geflüchteten
grundlegende Rechte im Aufenthaltsland sichern sollte. Es gab Organisationen für Gesundheit, für intellektuelle Zusammenarbeit, für Kinderrechte. Hier wirkten auch die Länder mit, die dem Völkerbund
offiziell noch nicht oder nicht mehr angehörten. Hier arbeiteten einschlägige nichtstaatliche Organisationen mit Regierungsvertretern zusammen. Idealistische Erklärungen aus der Zeit vor dem Ersten Weltkrieg wurden in die Tat umgesetzt. Es ist kein Zufall, dass die meisten
Unterorganisationen des Völkerbundes nach 1945 in die Vereinten
Nationen überführt wurden. Sie waren wichtig. Führende Personen
der UN und auch der Europäischen Gemeinschaft der 1950er Jahre
haben ihre erste Berufserfahrung beim Völkerbund gesammelt.

Mit dem Völkerbund ist in den 1920er Jahren auch die Zahl der
nichtstaatlichen Organisationen weiter gewachsen. Eine im Handbuch
der Internationalen Organisationen 1929 publizierte Liste nennt 478,
bis zur zweiten Auflage 1932 kamen 82 hinzu. Der Weltkrieg hatte die
internationalen Organisationen nicht zerschlagen, sondern nur verändert: Sie waren praxisbezogener geworden und hatten sich mit Behörden, Staaten und zwischenstaatlichen Organisationen wie dem
Völkerbund vernetzt. Die nichtstaatlichen Organisationen waren auch

globaler geworden. Viele von ihnen hatten nun Mitglieder in Afrika, Asien und Lateinamerika. Der Erste Weltkrieg wird gelegentlich als «Untergang des alten Europa» bezeichnet. Man kann es aber auch positiver ausdrücken: Nach 1918 begann Europa die Idee der Weltgesellschaft ernster zu nehmen. Als der Zweite Weltkrieg ausbrach, flüchteten die meisten Beamten des Völkerbundes und auch viele NGO-Vertreter aus Genf, weil sie eine deutsche Invasion befürchteten. Die meisten gingen in die USA.

Nach dem Zweiten Weltkrieg: Von der UNO bis zu Greenpeace

Noch vor der Kapitulation Japans wurde am 26. Juli 1945 in San Francisco die Charta der Vereinten Nationen unterzeichnet. 10 000 Personen waren bei der 25 Millionen Dollar teuren Gründungskonferenz anwesend. Ausschließlich Staaten, die den sogenannten Achsenmächten Deutschland, Italien und Japan den Krieg erklärt hatten, bekräftigten einleitend, sie seien «fest entschlossen, künftige Geschlechter vor der Geißel des Krieges zu bewahren, die zweimal zu unseren Lebzeiten unsagbares Leid über die Menschheit gebracht hat». Sie glaubten «an die Grundrechte des Menschen, an Würde und Wert der menschlichen Persönlichkeit, an die Gleichberechtigung von Mann und Frau sowie von allen Nationen, ob groß oder klein». Sie verpflichteten sich, «Bedingungen zu schaffen, unter denen Gerechtigkeit und die Achtung vor den Verpflichtungen aus Verträgen und anderen Quellen des Völkerrechts gewahrt werden können», sowie «den sozialen Fortschritt und einen besseren Lebensstandard in größerer Freiheit zu fördern». Die Bewahrung des Friedens, die Achtung der Menschenrechte, die Einhaltung des Völkerrechts und schließlich Fortschritt und ein besseres und freieres Leben für alle – das waren die vier Anfangsziele der Vereinten Nationen. Sie unterschieden sich nicht grundsätzlich von denen des Völkerbundes 1919.

Internationale Organisationen und Einsätze

Baffin
Bay

Hudson
Bay

Golf von
Alaska

■ Sitz der Vereinten Nationen
(United Nations) UN/UNO [1945]

▬ Laufende UN-Friedenseinsätze (2017)

▭ Abgeschlossene UN-Friedenseinsätze

■ Die 10 größten Flüchtlingslager
(Stand 2015)

Washington ◦   ■ New York
                  ◇◈

Pazifischer
Ozean

Golf von
Mexiko

Atlantischer
Ozean

HAITI
Karibisches Meer

Sitz Internationaler Organisationen
[mit Gründungsdatum in Klammern]

● Europäisches Parlament [1952]
◉ Internationaler Strafgerichtshof [1945]
○ Menschenrechtsrat [2006]
◈ UNO (United Nations Organization) [1945]
◇ UNICEF (Kinderhilfswerk der Vereinten Nationen) [1946]
🏛 UNESCO (United Nations Educational, Scientific and Cultural Organization) [1946]
◉ WHO (World Health Organization) [1947]
◔ WFP (World Food Programme) [1961]
● AU (Afrikanische Union) [2002]
◉ NATO (North Atlantic Treaty Organization) [1949]
◉ IWF (Internationaler Währungsfonds) [1944]
◉ OPEC (Organization of the Petroleum Exporting Countries) [1960]
◉ Commonwealth of Nations [1931/1949]
○ ASEAN (Association of Southeast Asian Nations) [1967]
● Arabische Liga [1945]
⊕ Internationales Rotes Kreuz [1863]

Die Vereinten Nationen übernahmen vom Völkerbund Personal, den Aufbau mit Generalversammlung, Ausschuss und Sekretariat sowie Organisationen wie die ILO. Aber die Gründer wollten eine aktivere, eine durchsetzungsfähigere Struktur. Deshalb erhielt der Ausschuss, jetzt «Sicherheitsrat» genannt, eine stärkere Stellung gegenüber der Generalversammlung, dem Parlament, in dem jeder Staat eine Stimme hat. Die wichtigsten Siegermächte des Krieges – USA, Sowjet-

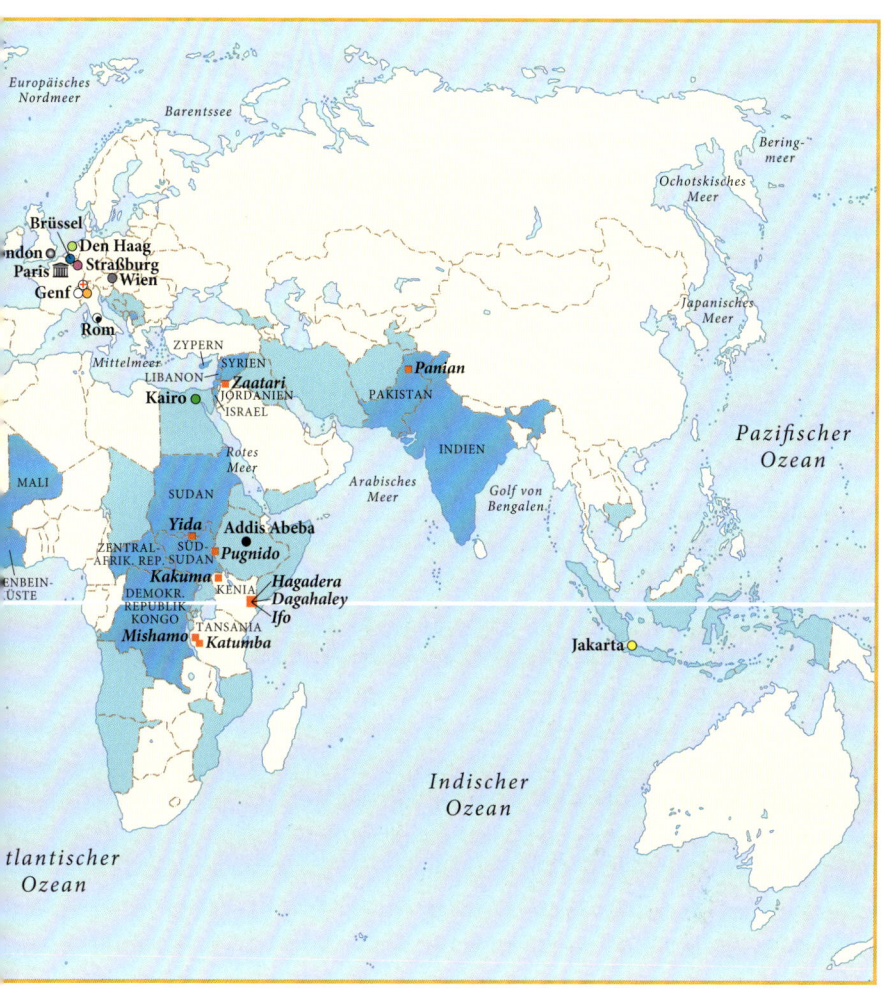

union, Großbritannien, Frankreich und China – erhielten einen ständigen Sitz im Sicherheitsrat und das Vetorecht. So sollten Austritte der Mächtigen verhindert werden. Die Großen sollten gemeinsam Verantwortung für Frieden, Menschenrechte und Völkerrecht tragen und sich nicht drücken können.

Um den wirtschaftlichen und sozialen Fortschritt zu befördern, wurde ein Wirtschafts- und Sozialrat errichtet. Er sollte die Weltbank, den Internationalen Währungsfonds und die Welthandelsorganisation beaufsichtigen, aber diese drei Organisationen wurden bald relativ unabhängig. Der Wirtschafts- und Sozialrat ist auch für das Kinderhilfswerk UNICEF und die Weltgesundheitsorganisation WHO zuständig, die inzwischen ebenfalls weitgehend eigenständig handeln. Außerdem regelt der Wirtschafts- und Sozialrat die Beziehungen der Vereinten Nationen zu den nichtstaatlichen Organisationen. Für sie ist er von großer Bedeutung, weil er ihnen internationale Anerkennung und Rechtssicherheit verschafft.

Hauptsitz der Vereinten Nationen wurde New York. Eine Rückkehr nach Genf lehnten viele Länder ab, um den Neuanfang gegenüber dem Völkerbund zu betonen. Außerdem sollte verhindert werden, dass sich die USA wie 1919 aus der Weltpolitik zurückzogen. Obwohl die USA sich bei der Abstimmung über den Hauptsitz der Stimme enthielten, waren sie bereit, Verantwortung zu übernehmen und die Vereinten Nationen zu schützen. Doch bald schon geriet die Organisation in den Sog des Kalten Kriegs zwischen den kapitalistischen USA und der kommunistischen UdSSR, der bis zu deren Auflösung 1991 dauerte. Da beide Großmächte einen ständigen Sitz im Sicherheitsrat hatten, konnten beide mit ihrem Vetorecht Beschlüsse verhindern. Davon machten sie ausgiebig Gebrauch. Glücklicherweise galt das nicht für alle Bereiche. So funktionierte die Internationale Atomenergiebehörde IAEO erstaunlich gut. Hier stimmten die Interessen der großen Fünf überein, denn die IAEO sollte die friedliche Nutzung der Atomenergie befördern, gleichzeitig aber die Weiterverbreitung von Atomwaffen verhindern. Die Vetomächte waren seit den 1950ern die einzigen offiziellen Atommächte und wollten das auch bleiben. Ebenfalls im gemeinsamen Interesse der großen Fünf war es, dass der ursprünglich geplante Generalstabsausschuss nicht eingerichtet wurde. Dieser Ausschuss sollte militärische Aktionen planen und durchführen. Damit hätten die Vereinten Nationen über eine eigene Armee verfügt, aber keiner der Mächtigen wollte eine weitere militärische Großmacht. Bis heute muss die UN, wenn sie einen Militäreinsatz durchführen will, bei ihren Mitgliedsländern um Soldaten bitten. Diese sind einheitlich als «Blauhelme» erkennbar.

Von solchen Ausnahmen der Kooperation abgesehen, machten die USA und die Sowjetunion den Sicherheitsrat und auch die Generalversammlung zu Orten des Konfliktaustrags, nicht der Konfliktlösung. Die Generalsekretäre der UN waren um ihre Aufgabe, nach Kompromissen zu suchen, nicht zu beneiden. Hinzu kam, dass sich immer mehr Organisationen vor allem an den Wirtschafts- und Sozialrat angliederten. Die «UN-Familie», wie das Konglomerat von Organisationen am Hauptsitz der UN in New York und den drei weiteren Sitzen in Genf, Wien und Nairobi bald hieß, wurde immer größer und unübersichtlicher. Hier den Überblick zu wahren und die großen Fünf bei Laune zu halten, galt als der «schwierigste Job der Welt». Viele UN-Generalsekretäre entfalteten daher nach außen wenig Wirkung. Erst nach dem Ende des Ost-West-Gegensatzes in den 1990er Jahren kam mehr Bewegung in den Sicherheitsrat, konnte die UN in neuer Weise politisch gestalten. Dementsprechend wurden die Generalsekretäre Boutros Boutros-Ghali (1992–1996) aus Ägypten und vor allem Kofi Annan (1997–2006) aus Ghana Weltpolitiker von Rang.

Für die nichtstaatlichen Organisationen war die Bewegungsarmut im Sicherheitsrat bis in die 1980er Jahre nicht so wichtig. Sie arbeiteten unterhalb der ganz großen Politik mit den verschiedenen Organisationen der UN-Familie zusammen: neben dem Kinderhilfswerk UNICEF und der Weltgesundheitsorganisation WHO vor allem auch mit der Organisation der Vereinten Nationen für Erziehung, Wissenschaft und Kultur UNESCO und der Internationalen Flüchtlingsorganisation IRO beziehungsweise deren Nachfolger UNHCR. Wie der Völkerbund waren die Vereinten Nationen auf dieser praktischen Ebene am stärksten, weil sie vom Gegensatz der Systeme nicht immer und nie vollständig erfasst wurden.

Seit den 1950er Jahren kümmerten sich die Vereinten Nationen nicht mehr hauptsächlich um Europa, sondern vor allem um die Gebiete in Asien und Afrika, aus denen sich die europäischen Kolonialmächte zurückzogen. Die «Entwicklungshilfe» für diese Gebiete war langfristiger angelegt als die Nothilfe für Europa in den späten 1940er Jahren, wie wir im Kapitel «Volta-See» gesehen haben. Die Supermächte nutzten diese Entwicklungshilfe aber auch dazu, um ihre Einflusszonen auszudehnen. Vielversprechende junge Leute aus Afrika und Asien wurden zu Aufenthalten in die USA beziehungsweise die Sowjetunion oder bei deren Verbündeten eingeladen. Aus asiatischer und afrikanischer Perspektive sah die Situation allerdings bunter aus. Neben Vertretern der Supermächte waren Vertreter der Vereinten Nationen und von nichtstaatlichen Organisationen vor Ort, manche religiös gebunden, andere nicht. Alle hatten ihre eigenen Vorstellungen von der Zukunft der Asiaten und Afrikaner. Koalitionen auf Zeit bildeten sich und vergingen wieder. Die Erfahrungen in Afrika und Asien veränderten auch Europa und Nordamerika. Auch dort wurde seit den 1950er Jahren die Welt bunter.

In den 1960er Jahren wuchs die Zahl der internationalen Regierungsorganisationen und der nichtstaatlichen Organisationen rapide. Das hatte mit der Entspannung im Kalten Krieg zu tun, die Kontakte über die erstarrten Frontlinien hinweg ermöglichte. Die Vereinten Nationen hatten außerdem 1961 das «Jahrzehnt der Entwicklung» ausgerufen und damit einen Schub von Initiativen ausgelöst. In Japan wurde «OISCA International» gegründet, eine philanthropische (menschenfreundliche) Organisation, die Menschen in Japan und anderen asiatischen Ländern auf Einsätze in der Entwicklungshilfe vorbereiten wollte. 1964 fand die erste «Konferenz für Handel und Entwicklung» statt. Daraus wurde UNCTAD (United Nations Conference for Trade and Development), ein weiteres wichtiges Mitglied der UN-Familie mit Sitz in Genf, das den Handel zwischen Ländern unterschiedlicher Entwicklung fördern und an einer neuen Weltwirtschaftsordnung arbeiten sollte. 1961 entstand Amnesty International. Der britische Anwalt Peter Benenson hatte zunächst in London eine Hilfsaktion für politische Gefangene gestartet, die in den nächsten beiden Jahrzehnten international und professionell wurde. Sie war eine Graswurzelbewegung mit lokalen Gruppen überall auf der Welt, die sich um einzelne politische Gefangene ebenfalls überall auf der Welt kümmerten. Sie war gleichzeitig eine internationale politische Lobbygruppe für das Thema Menschenrechte insgesamt. Das war typisch für eine Zeit, in der neben dem Thema Entwicklung das Thema Menschenrechte an Bedeutung gewann. Bisweilen wurden beide Themen verbunden: Afrikanische und asiatische Staaten forderten 1972 ein Menschenrecht auf Entwicklung. Und beide Themen wurden auch in der Zivilgesellschaft wichtig: Neben Amnesty International gründeten sich viele Gruppen und Initiativen, die die Menschenrechte zu ihrem Thema machten.

1970 entstand in Vancouver die Umweltschutzorganisation Greenpeace. Vor allem kanadische und US-amerikanische Aktivisten kämpften gegen Atomtests und setzten sich später auch für andere Umweltthemen ein. Anders als Amnesty International startete Greenpeace mit medienwirksamen Aktionen kleiner Aktivistengruppen: Fischkutter und Yachten versuchten, in militärische Sperrgebiete einzudringen, um Atomtests zu verhindern. Rettungsinseln behinderten Schiffe, die Dünnsäure in die Nordsee kippen wollten. Die Resonanz war gewaltig. Auch Greenpeace wurde international, setzte aber weiterhin auf direkte und spektakuläre Aktionen. Umwelt, Atomenergie und Frieden waren insgesamt große Themen einer noch einmal rasch wachsenden Zahl von nichtstaatlichen Organisationen in den 1970er Jahren. Viele der neuen Gruppen setzten sich aber auch für Gleichberechtigung ein: für Frauenrechte, für die Rechte von Homosexuellen, für die Rechte der Indigenen (Indianer, Indios, Aborigines, Maori, Sami), für die Rechte Behinderter und Kranker. Wie eingeschränkt war doch der Blick der bisherigen Eliten auf die Gesellschaft gewesen, wenn sie von Menschen- und Bürgerrechten gesprochen hatten!

In den 1970er Jahren gab es in Europa und Nordamerika ein großes Misstrauen gegenüber dem Staat und den Mächtigen in Politik und Wirtschaft. Das hatte seine Gründe im verlustreichen Krieg der USA in Vietnam, den viele für sinnlos hielten, und in Missbräuchen von Regierungsvollmachten vor allem in den USA. Die neuen Organisationen brachten wie Greenpeace die Öffentlichkeit gegen das Establishment in Stellung oder versuchten, neue Öffentlichkeiten zu bilden, etwa durch neue Zeitungen, Buchverlage oder Radiosender. Manche der neuen journalistischen Formate haben bis heute überlebt: in Deutschland etwa *die tageszeitung (taz)*, die 1978 in Westberlin gegründet wurde, und die feministische Zeitschrift *Emma*, die ein Jahr zuvor erstmals erschienen ist.

Die neuen nichtstaatlichen Organisationen der 1970er Jahre waren nicht nur eine Angelegenheit Westeuropas und Nordamerikas. Wie wir im Kapitel «Sankt Petersburg» gesehen haben, setzten Menschenrechtsaktivisten auch im Ostblock ihre Regierungen unter Druck. In Lateinamerika, Asien und Afrika entstanden zahlreiche lokale Initiativen, die praktische Hilfe leisten wollten. Der große Sprung nach vorn, von dem Viele in den 1950er und 1960er Jahren geträumt hatten, war ausgeblieben. Die Weltwirtschaft hatte sich abgewandt. Armut und Gewalt nahmen zu. Es gab Fluchtbewegungen, aber eben auch Graswurzelbewegungen, die vor Ort das Leben verbessern wollten.

Seit den 1970ern wuchs auch die Zahl der multinationalen Unternehmen, stiegen die grenzüberschreitenden Touristenströme. Internationale Beziehungen waren kein Privileg der Staaten mehr, sondern gehörten nun zum Leben vieler Organisationen und Menschen. Angesichts dieser neuen Unübersichtlichkeit ist es kein Wunder, dass in den 1980er Jahren das Misstrauen zwischen Staaten und nichtstaatlichen Organisationen wich. Es machte Platz für eine Vielzahl von nicht immer konfliktfreien Kooperationen zwischen Staaten, IGOs, NGOs, Wirtschaftsunternehmen, religiösen Organisationen und Gewerkschaften, die sich auf globaler, regionaler, nationaler und lokaler Ebene abspielen.

Global Community

Der japanische Historiker Akira Iriye sah 2002 die Welt seit den 1980er Jahren auf dem Weg zu einer «Global Community», einer weltweiten Gemeinschaft. Seine Beobachtung stützte sich auf die wachsende Bedeutung der nichtstaatlichen Organisationen und ihrer Vernetzung mit Staaten und Unternehmen. Diese Vernetzung habe mit dem Ende des Kalten Krieges neue Ausmaße annehmen können.

Zum Sprecher der sich bildenden Global Community wurde Kofi Annan, seit 1997 Generalsekretär der Vereinten Nationen. Im September 2000 ließ er in der UN-Generalversammlung acht Millenniumsziele verabschieden. Innerhalb der nächsten fünfzehn Jahre sollten extreme Armut und Hunger bekämpft, Primarschulbildung für alle durchgesetzt, Männer und Frauen gleichgestellt, die Kindersterblichkeit gesenkt, die Gesundheitsversorgung der Mütter verbessert, schwere Krankheiten wie Aids oder Malaria bekämpft, ökologische Nachhaltigkeit gesichert und eine globale Partnerschaft für Entwicklung aufgebaut werden. Die großen Ziele wurden mit Zeitplänen und Zielmarken versehen. So sollte etwa bis 2015 die Zahl der extrem armen Menschen halbiert werden. Die Welt staunte: Die Vereinten Nationen waren wieder da, und sie trauten sich etwas zu! Ganz im Sinne der UN-Charta sahen sie die soziale und wirtschaftliche Entwicklung als zentrales Ziel an und waren bereit, wie es in der 1945er-Präambel hieß, «internationale Einrichtungen in Anspruch zu nehmen, um den wirtschaftlichen und sozialen Fortschritt aller Völker zu fördern». Kofi Annan erklärte, die Bekämpfung von Armut und Krankheit erfordere eine gemeinsame Kraftanstrengung von Staaten, Wirtschaftsunternehmen und nichtstaatlichen Organisationen unter Leitung der Vereinten Nationen. Die großen Hoffnungen der Jahrtausendwende haben sich allerdings nicht ganz erfüllt. Die Millenniumsziele wurden ernsthaft angestrebt, und es hat Erfolge gegeben. Aber die Ziele wurden nicht vollständig und nicht in gleichmäßiger Weise

erreicht. Die Bilanz für Afrika ist im Allgemeinen schlechter als für
weite Teile Asiens.

Im letzten Jahrzehnt vor der Jahrtausendwende haben sich die Vereinten Nationen auch wieder verstärkt für die Wahrung des Friedens
eingesetzt. Im mittelamerikanischen El Salvador und in den afrikanischen Ländern Mosambik und Namibia konnten UN-Blauhelme erfolgreich dazu beitragen, blutige Bürgerkriege beizulegen. Einige spektakuläre Fehlschläge überschatteten aber die Erfolge. So haben 1994
UN-Blauhelme im afrikanischen Ruanda einem unvorstellbaren Völ-
kermord an Hunderttausenden tatenlos zugesehen. Ein Jahr später
wurden sie mitten in Europa Zeugen des Mordes an achttausend
Bosniern in Srebrenica, ohne einzugreifen. In Somalia gab es zwei
Kampfeinsätze von UN-Soldaten, die aber keine Sicherheit für die Bevölkerung herstellen konnten. Darum wurde bald innerhalb der Vereinten Nationen lebhaft über die Grenzen der eigenen Möglichkeiten
diskutiert. Blauhelme, so schien es, konnten feindliche Armeen nur
dann voneinander trennen, wenn die auch zum Waffenstillstand bereit
waren. Sie konnten den Frieden sichern helfen, wenn die meisten
Gewalttäter damit einverstanden waren. Schwieriger als ein solches
«Peacekeeping» wird es jedoch, wenn Kämpfe gegen den Willen der
Kriegsparteien beendet werden sollen, erst recht, wenn mehr als zwei
Parteien beteiligt sind. Für ein solches «Peacemaking» braucht es Geld,
gute Truppen und einen klaren und realistischen Auftrag – alles Dinge,
die der UN-Sicherheitsrat nicht zuverlässig herstellen kann und für die
der UNO selbst die Mittel fehlen. Noch schwieriger ist es, dauerhaft
Frieden zu schaffen. Für ein solches «Peacebuilding» müssen die Kon-
fliktfolgen gemildert und vor allem die Konfliktursachen beseitigt
werden.

Millenniumsziele und Blauhelmeinsätze zeigen, dass die Vereinten
Nationen mit dem Ende des Kalten Krieges an Bedeutung gewonnen
haben und handlungsfähiger geworden sind. Blockaden durch ein
Veto im Sicherheitsrat sind zur Ausnahme geworden. Doch die Zahl
der gewaltsamen Konflikte, die der Sicherheitsrat zu bearbeiten hatte,

hat zugenommen. Die Welt ist nach dem Ende des Ost-West-Konflikts leider kein friedlicherer Ort geworden. 2001 erhielten die Vereinten Nationen und ihr Generalsekretär Kofi Annan den Friedensnobelpreis. In seiner Dankesrede nannte Annan «drei entscheidende Prioritäten für die Zukunft: die Beseitigung der Armut, die Verhinderung von Konflikten und die Förderung der Demokratie». Um dem Widerstand von Einzelstaaten gegen weitreichende Einflussnahmen der UNO zu begegnen, betonte Annan, «dass der Friede nicht nur Staaten und Völkern, sondern jedem einzelnen Mitglied dieser Gemeinschaften gehört. Die Souveränität der Staaten darf nicht länger als Schutzschild für schwere Menschenrechtsverletzungen missbraucht werden.» Doch in den folgenden Jahren ist es nicht gelungen, von New York aus eine Art Weltregierung zum Wohle aller zu errichten, die sich notfalls über die Souveränität der Staaten hinwegsetzt.

Dafür gibt es verschiedene Gründe. Zunächst haben die USA als einzig verbliebene Supermacht unter Präsident George W. Bush seit 2001 dem nationalen Interesse größere Bedeutung beigemessen als dem Engagement für die Gemeinschaft der Nationen. Russland und China sind diesem Beispiel gefolgt. Der Kampf gegen den Terror steht seit den Anschlägen in New York und Washington vom 11. September 2001 für viele Länder im Vordergrund. Die Kriege in Afghanistan, im Irak und in Syrien haben ebenso wie die Konflikte im Kongo und in anderen Teilen Afrikas riesige Flüchtlingsströme hervorgerufen. Sie fordern die Vereinten Nationen, die Nationalstaaten, die nichtstaatlichen Organisationen und die Zivilgesellschaft weltweit heraus. Aber auch der Geldmangel der UNO schränkt ihre Möglichkeiten ein. Sie verfügt außerdem nicht über die zu ihrer Arbeit notwendigen Kompetenzen. Das zeigt sich immer dann, wenn sie bei ihren Mitgliedsstaaten um Soldaten und Geld für Friedenseinsätze bitten muss. Sie besteht aus zu vielen Einzelorganisationen, die sich in ihrer Arbeit gelegentlich behindern. Vor allem aber ist sie auf den guten Willen ihrer Mitgliedsstaaten angewiesen, der nicht immer in ausreichendem Maße vorhanden ist.

Trotz all dieser Schwierigkeiten hat es – immerhin – keinen Weltkrieg mehr gegeben, seitdem die Vereinten Nationen existieren. Anders als zu Zeiten des Völkerbundes sind alle mächtigen Staaten an Bord geblieben. Doch die globalen Probleme des 21. Jahrhunderts, die wir derzeit sehen können (Klimawandel, soziale und wirtschaftliche Ungleichheit, Staatszerfall, Krieg und Terrorismus), werden die Vereinten Nationen allein nicht lösen können.

Am Ende dieses Buches wird das die Leserinnen und Leser nicht überraschen. Es ging immer wieder um die Vielen, die sich unter widrigen Bedingungen durchschlagen, und um die Wenigen, die über Macht verfügen. Doch die Mächtigen bewirken meist nicht das, was sie eigentlich anstreben, weil die Welt komplizierter ist, als sie denken. Geschichte ist eben kein Staffellauf, kein Parcours für Helden. Auch in Zukunft werden nicht Helden die Welt retten, werden klare Richtungen und Direktiven selten den Erfolg haben, den sich die Mächtigen von ihnen versprechen. Das unendliche Leid der Vielen, die den fehlschlagenden Träumen, Visionen, Plänen und Direktiven der Mächtigen ausgesetzt waren, durchzog dieses Buch.

Menschen sind immer vernetzt gewesen. Die Vernetzungen haben in den letzten beiden Jahrhunderten zugenommen, ohne dass die Welt dabei gerechter geworden ist. Menschen mit ungleichen Erfahrungen, mit ungleichen Geschichten leben in der Welt des 21. Jahrhunderts. Es gibt nicht die eine für alle Menschen geltende Geschichte des Fortschritts oder der Modernisierung. Von Nagasaki, Peking, Delhi, Shidebaj, Kilwa, Haiti oder Kairo aus wird Geschichte anders erzählt als von Menschen in New York oder Berlin. Es ist wichtig, diese unterschiedlichen Geschichten zu kennen, weil sie die Hoffnungen, Pläne und nächsten Schritte der Vielen beeinflussen, die die Zukunft gestalten werden.

Die Aufgabe, eine einheitliche Weltgeschichte für das 21. Jahrhundert zu erzählen, liegt noch vor uns. Dieses Buch macht viele bunte, verwobene, kurze und lange Erzählfäden sichtbar, die im Teppich der Geschichte verknüpft sind. Mehr ist derzeit kaum möglich, weil wir über viele Geschichten noch zu wenig wissen, und weil Versuche der Zusammenschau sehr stark beeinflusst sind von Traditionen und Weltbildern, die auch Historikerinnen und Historiker aus den unterschiedlichsten Regionen und Kulturen beeinflussen. Vielleicht ist das aber auch kein Nachteil. Die grundverschiedenen Vergangenheiten, aus denen Menschen kommen und auf die sie zurückgreifen können, mögen Missverständnisse produzieren, wenn wir sie nicht kennen. Wenn wir sie erforschen, erzählen und vergleichen, können sie zur Chance werden. Sie vergrößern den Reichtum an Möglichkeiten, den die Geschichte für uns Lebende bereithält.

Nachwort

Nicht nur die Welt, auch ein Buch hat eine Geschichte. Die Geschichte dieses Buches begann mit einer E-Mail. Der Verlag C.H.Beck fragte, ob ich Zeit und Lust hätte, eine Weltgeschichte für eine jüngere Leserschaft zu schreiben. Ich fand die Idee spannend. Der Verlag erbat ein Exposé. Ich lieferte es. Meine Weltgeschichte würde aus vier zeitlich aufeinanderfolgenden Kapiteln bestehen, kündigte ich an: zunächst «Jäger, Sammler und Ackerbauern» für die Zeit bis 500 v. Chr., dann «Städte, Herrschaft und Religion» (500 v. Chr.–1000 n. Chr.), dann «Eine Welt» (1000–1750) – und schließlich «Die Moderne» – von 1750 bis heute. Vor, nach und zwischen den Kapiteln würde es fünf thematische Einschübe geben: zu Menschen, Zeit, Raum, Energie und Kommunikation. Eine vielversprechende Verbindung von zeitlicher und thematischer Gliederung, wie mir schien. Der Verlag fand die Idee etwas kompliziert, ließ mich aber gewähren.

Die Schwierigkeiten beginnen beim Nachdenken, wie immer. Als ich mit dem Lesen anfing, fiel mir auf, wie unfassbar wenig ich wusste. Historiker sind Spezialisten dort, wo sie die Quellen kennen, also das Material, auf das unser Wissen um die Vergangenheit ursprünglich zurückgeht. Das können Schriftzeugnisse sein, die in Archiven und Bibliotheken liegen, aber auch Bilder, Möbel und andere Materialien, die in Museen lagern, oder Architektur, die noch erhalten oder irgendwo aufgezeichnet oder beschrieben ist. Ich kenne Quellen zur preußischen und zur deutschen Geschichte des 18. bis 20. Jahrhunderts und ein paar zur australischen Geschichte des 20. Jahrhunderts. Rund um diese Quellen habe ich eine Menge Bücher und Aufsätze gelesen und geschrieben. Wie die meisten Wissenschaftler weiß auch ich sehr viel über sehr wenig. Verglichen mit der Geschichte der Menschheit: sehr, sehr wenig.

Natürlich kann man Nichtwissen bekämpfen, durch Lesen beispielsweise, aber das hat Grenzen. Es gibt unfassbar viele Bücher und Aufsätze, die für die Weltgeschichte wichtig sind. Kein Mensch kann sie alle anschauen. Ein australischer Kollege spottete, ich stünde vor der Wahl, entweder alles zu lesen, was wichtig ist – dann würde das Buch nie fertig –, oder das alles nicht zu lesen – dann würde es ein schlechtes Buch.

Erschwerend kam hinzu, dass die allermeisten Bücher zur Geschichte in Sprachen geschrieben sind, die ich nicht lesen kann: Chinesisch, Russisch, Spanisch, Finnisch usw. Diese Sprachen sind aber wichtig, weil in ihnen eine Perspektive auf die Welt vermittelt wird, die nicht die meine ist. Nicht alle Menschen meinen das Gleiche, wenn sie «Zeit», «Raum», «Energie», «Kommunikation», ja «Mensch» sagen, wenn sie über «Moderne», «Modernisierung», «Geschichte» und «Tradition» reden. Verschiedene Kulturen haben ihre eigene Geschichte. Verschiedene Sprachen haben eigene Weisen, sich selbst und ihre Geschichte zu begreifen. Ich sah meine Felle davonschwimmen. Wie sollte ich die fünf thematischen Einschübe schreiben, wenn ich gar nicht in der Lage war, quellengestützt herauszufinden, was in verschiedenen Teilen der Welt unter «Mensch», «Zeit», «Raum», «Energie» und «Kommunikation» verstanden wurde?

Um die Kapitel zu großen Zeitabschnitten stand es nicht besser. Ich fand keine Grundlage für Zäsuren. Warum sollte auch ein einheitlicher Zeittakt in der Welt geschlagen haben, die bis Kolumbus aus zwei großen und vielen kleineren Welten bestanden hatte und auch danach lange noch nicht gleichmäßig und nicht intensiv vernetzt war? Zwar gibt es eine Reihe geradezu klassischer Vorschläge für Querverbindungen in der Weltgeschichte: Achsenzeiten, in denen an verschiedenen Enden der Erde Gründer von Weltreligionen auftraten; Revolutionen wie die Neolithische oder die Industrielle, die welthistorisch grundsätzliche Veränderungen hervorbrachten. Aber diese wunderbar klaren Begriffe machen Ärger, sobald man genauer hinsieht. Die Gründer von Weltreligionen wussten weder, dass sie Weltreligionen gründeten (das stellte sich meist erst Jahrhunderte später allmählich heraus), noch wussten sie voneinander. Neben ihnen gab es viele weitere Propheten mit weniger Glück oder Geschick. Sie sind vergessen. Statt einer Achsenzeit der Welterleuchtung gab es viele Menschen, die unabhängig voneinander Licht verbreiten wollten und meistens scheiterten. Bei den Revolutionen sah es nicht besser aus. Die Menschen wurden an verschiedenen Orten der Erde unabhängig voneinander sesshaft und betrieben Ackerbau. Diese «Neolithische Revolution» dauerte schon an ihren Entstehungsorten Jahrtausende und setzte sich noch langsamer durch. Die Industrielle Revolution verlief zwar schneller, aber auch sie war nicht umfassend, veränderte verschiedene Teile der Welt in unterschiedlicher Weise und ließ andere beinahe unberührt.

Neben den Klassikern der Weltgeschichte, die sich an Achsenzeiten und Revolutionen orientieren, gibt es seit einigen Jahren eine Reihe von Befürwortern von «Big History». Sie schauen auf die Geschichte der Erde seit dem Urknall und entdecken Gesetzmäßigkeiten, die die gesamte Geschichte durchziehen. In dieser Perspektive sind die Neolithische oder die Industrielle Revolution Transformationen von ökologischen Regulationssystemen, wie sie auch in der Pflanzen- und Tierwelt vorkommen. Das Zeitalter, in dem menschliches Leben den Planeten vor allem klimatisch verändert, wird zum Anthropozän, das sich an Holozän und Pleistozän anschließt. Das ist sehr beeindruckend, aber konkrete Menschen kommen in der «Big History» kaum vor. So bleibt unklar, wer die Transformationen in Gang gesetzt hat und welche Bedeutung sie für Menschen hatten.

Andere im Großen denkende Historiker schlagen von den Problemen der Gegenwart aus Schneisen in die verworrene Vergangenheit. Fasziniert fragen Modernisierungstheoretiker nach den Gründen für die großen Veränderungen seit dem 19. Jahrhundert. Sie entdecken mittel- und langfristige Ursachen; ihre Schneisen verästeln sich Richtung Mittelalter und Antike. Doch die Büsche rechts und links der

Sichtachsen bleiben unbeachtet, Querverbindungen werden kaum wahrgenommen. Dafür bieten die Schneisen selbst klare Sicht und gute Fahrt. Verschiedene Gesellschaften lassen sich im Hinblick darauf vergleichen, wie sie den Weg ins Heute bewältigt haben. Klassisch hat Max Weber dieses Anliegen formuliert: «Universalgeschichtliche Probleme wird der Sohn der modernen europäischen Kulturwelt unvermeidlicher- und berechtigterweise unter der Fragestellung behandeln: welche Verkettung von Umständen hat dazu geführt, dass gerade auf dem Boden des Okzidents, und nur hier, Kulturerscheinungen auftraten, welche doch – wie wenigstens wir uns gern vorstellen – in einer Entwicklungsrichtung von universeller Bedeutung und Gültigkeit lagen?» Das klingt ein wenig wie die Frage, die sich manche Menschen morgens vorm Spiegel stellen: Warum bin ich so schön und die anderen so hässlich? Das Ergebnis ist natürlich sehr stark davon abhängig, wer in den Spiegel schaut, Russland, die USA, Europa oder China. Die Methode selbst ist ziemlich grob gegenüber denjenigen, die sich fernab der Schneisen bewegen: Man sieht sie kaum, und wenn, dann nur schemenhaft und fremdartig.

Da ich mich weder den Klassikern noch der «Big History», noch schneisenschlagenden Großplanern anvertrauen wollte, war ich bald ratlos. Eine weltweit gültige Chronologie, die meine mit Jahreszahlen abgegrenzten Kapitel gerechtfertigt hätte, ließ sich nicht aufrechterhalten. Die weltweiten Themen, mit denen ich die Einschübe bestücken wollte, konnte ich mit den mir zur Verfügung stehenden Mitteln nicht erarbeiten. Eine Modernisierungsgeschichte, die erklärt, warum wir so sind, wie wir sind, und die für anderes wenig Raum lässt, wollte ich nicht schreiben. Mein schönes Konzept zerbröselte. Ein neues Konzept hatte ich nicht. Ich traute mich nicht mehr, beim Verlag anzurufen. Die Zeit verrann.

Die Rettung nahte in Gestalt der Deutschen Forschungsgemeinschaft. Sie bewilligte «meiner» Universität Tübingen einen Sonderforschungsbereich, einen Zusammenschluss von Wissenschaftlern unterschiedlicher Fächer zu einem gemeinsamen Forschungsfeld. Das hieß in unserem Fall «Bedrohte Ordnungen». Dabei ging es um Gesellschaften und soziale Gruppen, die sich unter hohem Druck sahen und nach Auswegen suchten. Althistoriker, Mittelalterhistoriker und Neuzeithistoriker, Germanisten, Gräzisten und Amerikanisten, Ethnologen, Soziologen, Politikwissenschaftler, Theologen und sogar ein Mediziner beteiligten sich. Wir konnten Gäste aus aller Welt einladen, die zu unserem Problem etwas zu sagen hatten. Ich wurde Sprecher der Gruppe, Zirkusdirektor beeindruckender Geistesartisten. Jeder von ihnen wusste etwas, das andere sich noch nicht einmal hatten vorstellen können. Porphyrios wurde uns nahegebracht, ein sehr gelehrter Philosoph und Christenhasser des 3. Jahrhunderts, María Pizarro, eine kreolische Prophetin im Peru der 1570er Jahre, Bob Dylan – gut, den kennen wir, aber der wäre wiederum Porphyrios oder María Pizarro unfassbar merkwürdig vorgekommen.

Damit der Sonderforschungsbereich überhaupt funktionieren konnte, mussten die Geistesartisten ihr jeweiliges Thema den anderen verständlich machen. Warum waren Porphyrios, María Pizarro oder Bob Dylan wichtig für unsere Arbeit? Welche «Bedrohten Ordnungen» erlebten sie, welche brachten sie auf den Begriff? Im Gespräch woben wir Fäden, um die einzelnen Themen zu verknüpfen. Wir suchten nach Gemeinsamkeiten, um «Bedrohte Ordnungen» insgesamt beschreiben zu können. Wir prägten Begriffe, die für verschiedene Fälle passten. Gelegentlich entdeckten wir Verbindungen: Erfahrungen mit südamerikanischen Prophetinnen veränderten in Europa die Politik. Politiker des 21. Jahrhunderts warnten vor spätrömischen Zuständen (die sie allerdings nicht wirklich gut kannten). Während ich in Workshops ein paar dieser Gespräche moderierte, ging mir ein Licht auf: Warum machte ich es mit der Weltgeschichte nicht genauso? Warum nicht vom Kleinen, vom Konkreten aus nach Verbindungen zu anderen kleinen Dingen und Ereignissen suchen?

Viele Wissenschaftler, die sich als Globalhistoriker verstehen, haben eine ähnliche Idee bereits verfolgt. Sie haben sich an einem Ort und zu einer Zeit intensiv eingegraben, um dann voller Information und Fas-

zination aus ihrem Loch wieder herauszukommen und nach Vernetzungen, nach Ähnlichkeiten und Unterschieden zu suchen. Maulwürfe
auf Reisen sind das. Wunderbare Bücher sind so entstanden: Weltgeschichten der Plantagen, des Zuckers und der Baumwolle, Weltgeschichten der Mission, des Frauenwahlrechts und der Menschenrechte.
Weltgeschichte sei die «umfassende Kontextualisierung einer mikro-
historisch ansetzenden Untersuchung», hat der Mittelalterhistoriker
Wolfram Drews einmal geschrieben. Das Denken vom Kleinen her, bei
dem Dinge, Ereignisse und Verknüpfungen immer weitere Kreise ziehen, eröffnet neue Perspektiven. Er sei nicht sicher, sagte der amerikanische Historiker Alfred Crosby einmal, ob es richtiger sei zu sagen,
dass Cortés die Azteken mithilfe der Pocken erobert habe, oder ob die
Pocken die Azteken mithilfe von Cortés erobert hätten.

Für meine Schreibschulden beim Verlag war freilich auch diese
Variante nur eingeschränkt brauchbar. Ich hatte ja nicht die Weltgeschichte eines Stoffes, einer religiösen Aktivität oder eines Rechtsgutes
versprochen, sondern eine Weltgeschichte insgesamt und überhaupt.
Wenn ich nicht auf «Big History» und andere Großgeschichtsplaner
bauen wollte, konnte mir ein Maulwurf auf Reisen auch nicht helfen.
Was ich brauchte, war eine Konferenz reisender Maulwürfe. Auch dafür gibt es ein wunderbares Beispiel: *Eine Geschichte der Welt in 100 Objekten* von Neil MacGregor. Als Direktor des British Museum hat er
einhundert Objekte aus seinem Fundus – unter anderem Faustkeile,
Statuen, Dachziegel, Landkarten und eine Kreditkarte – ausgewählt,
beschrieben und mit der Gegenwart in Beziehung gesetzt: Weltgeschichte als Wunderkammer, die Vielfalt mühsam gebändigt durch
chronologische und thematische Kapitelbündel. Das war bunt, schil-
lernd; die Beschreibung jedes einzelnen Gegenstandes ein Genuss.
Doch Geschichte, die mehr ist als eine Sammlung von Geschichten,
trat in den Hintergrund. Es scheint, als müssten die Maulwürfe nicht
nur zusammenkommen. Sie mussten sich auch noch auf ein Thema
oder eine Fragestellung einigen.

In Auseinandersetzung mit all den Wissenschaftswundern, die jen-

seits der Klassiker, jenseits von «Big History» und Großgeschichts-
planungen zu entdecken waren, inspiriert durch den Wissenschafts-
zirkus «Sonderforschungsbereich» und angetrieben durch gelegentliche freundliche Nachfragen aus dem Verlag, wo das Manuskript denn
bleibe, entstand die Idee, die Geschichte wie einen chaotisch gewebten
Teppich zu begreifen, bei dem Muster erkennbar sind, der aber zugleich von Löchern und Rissen durchzogen ist. Es gibt nicht nur unzu-
sammenhängende Geschichten, sagt das Bild, sondern eine Geschichte.
Die Dinge hängen zusammen, nicht regellos (dann würde der Teppich
zerfallen), aber auch nicht regelmäßig (dann wäre er zu schön, um
wahr zu sein). Es ist nicht möglich, jedem Faden nachzugehen, und es
gibt keine Formel, die den Gesamtzusammenhang erklärt. Aber es
lohnt sich doch, den Teppich an verschiedenen Stellen anzuheben, um
auf seiner Rückseite etwas über die Länge der Fäden, den Zusammenhang zwischen verschiedenen markanten Stellen und den Weg vom
einen Ende des Teppichs zum anderen zu erfahren. Weil die einzelnen
Stellen genau betrachtet werden, sind wir in der Lage, etwas von der
Eigenlogik einer Zeit und eines Ortes zu erfassen, selbst wenn wir
sprachlich und kulturell entfernt bleiben. Wenn wir den Verbindungen
von einem Ort aus nachgehen, können wir die Eigenzeit jedes Ortes
und die Reichweite seiner Zäsuren bestimmen.

Der Abschied von den Klassikern mit ihrem zielstrebigen Durch-
gang durch die «Hochkulturen» vom Alten Orient bis nach Europa,
von der Vogelschau der «Big History» und von den Schneisen der
Modernisierungsgeschichte hat allerdings auch Kosten. Erstens ist es
gar nicht mehr so einfach zu sagen, was relevant ist. Wir können keine
Geschichte mehr als vormodern, außereuropäisch, unzivilisiert oder
unpolitisch abweisen. Vielmehr müssen wir an jeder Stelle des Teppichs fragen, was hier bedeutsam ist, welche Fäden zu anderen Ereignissen führen und ob die Art der Verknüpfung typische Züge trägt.
Zweitens fehlt die durchgehende Linie. Keine Region, keine Kultur,
kein politisches System ist in voller historischer Länge zu sehen. Stattdessen ein wenig Indischer Ozean, ein paar Jahrhunderte Zentralasien,

zweihundert Jahre Saint Domingue bzw. Haiti. Damit verbunden ist drittens der Verzicht auf eine große These, die dem Ganzen Richtung und Ziel gibt. Solche Universalschlüssel können Autoren, Leser und Verlage glücklich machen, aber sie erzeugen auch falsche Sicherheiten. Hier wird nicht behauptet, dass Europa oder der Westen das Ziel und Zentrum der Geschichte sei oder dass eine Kette von Kulturen oder Zivilisationen von Babylon bis Berlin reicht. Vielmehr gibt es Sieger, die zu Verlierern werden, und umgekehrt, Pläne, die eine Zeitlang gelingen und dann doch wieder scheitern. Die europäische Weltherrschaft erscheint nicht als Ziel der Geschichte, sondern als ein vorübergehendes Phänomen des 19. Jahrhunderts. Nicht ein jahrtausendealter Kulturvorsprung brachte sie hervor, sondern der kriegerische und ökonomische Erfolg waffenstarrender Mächte vom äußersten westlichen Rand Eurasiens, die sich gegenseitig nichts gönnten und ihre außereuropäischen Besitzungen nach Kräften für sich nutzten, bevor sie sich im Ersten Weltkrieg irreparabel schwächten. Es ist daher auch wenig wahrscheinlich, dass «der Westen» oder «die Moderne», Schlüsselbegriffe des 20. Jahrhunderts, ewig dauern werden.

Die Kosten lassen sich auch als Nutzen darstellen. Weil sich keine Geschichte als irrelevant abweisen lässt, können wir die Kassiten, Tungusen und Sioux mit ihrer Geschichte ernst nehmen. Wir können die Grenze zwischen Schriftkulturen, um die sich klassischerweise die Geschichtswissenschaft kümmert, und nichtschriftlichen Kulturen, die wir Historiker gern den Regionalwissenschaften, der Ethnologie und der Archäologie überlassen, aufheben. Wir können die weniger prominenten Akteure in Gesellschaften zum Sprechen bringen, die Matrosen, Sklavinnen, Soldaten, Hausfrauen und Kaffeebauern. Wir können erkennen, wie ganz unterschiedliche Lebensweisen miteinander verflochten sind, statt einfach nur nach der Ausstrahlung von «Hochkulturen» zu fragen. Wir können neben dem europäischen Mittelalter und der europäischen Frühen Neuzeit auch in anderen Räumen und Zeiten Grundlagen für die Welt erkennen, in der wir heute leben. Weil wir keine durchgehende Geschichte mehr erzählen können, wird Weltge-

schichte zum kontrollierten «Spiel mit Perspektiven» (Jürgen Osterhammel). Das ermöglicht kritische Distanz zu allen Behauptungen der
Mächtigen, mit der Geschichte im Bunde zu sein. Weil wir nicht mehr
Europa oder den Westen im Zentrum sehen, können wir die multi-
polare Welt des 21. Jahrhunderts besser verstehen und damit auch besser in ihr handeln.

Bei alledem bleibt ein Gefühl des Ungenügens. Die Konferenz der
reisenden Maulwürfe hat nur in meinem Kopf stattgefunden. Ich habe
gelesen, was ich zu Chang'an, Cap Français oder den Moche in die Finger bekommen konnte, aber ich bin kein Spezialist für chinesische,
haitianische oder vorkoloniale südamerikanische Geschichte geworden – vom Indischen Ozean, Zentralasien, Mittelamerika, Ostafrika,
Westafrika und all den anderen Regionen, die in diesem Buch vorkommen, ganz zu schweigen. Auch meine Mitarbeiter, die unermüdlich
spannende Texte herbeischafften, und die Kollegen des Sonderfor-
schungsbereichs mit ihren weltweit und zeitlich übergreifend gestreu-
ten Kompetenzen konnten nicht immer weiterhelfen. Insofern ist es
ein Glück, dass ich dieses Buch vor allem für eine große Leserschaft
schreiben konnte, ohne einem Fachpublikum eigene umfassende For-
schungskompetenz vorgaukeln zu müssen. Das hat auch andere Möglichkeiten eröffnet. Sophia Martineck konnte mit ihren Illustrationen
einen künstlerischen Zugang zu den Themen des Buches öffnen, ohne
behaupten zu müssen, selbst dabei gewesen zu sein, oder umfangreiche
Aktenstudien oder archäologische Grabungen betrieben zu haben.
Peter Palm konnte Karten zeichnen, die historische Räume neu erschließen. Sophia Martineck, Peter Palm, meinen Mitarbeitern, den
SFB-Kollegen und meinem Lektor Ulrich Nolte danke ich für ihre
Hilfe bei dem Vorhaben, Freunde für die Geschichte der Welt zu gewinnen. Um den Zugang zu dieser Geschichte zu erleichtern, haben
wir bei der Schreibweise der Orts- und Personennamen aus Sprachen
mit anderen Schriftsystemen eher darauf geachtet, an Lesegewohnhei-
ten anzuknüpfen, als der jeweils allerneuesten Umschriftregel zu folgen. Das Literaturverzeichnis listet die Titel auf, die längere Zeit auf

meinem Schreibtisch verbracht und größere Spuren in den Kapiteln hinterlassen haben. Repräsentativ für die Weltgeschichte ist es nicht. Natürlich kann dieses Buch die Weltgeschichte als Forschungsgegenstand nicht verändern. Seine zwanzig Kapitel und der Zusammenhang zwischen ihnen können aber möglicherweise das Bild der Weltgeschichte in den Köpfen derjenigen verändern, die wie meine Kinder und ich in der Schule mit einer Standarderzählung von Geschichte vertraut gemacht wurden: Zweistromland, Ägypten, Griechen, Römer, Ritter, Kolumbus & Luther, Ludwig XIV., Friedrich II., Französische Revolution, Deutsche Revolution 1848, Bismarck, Imperialismus, Erster Weltkrieg, Zweiter Weltkrieg, Berliner Mauer, Helmut Kohl (der kam allerdings nur bei meinen Kindern vor). Diese Geschichte ist, bei Lichte betrachtet, ziemlich abenteuerlich auf Europa und Deutschland hin konstruiert. Sie folgt eher dem Wunschdenken der Nachgeborenen als den Zukünften der Lebenden. Denn die Weltgeschichte ist keine einfache Abfolge von Gesellschaften oder Kulturen. Die Welt ist voller Menschen mit unterschiedlichen Geschichten, die miteinander verwoben sind. Weil das so ist, können wir die eigene Geschichte immer nur zusammen mit anderen Geschichten haben – es sei denn, wir führten künstliche Trennungen nach Nationen, Kulturen und Gesellschaften ein, die es nur selten in reiner und abgegrenzter Form gegeben hat. Weil das so ist, können wir die Handelsgeschichte vom Indischen Ozean aus erzählen, die Stadtgeschichte von China und Indien aus, die Reformationsgeschichte von Nordamerika, die Revolutionsgeschichte von Haiti und die Industrialisierungsgeschichte von den USA aus. Liebgewonnene Teile der europazentrierten Weltgeschichte erscheinen so in neuen Zusammenhängen. Wie weit diese Perspektivverschiebungen uns bringen, wie Verwebungen und Transfers genau funktioniert haben, welche Fäden besonders bedeutsam gewesen sind, das erforschen Historiker gerade jetzt. Geschichte und Gegenwart verändern sich im 21. Jahrhundert rasant. Dieses Buch ist ein Ergebnis und ein Anfang.

Literatur

Adams, Jad: Women and the Vote. A World History, Oxford 2014

Albert, Pauline J., u. a. (Hg.): Global Poverty Alleviation. A Case Book, Dordrecht 2014

Allman, Jean: Between the Present and History. African Nationalism and Decolonization, in: John Parker/Richard Reid (Hg.): Modern African History, Oxford 2013, S. 224–240

Antoni, Klaus: Shintô und die Konzeption des japanischen Nationalwesens (Kokutai). Der religiöse Traditionalismus in Neuzeit und Moderne Japans, Leiden u. a. 1998

Arnold, David: Südasien (Neue Fischer Weltgeschichte 11), Frankfurt a. M. 2012

Bakewell, Peter: A History of Latin America. Empires and Sequels 1450–1930, Malden/Oxford 1997

Bär, Jürgen: Frühe Hochkulturen an Euphrat und Tigris, Stuttgart 2009

Bayly, Christopher A.: Die Geburt der modernen Welt. Eine Globalgeschichte 1780–1914, Frankfurt a .M./New York 2006

Beaglehole, John C.: The Life of Captain James Cook, Stanford 1974

Beckert, Sven: King Cotton. Eine Globalgeschichte des Kapitalismus, München 2014

Benn, Charles: Traditional China. The Tang Dynasty, Westport 2002

Berg, Manfred: Geschichte der USA, München 2013

Bernecker, Walther L., u. a.: Eine kleine Geschichte Mexikos, Frankfurt a. M. 2007

Birmingham, David: Makers of the Twentieth Century: Kwame Nkrumah, Reading 1990

Blake, Stephen P.: Shahjahanabad. The Sovereign City in Mughal India, 1639–1739, Cambridge 1991

Borst, Arno: Computus. Zeit und Zahl in der Geschichte Europas, 3. Aufl. Berlin 2004

Bourget, Steve: Sacrifice, Violence and Ideology among the Moche. The Rise of Social Complexity in Ancient Peru, Austin 2016

Bourget, Steve/Jones, Kimberly L.: The Art and Archaeology of the Moche. An Ancient Andean Society of the Peruvian North Coast, Austin 2008

Caldwell, John C./Schindlmayr, Thomas: Historical Population Estimates. Unraveling the Consensus, in: Population and Development Review 28, 2 (Juni 2002), S. 183–204

Chaudhuri, K. N.: Trade and Civilization in the Indian Ocean. An Economic History from the Rise of the Islam to 1750, Cambridge 1985

Chenoy, Shama Mitra: Shahjahanabad. A City of Delhi, 1638–1857, Neu-Delhi 1998

Chittick, Neville: Kilwa. An Islamic Trading City on the East African Coast, Bd. I: History and Archaeology, Bd. 2: The Finds, Nairobi 1974

Christian, David: Maps of Time. An Introduction to Big History, Oakland 2004

Chopra, P. N., u. a.: A Comprehensive History of Ancient India, Neu-Delhi 2003

Collins, Robert O./Burns, James M.: A History of Sub-Saharan Africa, Cambridge 2007

Conard, Nicholas: Cultural Evolution in Africa and Eurasia During the Middle and Late Pleistocene, in: Winfried Henke/Ian Tattersall (Hg.): Handbook of Paleoanthropology, Bd. 3, Berlin/Heidelberg/New York 2007, S. 2001–2037

Conard, Nicholas J. (Hg.): When Neanderthals and Modern Humans Met, Tübingen 2006

Crowder, Michael (Hg.): The Cambridge History of Africa, Bd. 8: From c. 1940–c. 1975, Cambridge 1984

Curtin, Philip D.: The Rise and Fall of the Plantation Complex. Essays in Atlantic History, Cambridge 1990

Curtis, Kenneth R./Bentley, Jerry H.: Architects of World History. Researching the Global Past, Chichester 2014

Dale, Stephen F.: The Muslim Empires of the Ottomans, Safavids, and Mughals, Cambridge 2010

Darwin, John: After Tamerlane. The Rise and Fall of Global Empires, 1400–2000, London 2007

Depkat, Volker: Geschichte Nordamerikas, Köln u. a. 2008

Drews, Wolfram: Transkulturelle Perspektiven in der mittelalterlichen Historiographie. Zur Diskussion welt- und globalgeschichtlicher Entwürfe in der aktuellen Geschichtswissenschaft, in: Historische Zeitschrift 292 (2011), S. 31–59

Ebrey, Patricia Buckley: The Cambridge Illustrated History of China, Cambridge 1996

Eckel, Jan: Die Ambivalenz des Guten. Menschenrechte in der internationalen Politik seit den 1940ern, Göttingen 2014

Edzard, Dietz-Otto: Geschichte Mesopotamiens. Von den Sumerern bis zu Alexander dem Großen, München 2004

Finzsch, Norbert: Konsolidierung und Dissens. Nordamerika von 1800 bis 1865, Münster 2005

Flaig, Egon: Weltgeschichte der Sklaverei, München 2009

Forster, Georg: Reise um die Welt. Illustriert von eigener Hand, Frankfurt a. M. 2007 [Erstdruck 1780 bzw. 1784]

Forster, Georg: James Cook, der Entdecker und Fragmente über Capitain Cooks letzte Reise und sein Ende, Frankfurt a. M. 2008 [Erstdruck 1781 bzw. 1789]

Gascoigne, John: Captain Cook. Voyager between Worlds, London/New York 2007

Geggus, David: The Major Port Towns of Saint Domingue in the Later Eighteenth Century, in: Franklin W. Knight/Peggy K. Liss (Hg.): Atlantic Port Cities. Economy, Culture, and Society in the Atlantic World, 1650–1850, Knoxville 1991, S. 87–116

Gliech, Oliver: Saint-Domingue und die Französische Revolution. Das Ende der weißen Herrschaft in einer karibischen Plantagenwirtschaft, Köln/Weimar/Wien 2011

Golden, Peter B.: Central Asia in World History, Oxford 2011

Golte, Jürgen: Austausch – Transfer – Abgrenzung. Südamerika, in: Thomas Ertl/Michael Limberger (Hg.): Die Welt 1250–1500, Wien 2009, S. 245–271

Gupta, Sunil: The Archaeo-Historical Idea of the Indian Ocean, in: Man and Environment 27 (2002), Nr. 1, S. 1–24

Haarmann, Harald: Lexikon der untergegangenen Völker. Von Akkader bis Zimbern, 2. Aufl. München 2012

Habermas, Rebekka (Hg.): Mission global. Eine Verflechtungsgeschichte seit dem 19. Jahrhundert, Köln u. a. 2014

Heather, Peter: Der Untergang des Römischen Weltreichs, Stuttgart 2007

Heather, Peter: Die Wiedergeburt Roms. Päpste, Herrscher und die Welt des Mittelalters, Stuttgart 2014

Heideking, Jürgen/Mauch, Christof: Geschichte der USA, 6. Aufl. Tübingen/Basel 2008

Higman, B. W.: A Concise History of the Caribbean, Cambridge 2011

Hildermeier, Manfred: Geschichte Russlands. Vom Mittelalter bis zur Oktoberrevolution, München 2013

Jackson, Peter: The Mongols and the West, 1221–1410, Harlow 2005

James Cook und die Entdeckung der Südsee. Publikation der Kunst- und Ausstellungshalle der Bundesrepublik Deutschland, Bonn 2010

Jansen, Jan C./Osterhammel, Jürgen: Dekolonisation. Das Ende der Imperien, München 2013

Jaspers, Karl: Vom Ursprung und Ziel der Geschichte, Zürich 1949

Jerven, Morten: Economic Growth, in: John Parker/Richard Reid (Hg.): Modern African History, Oxford 2013, S. 414–433

Jursa, Michael: Die Babylonier. Geschichte, Gesellschaft, Kultur, München 2004

Kaschuba, Wolfgang: Die Überwindung der Distanz. Zeit und Raum in der europäischen Moderne, Frankfurt a. M. 2004

Keay, John: India. A History, London 2000

Khandalavala, Karl: The Golden Age. Gupta Art – Empire, Province and Influence, Bombay 1991

Klooster, Wim: Revolutions in the Atlantic World. A Comparative History, New York 2009

König, Hans-Joachim, u. a.: Die Eroberung einer neuen Welt. Präkolumbianische Kulturen, europäische Eroberung, Kolonialherrschaft in Amerika, Schwalbach/Ts. 2005

Krämer, Gudrun: Geschichte Palästinas, München 2002

Krech III, Shepard/McNeill, J. R./ Merchant, Carolyn (Hg.): Encyclopedia of World Environmental History, 3 Bde., New York 2004

Kreiner, Josef (Hg.): Geschichte Japans, Stuttgart 2012

Kuhn, Dieter: Ostasien bis 1800 (Neue Fischer Weltgeschichte 13), Frankfurt a. M. 2014

Kulke, Hermann: Indische Geschichte bis 1750, München 2005

Kusber, Jan: Kleine Geschichte St. Petersburgs, Regensburg 2009

Laak, Dirk van: Weiße Elefanten. Anspruch und Scheitern technischer Großprojekte im 20. Jahrhundert, Stuttgart 1999

Lehmann, Reinhard G.: Der Babel-Bibel-Streit. Ein kulturpolitisches Wetterleuchten, in: Johannes Renger (Hg.): Babylon. Focus Mesopotamischer Geschichte, Wiege früher Gelehrsamkeit, Mythos in der Moderne, Saarbrücken 1999, S. 505–521

Leick, Gwendolyn: The Babylonians. An Introduction, London/New York 2009

Leppin, Hartmut: Einführung in die Alte Geschichte, München 2005

Lewis, Mark Edward: China's Cosmopolitan Empire. The Tang Dynasty, Cambridge, Mass./ London 2009

Linhart, Sepp: Die zweite Öffnung des Landes. Japan, in: Michael Mann (Hg.): Die Welt im 19. Jahrhundert, Wien 2009, S. 34–63

Lütt, Jürgen: Das moderne Indien 1498–2004, München 2012

MacGregor, Neil: Eine Geschichte der Welt in 100 Objekten, 3. Aufl. München 2012

Mann, Michael: Geschichte Südasiens 1500 bis heute, Darmstadt 2010

Marx, Christoph: Geschichte Afrikas. Von 1800 bis zur Gegenwart, Paderborn u. a. 2004

May, Timothy: The Mongol Conquest in World History, London 2012

McPherson, Kenneth: The Indian Ocean. A History of People and the Sea, Oxford 1993

Mintz, Sidney W.: Die süße Macht. Kulturgeschichte des Zuckers, Frankfurt a. M./New York 1985

Mordek, Hubert: Dionysius Exiguus. Skythischer Mönch, Kanonist, Komputist und Übersetzer († vor 556), in: Lexikon des Mittelalters 3, 1986, Sp. 1088–1092

Mosshammer, Alden A.: The Easter Computus and the Origins of the Christian Era, Oxford 2008

Neutatz, Dietmar: Träume und Alpträume. Eine Geschichte Russlands im 20. Jahrhundert, München 2013

Osterhammel, Jürgen: Die Verwandlung der Welt. Eine Geschichte des 19. Jahrhunderts, München 2009

Parzinger, Hermann: Die frühen Völker Eurasiens. Vom Neolithikum bis zum Mittelalter, München 2006

Paul, Jürgen: Zentralasien (Neue Fischer Weltgeschichte 10), Frankfurt a. M. 2012

Pfeisinger, Gerhard: Die Entstehung einer zersplitterten Welt. Die Karibik, in: Bernd Hausberger/Jean-Paul Lehners (Hg.): Die Welt im 18. Jahrhundert, Wien 2011, S. 96–123

Pfeilschifter, Rene: Die Spätantike. Der eine Gott und die vielen Herrscher, München 2014

Pink, Johanna: Geschichte Ägyptens. Von der Spätantike bis zur Gegenwart, München 2014

Popson, Colleen P.: Grim Rites of the Moche, in: Archaeology 55 (2002), S. 30–35

Ptak, Roderich: Die maritime Seidenstraße. Küstenräume, Seefahrt und Handel in vorkolonialer Zeit, München 2007

Quilter, Jeffrey/Castillo B., Luis Jaime (Hg.): New Perspectives on Moche Political Organization, Washington D. C. 2010

Reinhard, Wolfgang: Die Unterwerfung der Welt. Globalgeschichte der europäischen Expansion 1415–2015, München 2016

Rinke, Stefan: Geschichte Lateinamerikas. Von den frühesten Kulturen bis zur Gegenwart, München 2010

Rinke, Stefan/Schulze, Frederik: Kleine Geschichte Brasiliens, München 2013

Robb, Peter: A History of India, Basingstoke 2002

Roberts, A. D.: The Cambridge History of Africa, Bd. 7: From 1905 to 1940, Cambridge 1986

Rooney, David: Kwame Nkrumah. The Political Kingdom in the Third World, London 1988

Sadowsky, Thorsten: Reisen durch den Mikrokosmos. Berlin und Wien in der bürgerlichen Reiseliteratur um 1800, Hamburg 1998

Schmidt-Glintzer, Helwig: Geschichte Chinas bis zur mongolischen Eroberung 250 v. Chr.–1279 n. Chr. (Oldenbourg Grundriss der Geschichte 26), München 1999

Schreiner, Peter: Konstantinopel. Geschichte und Archäologie, München 2007

Schulze, Reinhard: Geschichte der islamischen Welt. Von 1900 bis zur Gegenwart, München 2016

Seland, Eivind Heldaas: Ports and Political Power in the Periplus. Complex Societies and Maritime Trade on the Indian Ocean in the First Century AD (Society for Arabian Studies Monographs 9), Oxford 2010

Speitkamp, Winfried: Kleine Geschichte Afrikas, 2. Aufl. Stuttgart 2009

Spier, Fred: Big History. Was die Geschichte im Innersten zusammenhält, Darmstadt 1998

Steinbach, Udo: Die arabische Welt im 20. Jahrhundert. Aufbruch – Umbruch – Perspektiven, Stuttgart 2015

Thilo, Thomas: Chang'an. Metropole Ostasiens und Weltstadt des Mittelalters 583–904, Teil 1: Die Stadtanlage, Wiesbaden 1997, Teil 2: Gesellschaft und Kultur, Wiesbaden 2006

Tyrrell, Ian: Transnational Nation. United States History in Global Perspective since 1789, Palgrave Macmillan 2007

Vogelsang, Kai: Geschichte Chinas, 4. Aufl. Stuttgart 2014

Weber, Max: Gesammelte Aufsätze zur Religionssoziologie I, 9. Aufl. Tübingen 1988 [Erstdruck 1920]

Weiers, Michael: Geschichte Chinas. Grundzüge einer politischen Landesgeschichte, Stuttgart 2009

Zöllner, Reinhard: Geschichte Japans. Von 1800 bis zur Gegenwart, Paderborn u. a. 2006

© Fani Fazii

Ewald Frie, geboren 1962, Vater von zwei Kindern, ist Professor für Neuere Geschichte an der Universität Tübingen, wo er ein globalgeschichtliches Forschungsprojekt geleitet hat. Bei C.H.Beck erschien von ihm außerdem der Bestseller «Ein Hof und elf Geschwister. Der stille Abschied vom bäuerlichen Leben» (2023).

Sophia Martineck, geboren 1981, arbeitet nach dem Studium der Visuellen Kommunikation in Berlin, New York und Liverpool als Illustratorin, Designerin und Comic-Zeichnerin für deutsche und internationale Verlage. Durch verschiedene Bücher, Ausstellungen und Preise ist sie einer größeren Öffentlichkeit bekannt.

Peter Palm, geboren 1966, machte sich nach seiner Buchhändlerlehre als Grafiker in Berlin selbständig. Seit 1990 zeichnet er individuelle Karten für Verlage, Fernsehsender und Museen.